정솔나리와 한솔에게

CPA

객관식 재무관리

2000-2021년 1차 시험

기출문제 상세해설집 (주제별)

정형찬 부경대학교

좋은땅

머리말

회계와 회계사의 역사는 길다. 먼 옛날 고대 메소포타미아와 로마 시대에까지 거슬러 올라갈 정도로 오래되었다. 현대에 와서는 현실 세계와 더불어 가상 세계에서도 쉽게 회계사와 만날 수 있다. 1992년 제14대 대선에서 대통령 후보로 출마한 정치인 박찬종도 공인회계사(CPA)이며 공인회계사협회장까지 지냈던 인물이다. 현재 KB금융그룹 회장인 윤종규도 공인회계사이다. 그리고 최근 경제민주주의21 공동대표로서 공익적 회계 감사 분야에서 활발한 시민운동을 하고 있는 김경률도 회계사이다.

현실 세계의 다양한 분야에서 기업과 우리 사회의 투명성을 위해 활동하는 회계사들을 쉽게 접할 수 있는 만큼 영화와 소설 등의 가상 세계에서도 회계사 직업을 가진 매력적인 주인공들을 쉽게 만날 수 있다. 크리스마스 시즌이 오면 동화책과 영화를 통해 많이 봤던 찰스 디킨스의 소설 〈크리스마스 캐럴(A christmas carol)〉에 나오는 구두쇠 영감 스크루지(Scrooge)도 소설에서 명시적으로 언급하고 있지는 않지만 극 중의 업무로 본다면 회계사로 볼 수 있다. 최근에 넷플릭스 오리지날 시리즈로 시즌 4까지 공개된 미국 드라마 〈오자크〉에서도 멕시코 마약 카르텔의 불법 자금을 세탁해 주는 시카고의 어느 유능한 회계사 이야기를 다루고 있다. 〈오자크〉에서 마티 버드(Marty Byrde)는 시카고의 잘나가는 회계사였으나, 사업 파트너가 마약 카르텔의 거액 불법 자금을 횡령하는 바람에 어쩔 수 없이 회계사로서의 전문 지식을 활용해 이들의 불법 자금을 돈세탁해 주면서 자신과 가족의 목숨을 지키기 위해 고군분투하는 스토리이다. 한번 보기 시작하면 흥미진진한 스토리에 빠질 만큼 재미있는 드라마이니 CPA에 관심 있는 학생이라면 크게 실망하지 않을 작품이다.

공인회계사는 오래전부터 변호사와 함께 인기 있는 문과 전문직으로 인식되어 왔다. 실제로 회계사는 전문적인 지식을 활용해 주 업무인 회계감사와 세무 대리뿐만 아니라 기업합병과 관련한 경영컨설팅 업무 등에 이르기까지 매우 폭넓은 업무를 수행한다. 이러한 전문직 업무의 특성으로 대부분의 공인회계사는 경제적 보수 측면에서도 자아실현의 관점에서도 본인의 업무에 대해 만족해하는 편이다. 예를 들어 앞서 소개한 시민운동가인 김경률 회계사는 어느 신문과의 인터뷰에서 공인회계사라는 직업에 대해 "가늘고 길게 살 수 있는 물적 기반은 된다. 시민운동을 하면서 내 힘으로 먹고살 기반이 되어 주니 어디 가서 아쉬운 소리 안 했다."라며 스스로 매우 후하게 평가하였다. 그래서 수많은 인문 사회계열 대학생들이 공인회계사 자격증에 도전하고 있지만, 경쟁은 갈수록 치열해지고 시험 내용도 점차 어려워져 합격까지의 공부 기간도 길어지고 있다.

그런데, 공인회계사 자격증을 준비하는 대학생들에게 CPA 자격증 시험공부를 하면서 느끼는 어려움이 무엇인가 라고 물으면 한결같이 재무관리가 너무 어렵고 학부 교과과정 수준을 넘어서는 문제가 많이 출제되고 있어 준비하기도 쉽지 않다고 한다. 2차는 말할 것도 없고 1차 객관식 재무관리조차도 정규 대학 수업만 듣고서는 풀기 어려운 고급 재무이론과 관련된 문제들이 출제되고 있어 타 과목에 비해 난이도가 높은 편이라고 한다. 제가 재직했던 부경대학교 경영학부에서는 오래전에 젊은 회계 전공 교수들이 학생들의 이러한 어려움을 해결하기 위한 방안으로 재무 전공 교수들에게 CPA 재무관리 기출문제를 교수가 직접 풀어 주는 과목을 신설해 달라는 요청을 해 왔다. 그래서 저자는 CPA 자격증 시험을 준비하는 학생들을 위해 〈고급재무관리〉라는 과목을 신설해 10년 전부터 CPA 재무관리 기출문제를 직접 풀어 주었다.

그동안 이 과목을 담당하면서 느낀 점은 학생들이 불평했던 것처럼 어떤 문제들은 해당 주제와 관련된 전공자가 아니면 재무 박사학위를 취득한 교수들이 풀어도 이해하기 어려운 문제들이 출제되고 있는 반면에 학생들이 신뢰하고 참고할 수 있는 기출문제 해설서가 아직도 많이 부족하다는 점이다. 학부 학생들이 수강하는 대학 강의가 CPA 시험에 출제되는 문제의 범위와 난이도를 충분히 커버하지 못할 때는 어쩔 수 없이 시중에 나와 있는 기출문제 해설서의 도움을 받을 수밖에 없다. 그러나 어떤 경우에는 수험생들 사이에서 인기 있는 해설서를 직접 들고 와 그 해설서에 나와 있는 정답 풀이 과정 자체를 이해할 수 없으니 보충 설명을 해 달라고 요구하는 학생들도 제법 많았다. 대학에서 재무관리를 30년 넘게 강의하고 연구해 온 저자도 어떤 문제는 풀기가 어렵다고 느낄 때도 많으며, 또한 학생들과 마찬가지로 시중의 해설서에서 제시한 문제 풀이 자체를 이해하기 어렵다고 느낄 때가 종종 있다. 또 어떤 해설서는 특정 문제에서 요구하는 기초적인 재무 이론이 무엇인지도 설명하지 않고 단지 문제 풀이 과정만을 자세히 기술해 놓은 경우도 없지 않다. 이런 해설서는 학생들이 재무관리의 기초 이론을 이해하고 응용력을 높이는 데 크게 도움이 되지 않는다.

그래서 저자는 재무관리의 기초 이론에 대한 이해 없이 풀이 과정을 암기하거나 혹은 문제 풀이 요령만을 익혀 문제를 풀 게 아니라 출제자가 요구하는 기초 이론과 계량적 모형, 핵심 명제 등에 대한 이해를 우선하는 해설서가 필요하다고 생각한다. 이런 생각에서 저자가 지난 10년간 부경대학교 경영학부에서 CPA 기출문제 풀이 과목을 담당하면서 작성한 강의 노트를 이해하기 쉽게 체계적으로 정리하고 보완하여 이 책을 출간할 수 있게 되었다. 현재 시중에 나와 있는 대부분의 CPA 1차 객관식 기출문제에 대한 해설서가 현직 CPA들이 집필한 경우가 많아 기출문제의 출제자가 요구하는 재무관리 이론에 대한 상세 해설이 부족한 측면이 없지 않다. 저자는 재무 전공 교수로서 이 책에서 강조한 것은 CPA 1차 객관식 시험을 준비하는 수험생들이 재무관리의 기초 이론과 계량적 모형 등에 대한 이해를 바탕으로 문제를 풀 수 있어야 응용력을 키울 수 있고 2차 시험 대비도 쉽다는 점이다. 이를 위해 저자는 기출문제 하나하나에 대해 출제자가 요구하는 기초 이론과 모형이 무엇인지를 먼저 설명한 다음 이를 근간으로 정답에 이르는 풀이 과정을 상세히 설명하는 해설서를 집필하고자 하였다. 특히 중요한 이론으로 여러 문제에서 반복적으로 출제되고 있는 주요 이론에 대해서는 〈Solution Note〉를 만들어 학생들이 이를 완전히 이해하고 유사한 문제에 대해 응용력을 높일 수 있도록 조치하였다. 또한 이론적 설명과 계량적 모형으로도 이해하기 어려운 문제의 경우에는 적절한 숫자 예와 그림, 표 등을 활용해 수험생들이 문제의 핵심을 보다 쉽게 이해할 수 있도록 배려하였다. 무엇보다도 대학 재학 중에 교육과정의 미비 혹은 수험생 개인 사정으로 재무 관련 과목을 충분히 수강할 수 없었던 많은 수험생들, 특히 지방대학의 재학생이나 졸업생들이 교과서와 이 해설서만으로 스스로 CPA 1차 객관식 시험을 준비할 수 있는 기회를 제공해야 한다는 생각에서 이 책을 출간하게 되었다.

이 책에서는 2000년에서 최근 2021년까지 공인회계사 1차 시험에 출제된 대부분의 문제를 먼저 주제별로 분류하고 다시 각 주제별로는 기초 이론으로 풀 수 있는 문제에서부터 고급 재무이론을 적용해야 풀 수 있는 문제에 이르기까지 문제의 난이도에 따라 적절히 배치하였다. 이 책은 2000년 이후 역대 CPA 재무관리 1차 기출문제를 다음과 같이 전체 10개의 장으로 구성하였다.

제1장 재무관리의 기초와 재무제표분석   제2장 채권의 가치평가와 이자율

제3장 주식의 가치평가   제4장 포트폴리오 선택이론과 CAPM

제5장 자본예산   제6장 자본구조와 배당정책

제7장 기업의 인수합병   제8장 옵션

제9장 선물과 스왑   제10장 국제재무관리

제1장 재무관리의 기초와 재무제표분석에서는 재무관리의 목표와 화폐의 시간적 가치, 재무제표분석 등으로 구성되어 있으며, 총 22개의 기출문제와 이에 대한 해설을 포함하고 있다. 제2장 채권의 가치평가와 이자율에서는 채권의 가치평가와 이자율 기간구조, 이자율 위험과 듀레이션 및 볼록성 등의 주제로 구성되어 있으며, 총 38개의 기출문제와 해설을 포함하고 있다. 제3장 주식의 가치평가에서는 배당평가모형과 잉여현금흐름모형, 주가배수모형, 경제적 부가가치모형, 효율적 시장가설 등의 주제로 구성되어 있으며, 총 24개의 기출문제와 해설을 포함하고 있다. 제4장 포트폴리오 선택이론과 CAPM에서는 포트폴리오 선택이론, CAPM, 포트폴리오 투자성과의 평가, APT 등의 주제로 구성되어 있으며, 총 68개의 기출문제와 해설을 포함하고 있다. 제5장 자본예산에서는 투자안의 현금흐름 추정, 투자안의 수익성 평가 기법, 리스 등의 주제로 구성되

어 있으며, 총 27개의 기출문제와 해설을 포함하고 있다.

제6장 자본구조와 배당정책에서는 MM이론과 하마다 모형, MM 이후의 자본구조이론, 배당정책 등의 주제로 구성되어 있으며, 총 53개의 기출문제와 해설을 포함하고 있다. 제7장 기업의 인수합병에서는 M&A의 특성 및 방어전략, M&A의 경제성 평가 및 교환 비율 등의 주제로 구성되어 있으며, 총 15개의 기출문제와 해설을 포함하고 있다. 제8장 옵션에서는 옵션의 가치평가, 옵션 투자전략, 포트폴리오 보험과 실물옵션 등의 주제로 구성되어 있으며, 총 37개의 기출문제와 해설을 포함하고 있다. 제9장 선물과 스왑에서는 선물의 가치평가, 선물거래와 헤징, 스왑 등의 주제로 구성되어 있으며, 총 14개의 기출문제와 해설을 포함하고 있다. 제10장 국제재무관리에서는 환율 결정이론과 환위험관리 등의 주제로 구성되어 있으며, 총 8개의 기출문제와 해설을 포함하고 있다.

출제된 문제를 주제별로 분류해 볼 때 가장 출제 빈도가 높은 분야는 제4장 포트폴리오 선택이론과 CAPM이 총 68문제로 가장 높으며, 전체 306개 문제 중에서 차지하는 비중은 22%이다. 다음으로는 제6장 자본구조와 배당정책이 총 53문제로 구성되어 있으며, 비중은 17%이다. 또한 제2장 채권의 가치평가와 이자율과 제8장 옵션이 각각 총 38개와 총 37개 문제로 거의 비슷한 출제 빈도를 보이고 있으며, 비중은 둘 다 약 12%를 차지하고 있는 것으로 나타났다. 따라서 수험생들은 이러한 기출문제의 주제별 분포를 참고해서 시험 준비 시간을 배분하는 것도 고득점을 위한 좋은 전략일 수 있다.

마지막으로 이 책을 집필하는 동안 많은 불편을 참고 기다려준 가족들에게 감사드린다. 그리고 지난 10년간 부경대학교에서 고급재무관리 과목을 수강하면서 저자와 함께 문제를 풀면서 좋은 아이디어를 제공해주었던 수강생들에게도 감사드린다. 소중한 젊은 시절을 CPA 시험 준비에 할애하고 고통을 감내하는 전국의 수험생들에게 행운을 빈다.

2021년 12월
해운대에서 저자 씀

목차

8 옵션

9 선물과 스왑

10 국제재무관리

1

재무관리의 기초와 재무제표분석

1.1 재무관리의 목표

문제 1 재무관리의 목표에 관한 설명으로 가장 적절한 것은? (2014년)

    ① 배당수익률 극대화
    ② 고객가치 극대화
    ③ 주당순이익 극대화
    ④ 내부수익률 극대화
    ⑤ 자기자본가치 극대화

정답: ⑤

〈해설〉 이 문제는 현대기업 경영에 있어서 재무관리의 목표에 관한 문제이다. 기본적으로 미국과 영국의 기업문화에서 재무관리의 목표는 주주 부의 극대화 혹은 주가 극대화이다. 그러나 독일처럼 유럽 대륙에 위치한 국가들과 일본의 기업들은 주주 부의 극대화보다는 이해관계자 이익 극대화를 추구하는 경향이 강하다. 그런데 이 문제의 출제자는 기업의 목표로서 영국과 미국 기업의 재무관리 목표인 주주 부의 극대화를 염두에 두고 이 문제를 출제한 것으로 생각된다. 각 문항에서 제시된 재무관리의 목표가 주주 부의 극대화 혹은 주가 극대화 목표와 동일한 의미를 갖는 것인지를 문항별로 판단해 보자.

① 적절치 않은 목표이다. 배당수익률 극대화는 반드시 주가 극대화를 달성할 수 있는 것은 아니다. 왜냐하면, 재투자수익률(ROE)이 주주들의 요구수익률(r)보다 클 때는 배당보다는 유보이익을 늘리는 것이 오히려 주가 극대화에 기여할 수 있기 때문이다(다음 **제3장**의 **문제** 2의 "Solution Note"를 참고).

② 적절치 않은 목표이다. 고객가치 극대화는 매출액을 증가시켜 결과적으로 기업규모를 극대화하는 데 기여할 수 있으나, 이것이 반드시 주가 극대화를 달성할 수 있는 것은 아니다. 재무관리보다는 오히려 마케팅 관리의 목표로 적합할 수 있다.

③ 적절치 않은 목표이다. 주당순이익 극대화 혹은 이익의 극대화 목표는 이론적으로 많은 결함을 가지고 있는 목표이다. 우선 회계적 이익은 기본적으로 시간성과 위험을 무시하며, 감가상각방법이나 재고자산평가방법 등에 있어서 어떤 방법을 선택하느냐에 따라 크기가 달라질 수 있는 자의적인 수치이므로 객관적인 평가지표가 될 수 없다. 게다가 회계적 이익은 투하자본의 기회자본비용을 고려하지 않아 주가와 관련이 있는 경제적 이익(economic profit)으로 보기는 어렵다. 회계적 이익이 갖는 이러한 단점으로 인해 주당순이익 극대화는 적절한 재무관리의 목표가 될 수 없다.

④ 적절치 않은 목표이다. 투자평가 이론에 있어서 순현가(NPV)의 극대화는 주가 극대화 혹은 주주 부의 극대화와 동일한 의미를 가진다. 그런데 투자 규모가 상이하거나 혹은 현금흐름의 시기가 상이한 상호배타적 투자안을 평가할 시에는 NPV법과 IRR법은 서로 다른 결론을 내릴 수 있다. 따라서 내부수익률(IRR) 극대화가 반드시 순현가(NPV)의 극대화와 주가 극대화 목표 등과 일치한다고 볼 수 없다.

⑤ 적절한 목표이다. 자기자본가치는 궁극적으로 주주에게 귀속되는 가치인 만큼 자기자본가치의 극대화는 곧 주주 부의 극대화 목표와 동일하다고 볼 수 있다.

따라서, 정답은 ⑤이다.

문제 2 기업의 소유자와 경영자 사이에서 발생하는 대리인 비용(agency problem)과 관련이 가장 **없는** 것은? (2012년)

    ① 감시비용(monitoring cost)
    ② 지배원리(dominance principle)
    ③ 스톡옵션(stock option)
    ④ 정보의 비대칭성(information asymmetry)
    ⑤ 기업지배권(corporate governance)

정답: ②

〈해설〉 이 문제는 기업지배권 구조에 있어서 주주와 전문경영자 간의 대리인 문제(agency problem)와 관련된 문제이다. 현대 주식회사 체제에 있어서 주주와 전문경영자 간에는 서로 다른 목표로 인한 이해 상충으로 대리 문제가 발생할 가능성이 매우 높다. 각 문항에서 제시된 용어가 대리인 문제와 관련이 있는지를 문항별로 판단해 보자.

    ① 관련이 있다. 주주와 전문경영자 간의 대리인 문제로 인해 발생하는 대리인 비용(agency costs)은 크게 감시비용(monitoring cost), 확증비용(bonding cost), 잔여손실(residual loss) 등으로 구분한다. 이 문항의 감시비용은 기업의 소유주인 주주가 기업경영권을 대리인인 전문경영자에게 위임한 후 실제로 전문경영자가 주주 부의 극대화 목표를 추구하는지를 감시하는 데 소요되는 비용을 의미하므로 관련이 있다.

    ② 관련이 없다. 지배원리(dominance principle)는 포트폴리오 분석 시에 위험자산들 간의 지배관계 즉 우월성을 결정하는 원리를 의미한다. 동일한 기대수익률을 가지는 위험자산 중에서는 위험이 작은 것이 큰 것을 지배하며, 동일한 위험을 가지는 위험자산 중에서는 기대수익률이 큰 것이 작은 것을 지배하는 원리이다. 따라서 대리인 문제와 관련이 있다고는 보기 어렵다.

    ③ 관련이 있다. 경영자 스톡옵션(executive stock options)은 전문경영자에게 자기 회사 주식을 미래의 일정 기간 동안에 미리 정해진 가격으로 살 수 있는 권리를 부여하는 경영자 보상제도이다. 이 권리를 행사할 경우 지불해야 할 행사가격이 미리 정해져 있기 때문

에, 만약 경영자가 권리를 행사할 시점의 주가가 이 행사가격보다 높으면 높을수록 경영자가 가지고 있는 스톡옵션의 가치도 높아지게 된다. 이처럼, 스톡옵션 제도의 목적은 경영자들에게 자기 회사의 주식을 미리 정해진 가격(행사가격)으로 살 수 있는 권리를 보수의 일부로 지급하여 경영자로 하여금 이 스톡옵션의 가치를 높이기 위해 자발적으로 주가 극대화를 추구하게 하려는 동기를 부여하는 것이므로 대리인 문제의 해결 방안으로 볼 수 있다.

④ 관련이 있다. 현대기업에 있어서 정보의 비대칭성은 정보비용이 실제로 존재하는 현실에서 기업경영에 직접 참여하는 전문경영자는 경영에 참여하지 않는 외부 주주에 비해 우월한 정보를 가지고 있을 때 발생하는 현상으로 볼 수 있다. 만약 자본시장이 완전자본시장으로 정보비용이 없을 경우에는 정보의 비대칭성은 발생하지 않으므로 전문경영자는 경영에 참여하지 않는 외부 주주보다 우월한 정보를 가질 수 없어 대리인 문제가 발생하지 않는다. 따라서 대리인 문제는 정보의 비대칭성에서 기인하는 현상으로도 볼 수 있다.

⑤ 관련이 있다. 주주와 전문경영자 간의 대리인 문제는 현대 주식회사에서 주식 소유의 분산 및 대중화에 의한 소유와 경영의 분리라는 기업지배권의 변화에서 근본 원인을 찾을 수 있다.

따라서, 정답은 ②이다.

문제 3 알파주식회사의 CFO가 기업가치를 극대화하기 위해 취한 다음의 행동 중 가장 적절하지 **않은** 것은? (2007년)

① 여유현금 9.5억 원으로 만기 1년, 액면가 10억 원인 국가발행 무이표채(zero coupon bond)를 구입하는 대신 연 금리 6%에 반기마다 이자를 지급하는 예금에 1년간 예치했다.

② 물품구입대금 9.5억 원을 당장 지급하는 대신 향후 3년간 연간 6%의 이자를 지급하는 예금에 예치하고 1년 후부터 3년간 매년 3.5억 원씩 지급하기로 했다.

③ 무상증자를 통해 주식거래의 유동성을 증가시켜 자본비용을 감소시켰다.

④ 인플레이션율이 높아지는 상황에서 재고자산에 대한 회계방식을 선입선출법(FIFO)에서 후입선출법(LIFO)으로 변경했다.

⑤ 알파주식회사의 경영진과 경영권다툼을 하던 감마투자회사의 그린메일(greenmail) 제의를 받아들여 감마투자회사가 보유하고 있는 주식을 시가보다 20% 높은 가격에 인수했다.

정답: ⑤

〈해설〉 이 문제는 기업의 다양한 의사결정이 기업가치 극대화에 기여하는지에 대해 묻는 문제이다. 각 문항에서 제시된 기업의 행동이 기업가치 극대화에 기여하는지를 문항별로 판단해 보자.

① 적절한 행동이다. 먼저, 국가발행 무이표채(zero coupon bond)를 구입할 경우 예상되는 만기수익률과 연금리 6%에 반기마다 이자를 지급하는 예금에 1년간 예치했을 때의 연간 실효이자율을 비교했을 때 다음 식과 같이 각각 5.26%와 6.09%로 나타났다.

- 국채의 만기수익률 : $r = \dfrac{10 - 9.5}{9.5} = 0.0526\,(5.26\%)$

- 예금의 실효이자율 : $r = (1 + \dfrac{0.06}{2})^2 - 1 = 0.0609\,(6.09\%)$

따라서 예금을 선택한 의사결정은 적절한 행동으로 볼 수 있다.

② 적절한 행동이다. 물품구입대금을 할부로 지급할 경우와 지금 일시금
으로 지급할 경우를 비교할 때, 할부금을 지급하는 것이 일시금 지급
할 때보다 약 0.14억 원(=9.5−9.36)의 비용을 절감할 수 있다.

$$\text{• 할부금의 현재가치} = \frac{3.5}{(1.06)} + \frac{3.5}{(1.06)^2} + \frac{3.5}{(1.06)^3} = 9.36 \text{ (억 원)}$$

③ 적절한 행동이다. 무상증자를 통해 주식거래의 유동성을 증가시켜
주식의 자본비용을 감소시킬 경우 자본비용을 감소하지 않은 경우
에 비해 주가가 상대적으로 증가하게 된다. 따라서 개인 주주의 경
우 무상증자로 주식 수가 늘어난 반면 주가는 주식 수가 늘어난 만
큼 하락하지만 주주들이 보유하고 있는 전체 주식의 가치는 자본비
용이 변하지 않은 경우보다 증가하게 되므로 궁극적으로 기업가치
극대화에 기여할 수 있다.

④ 적절한 행동이다. 인플레이션율이 높아지는 상황에서 재고자산에
대한 회계방식을 선입선출법(FIFO)에서 후입선출법(LIFO)으로 변
경할 경우 제품 원가가 높아져 결과적으로 법인세차감전 순이익은
감소하게 된다. 이것은 곧 법인세 절감 효과로 이어져 기업의 현금
흐름이 증가하게 되며 법인세 절감액의 현재가치만큼 기업가치가
증대한다. 참고로, 1970년대 이후 미국 기업들이 인플레이션 시기
에 법인세를 줄이기 위한 목적으로 FIFO에서 LIFO로 변경한 사례
가 많아 현재 국제회계기준(IFRS)에서는 LIFO를 금지하고 있다.

⑤ 적절치 않은 행동이다. 알파의 경영진이 감마의 그린메일(green
mail) 제의를 받아들였다는 것은 알파 경영진이 감마가 보유하고
있는 주식을 현재 시장가격보다 비싼 20% 프리미엄 가격에 인수
했다는 것과 앞으로 감마가 일정 기간 동안 알파 주식을 매입하지
않도록 약정(재매입정지협정)을 맺었다는 것을 의미한다. 이것은
결과적으로 알파의 전문경영자들이 주주에게 귀속될 기업의 잉여
현금을 주주 부의 극대화와는 관계없이 자신들의 경영권을 지키기
위해 사용했으며, 또한 주주들이 보유 주식을 프리미엄 가격으로
적대적 인수기업에게 매각할 기회를 빼앗았다는 점에서 주주 부의
극대화, 즉 기업가치 극대화에 반하는 행동으로 볼 수 있다.

따라서, 정답은 ⑤이다.

1.2 화폐의 시간적 가치

문제 4 동일한 횟수의 연금을 기초에 받는 경우(선불연금: annuity due)와 기말에 받는 경우(일반연금: ordinary annuity)에 대한 설명으로 가장 적절한 것은? (단, 이자율은 0보다 크고 일정하며, 복리계산은 연 단위로 이루어진다고 가정한다.) (2010년)

① 현재가치와 미래가치 모두 선불연금은 일반연금에 (1+이자율)을 곱해서 얻을 수 있다.
② 현재가치와 미래가치 모두 일반연금은 선불연금에 (1+이자율)을 곱해서 얻을 수 있다.
③ 현재가치의 경우 선불연금은 일반연금에 (1+이자율)을 곱해서, 미래가치의 경우 일반연금은 선불연금에 (1+이자율)을 곱해서 얻을 수 있다.
④ 현재가치의 경우 일반연금은 선불연금에 (1+이자율)을 곱해서, 미래가치의 경우 선불연금은 일반연금에 (1+이자율)을 곱해서 얻을 수 있다.
⑤ 현재가치와 미래가치 계산에 있어 선불연금과 일반연금 중 어느 연금이 클 것인가는 이자율에 따라 달라진다.

정답: ①

〈해설〉 이 문제는 선불연금(annuity due)과 일반연금(ordinary annuity)의 현재가치와 미래가치를 비교하는 문제이다. 선불연금의 현금흐름은 일반연금의 현금흐름보다 항상 1년 먼저 발생하므로 1년간의 이자가 더 발생한다. 따라서 선불연금의 현재가치나 미래가치는 모두 일반연금의 그것에다 (1+이자율)을 곱해 주면 된다. 예를 들어, 매년 C라는 일정 금액이 2년 기간 동안 발생하는 연금을 가정하고, 이 선불연금과 일반연금의 미래가치와 현재가치를 비교해 보자.

1. 2년 후의 미래가치

- 선불연금($annuity\ due$) : $FV_{AD} = c(1+r)^2 + c(1+r)$

- 일반연금($\mathrm{or}dinary\ annuity$) : $FV_{OA} = c(1+r) + c$

    $\rightarrow FV_{AD} = (1+r)\,FV_{OA}$

2. 현재가치

- 선불연금($annuity\ due$) : $PV_{AD} = C + \dfrac{C}{(1+r)}$
- 일반연금($\mathrm{or}dinary\ annuity$) : $PV_{OA} = \dfrac{C}{(1+r)} + \dfrac{C}{(1+r)^2}$

    $\rightarrow PV_{AD} = (1+r)\,PV_{OA}$

따라서, 정답은 ①이다.

문제 5 다음 세 가지 경품의 현재가치를 할인율 10%를 적용하여 계산하였더니 모두 100원으로 동일하게 나타났다. (2006년)

> 경품 1: 현재부터 W원을 매년 영구히 받는다.
> 경품 2: 1년 후에 상금 X원을 받는다.
> 경품 3: 1년 후에 상금 Y원, 2년 후에 상금 X원을 받는다.

변수 W, X, Y에 관한 다음 관계식 중 옳지 **않은** 것은?

① $100 < X+Y$ ② $X > Y$ ③ $W < 10$

④ $Y < 10$ ⑤ $Y > W$

정답: ④

〈해설〉 이 문제는 영구연금과 단일현금흐름 등 다양한 미래 현금흐름의 현재가치를 계산하는 문제이다. 문제에서 제시된 각 경품 내용을 수식으로 표현하면 다음 관계식으로 나타낼 수 있다.

- 경품 1 : $PV = \dfrac{W}{0.1}(1+0.1) = 100 \;\rightarrow\; W = 9.09$

- 경품 2 : $PV = \dfrac{X}{(1+0.1)} = 100 \;\rightarrow\; X = 110$

- 경품 3 : $PV = \dfrac{Y}{(1+0.1)} + \dfrac{X}{(1+0.1)^2} = 100 \;\rightarrow\; Y = 10$

위 식에서 경품 1은 현재부터 W원을 매년 영구히 받는 선물연금 (annuity due) 형태의 영구연금이므로 1년 후부터 W원을 매년 영구히 받는 일반연금 형태의 영구연금의 현재가치인 W/0.1에다 (1+0.1)을 곱해 주어야 한다(앞의 **문제 4**의 해설을 참고). 위의 관계식으로부터 변수 W, X, Y를 구하면 각각 9.09원, 110원, 10원이다.

따라서, 정답은 ④이다.

문제 6 올해로 31세가 된 투자자 A는 32세 말(t=2)부터 매 1년마다 납입하는 4년 만기의 정기적금 가입을 고려하고 있다(즉, t=2~5 기간에 4회 납입). 투자자 A는 36세 말(t=6)부터 40세 말(t=10)까지 매년 3,000만 원이 필요하다. 이자율과 할인율이 연 10%일 때, 투자자 A가 32세 말부터 4년간 매년 말에 납입해야 할 금액에 가장 가까운 것은? 단, PVFA(10%, 4년)=3.1699, PVFA(10%, 5년)=3.7908, PVF(10%, 5년)=0.6209이다. (2015년)

① 2,450만원 ② 2,475만원 ③ 2,500만원
④ 2,525만원 ⑤ 2,550만원

정답: ①

〈해설〉 이 문제는 연금의 현재가치에 관한 문제이다. 투자자 A는 32세 말(t=2)부터 매 1년마다 X만 원씩 납입하는 4년 만기 정기적금의 현재가치는 36세 말(t=6)부터 40세 말(t=10)까지 매년 필요한 3,000만 원의 현재가치와 동일해야 한다. 즉,

$$X \times PVFA(10\%,4) \times \frac{1}{(1+0.1)} = 3,000 \times PVFA(10\%,5) \times \frac{1}{(1+0.1)^5}$$

$$\frac{X \times 3.1699}{1.1} = 3,000 \times 3.7908 \times PVF(10\%,5) = 3,000 \times 3.7908 \times 0.6209$$

$$\rightarrow X = \frac{3,000 \times 3.7908 \times 0.6209 \times 1.1}{3.1699} = 2,450.31$$

따라서, 정답은 ①이다.

문제 7 이자율과 할인율이 연 10%로 일정할 때 아래의 세 가지 금액의 크기 순서로 가장 적절한 것은? (단, PVIFA(10%, 6)=4.3553, FVIFA(10%, 6)=7.7156) (2016년)

> A: 5차년도부터 10차년도까지 매년 말 255원씩 받는 연금의 현재가치
>
> B: 5차년도부터 10차년도까지 매년 말 96원씩 받는 연금의 10차년도 말 시점에서의 미래가치
>
> C: 3차년도 말에서 45원을 받고 이후 매년 말마다 전년 대비 5%씩 수령액이 증가하는 성장형 영구연금의 현재가치

① A>B>C ② A>C>B ③ B>C>A ④ C>A>B ⑤ C>B>A

정답: ②

〈해설〉 이 문제는 연금의 미래가치, 현재가치, 성장형 영구연금의 현재가치를 계산하는 문제이다. A는 일반연금의 현재가치를, B는 일반연금의 미래가치를, C는 일정성장형 영구연금의 현재가치를 각각 계산하면 이들 간의 금액의 크기를 비교할 수 있다. 여기서, C는 일정성장형 영구연금의 현재가치를 구하는 문제이므로 수험생들에게 익숙한 일정성장배당할인모형 혹은 Gordon의 성장모형인 $D_1/(r-g)$ 공식을 이용하면 쉽게 계산할 수 있다.

- $A : PVA = \dfrac{255 \times PVIVA(10\%,6)}{(1+0.1)^4} = \dfrac{255 \times 4.3553}{1.4641} = 758.56$

- $B : FVA = 96(1+0.1)^5 + 96(1+0.1)^4 \cdots + 96(1+0.1)^1 + 96$

  $= 96 \times FVIVA(10\%,6) = 96 \times 7.7156 = 740.70$

- $C : PV = (\dfrac{45}{0.1-0.05}) \times \dfrac{1}{(1+0.1)^2} = \dfrac{900}{1.21} = 743.80$

  $\therefore A > C > B$

따라서, 정답은 ②이다.

문제 8 할인율이 연 10%로 일정할 때, 주어진 현가표를 참조하여 계산한 세 가지 금액 a, b, c의 크기 순서로 가장 적절한 것은? (단, 현재 시점은 1차년도 1월 1일이다.) (2018년)

구 분	$n=3$	$n=4$	$n=5$	$n=6$	$n=7$
PVIF(10%, n)	0.7513	0.6830	0.6209	0.5646	0.5132
PVIFA(10%, n)	2.4869	3.1699	3.7908	4.3553	4.8684

a. 현재 3,200원을 대출받고 1차년도부터 <u>매년 말</u> 800원씩 갚아 나가면 상환 마지막 해 말에는 800원보다 적은 금액을 갚게 된다. 상환 마지막 해 말에 갚아야 하는 금액

b. 4차년도부터 8차년도까지 <u>매년 말</u> 110원씩 받는 연금의 현재가치

c. 1차년도부터 5차년도까지 <u>매년 초</u> 70원씩 받는 연금의 현재가치

① a>b>c ② a>c>b ③ b>a>c ④ b>c>a ⑤ c>b>a

정답: ③

〈해설〉 이 문제는 선불연금과 일반연금의 현재가치에 관한 문제이다. 먼저, 문항 a의 값을 구하기 위해서는 문제에서 주어진 현가표를 이용하여 연금의 현가이자계수인 PVIFA(10%, n)이 3보다 크고 4보다 작으나 4에 가장 근접한 연도를 찾고, 해당 연도까지는 매년 800원씩 상환하고 이듬해에는 800원보다 작은 금액을 상환하면 된다. 위의 현가표에서 PVIFA(10%, n)이 이러한 조건을 충족하는 연도는 5차 연도 ($n=5$)임을 알 수 있다. 또한, c의 경우 선불연금의 현재가치를 계산해야 하므로 먼저 일반연금의 현재가치를 구한 다음 (1+0.1)을 곱해주면 된다(앞의 **문제 4**의 해설을 참고). 이를 감안하여 문항 a, b, c의 값을 계산하면 다음과 같다.

• $3{,}200 = 800 \times PVIFA(10\%, 5) + a \times PVIF(10\%, 6) \rightarrow a = 296.47$

- $b = 110 \times PVIFA(10\%, 5) \times \dfrac{1}{(1.1)^3} = 110 \times 3.7908 \times 0.7513 = 313.28$

- $c = 70 \times PVIFA(10\%, 5) \times (1 + 0.1) = 70 \times 3.7908 \times 1.1 = 291.89$

  $\therefore\ b > a > c$

따라서, 정답은 ③이다.

문제 9 A씨는 1월 1일(t=0)에 H은행에서 원리금 균등분할상환 조건으로 1,000,000원을 대출받았다. 대출의 이자율과 만기는 각각 연 5%와 3년이고, 원리금은 매년 말 1회 상환된다. 1년 말(t=1)에 상환되는 원리금에서 이자지급액의 원금상환액에 대한 비율(이자지급액/원금상환액)을 계산한 값에 가장 가까운 것은? 단, 연 1회 복리를 가정하고, $PVIF(5\%,3)=0.8638$, $PVIFA(5\%,3)=2.7232$이다. (2020년)

① 7.32%　　　　② 9.30%　　　　③ 10.76%

④ 13.62%　　　　⑤ 15.76%

정답: ⑤

〈**해설**〉 이 문제는 연금의 현재가치 개념을 활용한 균등상환채무에 관한 문제이다. 균등상환채무에 있어서 핵심 원리는 현재 은행에서 대출받은 대출금 총액이 채무자가 은행에 매년 지급해야 하는 연금 형태인 원리금의 현재가치라는 점이다. 이에 따라 채무자가 은행에 매년 지급해야 할 원리금은 아래 식과 같이 추정할 수 있다.

$$PVA = 1,000,000 = C \times PVIFA(5\%,3) = C \times 2.7232$$

$$\rightarrow C = \frac{1,000,000}{2.7232} = 367,215$$

위 식에서 추정한 원리금 중 1년도 말(t=1)에 상환해야 하는 원리금에서 이자지급액과 원금상환액 및 이들 간의 상대적 비율(이자지급액/원금상환액)을 계산하면 다음과 같다.

- 이자지급액 $(I) = 1,000,000 \times 0.05 = 50,000$

- 원금상환액 $(R) = 367,215 - 50,000 = 317,215$

- 이자지급액/원금상환액 $\left(\dfrac{I}{R}\right) = \dfrac{50,000}{317,215} = 0.1576\,(15.76\%)$

따라서, 정답은 ⑤이다.

문제 10　김씨는 2017년 1월 1일에 원리금 균등분할상환 조건으로 100,000원을 차입하였다. 원리금은 매년 말 1회 상환하며 만기는 5년이다. 이자율은 연 4%이고, 당해 발생이자는 당해에 지급된다. 다음 중 가장 적절하지 <u>않은</u> 것은? (단, PVIFA(4%, 5)=4.4518이며, 모든 금액은 반올림하여 원 단위로 표시한다.) (2018년)

① 매년 원리금상환액은 22,463원이다.
② 2018년 1월 1일 기준 차입금 잔액은 81,537원이다.
③ 2018년 원리금상환액 중 원금상환액은 19,202원이다.
④ 2019년 원리금상환액 중 이자지급액은 1,880원이다.
⑤ 매년 원리금상환액 중 원금상환액이 차지하는 부분은 만기가 다가올수록 커진다.

정답: ④
〈해설〉 이 문제는 연금의 현재가치 개념을 활용한 균등상환채무의 운용 방식에 관한 문제이다. 균등상환채무에 있어서 핵심 원리는 현재 은행에서 대출받은 대출금 총액이 채무자가 은행에 매년 지급해야 하는 연금 형태인 원리금의 현재가치라는 점이다. 또한 채무자가 은행에 매년 지급해야 할 원리금은 당해 연도에 지급해야 할 이자지급액과 원금상환액의 합한 금액이며 매년도 이들의 구성 비율은 달라진다. 문제에서 주어진 정보를 활용하여 각 문항의 적절성을 판단해 보자.

① 적절하다. 다음 식과 같이 매년 원리금 상환액은 22,463원이다.

$$PVA = 100,000 = C \times PVIFA(4\%, 5) = C \times 4.4518$$

$$\rightarrow C = \frac{100,000}{4.4518} = 22,463$$

② 적절하다. 2018년 1월 1일 기준 차입금 잔액은 81,537원이다.

- 2017년 기간 중 이자지급액 $=100,000 \times 0.04 = 4,000$
- 〃 　　　　　원금상환액 $=22,463 - 4,000 = 18,463$

- 2018년 초 차입금 잔액＝100,000−18,463＝81,537

③ 적절하다. 2018년 원리금 중 원금상환액은 19,202원이다.

- 2018년 기간 중 이자지급액＝81,537×0.04＝3,261
- 〃   원금상환액＝22,463−3,261＝19,202

④ 적절치 않다. 2019년 원리금상환액 중 이자지급액은 1,880원이 아니라 아래 식에서와 같이 2,493원이다.

- 2019년 초 차입금 잔액＝81,537−19,202＝62,335
- 2019년 기간 중 이자지급액＝62,335×0.04＝2,493

⑤ 적절하다. 매년 지급하는 원리금상환액에는 원금상환액이 포함되어 있으므로 만기가 다가올수록 원금은 줄어들게 되므로 이에 따라 이자지급액도 줄어들게 된다. 따라서 매년 원리금상환액 중 이자지급액이 차지하는 부분은 만기가 다가올수록 작아지는데 반해, 상대적으로 원금상환액은 만기가 다가올수록 커진다.

따라서, 정답은 ④이다.

문제 11 다음 세 가지 계산 결과를 큰 순서대로 가장 적절하게 나열한 것은? (2019년)

---

a. 1년 만기 현물이자율이 8%이고 2년 만기 현물이자율이 10.5%일 때 1년 후부터 2년 후까지의 선도이자율($_1f_2$)

b. 연간 실질이자율이 10%이고 연간 인플레이션율이 2%일 때 연간 명목이자율

c. 연간 표시이자율(APR)이 12%이고 매 분기 이자를 지급하는 경우(분기 복리) 연간 실효이자율(EAR)

---

① a>b>c ② a>c>b ③ b>a>c

④ c>a>b ⑤ c>b>a

정답: ②

〈해설〉 이 문제는 이자율에 관한 문제이다. 구체적으로는 선도이자율($_1f_2$), 실질이자율과 명목이자율, 실효이자율(effective annual interest rate: EAR) 등 다양한 이자율에 관한 문제이다. 각 문항에서 요구하는 선도이자율($_1f_2$)과 명목이자율(r), 실효이자율(r_e)을 추정하면 다음과 같다.

a. $(1+r_2)^2 = (1+r_1)(1+{_1f_2})$

$(1+0.105)^2 = (1+0.08)(1+{_1f_2})$

$_1f_2 = \dfrac{(1+0.105)^2}{(1+0.08)} - 1 = 0.1308 \ (13.08\%)$

b. 인플레이션율이 i일 때, 명목이자율(r)과 실질이자율(R)의 관계

$(1+r) = (1+R)(1+i)$
$\qquad = (1+0.1)(1+0.02)$

$\rightarrow r = (1+0.1)(1+0.02) - 1 = 0.122 \ (12.2\%)$

c. 이자지급 횟수가 m일 때, 표시이자율(r)과 실효이자율(r_e)의 관계

$r_e = (1+\dfrac{r}{m})^m - 1$

$\quad = (1+\dfrac{0.12}{4})^4 - 1 = 0.1255 \ (12.55\%)$

$$\therefore \ a > c > b$$

따라서, 정답은 ②이다.

※ Solution Note: 선도이자율$(_1f_2)$의 정확한 개념과 추정 공식에 관한 내용은 제2장의 2.2 이자율 기간구조에서 다양한 관련 문제와 상세 해설이 제시되고 있다. 아직 선도이자율 추정에 대해 이해가 부족한 수험생의 경우는 반드시 이곳을 참고하기 바란다. 그리고 실질이자율과 명목이자율에 대한 부분은 제5장의 5.1 투자안의 현금흐름 추정에서 다루고 있으니 구체적인 정의와 추정 공식을 참고하기 바란다.

1.3 재무제표분석

문제 12 다음 중 순운전자본이 증가하는 경우는? (2004년)

① 다른 상황이 동일한 조건에서, 외상매출금이 증가하고 그만큼 단기차입금이 증가하였다.

② 다른 상황이 동일한 조건에서, 외상매출금이 증가하고 그만큼 재고자산도 증가하였다.

③ 다른 상황이 동일한 조건에서, 외상매입금이 감소하고 그만큼 외상매출금도 감소하였다.

④ 다른 상황이 동일한 조건에서, 외상매입금이 증가하고 그만큼 지급어음이 감소하였다.

⑤ 다른 상황이 동일한 조건에서, 매출채권이 감소하고 그만큼 단기차입금이 감소하였다.

정답: ②

〈해설〉 이 문제는 순운전자본(net working capital: NWC)에 관한 문제이다. 순운전자본이란 기업이 일정 시점에서 보유하고 있는 유동자산에서 유동부채를 차감한 자본을 의미한다. 여기서 유동자산이란 현금 및 현금등가물, 단기 금융상품, 유가증권, 매출채권(외상매출금, 받을 어음), 재고자산 등을 의미한다. 반면에 유동부채는 1년 또는 영업주기 내에 지급하여야 하는 채무를 의미하는 것으로 매입채무(외상매입금, 지급어음), 단기차입금, 미지급금, 미지급법인세 등이 여기에 해당한다. 따라서 순운전자본의 증가는 유동자산의 증가 혹은 유동부채의 감소에 의해 이루어진다. 각 문항에서 제시된 거래 결과로 순운전자본의 증감 여부를 판단해 보자.

① 외상매출금 증가(유동자산 증가)+단기차입금 증가(유동부채 증가) → 순운전자본 불변

② 외상매출금 증가(유동자산 증가)+재고자산 증가(유동자산 증가) → 순운전자본 증가

③ 외상매입금 감소(유동부채 감소)+외상매출금 감소(유동자산 감소) → 순운전자본 불변

④ 외상매입금 증가(유동부채 증가)+지급어음 감소(유동부채 감소)

→ 순운전자본 불변

⑤ 매출채권 감소(유동자산 감소)+단기차입금 감소(유동부채 감소)

→ 순운전자본 불변

따라서, 정답은 ②이다.

문제 13 재무비율의 이름과 경제적 의미를 짝 지운 내용이 가장 적절하지 <u>않</u>
<u>은</u> 것은? (2014년)

① 주가수익비율 – 수익성
② 매입채무회전율 – 활동성
③ 이자보상비율 – 레버리지
④ 당좌비율 – 유동성
⑤ 총자본투자효율 – 생산성

정답: ①

〈해설〉 이 문제는 재무비율의 경제적 의미를 묻는 문제이다. 각 문항에서 제
시된 재무비율의 이름과 경제적 의미의 적절성 여부를 판단해 보자.

① 적절치 않은 내용이다. 주가수익비율(PER: price–earnings ratio)
은 시장 주가를 주당순이익으로 나눈 값이다. 따라서, 이 비율은
수익성을 나타내는 재무비율이 아니라 시장가치와 관련된 비율이
므로 시장가치비율(market value ratio)이다.

② 적절한 내용이다. 활동성 비율(activity ratio)은 기업 보유 자원(자
산, 자본 등)을 얼마나 효율적으로 활용하고 있는지를 나타내는 비
율로서 매출액을 자원액으로 나눈 회전율로서 측정한다. 매입채무
회전율은 매출액을 매입채무로 나눈 값으로 활동성 비율이다.

③ 적절한 내용이다. 이자보상비율(coverage ratio)은 영업이익이 이
자비용의 몇 배에 해당하는지를 측정하는 비율이다. 이 비율은 부
채비율과 함께 기업이 부채 사용에 따른 이자비용을 지급할 능력
을 갖고 있는지를 파악하는 대표적인 레버리지 비율이다.

④ 적절한 내용이다. 당좌비율은 유동자산에서 재고자산을 뺀 당좌자
산을 유동부채로 나눈 비율로 유동성을 측정하는 대표적인 재무비
율이다.

⑤ 적절한 내용이다. 총자본투자효율은 부가가치를 총자본으로 나눈
비율로 기업에 투하된 총자본이 1년 동안 부가가치를 얼마나 창출
하였는지를 나타내는 대표적인 자본생산성 비율이다.

따라서, 정답은 ①이다.

문제 14 재무비율에 관한 설명으로 가장 적절하지 **않은** 것은? (2017년)

① 회계적 이익을 가능한 한 적게 계상하는 회계처리방법을 사용하는 기업의 경우 주가수익비율(PER)은 상대적으로 높게 나타날 수 있다.

② 자산의 시장가치가 그 자산의 대체원가보다 작은 경우 토빈의 q (Tobin's q)는 1보다 작다.

③ 매출액순이익률이 2%, 총자산회전율이 3.0, 자기자본비율이 50%일 경우 자기자본순이익률(ROE)은 3%이다.

④ 유동비율이 높은 기업은 유동성이 양호한 상태라고 판단될 수 있으나, 과도하게 높은 유동비율은 수익성 측면에서 비효율적일 수 있다.

⑤ 주가장부가치비율(PBR)은 일반적으로 수익전망이 높은 기업일수록 높게 나타난다.

정답: ③

〈해설〉 이 문제는 다양한 재무비율의 특성에 관해 묻는 문제이다. ③번 문항을 제외한 모든 문항이 해당 재무비율에 대한 추가적인 설명이 필요 없을 정도로 정확한 설명을 제시하고 있다. ③번 문항은 Dupont ROE 의 활용을 설명한 것이나 옳지 못한 설명이다. 왜냐하면 이 경우 아래 식에서처럼 ROE는 3%가 아니라 12%이어야 하기 때문이다.

$$Dupont\ ROE = \frac{순이익}{자기자본} = \frac{순이익}{매출액} \times \frac{매출액}{총자산} \times \frac{총자산}{자기자본}$$

$$= 매출액순이익률 \times 총자산회전율 \times \frac{1}{자기자본비율}$$

$$= 0.02 \times 3.0 \times \frac{1}{0.5} = 0.12\ (12\%)$$

따라서, 정답은 ③이다.

문제 15 갑을기업의 전년도 자기자본순이익률(ROE)은 6%로 업계 평균 10%에 비해 상대적으로 저조하다. 내부 검토결과, 매출액순이익률(profit margin)은 1%, 총자산회전율은 2.0으로 업계 평균과 비슷한 것으로 나타나 이 부분에서의 개선보다는 자본구조의 변경을 통해 현재 자기자본순이익률을 업계 평균 수준으로 끌어올리려고 한다. 이 목표를 달성하기 위한 갑을기업의 적정 부채비율은 얼마인가? (2003년)

① 200%　　② 300%　　③ 400%　　④ 500%　　⑤ 600%

정답: ③

〈해설〉 이 문제는 재무비율 중 Dupont ROE에 관한 문제이다. Dupont ROE 분석은 다양한 형태로 활용되고 있지만, 이 문제는 ROE를 다음과 같은 식으로 분해하여 풀면 쉽게 풀 수 있는 문제이다.

$$Dupont\,ROE = \frac{\text{순이익}}{\text{자기자본}} = \frac{\text{순이익}}{\text{매출액}} \times \frac{\text{매출액}}{\text{총자산}} \times \frac{\text{총자산}}{\text{자기자본}}$$

$$= \text{매출액순이익률} \times \text{총자산회전율} \times \frac{1}{\text{자기자본비율}}$$

$$= (\text{수익성}) \times (\text{효율성}) \times (\text{자본구조})$$

현재 자기자본순이익률(ROE) 6%를 업계 평균 10%로 끌어올리기 위해서는 자기자본비율(L_S)을 다음 식과 같이 20%로 낮추어야 한다.

$$ROE = 0.1 = 0.01 \times 2 \times \frac{1}{L_S} \rightarrow L_S = 0.01 \times 2 \times \frac{1}{0.1} = 0.2$$

자기자본비율(L_S)이 20%일 때, 적정 부채비율은 다음 식과 같이 400%이다.

$$\text{부채비율}(debt-equity\,ratio) = \frac{B}{S} = \frac{0.8}{0.2} = 4\,(400\%)$$

따라서, 정답은 ③이다.

문제 16 다음 자료에서 당좌비율(quick ratio; Q)을 계산했을 때 가장 적절한 것은? 단, 1년은 365일이고 회전율은 매출액에 대하여 계산한다. (2012년)

매출채권 120억 원	재고자산회전율 10회
유동부채 140억 원	매출채권 회수기간 60일
유동비율 150%	

① Q≤50% ② 50%<Q≤75% ③ 75%<Q≤100%
④ 100%<Q≤125% ⑤ Q>125%

정답: ③

〈해설〉 이 문제는 당좌비율(Q)에 관한 문제이다. 당좌비율은 당좌자산을 유동부채로 나눈 값이며, 당좌자산은 유동자산에서 재고자산을 차감한 값이다. 당좌비율을 계산하는 데 필요한 정보인 유동자산과 재고자산 및 유동부채를 유동비율과 재고자산회전율 등의 재무비율과 기타 매출 관련 자료를 활용하여 추정한 후 당좌비율을 계산해야 한다. 이러한 논리적 과정에 따라 당좌비율을 계산하면 다음과 같다.

1. 유동비율과 유동부채에 관한 정보로부터 유동자산을 추정한다.

- 유동비율 $= 1.50 = \dfrac{\text{유동자산}}{\text{유동부채}} = \dfrac{\text{유동자산}}{140} \rightarrow$ 유동자산 $= 1.5 \times 140 = 210$ (억원)

2. 매출채권 회수기간 자료를 이용하여 매출채권회전율을 추정하고, 매출채권회전율과 매출채권을 이용하여 매출액을 추정한다.

- 매출채권회수기간 $= 60(\text{일}) = \dfrac{365\,(\text{일})}{\text{매출채권회전율}} \rightarrow$ 매출채권회전율 $= 6.08$

- 매출채권회전율 $= 6.08 = \dfrac{\text{매출액}}{\text{매출채권}} = \dfrac{\text{매출액}}{120} \rightarrow$ 매출액 $= 730$ (억원)

3. 재고자산회전율과 위의 항목 2에서 구한 매출액을 이용하여 재고자산을 추정한다.

- 재고자산회전율 $= 10 = \dfrac{매출액}{재고자산} = \dfrac{730}{재고자산} \rightarrow 재고자산 = 73\,(억원)$

4. 유동자산과 재고자산에 관한 추정 결과와 유동부채에 관한 정보를 이용하여 최종적으로 당좌비율(Q)을 계산한다.

- $Q = \dfrac{당좌자산}{유동부채} = \dfrac{(유동자산 - 재고자산)}{유동부채} = \dfrac{(210 - 73)}{140} = 0.97\,(97\%)$

따라서, 정답은 ③이다.

문제 17 A기업은 2015년에 비유동자산을 처분(장부가액 10,000원, 처분손익은 발생하지 않음)하였으며 8,000원의 장기부채를 신규로 차입하였다. 다음은 A기업의 2014년과 2015년 재무제표 정보이며 법인세율은 30%이다. 다음 설명 중 가장 적절한 것은? (2016년)

2015년도 재무상태표의 일부

(단위: 원)

	2014년말	2015년말		2014년말	2015년말
자산			부채와 자본		
유동자산	5,000	5,500	유동부채	2,000	2,200
비유동자산	25,000	30,000	비유동부채	20,000	26,000

2015년도 포괄손익계산서의 일부

(단위: 원)

매출액	150,000
매출원가	80,000
감가상각비	10,000
이자비용	2,000

① 2015년 비유동자산 취득액은 24,000원이다.
② 2015년 영업현금흐름은 53,000원이다.
③ 2015년 채권자의 현금흐름은 −5,000원이다.
④ 2015년 비유동부채 상환액은 2,000원이다.
⑤ 2015년 순운전자본은 500원 증가하였다.

정답: ④

〈해설〉 이 문제는 재무제표의 이해와 경영분석에 관한 문제이다. 문제에서 주어진 정보를 활용하여 각 문항의 적절성을 판단해 보자.

① 적절치 않은 설명이다. 비유동자산의 취득액은 다음과 같이 산출한다.

- 기말잔액 = 기초잔액 + 취득액 − 처분액 − 감가상각비

  → 취득액 = 기말잔액 − 기초잔액 + 처분액 + 감가상각비

  $$= 30,000 - 25,000 + 10,000 + 10,000 = 25,000$$

② 적절치 않은 설명이다. 2015년 영업현금흐름(OCF)은 다음과 같다.

- $OCF = EBIT(1 - T_C) + 감가상각비$

$$= (150,000 - 80,000 - 10,000)(1 - 0.3) + 10,000 = 52,000$$

③ 적절치 않은 설명이다. 2015년 채권자의 현금흐름은 다음과 같다.

- 기말비유동부채 = 기초비유동부채 + 신규차입금 − 차입금상환액
- 차입금상환액 = 기초비유동부채 + 신규차입금 − 기말비유동부채

$$= 20,000 + 8,000 - 26,000 = 2,000$$

- 채권자의현금흐름 = 차입금상환액 + 이자비용 − 신규차입금

$$= 2,000 + 2,000 - 8,000 = -4,000$$

④ 적절한 설명이다. 2015년 비유동부채 상환액 추정은 앞의 문항 ③에서 추정한 바와 같이 2,000원이다.

⑤ 적절치 않은 설명이다. 2015년 순운전자본 증가액은 다음과 같다.

- 순운전자본 증가액 = 기말순운전자본 − 기초순운전자본

$$= (기말유동자산 - 기말유동부채) - (기초유동자산 - 기초유동부채)$$

$$= (5,500 - 2,200) - (5000 - 2,000) = 300$$

따라서, 정답은 ④이다.

문제 18　A기업의 재무레버리지도(DFL)는 2이고 결합레버리지도(DCL)는 6
　　　　 이다. 현재 A기업의 영업이익(EBIT)이 20억 원이라면, 이 기업의
　　　　 고정영업비용은? (2017년)

　　　① 20억원　② 25억원　③ 30억원　④ 35억원　⑤ 40억원

정답: ⑤

〈해설〉 이 문제는 영업레버리지와 재무레버리지 효과에 관한 문제이다. 문제
　　　 에서 재무레버리지도(DFL)와 결합레버리지도(DCL)가 주어져 있으므
　　　 로 이를 이용하여 영업레버리지도(DOL)를 계산하면 3이다.

$$DCL = 6 = DOL \times DFL = DOL \times 2 \rightarrow DOL = 3$$

　　　 영업레버리지도(DOL)의 정의를 이용하면 이 기업의 고정영업비용은
　　　 다음 식과 같이 쉽게 계산할 수 있다. 아래 식에서 C는 공헌이익을,
　　　 X는 영업이익(EBIT)을, F는 고정영업비용을 각각 의미한다.

$$DOL = 3 = \frac{C}{X} = \frac{X+F}{X} = \frac{20+F}{20} \rightarrow F = 40$$

　　　 따라서, 정답은 ⑤이다.

　※ Solution Note: 영업레버리지도(DOL)와 재무레버리지도(DFL), 결
　　　 합레버리지도(DCL)에 대한 주요 공식을 정리하면 다음과 같다. 이
　　　 공식만 충분히 이해하는 수험생이면 레버리지 효과에 관한 문제는
　　　 어렵지 않게 풀 수 있다. 아래 식에서 TR은 매출액을, V는 변동영
　　　 업비용을, F는 고정영업비용을, I는 이자비용을 각각 의미한다.

　　　• $DOL = \dfrac{\triangle X/X}{\triangle TR/TR} = \dfrac{TR-V}{TR-V-F} = \dfrac{C}{X} = \left(\dfrac{C}{C-F} = \dfrac{X+F}{X} \right)$

　　　• $DFL = \dfrac{\triangle EPS/EPS}{\triangle X/X} = \dfrac{X}{X-I}$

　　　• $DCL = \dfrac{\triangle EPS/EPS}{\triangle TR/TR} = DOL \times DFL = \dfrac{C}{X} \times \dfrac{X}{X-I} = \dfrac{C}{X-I} = \dfrac{X+F}{X-I}$

문제 19 ㈜윈드는 풍력 발전에 사용되는 터빈을 생산하는 기업이며 생산된 터빈은 모두 판매되고 있다. ㈜윈드의 손익분기점은 터빈을 2,500개 판매할 때이다. ㈜윈드가 터빈을 3,400개 판매할 때의 영업레버리지도(degree of operational leverage; DOL)로 가장 적절한 것은? (2012년)

① DOL≤1.5   ② 1.5<DOL≤ 2.5   ③ 2.5<DOL≤ 3.5
④ 3.5<DOL≤4.5   ⑤ DOL>4.5

정답: ④

〈해설〉 이 문제는 손익분기점 분석과 레버리지 효과에 관한 문제이다. 문제에서 주어진 손익분기점 매출량(Q^*)에 대한 정보를 이용하여 터빈을 3,400개 판매할 때의 영업레버리지도(DOL)를 계산하면 다음과 같다. 아래 식에서 p는 단위당 가격을, v는 단위당 변동비용을, $c(=p-v)$는 단위당 공헌이익을, $C(=(p-v)Q=cQ)$는 총 공헌이익을, X는 영업이익(EBIT)을, F는 고정영업비용을 각각 뜻한다.

- $Q^* = \dfrac{F}{p-v} = \dfrac{F}{c} = 2,500 \rightarrow F = 2,500c$

- $DOL(Q=3,400) = \dfrac{C}{X} = \dfrac{C}{C-F} = \dfrac{3,400c}{3,400c - 2,500c} = 3.78$

따라서, 정답은 ④이다.

※ Solution Note: 손익분기점(break-even point)은 총매출액과 총영업비용을 동일하게 하는 즉 영업이익(EBIT)이 0이 되는 매출량 또는 매출액을 의미한다. 이러한 손익분기점의 매출량 또는 매출액은 다음 식으로 추정할 수 있다. 앞의 **문제 18**의 Solution Note에서 설명한 영업레버리지도(DOL)와 재무레버리지도(DFL), 결합레버리지도(DCL)의 공식과 함께 이해하면 유사한 문제를 푸는 데 도움이 될 수 있다. 아래 식에서 Q^*는 손익분기점의 매출량을, TR^*는 손익분기점의 매출액을 각각 의미한다. 그리고 $c(=p-v)$는 단위당 공헌이익을, $C(=(p-v)Q=cQ)$는 총 공헌이익을, $CR(=1-v/p)$은 공

헌이익률을 뜻한다.

- 손익분기점 매출량 $Q^* = \dfrac{F}{p-v} = \dfrac{F}{c}$

- 손익분기점 매출액 $TR^* = \dfrac{F}{1 - v/p} = \dfrac{F}{CR}$

문제 20 A기업의 경우, 매출량이 1% 증가하면 영업이익(EBIT)은 3% 증가한다. 이 기업의 결합레버리지도(DCL)는 6이며, 현재 이 기업의 주가수익비율(PER)은 12이다. 영업이익이 10% 증가하는 경우, 주가가 10% 상승한다면 PER는 얼마가 되는가? (2012년)

① 10　　② 11　　③ 12　　④ 15　　⑤ 18

정답: ②

〈해설〉 이 문제는 레버리지(leverage) 효과와 주가수익비율(PER)과의 관계를 묻는 문제이다. 문제에서 매출량이 1% 증가하면 영업이익(EBIT)은 3% 증가하므로 A기업의 영업레버리지도(DOL)는 3이다. 결합레버리지도(DCL)가 6이므로 재무레버리지도(DFL)는 2가 된다.

$$DCL = 6 = DOL \times DFL = 3 \times DFL \rightarrow DFL = 2$$

재무레버리지도(DFL)가 2라는 것은 다음 식에서와 같이 영업이익(X)이 10% 증가할 경우 주당순이익(EPS)이 20% 증가한다는 의미이다. 즉,

$$DFL = 2 = \frac{\triangle EPS/EPS}{\triangle X/X} = \frac{\triangle EPS/EPS}{0.1} \rightarrow \triangle EPS/EPS = 0.2$$

만약 영업이익이 10% 증가할 경우 주가가 10% 증가하고 현재 PER가 12라고 한다면, 영업이익이 10% 증가할 경우 PER'은 다음 식과 같이 추정할 수 있다.

$$PER' = \frac{P'}{EPS'} = \frac{1.1 \times P}{1.2 \times EPS} = \frac{1.1}{1.2} \times PER = \frac{1.1}{1.2} \times 12 = 11$$

따라서, 정답은 ②이다.

문제 21 레버리지에 관한 설명으로 적절한 항목만을 <u>모두</u> 선택한 것은? (2021년)

> a. 손익분기점 미만의 매출액 수준에서는 영업레버리지도(DOL)가 음(−)의 값으로 나타난다.
>
> b. 영업레버리지도(DOL)가 크다는 것은 영업이익 변화율에 비해 매출액 변화율이 크다는 것을 의미한다.
>
> c. 레버리지효과가 없을 경우 영업레버리지도(DOL)와 재무레버리지도(DFL)는 모두 0과 1사이의 값으로 나타난다.
>
> d. 재무레버리지도(DFL)와 결합레버리지도(DCL)가 각각 4, 8일 때, 매출액이 10% 증가하면, 영업이익은 20% 증가한다.
>
> e. 재무레버리지는 이자비용 중에서 영업고정비의 비중 증가에 따른 순이익 확대효과를 의미한다.

① a, d   ② b, d   ③ c, d

④ a, c, d   ⑤ a, c, e

정답: ①

〈해설〉 이 문제는 레버리지(leverage) 효과, 즉 영업레버리지와 재무레버리지 효과에 관한 문제이다. 각 문항에서 주어져 있는 정보를 활용하여 문항의 적절성 여부를 판단해 보자.

    a. 적절한 설명이다. 영업레버리지도(DOL)는 다음 식에서 정의한 바와 같이 공헌이익(C)을 영업이익(X)으로 나눈 값이다.

$$DOL = \frac{\triangle X/X}{\triangle TR/TR} = \frac{(p-v)Q}{(p-v)Q-F} = \frac{C}{X}$$

먼저, 문제에서 언급한 손익분기점 미만의 매출액 수준에서는 정의상 영업이익은 음(−)의 값을 가지므로 위의 식에서 영업레버리지도(DOL)의 분모는 음(−)이다. 반면에, 분자인 공헌이익(C)은 단위당 공헌이익($c = p - v$)과 판매량(Q)의 곱이므로 단위당 판매가격(p)이 단위당 변동비용(v)보다 크다면 언제나 양($+$)의 값을 가진다. 따라서 이 문제에서와 같이 분모인 영업이익(X)이 음($-$)이라면, 영업레버리지도(DOL)는 다음 식과 같이 음($-$)의 값을 가진다.

$$DOL = \frac{C}{X} : \ If \ X < 0 \rightarrow DOL < 0 \ (\because C = cQ = (p-v)Q > 0)$$

b. 적절치 않은 설명이다. 영업레버리지도(DOL)를 정의한 다음 식에 의하면, 영업레버리지도(DOL)가 크다는 것은 영업이익 변화율($\triangle X/X$)이 매출액 변화율($\triangle TR/TR$)보다 더 크다는 것을 의미한다.

$$DOL = \frac{\triangle X/X}{\triangle TR/TR}$$

c. 적절치 않은 설명이다. 영업레버리지도(DOL)에 있어서 레버리지 효과가 없을 경우는 지렛대 역할을 하는 고정영업비용(F)에 비해 영업이익의 크기가 상대적으로 훨씬 더 클 경우이며, 이때 영업레버리지도(DOL)는 1에 수렴한다. 또한 재무레버리지도(DFL)에 있어서도 레버리지 효과가 없을 경우는 지렛대 역할을 하는 이자비용(I)에 비해 영업이익의 크기가 상대적으로 훨씬 더 클 경우이며, 이때 재무레버리지도(DFL)도 1에 수렴한다. 다음 식은 이것을 수학적으로 증명하기 위해 고정영업비용(F)과 이자비용(I)은 일정한 반면 영업이익이 증가할 경우 영업레버리지도(DOL)와 재무레버리지도(DFL)의 극한값을 추정한 것으로 모두 1에 수렴한다는 것을 알 수 있다(DOL과 DFL의 정의에 대한 설명은 앞의 **문제 18**의 Solution Note를 참고하기 바람).

- $DOL = \dfrac{X+F}{X} \rightarrow \lim\limits_{X \to \infty} \dfrac{X+F}{X} = \lim\limits_{X \to \infty} \dfrac{1+F/X}{1} = 1 \ (\because \lim\limits_{X \to \infty} \dfrac{F}{X} = 0)$

- $DFL = \dfrac{X}{X-I} \rightarrow \lim\limits_{X \to \infty} \dfrac{X}{X-I} = \lim\limits_{X \to \infty} \dfrac{1}{1-I/X} = 1 \ (\because \lim\limits_{X \to \infty} \dfrac{I}{X} = 0)$

d. 적절한 설명이다. 재무레버리지도(DFL)와 결합레버리지도(DCL)가 각각 4와 8일 때, 영업레버리지도(DOL)는 2가 된다. 영업레버리지도(DOL)가 2이므로 매출액이 10% 증가하면, 영업이익은 20% 증가한다.

e. 적절치 않은 설명이다. 재무레버리지는 이자비용 중에서 영업고정비가 아닌 <u>재무고정비</u>의 비중 증가에 따른 순이익 확대 효과를 의미한다.

따라서, 정답은 ①이다.

문제 22 영업레버리지도(DOL), 재무레버리지도(DFL), 결합레버리지도(DCL)
에 관한 설명으로 가장 적절하지 **않은** 것은? (2016년)

① 영업이익(EBIT)이 영(0)보다 작은 경우, 음(−)의 DOL은 매출
액 증가에 따라 영업이익이 감소함을 의미한다.
② 고정영업비가 일정해도 DOL은 매출액의 크기에 따라 변화한다.
③ DCL은 DOL과 DFL의 곱으로 나타낼 수 있다.
④ 이자비용이 일정해도 DFL은 영업이익의 크기에 따라 변화한다.

⑤ 영업이익이 이자비용(이자비용>0)보다 큰 경우, 영업이익이 증
가함에 따라 DFL은 감소하며 1에 수렴한다.

정답: ①

〈해설〉 이 문제는 레버리지(leverage) 효과, 즉 영업레버리지와 재무레버리지
효과에 관한 문제이다. 각 문항에서 주어져 있는 정보를 활용하여 문항
의 적절성 여부를 판단해 보자.

① 적절치 않은 설명이다. 영업레버리지도(DOL)를 정의한 다음 식에
의하면 영업이익(EBIT) X가 영(0)보다 작은 경우, 음(−)의 DOL
은 매출액(TR) 증가에 따라 영업이익이 감소하는 것이 아니라 증
가함을 의미한다. 즉, 음(−)의 DOL은 매출액 증가에 따라 영업손
실이 감소함을 의미한다.

- $DOL = \dfrac{\triangle X/X}{\triangle TR/TR}$

- $If\ DOL < 0\ and\ X < 0,\ then\ \dfrac{\triangle TR}{TR} > 0\ and\ \triangle X > 0$

또한, 손익분기점 분석이나 레버리지 효과 분석에서는 일반적으로
단위당 가격(p)에서 단위당 변동비용(v)을 차감한 값인 단위당 공
헌이익(c)은 양(+)으로 가정한다. 따라서 만약 매출액이 증가할
경우, 즉 $\triangle Q$가 양(+)인 경우 영업이익의 변화액($\triangle X$)은 현재

영업이익이 양(+)이든 음(-)이든 상관없이 다음 식과 같이 단위 당 공헌이익(c)과 매출 증가량($\triangle Q$)의 곱으로 나타낼 수 있으므로 언제나 양(+)의 값을 가진다.

$$\triangle X = [(p-v)(Q+\triangle Q) - F] - [(p-v)Q - F]$$
$$= (p-v)\triangle Q = c\triangle Q > 0 \ \ (\because c > 0 \text{ and } \triangle Q > 0)$$

② 적절한 설명이다. 영업레버리지도(DOL)의 정의에 의하면, 고정영업비(F)가 일정하더라도 매출액(TR)의 크기가 변화하면 DOL도 변화한다.

$$DOL = \frac{C}{X} = \frac{(TR-V)}{(TR-V-F)}$$

③ 적절한 설명이다. DCL에 대한 정확한 정의이다.

④ 적절한 설명이다. 영업레버리지도(DOL)에 관한 설명인 문항 ②와 동일한 논리로, 재무레버리지도(DFL)를 정의한 다음 식에 의해 이자비용(I)이 일정하더라도 영업이익(X)의 크기가 변화하면 DFL도 변화한다.

$$DFL = \frac{X}{X-I}$$

⑤ 적절한 설명이다. 재무레버리지 효과에 있어서 이자비용(I)이 레버리지, 즉 지렛대 역할을 한다. 그런데, 영업이익이 증가하게 되면 지렛대 역할을 하는 이자비용의 영향이 상대적으로 줄어들게 되므로 재무레버리지 효과가 감소한다. 이를 수학적으로 증명하기 위해, 아래 식에서와 같이 영업이익에 대한 재무레버리지도(DFL)의 편미분 값을 계산해 보자.

$$DFL = \frac{X}{X-I} \ \rightarrow \ \frac{\partial DFL}{\partial X} = \frac{\partial (\frac{X}{X-I})}{\partial X} = \frac{-I}{(X-I)^2} < 0$$

위 식에서 영업이익(X)에 대한 재무레버리지도(DFL)의 편미분 값이 음(-)인 것은 영업이익이 증가할수록 재무레버리지도(DFL)가 감소함을 의미한다. 한편, 영업이익이 증가하게 되면 지렛대 역할을 하는 이자비용의 영향이 점차 줄어들게 되며 궁극적으로는 재무레버리지 효과가 거의 사라지게 되어 재무레버리지도(DFL)는 1에 수렴하게 된다. 아래 식은 이를 수학적으로 증명하기 위해 이자비용(I)은 일정한 데 반해 영업이익은 무한히 증가할 경우 재무레버리지도(DFL)의 극한값을 추정한 것이다.

$$DFL = \frac{X}{X-I} \ \rightarrow \ \lim_{X \to \infty} \frac{X}{X-I} = \lim_{X \to \infty} \frac{1}{1-I/X} = 1 \ \left(\because \lim_{X \to \infty} \frac{I}{X} = 0 \right)$$

위 식에서 영업이익이 증가할 때 DFL의 극한값이 1이라는 것은 영업이익이 증가함에 따라 이자비용의 영향이 상대적으로 줄어들어 DFL은 1에 수렴한다는 뜻이다. 결과적으로, DFL은 영업이익이 증가함에 따라 <u>감소</u>하며 <u>1에 수렴</u>하는 특성을 갖는다.

따라서, 정답은 ①이다.

2

채권의 가치평가와 이자율

2.1 채권의 가치평가

문제 1 올해 1월 1일 현재 채권시장에서 (갑), (을), (병) 세 가지 종류의 무이표 국고채가 거래되고 있다. (갑) 채권은 액면가 10,000원, 만기 1년이고 만기수익률이 2%이다. (을) 채권은 액면가 10,000원, 만기 2년이고 만기수익률이 4%이며, (병) 채권은 액면가 10,000원, 만기 3년이고 만기수익률이 5%이다. (갑), (을), (병) 채권으로 복제포트폴리오를 구성하여 액면가 1,000,000원, 액면이자율 2%, 만기 3년이며 이자를 1년에 한 번씩 연말에 지급하는 국고채의 가격을 구할 때 차익거래가 발생하지 않기 위한 채권 가격과 가장 가까운 것은? 단, 현재 시장에서는 거래비용이 없다고 가정한다. (2016년)

① 920,000원   ② 940,000원   ③ 960,000원

④ 980,000원   ⑤ 1,000,000원

정답: ①

〈**해설**〉 이 문제는 기간별 순수할인채권 혹은 무이표채(zero coupon bond)의 현물이자율을 이용하여 확정이자부채권 혹은 이표채(coupon bond)의 가치를 산출하는 문제이다. 현재 시장에서 거래되고 있는 무이표채인

갑(1년 만기), 을(2년 만기), 병(3년 만기)의 만기수익률이 각각 2%, 4%, 5%이므로, 이것은 곧 현재부터 1년도 말, 2년도 말, 3년도 말까지의 현물이자율이 각각 2%, 4%, 5%라는 것을 의미한다. 이러한 연도별 현물이자율에 대한 정보를 이용하여 액면가 1,000,000원, 액면이자율 2%, 만기 3년이며 이자를 1년에 한 번씩 연말에 지급하는 확정이자부채권인 국고채의 가격을 추정하면 다음과 같다.

- F(액면가) $= 1,000,000$ (원), i(액면이자율) $= 2\%$
- C(액면이자액) $= F \times i = 1,000,000 \times 0.02 = 20,000$ (원)
- $P = \dfrac{C}{(1+r_1)} + \dfrac{C}{(1+r_2)^2} + \dfrac{C+F}{(1+r_3)^3} = \dfrac{20,000}{(1+0.02)} + \dfrac{20,000}{(1+0.04)^2} + \dfrac{1,020,000}{(1+0.05)^3}$

  $= 919,213$ (원)

따라서, 정답은 ①이다.

※ Solution Note: 채권 유형과 관련된 용어

1. 순수할인채권 혹은 무이표채(zero coupon bond)
   이자를 지급하지 않고 만기일에 원금만을 상환하는 채권을 의미하며, 순수할인채권 혹은 무이표채, 무이자부채권 등의 이름으로 부른다.

2. 확정이자부채권 혹은 이자부채권, 이표채(coupon bond)
   만기까지 확정된 액면이자(coupon)를 매 기간 말에 지급하고 만기일에는 원금을 상환하는 채권을 의미하며, 확정이자부채권 혹은 이자부채권, 이표채 등의 이름으로 부른다.

3. 액면이자율 혹은 이표율, 표면이자율(coupon interest rate)
   이자부채권 혹은 이표채에서 매 기간별로 지급하는 이자율을 의미하며, 액면이자율, 이표율, 표면이자율 등의 이름으로 부른다.

문제 2 현재 채권시장에서 ㈜한국의 1년 만기 액면가 1,000원의 순수할인채권은 909.09원에, 2년 만기 액면가 1,000원의 순수할인채권은 783.15원에 거래되고 있다. ㈜한국이 액면가 1,000원, 만기 2년, 액면이자율 10%(이자는 연 1회 후급 조건)인 회사채를 발행하려 한다면, 이 회사채의 발행가격과 가장 가까운 금액은? (2017년)

① 952.32원 ② 966.21원 ③ 967.83원 ④ 983.23원 ⑤ 1,000원

정답: ①

〈해설〉 이 문제는 기간별 현물이자율을 이용하여 확정이자부채권 혹은 이표채(coupon bond)의 가치를 계산하는 문제이다. 먼저 시장에서 거래되고 있는 순수할인채권(무이표채)의 가격 정보를 이용하여 연도별 현물이자율을 다음과 같이 추정한다. 아래 식에서 F는 회사채의 액면가(face value)를 의미한다.

- $P = 909.09 = \dfrac{F}{(1+r_1)} = \dfrac{1,000}{(1+r_1)} \rightarrow r_1 = 0.1 \, (10\%)$

- $P = 783.15 = \dfrac{F}{(1+r_2)^2} = \dfrac{1,000}{(1+r_2)^2} \rightarrow r_2 = 0.13 \, (13\%)$

위에서 추정한 연도별 현물이자율 r_1과 r_2를 이용하여 이표채(확정이자부채권)인 회사채의 가치를 계산하면 다음과 같다.

- $F(액면가) = 1,000, \quad i(액면이자율) = 10\%$

- $C(액면이자액) = F \times i = 1,000 \times 0.1 = 100$

- $P = \dfrac{100}{(1+r_1)} + \dfrac{1,100}{(1+r_2)^2} = \dfrac{100}{(1+0.1)} + \dfrac{1,100}{(1+0.13)^2} = 952.37$

따라서, 정답은 ①이다.

문제 3 액면 금액 10,000원, 3년 만기, 표면이자율 연 16%(이자는 매 분기 말 지급)로 발행된 회사채가 있다. 만기일까지의 잔존기간이 5개월 남은 현시점에서 이 회사채의 만기수익률이 연 12%이면, 이 채권의 이론가격은? (가장 근사치를 고를 것) (2001년)

① 9,890원   ② 10,000원   ③ 10,110원
④ 10,290원   ⑤ 10,390원

정답: ④

〈해설〉 이 문제는 액면금액(액면가), 만기, 표면이자율(액면이자율), 만기수익률 등이 주어져 있을 때 이를 이용해 이자부채권(coupon bond)의 이론가격을 산출하는 문제이다. 액면이자를 매 분기별로 지급하는 채권이므로 분기별 액면(표면)이자율과 액면이자액, 만기수익률 등을 계산하면 다음과 같다.

- 분기별 액면이자율 $= \dfrac{0.16}{4} = 0.04$,

- 분기별 액면이자 $= 10,000 \times 0.04 = 400$,

- 분기별 만기수익율 $= \dfrac{0.12}{4} = 0.03$

그런데, 현시점에서 만기일까지의 잔존기간이 5개월 남아 있으므로, 앞으로 2개월 후 즉 2/3 분기 후에 400원의 액면이자와 5개월 후 즉 5/3분기 후 만기에는 10,400원의 액면이자와 액면가를 받게 된다. 분기별 현금흐름을 현재가치로 할인하여 구한 이 채권의 이론적 가격은 다음과 같다:

- $CF_{2/3} = 400$, $CF_{5/3} = 400 + 10,000 = 10,400$

- $P = \dfrac{400}{(1+0.03)^{2/3}} + \dfrac{10,400}{(1+0.03)^{5/3}} = 10,292.26$ (원)

따라서, 정답은 ④이다.

문제 4 정부에서 발행한 두 종류의 채권이 시장에서 거래되고 있다. 즉 만기가 1년이고 액면가가 50만 원인 무이표채(A)와, 만기가 2년이고 액면가가 100만 원이며 쿠폰이자율(coupon rate)이 10%인 채권(B)이 거래되고 있다. 만기 t년($t = 1, 2$)인 무위험 현물이자율의 형태는 $R(t) = 0.05 + 0.02 \times (t-1)$이다. 즉 1년 현물이자율은 0.05(5%), 2년 현물이자율은 0.07(7%)이다. 이때 <u>A, B가 각기 하나씩 포함된 채권 포트폴리오의 만기수익률(yield)에 가장 가까운 값을 구하라.</u> 만기수익률 산출을 위한 각 계산 단계에서 항상 소수 넷째 자리까지 구한 후 이를 반올림하여 소수 셋째 자리로 확정하여 사용하여라. (2009년)

① 0.055 ② 0.059 ③ 0.061 ④ 0.065 ⑤ 0.07

정답: ④

〈**해설**〉 이 문제는 채권 이자율 중 현물이자율과 만기수익률과의 관계에 대한 문제이다. 문제에서 연도별 현물이자율 정보는 주어져 있기 때문에 이것을 이용하여 채권의 현재가치를 구한 다음, 이를 바탕으로 채권 A와 B가 각기 하나씩 포함된 채권 포트폴리오의 만기수익률을 계산하면 된다. 이를 위해, 채권 A와 B로 구성된 채권 포트폴리오의 연도별 현금흐름을 산출하면 다음과 같다.

채 권	CF_1	CF_2
A	50	
B	10	110
포트폴리오(A+B)	60	110

위에서 계산한 채권 포트폴리오의 연도별 현금흐름과 문제에서 이미 주어진 연도별 현물이자율 정보를 이용하여 채권 포트폴리오의 현재가격을 계산하면 다음과 같다.

$$P = \frac{CF_1}{(1+r_1)} + \frac{CF_2}{(1+r_2)^2} = \frac{60}{(1+0.05)} + \frac{110}{(1+0.07)^2} = 153.221$$

위에서 구한 채권 포트폴리오의 가격을 바탕으로 만기수익률 y는 다음 관계식을 만족해야 한다.

$$P = 153.221 = \frac{CF_1}{(1+y)} + \frac{CF_2}{(1+y)^2} = \frac{60}{(1+y)} + \frac{110}{(1+y)^2}$$

$$\rightarrow \ 0 = -153.221 + \frac{60}{(1+y)} + \frac{110}{(1+y)^2}$$

위 식을 만족시키는 만기수익률 y를 추정하는 작업은 <자본예산>에서 투자프로젝트의 내부수익률(IRR)을 구하는 작업과 동일하다. 그러므로 컴퓨터 접근이 가능한 환경에서 이를 정확히 구하는 가장 효율적인 방법은 엑셀의 IRR함수를 활용하는 것이다. 그러나 CPA 시험에서처럼 컴퓨터 접근이 불가능한 환경에서는 다음 두 가지 접근방법이 가능하다.

첫 번째 방법은 수험생들이 위의 y에 관한 이차방정식을 근의 공식을 이용해 직접 푸는 것이다. 그리고 두 번째 방법은 "만기수익률 y는 기간별 현물이자율 r_1과 r_2의 평균이므로 만기수익률 y는 5% $(r_1) < y < 7\%(r_2)$를 만족해야 한다."라는 사실을 이용해 이 조건을 만족하는 ①, ②, ③, ④ 네 개 문항의 수익률을 하나씩 대입해 가장 가까운 값을 찾아가는 방법이다. 두 방법 모두 불필요하게 많은 시간을 요하는 작업이라 엑셀의 IRR함수를 활용해서 구한 결과 만기수익률 y의 값은 6.54%로 나타났다.

따라서, 정답은 ④이다.

※ Solution Note: 이런 유형의 문제를 조금 쉽게 푸는 요령으로는 1년도와 2년도의 현물이자율의 산술 평균이 6%라는 점과 1차 연도 현금흐름(60)보다는 2차 연도 현금흐름(110)이 거의 두 배가량 크다는 점을 활용해 7%에 가까운 문항의 값부터 먼저 대입해 나가는 것이다.

2.2 이자율 기간구조

문제 5 이자율 기간구조이론에 관한 설명으로 가장 적절하지 **않은** 것은? (2012년)

① 기대가설에 따르면 미래 이자율이 오를 것으로 예상하면 수익률곡선은 우상향한다.

② 유동성선호가설에 따르면 투자자들이 위험회피형이라고 할 때, 선도이자율은 미래 기대현물이자율(expected spot rate)보다 높다. 따라서 미래 기대현물이자율이 항상 일정한 값을 갖는다고 해도 유동성프리미엄이 점차 상승한다면 수익률곡선은 우상향한다.

③ 기대가설에 따르면 2년 만기 현물이자율이 1년 만기 현물이자율보다 높으면 현재로부터 1년 후의 선도이자율은 1년 만기 현물이자율보다 높아야만 한다.

④ 기대가설에 따라 계산한 선도이자율은 미래 기대현물이자율과 같지 않다.

⑤ 실질이자율과 이자율위험프리미엄이 일정하다고 가정할 때 투자자들이 미래의 인플레이션율이 더 높아질 것이라고 믿는다면 수익률곡선은 우상향한다.

정답: ④

〈해설〉 이 문제는 이자율 기간구조(term structure of interest)에 관한 문제이다. 문항 5개 중 기대가설에 관한 ④번 문항을 제외하고는 모두 옳은 설명이다. 원칙적으로 기대가설에 의하면 선도이자율이 미래에 기대되는 현물이자율, 즉 미래 기대현물이자율과 동일해지도록 현재 시점에서 기간별 현물이자율이 결정된다는 가설이다. 기대가설이 성립한다면 다음 식에서처럼 언제나 선도이자율($_{n-1}f_n$)은 미래 기대현물이자율($E(_{n-1}r_n)$)과 같아야 한다.

$$_{n-1}f_n = E(_{n-1}r_n)$$

따라서, 정답은 ④이다.

문제 6 이자율 기간구조와 관련한 설명으로 가장 적절한 것은? (2019년)

① 만기와 현물이자율 간의 관계를 그래프로 나타낸 수익률곡선 (yield curve)은 항상 우상향의 형태로 나타난다.

② 불편기대(unbiased expectation)이론에 의하면 투자자는 위험중립형이며 기대 단기이자율(또는 미래 기대 현물이자율)은 선도이자율과 동일하다.

③ 유동성프리미엄(liquidity premium)이론에 의하면 투자자는 위험회피형이며 선도이자율은 기대 단기이자율에서 유동성프리미엄을 차감한 값과 동일하다.

④ 시장분할(market segmentation)이론에 의하면 투자자는 선호하는 특정한 만기의 영역이 존재하나, 만일 다른 만기의 채권들에 충분한 프리미엄이 존재한다면 자신들이 선호하는 영역을 벗어난 만기를 가진 채권에 언제라도 투자할 수 있다.

⑤ 선호영역(preferred habitat)이론에 의하면 투자자는 선호하는 특정한 만기의 영역이 존재하고, 설령 다른 만기의 채권들에 충분한 프리미엄이 존재한다고 할지라도 자신들이 선호하는 영역을 벗어난 만기를 가진 채권에 투자하지 않는다.

정답: ②

〈해설〉 이 문제는 이자율 기간구조(term structure of interest)를 설명하는 주요 이론에 관한 문제이다. 각 문항에서 설명하는 이론의 적절성 여부를 판단해 보자.

① 적절치 않다. 수익률곡선(yield curve)은 미래 현물이자율에 대한 투자자들의 기대에 따라 우상향만이 아니라, 우하향, 수평 등 다양한 형태로 나타날 수 있다.

② 적절하다. 불편기대이론은 위험중립형 투자자를 가정하고 있으며, 선도이자율($_{n-1}f_n$)이 기대 단기이자율($E(_{n-1}r_n)$)과 일치하도록 현재 시점에서 현물이자율이 결정된다는 이론이다.

③ 적절치 않다. 유동성프리미엄이론에 의하면 선도이자율은 기대 단기이자율에서 유동성프리미엄($_{n-1}L_n$)을 차감한 값이 아니라

더해진 값과 동일하다. 즉, $_{n-1}f_n = E(_{n-1}r_n) + {}_{n-1}L_n$이 성립한다.

④ 적절치 않다. 이 문항의 설명은 시장분할이론이 아니라 다음 문항인 ⑤의 선호영역이론에 관한 설명이다.

⑤ 적절치 않다. 이 문항의 설명은 선호영역이론이 아니라 앞 문항인 ④의 시장분할이론에 관한 설명이다.

따라서, 정답은 ②이다.

문제 7 다음 설명 중 가장 적절하지 **않은** 것은? (2007년)

① 기대이론에 따르면, 시장에서 향후 이자율이 상승할 것이라고 기대될 때에만 우상향하는 수익률곡선(yield curve)이 나타난다.

② 유동성선호이론은 수익률곡선이 항상 우상향 모양을 띠게 된다고 주장한다.

③ 국채의 수익률곡선이 평평할 때, 회사채의 수익률곡선은 우상향할 수 있다.

④ 기대이론에 따르면, 선도이자율이 미래의 각 기간별 기대 현물이자율과 일치한다.

⑤ 3년 만기의 회사채 만기수익률이 5년 만기 국채의 만기수익률보다 더 낮을 수 있다.

정답: ②

〈해설〉 이 문제는 이자율 기간구조(term structure of interest)에 관한 문제이다. 문제에서 주어진 정보를 활용하여 각 문항의 적절성 여부를 판단해 보자.

① 적절한 설명이다. 우상향하는 수익률곡선(yield curve)이 나타나는 이유를 기대이론에 의해 정확히 설명하고 있다.

② 적절치 않은 설명이다. 유동성선호이론은 채권투자자들이 장기채권에 투자할 경우 단기 채권에 비해 유동성 감소에 따른 보상, 즉 유동성프리미엄을 요구하게 된다. 이에 따라 선도이자율이 기대현물이자율보다 유동성프리미엄만큼 높게 형성되도록 현재 시점에서 현물이자율이 결정된다는 주장이다. 그러므로 유동성선호이론에 의한 수익률곡선의 형태는 기대이론에 의한 경우보다 유동성프리미엄만큼 상향 조정되며 우상향, 수평, 우하향하는 모든 형태로 나타날 수 있다.

③ 적절한 설명이다. 회사채는 국채와는 달리 채무불이행위험(default risk)을 가지므로 이 채무불이행위험에 대한 프리미엄이 회사채 만기수익률에 반영된다. 따라서 국채의 수익률곡선이 평평하더라도 회사채의 수익률곡선은 채무불이행위험(default risk)에 대한 프리미엄이 반영되어 우상향 형태를 나타낼 수 있다.

④ 적절한 설명이다. 기대이론의 정의에 의해 선도이자율이 미래의 각 기간별 기대 현물이자율과 일치한다. 즉, 기대이론이 성립한다면 언제나 $_{n-1}f_n = E(_{n-1}r_n)$ 조건을 충족해야 한다.

⑤ 적절한 설명이다. 문항의 설명처럼 3년 만기의 회사채 만기수익률이 5년 만기 국채의 만기수익률보다 더 낮을 수 있는 시나리오는 다양하다. 예를 들어, 시장에서 투자자들이 앞으로 3년간의 인플레이션보다 이후 5년간의 인플레이션이 훨씬 높을 것으로 기대하고 있어 현재 수익률곡선이 우상향 형태를 띠고 있다고 가정해 보자. 이 경우에는 5년 만기 국채의 만기수익률은 3년 만기의 회사채에 비해 긴 만기로 인한 유동성프리미엄과 기대인플레이션이 상대적으로 높게 반영될 수 있다. 만약 5년 만기 국채의 유동성프리미엄과 기대인플레이션의 합이 3년 만기의 회사채의 채무불이행위험프리미엄과 유동성프리미엄, 기대인플레이션의 합보다 클 경우 5년 만기 국채의 만기수익률이 3년 만기의 회사채의 만기수익률보다 더 높을 수 있다.

따라서, 정답은 ②이다.

문제 8 금융시장에서 만기 및 액면금액이 동일한 채권 A와 채권 B가 존재하고 이 채권들의 액면이자율과 현재(t=0) 시장가격이 다음 표에 제시되어 있다. 다음 표의 자료를 이용하여 $_0i_4$가 현재(t=0) 시점에서 4년 만기 현물이자율일 때 $(1+_0i_4)^4$은 얼마인가? 액면이자는 연 1회 지급된다. (2021년)

구분	채권 A	채권 B
만기	4년	4년
액면금액	10,000원	10,000원
액면이자율	10%	20%
현재 시장가격	8,000원	11,000원

① 1.5   ② 1.75   ③ 2.0

④ 2.25   ⑤ 2.5

정답: ③

⟨**해설**⟩ 이 문제는 채권의 가치평가와 이자율 기간구조(term structure of interests)에 관한 문제이다. 구체적으로는 금융시장에서 거래되고 있는 만기 및 액면금액이 동일한 채권 A와 채권 B의 시장가격을 이용하여 현물이자율을 산출하는 문제이다. 다음 식은 현재 시장에서 거래되고 있는 채권 A와 채권 B의 시장가격을 현재(t=0) 시점의 각 기간별 현물이자율 $_0i_t$ ($t=1\sim4$)의 함수로 나타낸 것이다.

$$\bullet \ P(A)=8,000=\frac{1,000}{(1+_0i_1)}+\frac{1,000}{(1+_0i_2)^2}+\frac{1,000}{(1+_0i_3)^3}+\frac{11,000}{(1+_0i_4)^4} \qquad (1)$$

$$\bullet \ P(B)=11,000=\frac{2,000}{(1+_0i_1)}+\frac{2,000}{(1+_0i_2)^2}+\frac{2,000}{(1+_0i_3)^3}+\frac{12,000}{(1+_0i_4)^4} \qquad (2)$$

위의 식 (1)에 2를 곱해 준 후에 식 (2)를 빼 주면, 다음 식과 같이 두 채권의 가격 차이를 현재(t=0) 시점의 4년 만기 현물이자율 $_0i_4$의 함수로 나타낼 수 있다. 여기서 $(1+_0i_4)^4$의 값을 간단히 계산할 수 있다.

- $P(A) \times 2 - P(B) = 8,000 \times 2 - 11,000 = \dfrac{11,000 \times 2 - 12,000}{(1 + {}_0i_4)^4}$

$$\rightarrow 5,000 = \dfrac{10,000}{(1 + {}_0i_4)^4} \rightarrow (1 + {}_0i_4)^4 = \dfrac{10,000}{5,000} = 2$$

따라서, 정답은 ③이다.

문제 9 현재 시점(t=0)에서 1년 현물이자율($_0i_1$)은 6%, 2년 현물이자율($_0i_2$)은 9%, 1년 후 1년 동안의 유동성프리미엄($_1l_2$)은 1.5%이다. 유동성 선호이론이 성립할 경우, 1년 후 1년 동안의 기대이자율 ($E(_1i_2)$)에 가장 가까운 것은? 소수점 아래 다섯째 자리에서 반올림하여 계산하시오. (2020년)

① 10.58%   ② 11.50%   ③ 12.08%
④ 13.58%   ⑤ 14.50%

정답: ①

〈해설〉 이 문제는 유동성선호이론(liquidity preference theory)에 관한 문제이다. 유동성선호이론이 성립할 경우, 1년 후 1년 동안의 기대이자율 ($E(_1i_2)$)은 아래 식과 같이 1년 후 1년 동안의 선도이자율 ($_1f_2$)에서 해당 기간의 유동성프리미엄($_1l_2$)을 차감한 값이다. 즉, $E(_1i_2) = {_1f_2} - {_1l_2}$이 성립한다.

그런데, 문제에서 1년 후 1년 동안의 유동성프리미엄($_1l_2$)은 1.5%로 주어져 있으므로, 이 기간 동안의 선도이자율 ($_1f_2$)을 구하면 된다. 선도이자율 ($_1f_2$)은 현재 시점(t=0)에서 1년 현물이자율($_0i_1$)과 2년 현물이자율($_0i_2$)을 이용하여 구하면 다음과 같다.

$$_1f_2 = \frac{(1 + {_0i_2})^2}{(1 + {_0i_1})} - 1 = \frac{(1 + 0.09)^2}{(1 + 0.06)} - 1 = 0.1208 \, (12.08\%)$$

그리고 문제에서 유동성프리미엄($_1l_2$)은 1.5%로 주어져 있으므로 1년 후 1년 동안의 기대이자율 ($E(_1i_2)$)은 아래 식과 같이 10.58%이다.

$$E(_1i_2) = {_1f_2} - {_1l_2} = 0.1208 - 0.015 = 0.1058 \, (10.58\%)$$

따라서, 정답은 ①이다.

문제 10 다음 표는 현재의 현물이자율을 이용하여 선도이자율을 계산한 결과이다. 여기서 $_i f_{i+1}$은 i년 후부터 1년 동안의 선도이자율이다. 현재 1년 만기 현물이자율은 6%이다. (2013년)

	$_1 f_2$	$_2 f_3$	$_3 f_4$	$_4 f_5$
선도이자율	6.5%	7.0%	7.5%	8.0%

추가적으로 다음 표와 같은 기간별 유동성프리미엄에 대한 정보를 수집하였다.

	2차년도	3차년도	4차년도	5차년도
유동성프리미엄	1.0%	1.7%	2.4%	3.0%

다음 설명 중 적절한 항목만을 <u>모두</u> 고르면?

> (가) 현재 수익률곡선은 우상향(upward-sloping)하는 형태이다.
> (나) 현재 수익률곡선은 우하향(downward-sloping)하는 형태이다.
> (다) 현재 수익률곡선은 수평(flat)이다.
> (라) 유동성선호가설(유동성프리미엄가설)에 따르면, 미래 단기이자율(기대현물이자율)은 상승한다.
> (마) 유동성선호가설에 따르면, 미래 단기이자율은 하락한다.

① (가), (라)　② (가), (마)　③ (나), (라)　④ (나), (마)　⑤ (다), (마)

정답: ②

〈해설〉 이 문제는 이자율 기간구조(term structure of interest)에 관한 문제이다. 먼저, 현재 수익률곡선의 형태가 우상향인지, 우하향인지, 수평인지를 판단하기 위해서는 문제에서 주어진 1년 만기 현물이자율과 기간별 선도이자율에 대한 정보를 이용하여 기간별 현물이자율을 산출해서 현물이자율 추세를 파악해야 한다. 그러나 문제에서 이미 기간별 선도이자율이 매년 0.5%씩 증가 추세를 나타낸다는 정보를 제공하고 있기 때문에 기간별 현물이자율을 구태여 추정하지 않고도 증가 추세를 보인다는 것을 알 수 있다. 그러므로 현재 수익률곡선은 우상향하는 형태라는 문항 (가)의 설명은 적절하다고 볼 수 있다.

그리고, 유동성선호가설에 의할 경우 미래 단기이자율(기대현물이자율)이 상승하는지 혹은 하락하는지를 표에서 주어진 기간별 유동성프리미엄에 대한 정보를 활용해서 판단해야 한다. 유동성선호가설에 의하면, 다음 식에서처럼 기간별 선도이자율은 기간별 미래 기대현물이자율과 유동성프리미엄(L)의 합에 의해 결정된다. 즉, 미래 기대현물이자율은 기간별 선도이자율에서 유동성프리미엄(L)을 차감한 값이다.

$$_{n-1}f_n = E\left(_{n-1}r_n\right) + {}_{n-1}L_n \;\rightarrow\; E\left(_{n-1}r_n\right) = {}_{n-1}f_n - {}_{n-1}L_n$$

위의 관계식을 이용하여 기간별 미래 단기이자율 $E\left(_{n-1}r_n\right)$을 산출하면 다음과 같다.

$$E\left(_1 r_2\right) = {}_1 f_2 - {}_1 L_2 = 0.065 - 0.010 = 0.055$$

$$E\left(_2 r_3\right) = {}_2 f_3 - {}_2 L_3 = 0.070 - 0.017 = 0.053$$

$$E\left(_3 r_4\right) = {}_3 f_4 - {}_3 L_4 = 0.075 - 0.024 = 0.051$$

$$E\left(_4 r_5\right) = {}_4 f_5 - {}_4 L_5 = 0.080 - 0.030 = 0.050$$

유동성선호가설에 따른 미래 단기이자율 $E\left(_{n-1}r_n\right)$의 추정 결과를 볼 때, 미래 단기이자율은 점차 하락한다는 문항 (마)의 설명이 적절하다.

따라서, 적절한 문항은 (가)와 (마)이므로 정답은 ②이다.

문제 11   정부가 발행한 채권의 만기에 따른 현물이자율(spot rate)과 선도이자율(forward rate)이 다음과 같을 때 3차년도와 4차년도 2년간의 내재선도이자율(implied forward rate)을 연 단위로 계산하면 얼마인가? (단, 가장 근사치를 구하라.) (2010년)

만기(년)	현물이자율	선도이자율
1	5.0%	−
2	6.5%	?
3	?	10.0%
4	8.5%	?

① 10.2%   ② 10.5%   ③ 10.8%   ④ 11.1%   ⑤ 11.3%

정답: ②

〈해설〉 이 문제는 채권 이자율의 기간구조(term structure of interest rate)에서 현물이자율과 선도이자율과의 관계를 묻는 문제이다. 문제에서 연 단위로 표시한 3차년도와 4차년도 2년간의 내재 선도이자율(implied forward rate)을 $_2f_4$라고 할 때, 이 선도이자율은 다음 관계를 만족해야 한다.

$$(1 + r_4)^4 = (1 + r_2)^2 (1 + {_2f_4})^2$$

문제에서 r_2와 r_4가 각각 6.5%와 8.5%로 주어져 있으므로, 3차년도와 4차년도 2년간의 선도이자율 $_2f_4$는 다음과 같이 구할 수 있다.

$$(1 + 0.085)^4 = (1 + 0.065)^2 (1 + {_2f_4})^2 \rightarrow {_2f_4} = 0.105$$

따라서, 정답은 ②이다.

문제 12 다음의 조건을 갖는 국채 A, B, C가 있다. 이자율은 모두 연 이자율이며, 이표채는 연 1회 이자를 지급한다. 다음 설명 중 가장 적절한 것은? (2018년)

국채	만기	액면금액	액면이자율	만기수익률
A	1년	1,000원	10.0%	10.0%
B	2년	1,000원	20.0%	15.0%
C	3년	1,000원	0%	15.2%

① 2년 만기 현물이자율은 16.8%이다.

② 수익률곡선은 우상향한다.

③ 1년이 지나도 수익률곡선이 현재와 동일하게 유지된다고 예상하는 투자자 갑이 있다. 현재 시점에서 국채 C를 매입하고 1년 후 매도한다면 투자자 갑이 예상하는 투자수익률은 14.6%이다.

④ 1년 후부터 2년 후까지의 선도이자율($_1f_2$)은 22.7%이다.

⑤ 2년 후부터 3년 후까지의 선도이자율($_2f_3$)은 15.7%이다.

정답: ③

〈해설〉 이 문제는 채권의 가치평가와 이자율 기간구조(term structure of interest)에 관한 문제이다. 문제에서 주어진 정보를 활용하여 각 문항의 적절성 여부를 판단해 보자.

① 적절치 않은 설명이다. 우선 2년 만기 이표채(coupon bond) B의 만기수익률 15%를 이용하여 채권 B의 가격을 구하면 1,081.29원이다.

$$P_B = \frac{200}{(1+0.15)} + \frac{1,200}{(1+0.15)^2} = 1,081.29$$

한편 채권 B의 가격은 다음 식과 같이 현물이자율에 의해서도 구할 수 있으므로 이 식에서 2차년도의 현물이자율 r_2를 구할 수 있다. 단 만기가 1년인 국채 A의 경우 현물이자율과 만기수익률은 동일하므로 r_1은 10%이다. 아래 식에서 구한 r_2는 16.8%가 아니라 15.5%이므로 적절치 않은 설명이다.

$$P_B = 1,081.29 = \frac{200}{(1+r_1)} + \frac{1,200}{(1+r_2)^2} = \frac{200}{(1+0.1)} + \frac{1,200}{(1+r_2)^2}$$

$$\rightarrow r_2 = 0.155 \, (15.5\%)$$

② 적절치 않은 설명이다. 채권 A는 만기 1년인 이표채이므로 만기수익률은 현물이자율과 동일하다. 이에 따라 1차 연도의 현물이자율 r_1은 10%가 된다. 2차 연도의 현물이자율 r_2는 문항 ①에서 추정한 바와 같이 15.5%이다. 또한, 채권 C는 만기 3년인 순수할인채권이므로 만기수익률이 곧 현물이자율이며, 이에 따라 3차 연도의 현물이자율 r_3는 15.2%가 된다. 결과적으로 r_1은 10%, r_2는 15.5%, r_3는 15.2%로 수익률곡선은 우상향하다 다시 우하향하는 꺾인 형태를 나타내고 있어 우상향한다는 주장은 부적절하다.

③ 적절한 설명이다. 먼저 순수할인채권인 국채 C의 현재 시점의 매입가격은 다음과 같이 654.10원이다.

$$P_0 = \frac{1,000}{(1+0.152)^3} = 654.10$$

그리고 국채 C를 매입하고 1년 후에는 만기가 2년인 순수할인채권이 되며, 이때 국채 C의 가격은 1년 후 시점에서 만기까지 2년간의 현물이자율에 의해 결정된다. 그런데 문제에서 투자자 갑은 1년이 지나도 수익률곡선이 현재와 동일하게 유지된다고 예상하고 있으므로 1년 후 시점에서 2년간의 현물이자율은 문항 ①에서 추정한 15.5%가 될 것이다. 따라서 국채 C를 1년 후 매도한다면 매도가격(P_1)과 투자수익률(y)은 다음과 같이 추정할 수 있으며 투자수익률이 14.6%라는 설명은 적절하다.

$$P_1 = \frac{1,000}{(1+0.155)^2} = 749.61$$

$$\therefore y = \frac{P_1 - P_0}{P_0} = \frac{749.61 - 654.10}{654.10} = 0.146 \, (14.6\%)$$

④ 적절치 않은 설명이다. 1년 후부터 2년 후까지의 선도이자율($_1f_2$)
은 22.7%가 아니라 다음과 같이 21.3%이다.

$$_1f_2 = \frac{(1+r_2)^2}{(1+r_1)} - 1 = \frac{(1+0.155)^2}{(1+0.1)} - 1 = 0.213 \, (21.3\%)$$

⑤ 적절치 않은 설명이다. 2년 후부터 3년 후까지의 선도이자율($_2f_3$)
은 15.7%가 아니라 다음과 같이 14.6%이다.

$$_2f_3 = \frac{(1+r_3)^3}{(1+r_2)^2} - 1 = \frac{(1+0.152)^3}{(1+0.155)^2} - 1 = 0.146 \, (14.6\%)$$

따라서, 정답은 ③이다.

문제 13 만기가 t년(단, t=1, 2)인 무위험 무이표채의 수익률(yield)을 뜻하는 현물이자율(spot rate) R(t)가 시장에서 R(t)=0.07+k×t로 결정되었다고 가정하자. 예로서 k=0.02 이면 R(1)=0.09, R(2)=0.11이다. 단, k값의 범위는 −0.02≤k≤0.02 이며 또한 k≠0이다. 다음 주장 중 <u>맞는 것을 모두 골라라</u>. 현재로부터 1년 후 시점과 2년 후 시점을 연결하는 선도이자율(implied forward rate) $_1f_2$는 1년을 단위기간으로 하는 이산복리법에 의하여 결정된다. 시장에는 만기 1년과 만기 2년의 무위험 무이표채만이 존재하며, 이 채권들을 각기 하나씩 포함하는 포트폴리오를 C라고 명명한다. (2009년)

---

a. 선도이자율 $_1f_2$가 R(1)과 R(2) 사이의 값을 가질 수 있다.

b. 선도이자율 $_1f_2$가 항상 R(1)과 R(2)의 최댓값보다 크다.

c. 포트폴리오 C의 만기수익률은 선도이자율 $_1f_2$보다 작을 수 있다.

d. 포트폴리오 C의 만기수익률은 선도이자율 $_1f_2$보다 클 수 있다.

---

① a   ② a, c   ③ a, c, d   ④ b, c, d   ⑤ c, d

정답: ⑤

〈해설〉 이 문제는 채권 이자율 중 현물이자율과 선도이자율 및 만기수익률 간의 상호 관계, 특히 이들 간의 대소(크고 작음) 관계를 이해하고 있는지를 묻는 문제이다. 현물이자율(spot rate)과 선도이자율(forward rate) 및 만기수익률(yield to maturity) 간의 상호 관계는 수익률곡선(yield curve)의 형태가 우상향, 우하향 혹은 수평이냐에 따라서 달라진다. 문제에서 $k \neq 0$라고 가정했기 때문에 수평 형태의 수익률곡선은 제외한다.

1. 현물이자율(R)과 선도이자율(f)의 대소 관계

   $(1+R(2))^2 = (1+R(1))(1+{_1f_2})$의 관계식에서

   - 우상향 수익률곡선($k > 0$): $R(2) > R(1) \rightarrow R(1) < R(2) < {_1f_2}$

   - 우하향 수익률곡선($k < 0$): $R(2) < R(1) \rightarrow R(1) > R(2) > {_1f_2}$

위 식에서처럼, 선도이자율 $_1f_2$은 현물이자율 R(1)과 R(2) 사이의 값을 가질 수 없다. 우상향 수익률곡선의 경우에는 현물이자율 R(1)과 R(2)의 최댓값보다 크고, 반대로 우하향 수익률곡선의 경우에는 R(1)과 R(2)의 최솟값보다 작다. 따라서 문항 a와 b는 옳지 않은 설명이다. 다음은 이러한 현물이자율과 선도이자율의 대소 관계를 숫자 예를 통해 살펴보자.

- 우상향 수익률곡선 : $k = 2$

$$R(1) = 0.07 + 0.02 \times 1 = 0.09$$
$$R(2) = 0.07 + 0.02 \times 2 = 0.11$$
$$_1f_2 = \frac{(1+R(2))^2}{(1+R(1))} - 1 = \frac{(1+0.11)^2}{(1+0.09)} - 1 = 0.13$$

$$\therefore \ R(1) < R(2) < {}_1f_2$$

- 우하향 수익률곡선 : $k = -2$

$$R(1) = 0.07 - 0.02 \times 1 = 0.05$$
$$R(2) = 0.07 - 0.02 \times 2 = 0.03$$
$$_1f_2 = \frac{(1+R(2))^2}{(1+R(1))} - 1 = \frac{(1+0.03)^2}{(1+0.05)} - 1 = 0.01$$

$$\therefore \ R(1) > R(2) > {}_1f_2$$

2. 현물이자율(R)과 만기수익률(y)의 대소 관계

한편, 포트폴리오 C는 만기 1년과 만기 2년의 무위험 무이표채로 구성되어 있으므로 이것은 만기가 2년인 이표채의 특성을 가진다. 만기 2년의 이표채의 경우 다음 식에서와 같이 만기수익률 y는 기간별 현물이자율 R(1)과 R(2)의 평균이어야 한다(물론 기간별 현물이자율을 기간별 현금흐름의 현재가치를 가중치로 산출한 가중평균 수익률에 가깝지만 그렇다고 만기수익률을 정확히 현금흐름의 가중평균수익률로 정의할 수 없는 매우 복잡한 형태의 평균임). 따라서 만기수익률 y는 수익률곡선이 수평이지 않는 한 수익률곡선의 형태와 관계없이 항상 R(1)과 R(2)의 사이에 존재해야 한다.

$$P(C) = \frac{C_1}{(1+R(1))} + \frac{C_2}{(1+R(2))^2} = \frac{C_1}{(1+y)} + \frac{C_2}{(1+y)^2}$$

지금까지 설명한 현물이자율(R)과 선도이자율(f), 만기수익률(y) 간의 상호 대소 관계를 종합적으로 정리하면 다음과 같다.

- 우상향 수익률곡선($k > 0$): $R(2) > R(1) \rightarrow R(1) < y < R(2) < {}_1f_2$
- 우하향 수익률곡선($k < 0$): $R(2) < R(1) \rightarrow R(1) > y > R(2) > {}_1f_2$

그러므로 문항 c와 d는 옳은 설명이다.

따라서, 정답은 ⑤이다.

2.3 이자율 위험과 듀레이션 및 볼록성

문제 14 다음 그룹 A~C는 각각 두 가지 채권의 액면이자율(coupon rate), 만기수익률(yield to maturity), 만기를 제시하고 있다. 각각의 그룹에서 제시된 두 가지 채권 가운데 듀레이션이 작은 채권만을 선택한 것은? 단, 각 그룹에서 제시된 채권은 일반채권(옵션적 성격이 없는 채권)이고, 주어진 정보 이외에 다른 조건은 모두 동일하다고 가정한다. (2017년)

그룹 A	가. 액면이자율 10%, 만기수익률 10%인 10년 만기 이표채권 나. 액면이자율 10%, 만기수익률 10%인 20년 만기 이표채권
그룹 B	다. 액면이자율 10%, 만기수익률 8%인 10년 만기 이표채권 라. 액면이자율 8%, 만기수익률 8%인 10년 만기 이표채권
그룹 C	마. 액면이자율 10%, 만기수익률 10%인 10년 만기 이표채권 바. 액면이자율 10%, 만기수익률 8%인 10년 만기 이표채권

	그룹 A	그룹 B	그룹 C
①	가	다	마
②	가	다	바
③	가	라	마
④	나	다	바
⑤	나	라	바

정답: ①

〈해설〉 이 문제는 이표채, 혹은 확정이자부채권(coupon bond)의 만기, 액면이자율과 만기수익률 등의 변수가 채권의 듀레이션에 어떤 영향을 미치는지를 묻는 문제이다, 우선, 이들 변수가 이표채의 듀레이션에 미치는 영향을 간단히 정리한 다음 각 그룹에서 제시된 두 가지 채권 가운데 듀레이션이 작은 채권을 선택해 보자.

1. 만기: 다른 조건이 일정할 때, 만기가 짧을수록 듀레이션도 짧아진다. 따라서 그룹 A에서는 만기가 10년인 <u>(가)</u>채권이 만기가 20년인

(나)채권보다 듀레이션이 짧다.

2. 액면이자율: 다른 조건이 일정할 때, 액면이자율이 높을수록 듀레이션은 짧아진다. 왜냐하면, 액면이자율이 높을수록 만기일에 받게 될 원금상환액의 현재가치가 채권 가격에서 차지하는 비중이 상대적으로 낮아지기 때문이다. 따라서 그룹 B에서는 액면이자율이 10%인 (다)채권이 8%인 (라)채권보다 듀레이션이 짧다.

3. 만기수익률: 다른 조건이 일정할 때, 만기수익률이 높을수록 듀레이션은 짧아진다. 왜냐하면, 만기수익률이 높을수록 만기일에 받게 될 원금상환액의 현재가치가 채권 가격에서 차지하는 비중이 상대적으로 낮아지기 때문이다. 따라서 그룹 C에서는 만기수익률이 10%인 (마)채권이 8%인 (바)채권보다 듀레이션이 짧다.

따라서, 정답은 ①이다.

문제 15 듀레이션에 관한 설명으로 가장 적절하지 **않은** 것은? (2014년)

① 무이표채의 경우 만기가 길어지면 듀레이션은 증가한다.
② 액면이자율이 높아지면 듀레이션은 감소한다.
③ 만기수익률이 높아지면 듀레이션은 감소한다.
④ 시간이 경과함에 따라 듀레이션은 감소한다.
⑤ 상환청구조건(put provision)은 듀레이션을 증가시킨다.

정답: ⑤

〈해설〉 이 문제는 듀레이션(Macaulay duration)에 영향을 미치는 요인에 관해 묻는 문제이다. 문항 ①에서 ④번까지는 만기, 액면이자율, 만기수익률, 잔여만기 등이 듀레이션에 어떻게 영향을 미치는지를 잘 설명하고 있다. 이에 반해 문항 ⑤는 적절치 않은 설명이다. 왜냐하면, 다른 모든 조건이 동일할 때 상환청구권조항(put provision), 즉 채권자가 회사채의 만기일 이전에 미리 약정된 가격(상환청구가격)으로 회사채의 상환을 요구할 수 있는 권리를 가지는 상환청구권부사채(putable bond)의 경우에는 채권투자자가 만기일 이전에 미리 약정된 가격으로 회사채 상환을 요구할 가능성이 있으므로 듀레이션을 증가시키기보다는 오히려 감소시킬 수 있기 때문이다.

따라서, 정답은 ⑤이다.

문제 16 채권의 듀레이션에 관한 설명으로 가장 적절하지 **않은** 것은? 단, 이표채의 잔존만기는 1년을 초과한다고 가정한다. (2016년)

① 영구채의 듀레이션은 $\dfrac{1+\text{만기수익률}}{\text{만기수익률}}$ 이다.

② 다른 조건이 동일할 때, 액면이자율이 낮은 이표채의 듀레이션이 더 길다.

③ 모든 채권은 발행 이후 시간이 경과하면 그 채권의 듀레이션은 짧아진다.

④ 다른 조건이 동일할 때, 만기수익률이 상승하면 이표채의 듀레이션은 짧아진다.

⑤ 이표채의 듀레이션은 만기보다 짧다.

정답: ③

⟨해설⟩ 이 문제는 듀레이션(Macaulay duration)에 영향을 미치는 요인에 관해 묻는 문제이다. 문항 ③을 제외한 모든 문항은 옳은 설명이다. 그런데 문항 ③의 경우 예외적으로 영구채권은 시간이 경과하더라도 듀레이션은 변하지 않는다. 영구채권의 듀레이션(D)에 영향을 미치는 요인으로는, 다음 식에서 정의한 바와, 만기수익률(y)과 1년 동안 이자를 지급하는 횟수(m) 등에 한정된다. 발행 이후 경과된 시간은 영구채권의 듀레이션에 영향을 미치지 않는다.

$$D = \frac{y+m}{ym}; \ If \ m = 1, \ D = \frac{y+1}{y}$$

그러므로 문항 ③의 기술은 적절치 않다. 물론 문항 ①도 엄밀한 의미에서는 옳은 설명이 아니다. 왜냐하면, 문항 ①이 적절한 설명이 되기 위해서는 위 식에서처럼 영구채권의 이자를 지급하는 횟수가 1년에 한 번($m=1$)이라는 가정이 있을 경우에만 성립하기 때문이다.

따라서, 정답은 ③이다.

문제 17 다음 표는 채권 A, B, C의 액면이자율을 나타낸다. 현재(t=0) 모든 채권의 만기수익률은 10%이며, 1년 후(t=1)에도 유지된다고 가정한다. 채권들의 액면금액과 잔존만기(2년 이상)가 동일하며, 액면이자는 연 1회 지급된다. 다음 설명 중 가장 적절하지 **않은** 것은? (2021년)

단, t시점 경상수익률 $= \dfrac{\text{연간 액면이자}}{t\text{시점 채권가격}}$

채권	액면이자율
A	9%
B	10%
C	11%

① 채권 A의 현재 가격은 채권 B의 현재 가격보다 작다.
② 채권 A의 현재 경상수익률은 채권 B의 현재 경상수익률보다 높다.
③ 채권 A의 1년 후 경상수익률은 현재 경상수익률에 비해 낮다.
④ 채권 C의 1년 후 경상수익률은 현재 경상수익률에 비해 높다.
⑤ 채권 C의 1년 후 듀레이션은 현재 채권 C의 듀레이션에 비해 작다.

정답: ②

〈해설〉 이 문제는 채권의 가치평가와 수익률 및 듀레이션(duration) 등에 관한 문제이다, 문제에서 주어진 정보를 활용하여 각 문항의 적절성 여부를 숫자 예를 이용하여 판단해 보자.

① 적절한 설명이다. 채권 A는 액면이자율(9%)이 만기수익률(10%)보다 작으므로 채권 A의 가격은 액면금액보다 작은 할인채권(discount bond)이다. 이에 반해 채권 B는 액면이자율(10%)이 만기수익률(10%)과 동일하므로 채권 가격은 액면가와 동일한 액면채(par bond)이다. 따라서 채권 A의 현재 가격은 채권 B의 현재 가격보다 작다.

② 적절치 않은 설명이다. 채권 A는 액면이자율이 만기수익률보다 작은 할인채인데 반해, 채권 B는 액면이자율과 만기수익률이 동일한

액면채이다. 액면이자율과 경상이자율 관계를 나타낸 다음 〈표 2.1〉에서와 같이, 액면가 10,000원, 만기 3년, 만기수익률이 10%로 동일할 경우 액면이자율이 10% 미만인 할인채의 경상수익률은 액면채의 경상수익률보다 항상 낮다. 즉 액면가와 만기, 만기수익률 등이 동일한 경우 경상수익률은 액면이자율에 비례한다. 예를 들어, <u>액면이자율이 9%인 채권 A의 경상수익률은 9.23%로 이것은 액면이자율이 10%인 채권 B의 경상수익률 10%보다 낮다.</u>

〈표 2.1〉 **만기가 3년**인 경우 액면이자율과 경상수익률과의 관계

액면가	만기수익률	액면이자율(%)	채권 유형	채권가격(원)	경상수익률(%)
		0	순수할인채	7,513.15	0.00
		1		7,761.83	1.29
		3	할인채	8,259.20	3.63
		5		8,756.57	5.71
		7		9,253.94	7.56
		9	(채권 A)	9,751.31	9.23
10,000	10%	10	액면채 (채권 B)	10,000.00	10.00
		11	(채권 C)	10,248.68	10.73
		13		10,746.05	12.10
		15		11,243.42	13.34
		17	할증채	11,740.80	14.48
		19		12,238.17	15.53
		20		12,486.85	16.02

③ 적절한 설명이다. 할인채의 경우는 시간이 경과해 만기일에 접근할수록 채권 가격은 액면가로 상승하며, 반면에 경상수익률은 채권 가격 상승으로 인해 만기일에 접근할수록 하락한다. 따라서 아래 〈표 2.2〉에서와 같이 1년 후 잔여 만기가 2년일 경우 할인채인 채권 A의 경상수익률은 9.16%로 만기가 3년일 때의 현재 경상수익률 9.23%(앞의 〈표 2.1〉 참조)에 비해 낮다.

<표 2.2> **만기가 2년**인 경우 액면이자율과 경상수익률과의 관계

액면가	만기수익률	액면이자율(%)	채권 유형	채권가격(원)	경상수익률(%)
		0	순수할인채	8,264.46	0.00
		1		8,438.02	1.19
		3	할인채	8,785.12	3.41
		5		9,132.23	5.48
		7		9,479.34	7.38
		9	(채권 A)	9,826.45	9.16
10,000	10%	10	액면채 (채권 B)	10,000.00	10.00
		11	(채권 C)	10,173.55	10.81
		13		10,520.66	12.36
		15		10,867.77	13.80
		17	할증채	11,214.88	15.16
		19		11,561.98	16.43
		20		11,735.54	17.04

④ 적절한 설명이다. 앞의 문항 ③은 할인채인 채권 A에 대해 잔여 만기와 경상수익률과의 관계를 설명한 것인데 반해, 이 문항은 할증채인 채권 C에 있어서 잔여 만기와 경상수익률과의 관계를 설명한 것이다. 채권 C와 같이 할증채의 경우는 시간이 경과해 만기일에 접근할수록 채권 가격은 액면가로 하락하며, 반면에 경상수익률은 채권 가격 하락으로 인해 만기일에 접근할수록 상승한다. 따라서 위의 <표 2.2>에서와 같이 1년 후 잔여 만기가 2년일 경우 할증채인 채권 C의 경상수익률은 10.81%로 만기가 3년일 때의 현재 경상수익률 10.73%(앞의 <표 2.2> 참조)에 비해 높다. 즉 채권 C의 1년 후 경상수익률은 현재 경상수익률에 비해 높다.

⑤ 적절한 설명이다. 일반적으로 이표채의 할인채를 제외하고는 대부분의 채권은 잔여 만기가 길수록 듀레이션은 증가한다. 이 문항에서 채권 C는 할증채이므로 채권 C의 잔여 만기가 길수록 듀레이션은 증가한다. 따라서 채권 C의 1년 후 듀레이션은 현재 채권 C의 듀레이션에 비해 작다.

따라서, 정답은 ②이다.

문제 18 만기가 5년인 채권 A의 액면이자율(coupon rate), 경상수익률(current yield)과 만기수익률(yield to maturity)이 각각 10%, 9.09%, 그리고 7.56%이다. 다음 중 가장 적절하지 **않은** 것은? 단, 이 채권은 채무불이행위험이 없고, 옵션적 특성이 없는 채권(일반채권)으로 가정하며, 경상수익률 $=\dfrac{\text{연간 액면이자}}{\text{채권가격}}$ 이다. (2015년)

① 채권 A의 액면가는 10,000원이다. 이 채권이 반년마다 액면이자를 지급한다면, 6개월마다 지급하는 액면이자는 500원이다.

② 채권 A의 액면이자율과 경상수익률이 동일하다면, 이 채권의 가격은 액면가와 동일하다.

③ 다른 조건이 변하지 않는다면, 시간이 경과하여도 채권 A의 가격은 변하지 않을 것이다.

④ 다른 조건이 변하지 않는다면, 채권 A의 만기수익률이 상승하면 듀레이션은 작아진다.

⑤ 투자자가 만기수익률을 실현하기 위해서는 채권 A를 만기까지 보유하여야 하고, 지급받은 모든 액면이자를 만기수익률로 재투자하여야 한다.

정답: ③

〈**해설**〉 이 문제는 채권의 가치평가와 듀레이션 등에 관한 문제이다. 문제에서 주어진 정보를 활용하여 각 문항의 적절성 여부를 판단해 보자.

① 적절한 설명이다. 채권 A의 액면가는 10,000원, 액면이자율이 연리 10%이므로 6개월 액면이자율은 5%가 되며, 6개월 액면이자액은 500(=10,000×0.05) 원이다.

② 적절한 설명이다. 액면이자율과 경상수익률이 동일하다면 다음 식에서와 같이 채권 가격은 액면가와 일치해야 한다.

$$\frac{\text{연간 액면이자}}{\text{액면가}} = \frac{\text{연간 액면이자}}{\text{채권가격}} \rightarrow \text{액면가} = \text{채권가격}$$

③ 적절치 않은 설명이다. 다른 조건이 변하지 않는다면, 채권 A의 경우 액면이자율이 만기수익률보다 큰 할증채이므로 채권 가격이 액

면가보다 높은 할증된 가격에 거래되다가 시간이 경과해 만기일에 가까워지면 점차 하락해 액면가에 수렴한다(유사한 문제로서 앞의 **문제 17**의 **문항** ④에 대한 해설을 참조하기 바람).

④ 적절한 설명이다. 다른 조건이 변하지 않는다면, 만기수익률이 상승하면 만기 시의 원금상환액의 비중이 상대적으로 낮아져 듀레이션이 작아진다.

⑤ 적절한 설명이다. 투자자가 만기수익률을 실현하기 위해서는 채권 A를 만기까지 보유하여야 하고, 지급받은 모든 액면이자를 만기수익률로 재투자하여야 한다는 가정하에 산출된 수익률이다.

따라서, 정답은 ③이다.

문제 19 옵션적 특성이 없는 채권(일반사채)과 관련된 다음의 설명 중 가장 올바른 것은? (2005년)

① 만기에 가까워질수록 할증채와 할인채 모두 할증 폭과 할인 폭이 작아지며, 가격변화율도 작아진다.
② 만기에 가까워질수록 액면채는 이자수익률이 커지며 자본이득률이 작아진다.
③ 시장분할가설은 만기에 따라 분할된 하위시장 자체 내에서 기대이자율과 유동성프리미엄에 의해 이자율이 결정된다는 가설이다.
④ 순수할인채나 이자부채권이 영구채에 비해 이자율변동위험이 더 크게 노출된다.
⑤ 순수할인채의 재투자위험은 없으며 현재수익률(current yield)이 0이다.

정답: ⑤
〈해설〉 이 문제는 채권의 가치평가, 듀레이션, 이자율 기간구조 등에 대해 묻는 문제이다. 각 문항의 적절성 여부를 판단해 보자.

① 적절치 않은 설명이다. 만약 만기를 제외한 모든 변수 즉 시장이자율을 비롯한 모든 다른 변수들이 일정하다는 가정하에서는 만기가 줄어듦으로서 듀레이션이 짧아지고 이에 따라 가격변화폭과 가격변화율이 작아진다는 이 문항의 설명이 사실일 수 있다. 그러나 이런 가정이 전제되지 않은 경우 예를 들어 만기에 접근하는 기간 중에 시장이자율이 변화한다면 할증채와 할인채의 할증 폭과 할인 폭이나 가격변화율이 커질 수도 있다.
② 적절치 않은 설명이다. 액면채(par bond)는 현재의 채권 가격이 채권의 액면가(face value)와 동일한 채권을 뜻하며, 이것은 곧 현재 채권의 액면이자율과 시장이자율(만기수익률)이 동일하다는 것을 의미한다. 만약 시장이자율을 비롯한 모든 다른 조건이 일정하다면, 만기에 가까워지더라도 액면채의 이자수익률과 자본이득률은 변하지 않는다. 즉 이자수익률은 액면이자율과 동일한 값을 가지며, 자본이득률은 0이 된다. 그러나 만기까지의 기간 동안 시

장이자율이 변동하게 되면 액면채는 더 이상 액면채가 아니며 이
자수익률과 자본이득률은 모두 커질 수도 작아질 수도 있다.

③ 적절치 않은 설명이다. 시장분할가설(segmentation hypothesis)
은 만기에 따라 분할된 하위시장 자체 내에서 기대이자율과 유동
성프리미엄에 의해 이자율이 결정되는 것이 아니라 각 하위시장
내에서 존재하는 단기와 장기 자금의 수요와 공급에 의해 독립적
으로 결정된다는 가설이다.

④ 적절치 않은 설명이다. 이자율 변동위험, 즉 시장이자율 변화(dy)
에 대한 채권 가격의 변동률(dP/P)은 다음 식에서와 같이 절댓
값으로 듀레이션(D)에 비례한다(Hopewell and Kaufman, 1973).

$$\frac{dP}{P} = - \left(\frac{D}{1+y} \right) dy$$

즉 듀레이션이 길어질수록 이자율 변화에 대해 채권 가격이 더
민감하게 반응한다는 의미이다. 그리고 채권의 유형 즉 순수할인
채, 이자부채권, 영구채 등의 만기와 듀레이션의 관계는 매우 복
잡하다. 이들 관계를 다음 표에서 제시된 Fisher and Weil(1971)
의 숫자 예를 들어 설명해 보자. Fisher and Weil(1971)은 만기
수익률(y)이 6%, 액면이자율(i)이 2%, 4%, 6%, 8%이며 6개월
마다 이자를 지급하는 이자부채권(coupon bond)에 있어서 만기
별로 듀레이션을 산출하여 아래 <표 2.3>으로 정리하고 있다(p.
418, Table 4에서 일부 인용).

<표 2.3> 이자부채권($y = 6\%$)의 만기와 듀레이션

만기(n)	액면이자율(i)			
	2%	4%	6%	8%
1	0.995	0.990	0.985	0.981
5	4.756	4.558	4.393	4.254
10	8.891	8.169	7.662	7.286
20	14.981	12.980	11.904	11.232
50	19.452*	17.129	16.273	15.829
100	17.567	17.232*	17.120	17.064
∞	17.167	17.167	17.167	17.167

위 숫자 예에서 영구채($n=\infty$)의 듀레이션은 채권의 액면이자율과 관계없이 만기수익률(y)과 연간 이자지급 횟수(m)에 의해 결정되므로 위 예에서 영구채의 듀레이션은 다음과 같이 17.167년으로 추정할 수 있다. 반년마다 이자를 지급하므로 이자지급 횟수(m)는 2이다.

$$D(n=\infty)=\frac{m+y}{my}=\frac{2+0.06}{2\times 0.06}=17.167 \text{ (년)}$$

한편, 순수할인채의 듀레이션은 만기와 동일하므로 만기가 20년을 초과하는 순수할인채의 경우는 듀레이션이 영구채의 듀레이션 17.167년보다 길기 때문에 문항의 설명처럼 <u>순수할인채가 영구채에 비해 이자율변동 위험이 더 크게 노출될 수 있다.</u> 또한, 만약 이자부채권의 가치가 액면가보다 낮은, 즉 액면이자율이 2%와 4%로 만기수익률 6%보다 낮은 할인채권(discount bond)의 경우에는, 위의 표의 두 번째와 세 번째 칸(column)에서 보여 주고 있는 바와 같이, 만기가 길어질수록 듀레이션은 일정 기간 증가하다가 최대점에 이르게 된 이후에는 다시 하락하는 추세를 보인다. 예를 들어, 채권의 액면이자율이 2%인 경우 잔존 만기가 50년일 때 듀레이션은 19.452년으로 영구채권의 듀레이션인 17.167년보다 길다. 이처럼 <u>이자부채권 중 할인채권의 경우에도 문항의 설명처럼 영구채보다 듀레이션이 길 수 있기 때문에 이자율변동 위험이 더 크게 노출될 수 있다.</u> 이에 반해, 위 표의 네 번째 칸에서 액면이자율이 6%로 만기수익률과 동일한 액면가채권(par bond)과 다섯 번째 칸의 액면이자율이 8%로 만기수익률보다 큰 할증채권(premium bond)의 경우에는 이자부채권의 듀레이션이 만기에 관계없이 영구채의 듀레이션보다 항상 더 짧기 때문에 문항의 설명과는 달리 영구채에 비해 이자율변동 위험이 더 작게 노출된다. 그러므로 이 문항의 설명은 <u>이자부채권 중 액면가채권이나 할증채권에는 적절치 않다.</u>

⑤ 적절한 설명이다. 순수할인채는 만기 이전에 액면이자를 지급하지 않기 때문에 만기 이전에는 어떤 형태의 현금흐름도 발생하지 않는다. 따라서 순수할인채의 경우에는 이자율 변동에 따른 액면이자의 재투자위험이 없다. 뿐만 아니라, 액면이자를 지급하지 않

기 때문에 액면이자를 현재의 채권 가격으로 나눈 현재수익률 혹은 경상수익률(current yield)은 0이다.

따라서, 정답은 ⑤이다.

문제 20 채권A, 채권B, 채권C에 대한 정보가 다음의 표와 같다. 시장이자율의 변동이 각 채권의 만기수익률에 동일한 크기의 영향을 미친다고 가정할 때 채권A, 채권B, 채권C에 대한 설명으로 가장 적절하지 **않은** 것은? (2011년)

분류	채권A	채권B	채권C
채권 유형	무이표채	이표채	이표채
액면금액	1억원	1억원	1억원
액면이자율	–	연 5%	연 10%
잔존만기	5년	5년	5년
액면이자 지급시기	–	매년 12월 31일	매년 12월 31일
만기수익률	연 8%	연 8%	연 8%

① 현재 시점에서 채권A의 가격이 가장 낮다.
② 시장이자율이 변동하면 채권A의 가격변동률이 가장 크다.
③ 채권A의 듀레이션(duration)은 5년이다.
④ 채권B와 채권C의 듀레이션은 5년보다 작다.
⑤ 현재 시점에서 채권B의 듀레이션 및 가격은 채권C의 듀레이션 및 가격보다 작다.

정답: ⑤

〈해설〉 이 문제는 채권의 가치평가와 듀레이션에 관한 문제이다. 문제에서 주어진 정보를 활용하여 각 문항의 적절성 여부를 판단해 보자.

① 적절한 설명이다. 채권A는 무이표채권 즉 순수할인채권으로 만기 이전에 액면이자를 지급하지 않기 때문에 만기 이전에 액면이자를 지급하는 이표채인 채권B나 채권C에 비해 가격이 낮다.

② 적절한 설명이다. 다른 모든 조건이 동일할 때, 액면이자율이 낮은 채권일수록 만기의 원금상환액의 현재가치가 차지하는 비중이 높아져 듀레이션이 길어진다. 이것은 세 채권 중 무이표채권인 채권A의 듀레이션이 가장 길다는 것을 의미한다. 그리고 시장이자율 변화(dy)에 대한 채권 가격의 변동률(dP/P)은 다음 식에서와 같이 듀레이션(D)에 비례하므로 듀레이션이 가장 긴 채권A의 가격 변동률이 가장 크다(앞의 **문제 19**의 **문항 ④**의 해설을 참고).

$$\frac{dP}{P} = -\left(\frac{D}{1+y}\right)dy$$

③ 적절한 설명이다. 채권A는 무이표채권이므로 채권A의 듀레이션은 잔존만기와 동일한 5년이다.

④ 적절한 설명이다. 채권B와 채권C의 듀레이션은 이표채로 만기 이전에 액면이자가 지급되기 때문에 잔존만기 5년보다 작다.

⑤ 적절치 않은 설명이다. 먼저, 채권 가격의 측면에서 보면 액면이자율이 더 높은 채권C의 가격이 채권B에 비해 높다는 설명은 적절하다. 그러나 듀레이션의 측면에서 보면 액면이자율이 더 낮은 채권B의 듀레이션이 채권C에 비해 더 크기 때문에 이 문항의 설명은 적절치 않다.

따라서, 정답은 ⑤이다.

문제 21 채권에 관한 다음 설명 중 가장 적절하지 **않은** 것은? (2013년)

① 다른 모든 조건이 동일할 때, 만기수익률이 높은 채권일수록 금리의 변화에 덜 민감하게 반응한다.

② 무이표채의 매컬리 듀레이션(Macaulay duration)은 채권의 잔존만기와 같다.

③ 영구채(perpetuity)의 매컬리 듀레이션은 $\dfrac{1+y}{y}$ 이다. (단, y는 양수의 만기수익률이다.)

④ 다른 모든 조건이 동일할 때, 잔존만기가 길수록 할인채권(discount bond)과 액면가채권(par bond)의 매컬리 듀레이션은 증가한다.

⑤ 다른 모든 조건이 동일할 때, 수의상환조항(call provision)이 있는 채권의 경우 조항이 없는 일반채권에 비해 매컬리 듀레이션이 작다.

정답: ④

〈**해설**〉 이 문제는 채권의 유형별 특성이 해당 채권의 가격 변화와 매컬리 듀레이션(Macaulay duration)에 미치는 영향에 관한 문제이다. 문제에서 주어진 정보를 활용하여 각 문항의 적절성 여부를 판단해 보자.

① 적절한 설명이다. 다른 모든 조건이 동일할 때, 만기수익률이 높은 채권일수록 만기의 원금상환액의 현재가치가 차지하는 비중이 낮아져 듀레이션이 짧다. 그리고 금리 변화(dy)에 대한 채권 가격의 변동률(dP/P)은 다음 식에서와 같이 듀레이션(D)에 비례하므로 만기수익률이 높은 채권일수록 듀레이션이 짧아 금리의 변화에 덜 민감하게 반응한다(앞의 **문제 19**의 **문항 ④**의 해설을 참고).

$$\frac{dP}{P} = -\left(\frac{D}{1+y}\right) dy$$

② 적절한 설명이다. 무이표채, 즉 순수할인채권의 듀레이션은 정의상 채권의 잔존만기와 같으므로 옳은 설명이다.

③ 적절한 설명이다. 이론적으로 연간 m회 이자를 지급하고 만기 수익률이 y인 영구채권의 매컬리 듀레이션은 정확히 $\frac{y+m}{ym}$이다. 문제에서 출제자가 정확히 언급하고 있지는 않지만 연간 1회 이자를 지급하는 것으로 가정하면 매컬리 듀레이션은 $\frac{y+1}{y}$이 되므로 옳은 설명이다.

④ 적절치 않은 설명이다. 대개의 채권에 있어서는 잔존만기가 길수록 듀레이션은 증가한다. 그러나 이표채(coupon bond) 중 할인채권(discount bond)의 경우는 예외이다. 할인채권의 경우는 잔존만기가 길어질수록 듀레이션은 일정 기간 증가하다가 최대점에 이르게 되고 그 이후 다시 하락하는 추세를 보인다. 이에 반해, 이표채 중 액면가채권(par bond)과 할증채권(premium bond)의 경우에는 할인채권과는 달리 듀레이션은 잔존만기가 길수록 증가한다(앞의 **문제 19**의 **문항** ④의 해설을 참고).

⑤ 적절한 설명이다. 다른 모든 조건이 동일할 때, 수의상환조항(call provision)이 있는 채권은 발행회사가 채권시장의 상황이 자기들에게 유리하다고 판단될 때 만기일 이전에 미리 약정된 가격으로 회사채를 상환할 가능성이 있으므로 이 조항이 없는 일반채권에 비해 듀레이션이 상대적으로 작을 수밖에 없다.

따라서, 정답은 ④이다.

문제 22 채권에 대한 다음 설명 중 옳은 것은? (2004년)

① 이자율 기간구조상에서 만기가 긴 채권의 만기수익률은 만기가 짧은 채권의 만기수익률보다 항상 높다.

② 다른 조건이 동일하다면, 유동성위험이 큰 채권의 만기수익률은 유동성위험이 낮은 채권의 만기수익률보다 낮다.

③ 만기가 긴 채권의 듀레이션(duration)이 만기가 짧은 채권의 듀레이션보다 클 수도 있고 작을 수도 있다.

④ 다른 조건이 동일하다면, 수의상환조건이 있는 채권의 만기수익률은 수의상환조건이 없는 채권의 만기수익률보다 낮다.

⑤ 일반적으로 채권의 가격 위험은 채권의 만기와 관련이 없다.

정답: ③

〈해설〉 이 문제는 채권의 가치평가와 이자율 기간구조, 채권의 듀레이션 (duration) 등에 관한 문제이다, 문제에서 주어진 정보를 활용하여 각 문항의 적절성 여부를 판단해 보자.

① 적절치 않은 설명이다. 만약 투자자들이 미래 시장이자율이 낮아질 것으로 예상하고 있다면 수익률곡선은 우하향하는 형태가 되며, 이 경우에는 만기가 긴 장기채권의 만기수익률이 만기가 짧은 단기채권의 만기수익률보다 낮다. 또한, 미래 시장이자율이 일정할 것으로 예상되면 수익률곡선은 수평 형태가 되며, 이 경우에는 장단기 채권의 만기수익률은 동일하다.

② 적절치 않은 설명이다. 유동성선호이론 혹은 유동성프리미엄이론에 의하면, 다른 조건이 동일하다면 유동성위험이 큰 장기채권의 만기수익률은 유동성위험이 낮은 단기채권의 만기수익률보다 <u>높다</u>.

③ 적절한 설명이다. 순수할인채권의 경우는 만기가 긴 채권의 듀레이션이 만기가 짧은 채권의 듀레이션보다 항상 크다. 또한, 이표채 (coupon bond) 중에서 액면가채권과 할증채권의 경우에도 만기가 긴 채권의 듀레이션이 만기가 짧은 채권의 듀레이션보다 항상 크다. 그러나 예외적으로 이표채 중 할인채권의 경우는 만기가 짧은 채권의 듀레이션이 만기가 긴 채권의 듀레이션보다 더 큰 경우도 있다(앞의 **문제 19**의 **문항** ④의 해설을 참고).

④ 적절치 않은 설명이다. 수의상환채권(callable bond)은 회사채 발행 회사가 만기일 이전에 미리 예정된 가격(수의상환가격)으로 회사채를 상환할 수 있는 수의상환권을 가지는 채권이다. 채권 투자자의 입장에서는 수의상환채권이 일반채권(straight bond)보다 불리하기 때문에 수의상환채권의 가격은 일반채권의 가치에서 발행 회사가 가지는 콜옵션인 수의상환권의 가치만큼 차감한 값과 같아야 한다. 즉 수의상환채권의 가격은 동일 조건인 일반채권의 가격보다 낮아야 한다. 따라서 수의상환채권의 만기수익률은 동일 조건인 일반채권의 만기수익률보다 <u>높아야</u> 한다.

⑤ 적절치 않은 설명이다. 시장이자율 변동(dy)에 대한 채권 가격의 변동률(dP/P)과 듀레이션(D)과의 관계는 다음 식과 같이 나타낼 수 있다(앞의 **문제 19**의 **문항** ④의 해설을 참고).

$$\frac{dP}{P} = -\left(\frac{D}{1+y}\right) dy$$

위의 식에서 보여 주고 있는 바와 같이, 이자율 변동에 대한 채권 가격 변동률은 절댓값의 관점에서 채권의 듀레이션에 비례한다는 것을 알 수 있다. 즉, 채권의 듀레이션이 길수록 이자율 변동에 대한 채권 가격 변동률이 커진다는 것을 알 수 있다. 그리고 이표채 중 할인채권을 제외한 나머지 대부분의 채권에서는 채권의 듀레이션은 만기와 비례하므로 일반적으로 채권의 가격 위험은 채권의 만기와 직접적인 <u>관련이 있다</u>.

따라서, 정답은 ③이다.

문제 23 채권에 관한 다음 설명 중 가장 적절하지 <u>않은</u> 것은? (2006년)

① 수익률곡선이 우상향일 때 무이표채권의 만기수익률은 동일 조건인 이표채권의 만기수익률보다 작다.

② 수익률곡선이 우상향일때 선도이자율은 현물이자율보다 높게 나타난다.

③ 이표율이 낮은 채권의 가격변화율은 이표율이 높은 동일 조건의 채권보다 이자율변화에 더 민감하게 반응한다.

④ 무이표채권의 듀레이션(duration)은 채권의 잔존만기와 동일하다.

⑤ 수의상환채권(callable bond)의 가격은 동일 조건인 일반채권의 가격보다 낮다.

정답: ①

〈**해설**〉 이 문제는 이자율 기간구조와 듀레이션, 옵션적 특성을 가진 채권 등에 관해 묻는 문제이다, 문제에서 주어진 정보를 활용하여 각 문항의 적절성 여부를 판단해 보자.

① 적절치 않은 설명이다. 무이표채권(zero coupon bond) 혹은 순수할인채권의 만기수익률은 곧 현물이자율을 뜻한다. 반면에 이표채권(coupon bond)의 만기수익률은 만기까지의 기간별 현물이자율의 가중평균이다. 그러므로 수익률곡선이 우상향일 때 이표채권의 만기수익률은 동일한 만기와 액면가를 가진 무이표채권의 만기수익률 즉 현물이자율보다 작다. 예를 들어, 수익률곡선이 우상향일 때 2년 만기 무이표채권의 만기수익률, 즉 현물이자율 r_2는 2년 만기 이표채권의 만기수익률 y보다 <u>크다</u>. 즉 $r_1 < y < r_2$ 인 관계가 성립한다(앞의 **문제 13**의 해설 "2. 현물이자율(R)과 만기수익률(y)의 대소 관계"를 참고).

② 적절한 설명이다. 수익률곡선이 우상향일 경우 선도이자율은 현물이자율보다 높게 나타난다. 즉, 현물이자율과 선도이자율의 대소 관계는 $r_1 < r_2 < {}_1f_2$으로 나타낼 수 있다(앞의 **문제 13**의 해설 "1. 현물이자율(R)과 선도이자율(f)의 대소 관계"를 참고).

③ 적절한 설명이다. 이자율 변동(dy)에 대한 채권 가격 변동률

(dP/P)은 다음에 제시한 바와 같이 듀레이션(D)과 선형관계로 설명할 수 있다. 아래 식에서처럼 채권의 듀레이션이 길면 절댓값으로 채권 가격의 변동률은 비례하여 커진다(앞의 **문제 19**의 **문항 ④**의 해설을 참고).

$$\frac{dP}{P} = -\left(\frac{D}{1+y}\right) dy$$

그리고 이표율(액면이자율)이 낮은 채권의 듀레이션은 이표율이 높은 동일 조건의 채권의 듀레이션보다 길다. 그러므로 이표율이 낮은 채권의 가격변화율은 이표율이 높은 동일 조건의 채권보다 이자율변화에 더 민감할 수밖에 없다.

④ 적절한 설명이다. 무이표채권은 만기 이전에 지급하는 액면이자가 없으며 만기에 액면가만 지급하기 때문에 무이표채권의 듀레이션은 채권의 잔존 만기와 정확히 일치하다.

⑤ 적절한 설명이다. 수의상환채권(callable bond)은 회사채 발행 회사가 만기일 이전에 미리 예정된 가격(수의상환가격)으로 회사채를 상환할 수 있는 수의상환권을 가지는 채권이다. 이처럼 채권 투자자의 입장에서는 수의상환채권이 일반채권(straight bond)보다 불리하기 때문에 수의상환채권의 가격은 일반채권의 가치에서 발행회사가 갖는 콜옵션인 수의상환권의 가치만큼 차감한 값이다. 그러므로 수의상환채권의 가격은 동일 조건인 일반채권의 가격보다 낮다.

따라서, 정답은 ①이다.

문제 24 이표이자를 1년마다 한 번씩 지급하는 채권이 있다. 이 채권의 만기수익률은 연 10%이며, 이 채권의 듀레이션을 구한 결과 4.5년으로 나타났다. 이 채권의 만기수익률이 0.1% 포인트 상승한다면, 채권 가격 변화율은 근사치로 얼마이겠는가? 단, 채권 가격의 비례적인 변화율과 만기수익률의 변화와의 관계식을 이용해야 한다. (2007년)

① −0.4286% ② −0.4091% ③ −0.2953%
④ −0.2143% ⑤ −0.2045%

정답: ②

〈해설〉 이 문제는 시장이자율 변동과 채권 가치의 변화에 대한 문제이다. 이 문제를 풀기 위해서는 출제자가 명시한 바와 같이 채권 가격의 비례적인 변화율과 시장이자율(만기수익률)의 변화와의 관계식을 이용해야 한다. 다음에 제시한 만기수익률 변동($\triangle y$)에 따른 채권 가격 변동률($\triangle P/P$)과 듀레이션(D)과의 관계식을 이용하면 채권 가격 변화율을 쉽게 추정할 수 있다. 문제에서 만기수익률은 연 10%, 채권의 듀레이션이 4.5년, 만기수익률의 변동 폭은 +0.1% 포인트로 주어져 있으므로 채권 가격 변화율은 다음 식에서와 같이 추정할 수 있다.

$$\frac{\triangle P}{P} = -\left(\frac{D}{1+y}\right)\triangle y = -\left(\frac{4.5}{1+0.1}\right)(0.001) = -0.004091\ (-0.4091\%)$$

따라서, 정답은 ②이다.

※ Solution Note: 채권 가격의 변화율과 듀레이션의 관계식을 미분으로 표현한 Hopewell and Kaufman(1973)의 다음 식은 이자율의 변화가 극히 작을 경우 정확하게 성립한다. 그러나 이 문제에서처럼 이자율의 변화가 어느 정도 측정 가능할 경우에는 근사적으로 성립한다.

$$\frac{dP}{P} = -\left(\frac{D}{1+y}\right)dy \quad \rightarrow \quad \frac{\triangle P}{P} \fallingdotseq -\left(\frac{D}{1+y}\right)\triangle y$$

문제 25 만기 5년, 액면가 1,000원, 액면이자율 7%인 이표채가 있다. 만기수익률이 현재 11%에서 9%로 하락할 때, 채권 가격의 변화율을 다음의 두 가지 방법으로 구하려고 한다. 첫째, 이표채로부터 발생하는 현금흐름의 현재가치를 구한 아래의 표를 이용하여 실제 채권 가격변화율을 구하고 그 값을 채권가격변화율$_A$라고 한다. 둘째, 이표채의 매컬리(Macaulay) 듀레이션을 아래의 표를 이용하여 구하고, 계산된 듀레이션을 이용하여 채권 가격변화율을 구하고 그 값을 채권가격변화율$_B$라고 한다. 이때 (채권가격변화율$_A$ − 채권가격변화율$_B$)의 값으로 가장 가까운 것은? (2012년)

(만기수익률이 11%인 경우)

(1) 연도	(2) 현금흐름	(3) 현금흐름의 현재가치	(1)×(3)
1	70	63.06	63.06
2	70	56.81	113.63
3	70	51.18	153.55
4	70	46.11	184.44
5	1,070	634.99	3,174.96

(만기수익률이 9%인 경우)

(1) 연도	(2) 현금흐름	(3) 현금흐름의 현재가치	(1)×(3)
1	70	64.22	64.22
2	70	58.92	117.84
3	70	54.05	162.16
4	70	49.59	198.36
5	1,070	695.43	3,477.13

① 0.37%　　　　② 0.42%　　　　③ 0.47%

④ 0.52%　　　　⑤ 0.57%

정답: ②

〈해설〉 이 문제는 시장이자율이 변화할 때, 채권 가격의 변화율을 구하는 방법, 특히 듀레이션을 이용하여 채권 가격변화율을 구하는 문제이다. 즉, 문제에서 만기수익률이 현재 11%에서 9%로 하락할 때, 채권 가격의 변화율을 산정하는 두 가지 방법을 제시하고, 각각의 방법으로 채권 가격변화율을 측정한 다음 그 차이를 구하는 문제이다. 먼저, 만기수익률이 현재 11%에서 9%로 하락할 때, 실제 채권 가격변화율인 채권가격변화율$_A$는 다음과 같이 측정할 수 있다. 단, 만기수익률이 11%와 9%일 때의 실제 채권 가격은 아래와 같이 각 만기수익률에 관한 표의 세 번째 칸인 "(3) **현금흐름의 현재가치**"의 값을 모두 더하면 구할 수 있다.

$$P(y = 11\%) = 63.06 + 56.81 + 51.18 + 46.11 + 634.99 = 852.15$$

$$P(y = 9\%) = 64.22 + 58.92 + 54.05 + 49.59 + 695.43 = 922.21$$

$$\therefore\ 채권가격변화율_A = \frac{922.21 - 852.15}{852.15} = 0.0822\ (8.22\%)$$

그리고 두 번째 방식인 매컬리(Macaulay) 듀레이션을 이용하여 측정한 채권가격변화율$_B$를 구하기 전에 먼저 기준 시점인 만기수익률이 11%일 때의 듀레이션을 계산해야 한다. 이를 위해 만기수익률이 11%인 경우에 관한 표의 네 번째 칸인 "(1)×(3)"의 값을 이용하여 다음과 같이 추정할 수 있다.

$$D = 1 \times \frac{63.06}{852.15} + 2 \times \frac{56.81}{852.15} + 3 \times \frac{51.18}{852.15} + 4 \times \frac{46.11}{852.15} + 5 \times \frac{634.99}{852.15}$$

$$= (63.06 + 113.63 + 153.55 + 184.44 + 3,174.96)/852.15 = 4.3298\ (년)$$

위에서 구한 듀레이션(D)을 이용하여 만기수익률(y)이 현재 11%에서 9%로 하락할 때 채권가격변화율$_B$를 구하면 다음과 같다(앞의 **문제 24**의 Solution Note를 참고).

$$채권가격변화율_B(\frac{\triangle P}{P}) = -[\frac{D}{1+y}]\triangle y$$

$$= -[\frac{4.3298}{1+0.11}](-0.02) = 0.0780\,(7.80\%)$$

지금까지 구한 채권 가격변화율 A와 B의 차이는 다음과 같다.

$$채권가격변화율_A - 채권가격변화율_B = 8.22\% - 7.80\% = 0.42\%$$

따라서, 정답은 ②이다.

문제 26 채권의 평가 및 투자전략에 관한 설명으로 가장 적절하지 **않은** 항목만으로 구성된 것은? (2011년)

> a. 채권평가에서 만기수익률 상승으로 인한 가격 하락 폭보다 같은 크기의 만기수익률 하락으로 인한 가격 상승 폭이 더 크다.
> b. 채권에 3년간 투자하려고 할 때, 채권수익률 기간구조이론 중 불편기대가설이 성립하는 경우 정부 발행 3년 만기 할인채에 투자 및 보유하는 전략과 정부 발행 1년 만기 할인채에 3년 동안 선도계약을 활용하지 않고 반복투자하는 롤오버(roll-over) 전략의 사후적인 투자성과는 같다.
> c. 다른 조건이 동일하다면 수의상환조건이 있는 채권의 만기수익률은 수의상환조건이 없는 채권의 만기수익률보다 낮다.
> d. 수익률곡선타기(riding yield curve)는 수익률곡선이 우상향할 때 효과적인 채권투자전략이다.
> e. 이표채의 듀레이션(duration)은 만기에 정비례하고 만기가 같은 경우에는 액면이자율이 높은 채권의 듀레이션이 짧다.

① a, c, e ② a, d, e ③ b, c, d ④ b, c, e ⑤ c, d, e

정답: ④

〈해설〉 이 문제는 채권의 가치평가와 이자율 기간구조 및 듀레이션 등에 관해 묻는 종합적인 문제이다, 문제에서 주어진 정보를 활용하여 각 문항의 적절성 여부를 판단해 보자.

  a. 적절한 설명이다. 채권 가격과 이자율의 관계에서 채권 가격은 원점에 대해 볼록한 형태를 갖는다. 채권 가격의 이러한 볼록성(convexity)으로 인해 만기수익률 상승으로 인한 가격 하락 폭보다 같은 크기의 만기수익률 하락으로 인한 가격 상승 폭이 더 크다. 예를 들어, X기업이 액면가 100,000원, 만기 15년, 액면이자율 15%의 조건으로 회사채를 발행할 때, 이 회사채에 대한 만기수익률을 15%라고 가정하면 이 회사채의 가격은 액면가인 100,000원이 된다. 만일 회사채가 발행된 지 1년 후, 이 회사채의 만기수익률이 15%에서 20%로 5% 상승할 경우 회사채 가격은 76,949원

으로 하락해 가격하락 폭은 23,051원이 된다. 이에 반해, 이 회사채의 만기수익률이 15%에서 10%로 5% 하락할 경우 회사채 가격은 136,831원으로 상승해 가격상승 폭은 36,831원이 되어 가격하락 폭 23,051원보다 크다.

b. 적절치 않은 설명이다. 채권수익률 기간구조이론 중 불편기대가설이 의미하는 것은 어디까지나 다음 식에서 제시한 바와 같이 채권시장 균형상태 하에서 선도이자율($_{n-1}f_n$)과 미래 기대현물이자율($E(_{n-1}r_n)$)이 동일해지도록 현시점에서 현물이자율이 성립된다는 것이다. 따라서 3년 만기 할인채에 장기 투자하는 전략과 1년마다 단기투자를 반복하는 롤오버(roll-over)전략의 사전적인 기대 투자성과는 동일하다. 그러나 만약 1년 후의 실제 현물이자율($_1r_2$) 혹은 2년 후의 실제 현물이자율($_2r_3$)이 현재 시점에서 추정한 해당 기대현물이자율($E(_1r_2)$, $E(_2r_3)$)과 다를 경우에는 3년간 투자 및 보유하는 전략과 롤오버(roll-over)전략의 사후적인 투자성과는 결코 같지 않다.

c. 적절치 않은 설명이다. 다른 조건이 동일하다면 수의상환조건이 있는 수의상환채권의 경우 발행회사는 유리한 시장 상황일 때 만기일 이전에 일종의 콜옵션인 수의상환권을 행사해 수의상환가격으로 발행 회사채를 상환할 수 있다. 반대로 채권투자자의 입장에서 볼 때는 일반 회사채에 비해 불리하기 때문에 수의상환채권의 가격은 일반채권에 비해 낮다. 반대로 수의상환채권의 만기수익률은 일반채권의 만기수익률보다 <u>높다</u>.

d. 적절한 설명이다. 수익률곡선타기(riding yield curve)는 수익률곡선이 우상향할 때 채권투자자들이 중장기 채권을 매입하여 보유하는 일종의 매입보유전략(buy-and-hold strategy)이다. 이러한 수익률곡선타기는 매입 보유한 중장기 채권이 시간이 경과하여 만기에 가까이 갈수록 수익률곡선의 아래쪽으로 내려감으로써 만기수익률이 점차 하락하게 되며, 반대로 채권 가격은 상승하게 됨으로써 시세차익 효과를 얻으려는 투자전략이다.

e. 적절치 않은 설명이다. 문항 e는 두 문장으로 구성되어 있으며, 첫 번째 문장은 이표채의 듀레이션(duration)과 만기와의 관계를, 두 번째 문장은 이표채의 액면이자율이 듀레이션에 미치는 영향에 관한 내용이다. 먼저 두 번째 문장인 "만기가 같은 경우에는 액면이

자율이 높은 채권의 듀레이션이 짧다."는 것은 올바른 설명이다. 이에 반해 첫 번째 문장인 "이표채의 듀레이션(duration)은 만기에 정비례한다."라는 것은 올바른 설명이 아니다. 왜냐하면, 이표채 중에서 액면채와 할증채는 듀레이션이 만기에 정비례하나, 예외적으로 **할인채**는 만기가 길어질수록 듀레이션은 일정 기간 증가하다가 최대점에 이르게 된 이후에는 다시 하락하는 추세를 보이기 때문이다(앞의 **문제 19**의 **문항** ④의 해설 참고).

따라서, 정답은 ④이다.

문제 27 이자율과 채권 가격에 관한 설명으로 가장 적절하지 **않은** 것은? (2014년)

① 이자율이 상승하면 채권 가격은 하락한다.
② 만기가 길어질수록 동일한 이자율변동에 대한 채권 가격 변동 폭이 커진다.
③ 만기가 길어질수록 동일한 이자율변동에 대한 채권 가격 변동 폭은 체감적으로 증가한다.
④ 이자율 상승 시 채권 가격 하락보다 동일 이자율 하락 시 채권 가격 상승이 더 크다.
⑤ 액면이자율이 높을수록 동일한 이자율 변동에 대한 채권 가격 변동률이 더 크다.

정답: ⑤

〈해설〉 이 문제는 채권의 가치평가와 이자율 변동에 대한 채권 가격 변동 및 듀레이션 등에 관해 묻는 문제이다. 문제에서 주어진 정보를 활용하여 각 문항의 적절성 여부를 판단해 보자.

① 적절한 설명이다. 채권 가격은 채권 투자로부터 기대되는 미래 현금흐름인 이자와 원금상환액의 현재가치이므로 할인율인 이자율이 상승하면 현재가치인 채권 가격은 하락한다.
② 적절한 설명이다. 이자율변동에 대한 채권 가격 변동 폭(dP)은 Hopewell and Kaufman(1973)의 다음 식에서와 같이 듀레이션(D)과 절댓값의 관점에서 정(+)의 관계를 가진다(앞의 **문제 19**의 **문항** ④의 해설 참고).

$$dP = -\left(\frac{D}{1+y}\right) \times dy \times P$$

이표채 중 할인채를 제외하고는 일반적으로 채권의 만기가 길어질수록 듀레이션이 길어지므로, 위 식에서와 같이 동일한 이자율변동(dy)에 대한 채권 가격 변동 폭이 커진다.
③ 적절한 설명이다. 순수할인채권(무이표채)을 제외하고는 일반적으

로 만기가 길어지면 듀레이션은 정비례하지 않고 체감적으로 증가한다(앞의 **문제 19**의 **문항** ④의 해설 중 이표채의 만기와 듀레이션의 관계를 설명한 <표 2.3>을 참고). 따라서 만기가 길어질수록 동일한 이자율변동에 대한 채권 가격 변동 폭도 듀레이션의 영향으로 체감적으로 증가한다.

④ 적절한 설명이다. 채권 가격의 볼록성(convexity)으로 인해 이자율 상승 시 채권 가격 하락보다 동일 이자율 하락 시 채권 가격 상승이 더 크다(앞의 **문제 26**의 **문항** a의 해설을 참고).

⑤ 적절치 않은 설명이다. 이표채의 액면이자율이 높을수록 듀레이션은 짧아진다. Hopewell and Kaufman(1973)의 다음 식에 의해, 액면이자율이 높을수록 듀레이션(D)은 짧아지고 채권 가격 변동률(dP/P)은 더 <u>작아진다</u>.

$$\frac{dP}{P} = -\left(\frac{D}{1+y}\right) dy$$

따라서, 정답은 ⑤이다.

문제 28 채권에 대한 다음 설명 중 가장 옳지 **않은** 것은? 단, 다른 조건은 일
정하다. (2009년)

① 일반채권의 경우 볼록성(convexity)이 심한 채권의 가격이 볼록
성이 약한 채권의 가격보다 항상 비싸다.
② 일반채권의 볼록성은 투자자에게 불리하다.
③ 이자율이 하락하면 수의상환채권(callable bond)의 발행자에게는
유리할 수 있고 투자자에게는 불리할 수 있다.
④ 이자율이 상승하면 상환청구권부채권(puttable bond)의 투자자에
게는 유리할 수 있고 발행자에게는 불리할 수 있다.
⑤ 우상향 수익률곡선의 기울기가 심하게(steeper) 변한다면, 단기
채를 매입하고 장기채를 공매하는 투자전략이 그 반대전략보다
투자자에게 유리하다. (단, 기울기는 항상 양의 값을 가진다.)

정답: ②

〈해설〉 이 문제는 채권 가격의 볼록성과 옵션적 특성을 가진 채권의 이자율
위험 및 이자율 기간구조 등에 대해 묻는 문제이다. 문제에서 주어진
정보를 활용하여 각 문항의 적절성 여부를 판단해 보자.

① 적절한 설명이다. 일반채권의 경우 볼록성(convexity)이 클수록
이자율 하락에 따른 채권 가격의 상승 폭은 더 커지고, 반면에 이
자율 상승에 따른 채권 가격의 하락 폭은 더 작아지므로 채권 가
격은 볼록성과 양(+)의 관계를 가진다. 아래 <그림 2.1>에서도
볼록성이 큰 채권 A의 가격이 상대적으로 볼록성이 작은 채권 B
보다 동일한 이자율(r^*)에서 가격이 더 높다는 것을 보여 주고 있
다.
② 적절치 않은 설명이다. 일반채권의 볼록성은 채권투자자에게 매우
가치 있는 특성이다. 왜냐하면 일반채권의 경우 볼록성(convexity)
이 클수록 이자율 하락에 따른 채권 가격의 상승 폭은 더 커지고,
반면에 이자율 상승에 따른 채권 가격의 하락 폭은 더 작아지므로
일반채권의 볼록성은 투자자에게 유리하다고 볼 수 있다.

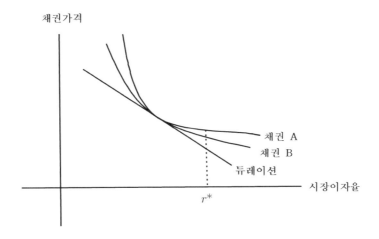

<그림 2.1> 볼록성과 채권 가격

③ 적절한 설명이다. 이자율이 하락하면 수의상환채권(callable bond)의 발행회사로서는 수의상환권을 행사해 이자율이 높은 기존의 채권을 만기 이전에 상환하고 이보다 이자율이 낮은 새로운 채권을 발행할 수 있기 때문에 발행 회사에게는 유리하고 채권투자자에게는 불리하다.

④ 적절한 설명이다. 이자율이 상승하면 상환청구권부채권(puttable bond)의 투자자로서는 상환청구권을 행사해 이자율이 낮은 기존의 채권을 만기 이전에 상환받고 이보다 이자율이 높은 새로운 채권을 매입할 수 있기 때문에 채권 투자자에게는 유리하고 발행 회사에게는 불리하다.

⑤ 적절한 설명이다. 우상향 수익률곡선의 기울기가 심하게 (steeper) 변한다는 것은 단기 시장이자율은 더욱 낮아지고 장기 시장이자율은 상대적으로 더 증가한다는 것을 의미한다. 이에 따라, 단기채의 가격은 상승하고, 장기채의 가격은 하락하게 될 것이다. 그러므로 단기채를 매입하고 장기채를 공매하는 투자전략이 그 반대전략보다 투자자에게 유리하다.

따라서, 정답은 ②이다.

문제 29 다음 여러 가지 채권의 볼록성(convexity)에 대한 설명 중 가장 옳지 **않은** 것은? (2005년)

① 일반사채(straight bond)의 경우 볼록성이 심할수록 이자율 상승 시 채권 가격이 적게 하락하고, 이자율 하락 시 채권 가격이 많이 상승한다.
② 이자율이 상승하거나 하락하거나 일반사채의 볼록성은 항상 양(+)의 값을 가진다.
③ 이자율이 상승하면 일반사채에 비하여 상환청구권부사채(puttable bond)의 볼록성이 약하다.
④ 이자율이 하락하면 수의상환사채(callable bond)의 볼록성은 음(−)의 값을 가진다.
⑤ 이자율이 상승하면 수의상환사채의 볼록성은 일반사채와 같게 된다.

정답: ③

〈해설〉 이 문제는 채권 가격의 볼록성(convexity)에 관한 문제이다. 문제에서 주어진 정보를 활용하여 각 문항의 적절성 여부를 판단해 보자.

① 적절하다. 일반사채(straight bond)의 가격 볼록성을 잘 설명하고 있는 문항이다(앞의 **문제 28의 문항 ①의** <그림 2.1> 참고).
② 적절하다. 일반사채(straight bond)의 경우 이자율이 상승하거나 하락하거나 듀레이션에 의해 측정된 채권 가격은 항상 실제 채권 가격보다 저평가되는 경향을 갖는데, 이것은 곧 일반사채의 볼록성이 항상 양(+)의 값을 가진다는 의미이다. 이것은 볼록성(CV: convexity)을 수학적으로 정의한 다음 수식에서도 쉽게 알 수 있다.

$$P(y) = \frac{C_1}{(1+y)} + \frac{C_2}{(1+y)^2} + \cdots + \frac{C_n}{(1+y)^n}$$

$$CV = \frac{d^2 P(y)}{dy^2} \times \frac{1}{P} = \frac{P''(y)}{P}$$

$$= [\frac{1}{(1+y)^2} \sum_{t=1}^{n} \frac{t(t+1)C_t}{(1+y)^t}] \times \frac{1}{P} > 0$$

③ 적절치 않다. 상환청구권부사채(puttable bond)는 채권투자자가 만기일 이전에 앞으로 이자율이 더 상승할 것으로 예상되는 경우 미리 약정된 가격인 상환청구가격으로 사채의 상환을 요구할 수 있는 권리 즉 풋옵션을 가지고 있는 채권이다. 아래 <그림 2.2>에서 A-B는 옵션적 특성을 갖고 있지 않은 일반채권의 가격함수를, A-B*는 상환청구권부사채의 가격함수를 각각 표시하고 있다.

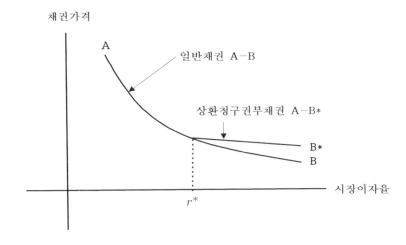

<그림 2.2> 상환청구권부사채의 볼록성과 채권 가격

그림에서 볼 때, 시장이자율이 상승하면 채권투자자가 상환청구권을 행사할 가능성이 높아지므로 상환청구권이 없는 일반사채에 비해 채권 가격의 하락 폭이 줄어들게 됨으로써 그림에서와 같이 상환청구권부사채(puttable bond)의 가격함수인 A-B*가 일반채권의 가격함수인 A-B보다 원점에서 더 볼록(convex)하게 된다. 이것은 곧 시장이자율이 상승하면 채권투자자가 상환청구권을 행사할 가능성이 높아지므로 상환청구권부사채가 일반사채에 비해 상대적으로 볼록성이 더 <u>강해지게</u> 된다는 것을 의미한다.

④ 적절하다. 수의상환사채(callable bond)는 사채의 발행회사가 사채

의 만기일 이전에 앞으로 이자율이 하락할 것으로 예상되는 경우 미리 약정된 가격인 수의상환가격으로 사채를 상환할 수 있는 권리, 즉 콜옵션을 가지고 있는 채권이다. 아래 <그림 2.3>은 이러한 수의상환사채와 일반사채의 가격함수를 나타낸 것이다.

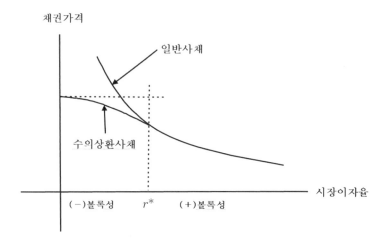

<그림 2.3> 수의상환사채의 볼록성과 채권 가격

그림에서 시장이자율이 $r*$보다 왼쪽으로 더 하락하면 수의상환사채의 발행회사가 수의상환권을 행사할 가능성이 높아지므로 수의상환권이 없는 일반사채에 비해 채권 가격의 상승 폭은 줄어들게 됨으로써 그림에서처럼 수의상환사채의 가격함수는 원점에서 볼록한(convex) 형태가 아닌 오목한(concave) 형태로 전환된다. 이것은 곧 이자율이 하락하면 채권 발행회사가 수의상환권을 행사할 가능성이 높아지므로 수의상환사채의 볼록성은 일반사채에 비해 상대적으로 더 약해지며 가격함수가 오목한 형태를 나타낼 경우에는 음(−)의 볼록성(negative convexity)을 가질 수 있다.

⑤ 적절하다. 위의 <그림 2.3>에서 이자율이 $r*$보다 오른쪽으로 더 상승하게 되면 수의상환사채의 발행회사가 수의상환권을 행사할 가능성이 없어지므로 수의상환채권의 가격은 일반사채와 거의 동일하게 되며 가격함수도 거의 일치하게 된다. 따라서 수의상환사채의 볼록성은 일반사채와 같이 양(+)이 된다.

따라서, 정답은 ③이다.

문제 30 채권 A는 액면이자를 기말에 연 1회 지급한다. 현재 채권 A의 만기수익률(y)은 연 10%이며, 동 채권의 수정 듀레이션($=-\dfrac{dP}{dy}\times\dfrac{1}{P}$, 단, P는 현재 채권 가격)과 볼록성($=\dfrac{d^2P}{dy^2}\times\dfrac{1}{P}$)은 각각 4와 50이다. 채권 A의 만기수익률이 0.1% 포인트 상승할 때, 채권 가격의 변화율에 가장 가까운 것은? 단, 채권 가격의 변화율은 채권 가격의 만기수익률에 대한 테일러 전개식(Taylor series expansion)을 이용하여 계산하고 3차 이상의 미분 항들은 무시한다. (2019년)

① -0.1500% ② -0.3611% ③ -0.3975%

④ -0.4025% ⑤ -0.4375%

정답: ③

〈해설〉 이 문제는 시장이자율이 변화할 때 채권 가격의 변화율을 측정하는 방법에 관한 문제이다. 이론적으로, 시장이자율이 변화할 때, 채권 가격의 변화율을 측정하는 방법에는 다음 세 가지를 들 수 있다:

1. 시장이자율이 a에서 b로 변화할 때, 각 이자율 수준에서 채권 가격 P(a)와 P(b)를 계산한 다음 실제 채권 가격의 변화율을 측정하는 방법
2. 매컬리 듀레이션(Macaulay duration)을 이용하여 채권 가격의 변화율을 측정하는 방법
3. 듀레이션과 볼록성(convexity)을 함께 이용하여 채권 가격의 변화율을 측정하는 방법

그런데, 이 문제에서는 위에서 제시한 세 번째 방법인 채권의 듀레이션과 볼록성(convexity)을 함께 고려하여 채권 가격의 변화율을 측정하는 문제이다. 특히, 채권 가격의 만기수익률에 대한 테일러 전개식을 이용하여 도출한 모형을 활용하여 채권 가격의 변화율을 구하는 문제이다. 아래에 제시한 채권 가격의 변화율 모형은 테일러 전개식(Taylor series expansion)에서 2차까지만 전개하여 도출한 것으로

채권 가격의 변화율(dP/P)을 듀레이션(D)과 볼록성(CV)을 함께 고려하여 측정하고 있다(이 모형은 반드시 암기해야 함).

$$\frac{dP}{P} = -\left(\frac{D}{1+y}\right)dy + \frac{1}{2} \times CV \times (dy)^2$$

만기수익률(y)이 10%, 수정 듀레이션($-\dfrac{dP}{dy} \times \dfrac{1}{P} = \dfrac{D}{(1+r)}$)은 4, 볼록성($CV$)은 50, 만기수익률이 0.1% 포인트 상승할 때, 채권 가격의 변화율(dP/P)은 다음과 같이 -0.003975 (-0.3975%)이다.

$$\begin{aligned}\frac{dP}{P} &= -\left(\frac{D}{1+y}\right)dy + \frac{1}{2}CV(dy)^2 \\ &= -4 \times 0.001 + \frac{1}{2} \times 50 \times (0.001)^2 = -0.003975\,(-0.3975\%)\end{aligned}$$

따라서, 정답은 ③이다.

문제 31 투자자 K씨는 액면가 100,000원, 표면이자율 연 20%(이자는 매년 말 1회 지급), 만기 2년인 채권의 매입을 검토하고 있다. 1년간의 현물이자율과 그 후 1년간의 선도이자율은 모두 15%로 알려져 있다. 채권 가격과 이자율 사이의 볼록성(convexity) 관계는 무시하기로 한다. 이 채권 투자에 따르는 이자율위험을 제거하기 위해 투자기간을 얼마로 해야 하는가? (소수점 아래 셋째 자리에서 반올림할 것) (2000년)

① 1.57년　② 1.66년　③ 1.75년　④ 1.84년　⑤ 1.93년

정답: ④

〈해설〉 이 문제는 채권의 목표 투자기간과 듀레이션(Macaulay duration)을 일치시킴으로써 채권 투자의 시장이자율 위험을 제거하는 전략인 목표시기면역화전략(target date immunization strategy)에 관해 묻는 문제이다. 이 채권 투자에 따르는 이자율 위험을 제거하기 위해서는 목표투자기간을 채권의 듀레이션과 일치하도록 설정하면 된다. 만기가 2년인 이 채권의 듀레이션을 추정하기 위해 다음과 같이 먼저, 2년간의 현물이자율(r_2)과 채권 가격(P)을 구해야 한다.

- $(1+r_2)^2 = (1+r_1)(1+{}_1f_2) = (1+0.15)(1+0.15) \rightarrow r_2 = 0.15$

- $P = \dfrac{C}{(1+r_1)} + \dfrac{C+F}{(1+r_2)^2} = \dfrac{20,000}{(1+0.15)} + \dfrac{120,000}{(1+0.15)^2} = 108,129$

이 문제에서 r_1과 r_2가 모두 15%로 동일하므로 만기수익률(y)도 동일한 15%이다. 따라서 위에서 구한 이 채권 가격과 만기수익률을 이용하여 채권의 듀레이션을 구하면 다음과 같다.

$$D = 1 \times \frac{20.000/(1+0.15)}{108,129} + 2 \times \frac{120.000/(1+0.15)^2}{108,129} = 1.84 \,(년)$$

따라서, 정답은 ④이다.

문제 32 채권가치평가와 채권 포트폴리오 관리에 관련된 다음 설명 중 가장 적절하지 **않은** 것은? (2008년)

① 다른 조건은 동일하고 만기만 다른 채권 A(1년), B(3년), C(5년)가 있다. 시장이자율이 상승할 때, 채권 A와 채권 B의 가격 하락 폭의 차이는 채권 B와 채권 C의 가격 하락 폭의 차이보다 작다.

② 다른 조건이 일정할 경우 시장이자율이 하락하면 채권의 듀레이션은 길어진다.

③ 시장이자율이 하락할 때 채권 가격이 상승하는 정도는 시장이자율이 같은 크기만큼 상승할 때 채권 가격이 하락하는 정도보다 더 크다.

④ 채권 포트폴리오의 이자율위험을 면역화하기 위해서는 시간이 경과함에 따라 채권 포트폴리오를 지속적으로 재조정해야 한다.

⑤ 채권 포트폴리오의 이자율위험을 면역화하기 위해서는 시장이자율이 변동할 때마다 채권 포트폴리오를 재조정해야 한다.

정답: ①

〈해설〉 이 문제는 채권 가격의 이자율 위험과 위험지표로서의 듀레이션에 관해 묻는 문제이다. 문제에서 주어진 정보를 활용하여 각 문항의 적절성 여부를 판단해 보자.

① 적절치 않은 설명이다. 다른 조건이 일정하고 시장이자율이 상승할 때, 채권 가격은 하락하며 만기가 길어짐에 따라 채권 가격의 하락 폭은 <u>체감적으로 증가</u>한다. 즉 만기가 길어짐에 따라 채권 가격의 하락 폭은 증가하나 증가율은 점차 감소한다. 그러므로 시장이자율이 상승할 때, 채권 A(1년)와 채권 B(3년)의 가격 하락 폭의 차이는 채권 B(3년)와 채권 C(5년)의 가격 하락 폭의 차이보다 크다.

② 적절한 설명이다. 다른 조건이 일정할 경우 시장이자율이 하락하면 만기일에 상환받게 될 액면가와 액면이자의 현재가치가 증가해 채권 가격에서 차지하는 비중이 증가함으로써 채권의 듀레이션은 길어진다.

③ 적절한 설명이다. 채권 가격의 볼록성으로 인해, 시장이자율이 하락할 때 채권 가격이 상승하는 정도는 시장이자율이 같은 크기만큼 상승할 때 채권 가격이 하락하는 정도보다 더 크다(앞의 **문제 28**의 **문항 ①**의 <그림 2.1> 참고).

④ 적절한 설명이다. 채권 포트폴리오의 이자율위험을 면역화하기 위해서는 시간이 경과함에 따라 잔여 투자기간과 듀레이션이 일치하도록 채권 포트폴리오를 지속적으로 재조정(rebalancing)할 필요가 있다.

⑤ 적절한 설명이다. 채권 포트폴리오의 이자율위험을 면역화하기 위해서는 시장이자율이 변동할 때마다 채권 포트폴리오의 듀레이션이 변동하므로 채권 포트폴리오를 재조정해야 한다.

따라서, 정답은 ①이다.

문제 33 채권 듀레이션에 관한 설명으로 가장 적절하지 **않은** 것은? (2021년)

① 무이표채의 경우 만기가 길어지면 듀레이션이 증가한다.

② 목표시기와 듀레이션을 일치시키는 채권 포트폴리오를 보유하면 목표시기까지 이자율의 중간 변동에 대하여 면역이 되므로 채권 포트폴리오를 조정할 필요가 없다.

③ 목표시기 면역전략 수행에 있어서 다른 조건이 동일할 때 시간이 경과함에 따라 채권 포트폴리오의 듀레이션을 감소시키는 조정이 필요하다.

④ 다른 조건이 동일할 때 연간 이자 지급 횟수가 증가하면 채권의 듀레이션은 감소한다.

⑤ 영구채의 듀레이션은 시장이자율과 연간 이자 지급 횟수에 의하여 결정된다.

정답: ②

〈해설〉 이 문제는 채권의 듀레이션(duration)과 목표시기 면역화전략과 같은 채권 관리 등에 관한 문제이다. 문제에서 주어진 정보를 활용하여 각 문항의 적절성 여부를 판단해 보자.

① 적절하다. 무이표채, 즉 순수할인채권의 경우 만기 이전에 액면이 자를 지급하지 않기 때문에 채권의 만기와 듀레이션은 정확히 일치한다. 따라서 무이표채의 만기가 길어지면 듀레이션도 똑같이 증가한다.

② 적절치 않다. 목표시기면역화전략(target date immunization strategy)을 수행하는 과정에서 시간이 경과하면 중간에 시장이자율이 변동할 수 있으며, 이로 인해 채권 포트폴리오를 구성하는 개별 채권의 가격과 듀레이션, 비중 등이 변화하게 되면서 목표 투자기간과 채권 포트폴리오의 듀레이션이 일치하지 않을 수 있다. 따라서, 이 전략은 시간이 경과함에 따라 잔여 투자 기간과 채권 포트폴리오의 듀레이션이 일치하도록 채권 포트폴리오의 구성을 계속 조정하는 포트폴리오 재구성(rebalancing) 작업이 필요하다.

③ 적절하다. 목표시기 면역전략 수행에 있어서 다른 조건이 동일할 때 시간이 경과함에 따라 자연히 채권 포트폴리오의 잔여 투자 기

간이 줄어들게 됨에 따라 이에 맞게 채권 포트폴리오의 듀레이션
도 함께 감소시키는 조정이 필요하다.

④ 적절하다. 다른 조건이 동일할 때, 이표채의 연간 이자 지급 횟수
를 늘리면 액면이자액이 늘어나는 효과를 가진다. 이에 따라 채권
가격 중 액면이자액의 현재가치가 차지하는 비중이 상대적으로 늘
어나고, 반면에 만기의 원금상환액의 현재가치의 비중이 줄어들게
됨에 따라 채권의 듀레이션은 감소하게 된다.

⑤ 적절하다. 영구채의 듀레이션은 아래 식과 같이 시장이자율(y)과
연간 이자 지급 횟수(m)에 의하여 결정된다.

$$D = \frac{m+y}{my}$$

따라서, 정답은 ②이다.

문제 34 다음 표는 A은행의 현재 시장가치 기준 자산·부채와 듀레이션을 보여 주고 있다. 다음 설명 중 가장 적절하지 <u>않은</u> 것은? (2018년)

자산	금액	듀레이션	부채·자본	금액	듀레이션
현금	100억원	0년	고객예금	600억원	1.0년
고객대출	500억원	1.2년	발행사채	300억원	5.5년
회사채	400억원	6.0년	자기자본	100억원	–

① 부채의 듀레이션은 2.5년이다.
② 듀레이션 갭은 0.5년이다.
③ 금리가 상승하면 자기자본가치가 하락한다.
④ 금리가 하락하면 자산가치의 증가분이 부채가치의 증가분보다 크다.
⑤ 순자산가치 면역전략은 듀레이션 갭이 0이 되도록 하는 포트폴리오 관리 기법이다.

정답: ②

〈해설〉 이 문제는 금융회사가 보유하고 있는 자산포트폴리오와 부채의 듀레이션을 적절히 조정하여 이자율 변동에 따른 자기자본가치의 변동 위험을 제거하기 위한 순자산면역화전략(net worth immunization strategy)에 관한 문제이다. 문제에서 주어진 정보를 활용하여 각 문항의 적절성 여부를 판단해 보자.

① 적절한 설명이다. 일반적으로 채권 포트폴리오의 듀레이션은 포트폴리오를 구성하는 개별채권의 시장가치 기준에 의해 산정한 구성비율로 가중평균하여 구한다. 이에 따라 A은행의 자산(A)과 부채 포트폴리오(B)의 듀레이션을 산정하면 다음과 같이 각각 3년과 2.5년이다.

$$D_A = \sum_{i=1}^{n} w_i D_i = \frac{100}{1,000} \times 0 + \frac{500}{1,000} \times 1.2 + \frac{400}{1,000} \times 6.0 = 3.0 \text{ (년)}$$

$$D_B = \sum_{i=1}^{n} w_i D_i = \frac{600}{900} \times 1.0 + \frac{300}{900} \times 5.5 = 2.5 \,(\text{년})$$

② 적절치 않은 설명이다. 듀레이션 갭(duration gap)에 대한 정의를 활용하여 이를 산정하면 A은행의 자산(A)과 부채(B)의 듀레이션 갭은 0.75년이다.

$$D_{gap} = D_A - D_B \times \frac{B}{A} = 3.0 - 2.5 \times \frac{900}{1000} = 0.75 \,(\text{년})$$

③ 적절한 설명이다. 자산의 수익률과 부채의 이자율이 모두 시장이 자율(y)과 동일할 경우, 자산과 부채의 듀레이션 갭(D_{gap})으로 인한 자기자본가치의 변동($\triangle S$)은 다음과 같이 추정할 수 있다.

$$\triangle S = -(D_A \times A - D_B \times B)(\frac{\triangle y}{1+y}) = -(D_A - D_B \times \frac{B}{A})A(\frac{\triangle y}{1+y})$$

$$= -D_{gap} \times A \times (\frac{\triangle y}{1+y}) = -0.75 \times 1,000 \times (\frac{\triangle y}{1+y})$$

위 식에서 금리가 상승하여 $\triangle y$가 양(+)이면 자기자본가치의 변동($\triangle S$)은 음(−)이므로 자기자본가치는 하락한다. 즉, A은행의 자산 듀레이션(3년)이 부채 듀레이션(2.5년)보다 크기 때문에 금리가 상승할 경우 자산가치의 하락 폭이 부채가치의 하락 폭보다 상대적으로 더 크므로 결과적으로 자기자본가치는 하락한다.

④ 적절한 설명이다. 문항 ③에서 제시한 식에서 금리가 하락하여 $\triangle y$가 음(−)이면 자기자본가치의 변동($\triangle S$)은 양(+)이므로 자기자본가치는 증가한다. 즉, A은행의 자산 듀레이션(3년)이 부채듀레이션(2.5년)보다 크기 때문에 금리가 하락할 경우 자산가치의 상승 폭이 부채가치의 상승 폭보다 상대적으로 더 크므로 결과적으로 자기자본가치는 증가한다.

⑤ 적절한 설명이다. 순자산가치 면역전략에 대한 정의를 제시한 것이다.

따라서, 정답은 ②이다.

문제 35 채권에 관한 설명으로 적절한 항목만을 <u>모두</u> 선택한 것은? (2020년)

a. 현재시점(t=0)에서 수익률곡선이 우상향할 경우, t년 현물이자율 $_0i_t$보다 t기의 선도이자율 $_{t-1}f_t$가 더 높다.

b. 현재의 우상향 수익률곡선이 향후 변하지 않을 경우, 수익률곡선 타기 채권투자전략으로 추가적인 자본이득을 얻을 수 있다.

c. 액면가, 만기, 만기수익률(YTM)이 동일한 일반사채의 경우, 이 표이자율이 작을수록 볼록성이 커진다. 따라서 무이표채의 볼록성은 이표채보다 크다.

d. 다른 조건이 동일할 경우, 일반사채의 듀레이션보다 수의상환조건이 있는 채권의 듀레이션은 크며 일반사채의 듀레이션보다 상환청구권이 있는 채권의 듀레이션은 작다.

e. 고정이자부 채권으로 구성된 자산 포트폴리오의 듀레이션은 2.5이고 시장가치는 1,400억 원이다. 고정이자부 부채 포트폴리오의 시장가치가 1,000억 원일 경우, 순자산의 가치를 이자율위험에 대하여 완전면역화하는 부채 포트폴리오의 듀레이션은 3.5이다.

① a, b ② c, d ③ a, c, d
④ b, d, e ⑤ a, b, c, e

정답: ⑤

〈해설〉 이 문제는 이자율 기간구조, 듀레이션과 볼록성 등 다양한 주제에 대해 묻는 문제이다. 문제에 주어진 정보를 활용하여 각 문항의 적절성 여부를 판단해 보자.

a. 적절한 설명이다. 우상향 형태의 수익률곡선에서는 선도이자율 $_{t-1}f_t$이 현물이자율 $_0i_t$보다 크다. 즉 $_0i_t < {_{t-1}f_t}$가 성립한다(앞의 **문제 13**의 해설 "1. 현물이자율과 선도이자율의 대소 관계"를 참고).

b. 적절한 설명이다. 수익률곡선타기(riding yield curve) 투자전략은 현재의 우상향 수익률곡선이 향후 변하지 않을 것이라는 예상 하에서 채권투자자들이 중장기 채권을 매입하여 보유하는 일종의 매입보유전략이다. 이러한 수익률곡선타기는 매입 보유한 중장기 채

권이 시간이 경과하여 만기에 가까이 갈수록 수익률곡선의 아래쪽으로 내려감으로써 만기수익률이 점차 하락하게 되며, 반면에 채권가격은 상승하게 됨으로써 시세차익을 얻으려는 투자전략이다.

c. 적절한 설명이다. 일반적으로 액면가, 만기, 만기수익률이 동일한 일반사채의 경우, 이표이자율(액면이자율)이 작을수록 이표채의 듀레이션과 볼록성은 커진다. 예를 들어, 5%의 액면이자를 지급하는 이표채는 10%의 액면이자를 지급하는 이표채보다 시장이자율 변화에 민감하므로 액면이자율이 낮은 채권일수록 듀레이션과 볼록성은 더 커진다. 따라서 다른 조건이 일정할 경우 액면이자를 지급하지 않는 무이표채(순수할인채권)의 볼록성은 어떤 이표채보다 항상 크다.

d. 적절치 않은 설명이다. 다른 모든 조건이 동일할 때, 수의상환조항(call provision)이 있는 채권의 경우는 채권 발행회사가 채권시장의 상황이 자기들에게 유리하다고 판단할 때 만기일 이전에 미리 약정된 가격으로 회사채를 상환할 가능성이 있으므로 이 조항이 없는 일반채권에 비해 매컬리 듀레이션이 상대적으로 작을 수밖에 없다. 마찬가지로, 상환청구권이 있는 채권의 경우에도 채권투자자가 채권시장의 상황이 자기들에게 유리하다고 판단할 때 만기일 이전에 미리 약정된 가격으로 회사채의 상환을 발행 회사에게 요구할 가능성이 있으므로 이 조항이 없는 일반채권에 비해 매컬리 듀레이션이 상대적으로 작다. 따라서 다른 조건이 동일할 경우, 수의상환조건이나 상환청구권이 있는 채권은 모두 일반사채에 비해 듀레이션이 작다.

e. 적절한 설명이다. 순자산의 가치를 이자율위험에 대하여 완전면역화하는 순자산가치 면역전략은 듀레이션 갭이 0이 되도록 하는 포트폴리오 관리 기법이다. 따라서 듀레이션 갭(D_{gap})이 0이 되도록 하는 부채 포트폴리오의 듀레이션(D_B)은 다음 식과 같이 3.5이다.

$$D_{gap} = D_A - D_B \times \frac{B}{A} = 0$$

$$\rightarrow D_B = D_A \times \frac{A}{B} = 2.5 \times \frac{1,400}{1,000} = 3.5$$

따라서, 정답은 ⑤이다.

문제 36 총자산이 100조 원이고 자기자본비율이 8%인 금융기관이 있다고 하
자. 자산과 부채의 듀레이션(duration)은 각각 6년과 4년이다. 이 금
융기관의 경영자는 조만간 이자율이 현재 8%에서 9%로 상승한다고
예측하고 대응전략을 강구하고 있다. 만일 이 예측이 사실이라면 주
주의 입장에서 얼마만큼의 손실 혹은 이익이 발생하는가? (채권으로
인한 볼록성(convexity)은 무시하고 가장 근사치를 고를 것)
(2002년)

① 2.148조원 손실   ② 2.008조원 이익   ③ 1.525조원 손실
④ 1.525조원 이익   ⑤ 1.945조원 이익

정답: ①

〈해설〉 이 문제는 듀레이션이 서로 다른 자산과 부채의 관리 즉 듀레이션갭
관리(duration gap management)에 관한 문제이다. 이론적으로 자산의
수익률과 부채의 이자율이 모두 시장이자율(y)과 동일하다면, 자산과
부채의 듀레이션 갭, 즉 듀레이션 차이로 인한 자기자본가치의 변동
($\triangle S$)은 다음과 같이 추정할 수 있다.

$$\triangle S = -(D_A \times A - D_B \times B)(\frac{\triangle y}{1+y})$$

문제에서 총자산(A)은 100조 원, 자기자본은 8조 원(=100×0.08),
부채(B)는 100×(1−0.08)=92조 원, 자산과 부채의 듀레이션은 각각
6년과 4년으로 주어졌으며, 시장이자율은 현재 8%에서 9%로 상승할
것으로 예측하고 있다. 문제에서 주어진 이러한 정보를 바탕으로 이
금융기관의 자기자본가치의 변동을 측정하면 다음과 같다.

$$\triangle S = -(D_A \times A - D_B \times B)(\frac{\triangle y}{1+y})$$

$$= -(6 \times 100 - 4 \times 92)(\frac{0.01}{1+0.08})$$

$$= -2.148$$

위 식에서 제시한 바와 같이, 시장이자율이 현재 8%에서 9%로 상승할 경우 자기자본가치는 약 2.148조 원의 손실이 발생할 것으로 추정된다.

따라서, 정답은 ①이다.

문제 37 자산의 시장가치가 1,000억 원이고 듀레이션이 4년이며, 부채의 시장가치가 700억 원이고 듀레이션이 5년인 가상은행이 있다고 하자. 이 은행은 어떤 금리위험에 노출되어 있으며, 이를 줄이기 위해 어떤 조치를 취할 수 있는가? (단, 아래 각 항의 조치는 나머지 변수들에는 영향을 미치지 않는다고 가정) (2001년)

① 금리상승 위험을 줄이기 위해 부채의 시장가치를 줄인다.
② 금리하락 위험을 줄이기 위해 부채의 듀레이션을 늘린다.
③ 금리상승 위험을 줄이기 위해 자산의 시장가치를 줄인다.
④ 금리하락 위험을 줄이기 위해 자산의 듀레이션을 늘린다.
⑤ 금리하락 위험을 줄이기 위해 자산과 부채의 듀레이션을 일치시킨다.

정답: ③

〈해설〉 이 문제는 듀레이션이 서로 다른 자산과 부채의 관리, 즉 듀레이션 갭 관리(duration gap management)에 관한 문제이다. 자산과 부채의 듀레이션 갭(D_{gap}), 즉 듀레이션 차이로 인한 자기자본가치의 변동($\triangle S$)은 다음과 같이 추정할 수 있다(앞의 **문제 34**의 **문항 ③**의 해설 참고).

$$\triangle S = - D_{gap} \times A \times (\frac{\triangle y}{1+y})$$

문제에서 가상은행이 보유하고 있는 자산의 시장가치가 1,000억 원이고 듀레이션이 4년이며, 부채의 시장가치가 700억 원이고 듀레이션이 5년으로 주어져 있으므로 자산과 부채의 듀레이션 갭(D_{gap})은 아래 식과 같이 양수(+)이다.

$$D_{gap} = D_A - D_B \times \frac{B}{A} = 4 - 5 \times \frac{700}{1,000} = 0.5$$

이처럼, 듀레이션 갭(D_{gap})이 양수이므로 자기자본가치의 변동($\triangle S$)에 관한 위의 첫 번째 식에서 금리가 하락할 경우 즉 $\triangle y$가 음수(−)

이면 자산가치의 증가분이 부채가치의 증가분보다 크므로 자기자본가치의 변동($\triangle S$)은 양수(+)가 된다. 이것은 곧 이 은행에 있어서 금리가 하락할 경우 이자율 위험은 존재하지 않는다는 것을 의미한다.

반면에 듀레이션 갭(D_{gap})이 양수임으로 인해 금리가 상승할 경우 즉 $\triangle y$가 양수(+)일 경우에는 금리 위험에 노출될 수 있다. 이때 자기자본가치의 변동($\triangle S$)이 양수(+) 혹은 0을 유지하기 위해서는 듀레이션 갭(D_{gap})을 줄여 0보다 작거나 같게 만들어야 한다. 즉,

$$D_{gap} = D_A - D_B \times \frac{B}{A} \leq 0 \rightarrow D_A \times A - D_B \times B \leq 0$$

이를 위해서는 은행은 보유자산의 일부를 매각해 자산의 시장가치(A)를 줄이거나 혹은 자산의 듀레이션(D_A)을 줄이는 조치를 취해야 할 것이다.

따라서, 정답은 ③이다.

문제 38 다음 설명 중 가장 옳지 **않은** 것을 고르시오. (2009년)

① MM수정이론(1963)에서는 다른 조건이 일정하다면 법인세율이 변하더라도 자기자본비용은 일정하다.

② 법인세와 개인소득세가 존재하는 경우, 이자소득세와 자본이득세가 같으면 부채사용기업의 가치는 무부채기업의 가치보다 크다.

③ 자기자본이익률(ROE)이 주주의 요구수익률보다 크면 주가순자산비율(PBR)은 항상 1보다 크다.

④ 연간 500만 원을 지급하는 만기수익률 5%인 영구채권과 연간 600만 원을 지급하는 만기수익률 5%인 영구채권의 듀레이션은 같다.

⑤ 액면채의 경우 만기와 무관하게 이자수익률과 자본이득률 모두 일정한 양(+)의 값을 가진다.

정답: ⑤

〈해설〉 이 문제는 자본구조, 주식의 가치평가, 채권의 가치평가와 듀레이션 등 다양한 주제가 혼합된 종합 문제로 박사과정 학생이라도 풀기 어려운 난이도가 매우 높은 문제이다. 문제에서 주어진 다양한 주제에 관한 정보를 활용하여 각 문항의 적절성 여부를 판단해 보자.

① 적절한 설명이다. MM수정이론(1963)의 명제 II에서 자기자본비용 (r_S)은 다음과 같이 법인세의 함수로 나타낼 수 있다.

$$r_S = r_U + (r_U - r_B)(1 - T_C)\frac{B}{S_L}$$

그러나 수정명제 II를 단순히 해석해 법인세율과 자기자본비용과의 관계를 판단해서는 안 된다. 왜냐하면 위 식의 S_L도 다음 식에서와 같이 법인세의 함수이기 때문이다. 따라서 먼저 S_L을 법인세의 함수로 변환한 다음 법인세율과 자기자본비용과의 최종적인 관계를 파악해야 한다. 단, 아래 식에서 $\overline{X}$는 기대영업이익(EBIT)을 의미한다.

$$S_L = V_L - B = (V_U + T_C B) - B = V_U - (1 - T_C)B$$

$$= \frac{\overline{X}(1 - T_C)}{r_U} - (1 - T_C)B = (\frac{\overline{X}}{r_U} - B)(1 - T_C)$$

위 식에서 변환한 S_L을 첫 번째 식인 수정명제 II에 대입하면 다음과 같이 자기자본비용(r_S)에 관한 함수에서 법인세(T_C) 항목이 사라지게 된다. 즉,

$$r_S = r_U + (r_U - r_B)(1 - T_C)\frac{B}{S_L}$$

$$= r_U + (r_U - r_B)(1 - T_C)\frac{B}{(\frac{\overline{X}}{r_U} - B)(1 - T_C)}$$

$$= r_U + (r_U - r_B)\frac{B}{(\frac{\overline{X}}{r_U} - B)}$$

따라서 MM수정이론(1963)에 있어서 다른 조건이 일정하다면 법인세율은 자기자본비용에 영향을 미치지 않는다는 것을 의미한다.
② 적절한 설명이다. Miller(1977)에 의하면, 법인세와 주식투자소득과 회사채 투자소득에 대한 개인소득세가 함께 존재할 경우 부채를 사용하는 L기업의 가치는 다음 식과 같이 정의할 수 있다.

$$V_L = V_U + [1 - \frac{(1 - T_C)(1 - T_{PS})}{(1 - T_{PB})}]B$$

위 식에서 이자소득세(T_{PB})와 자본이득세(T_{PS})가 같으면 부채사용기업의 가치는 아래 식과 같이 MM(1963)의 수정명제 I로 회귀한다. 따라서 부채를 사용하는 L기업의 가치는 무부채기업의 가치보다 크다.

$$V_L = V_U + T_C B$$

③ 적절한 설명이다. 기본적으로 주가순자산비율(PBR)은 주가를 주당순자산 혹은 주당 장부가치(BPS)로 나눈 비율이다. PBR은 아래 식과 같이 주당순이익(EPS)을 매개변수로 사용하여 다시 주가수익비율(PER)과 자기자본이익률(ROE)의 곱으로 나타낼 수 있다.

$$PBR = \frac{P_0}{BPS} = \frac{P_0}{EPS} \times \frac{EPS}{BPS} = PER \times ROE$$

분석을 단순화하기 위해 주가를 일정성장배당할인모형으로 추정이 가능하다고 가정한다. 이 경우 PER와 PBR 두 비율 모두 다음과 같이 자기자본이익률(ROE)과 주주의 요구수익률(r)의 함수로 나타낼 수 있다. 아래 식에서 d_1과 EPS_1은 각각 올해 말 예상되는 주당배당금과 주당순이익을, b는 유보비율을 각각 의미한다.

$$PER = \frac{P_0}{EPS_1} = \frac{(d_1/r - g)}{EPS_1} = \frac{(d_1/EPS_1)}{r - g} = \frac{(1 - b)}{r - g} = \frac{(1 - b)}{r - b \times ROE}$$

$$PBR = PER \times ROE = \frac{(1 - b)}{r - b \times ROE} \times ROE = \frac{ROE - b \times ROE}{r - b \times ROE}$$

PBR을 자기자본이익률(ROE)과 주주의 요구수익률(r)로 표시한 위 식에서 ROE가 r보다 크면 자기자본의 시장가치(P)가 자기자본의 장부가치(BPS)보다 커 주가순자산비율(PBR)은 항상 1보다 크다.

④ 적절한 설명이다. 이론적으로 연간 m회 이자를 지급하고 만기수익률이 y인 영구채권(perpetuity)의 매컬리 듀레이션은 정확히 $\frac{y + m}{ym}$이다. 문제에서 출제자가 정확히 언급하고 있지는 않지만 연간 1회 이자를 지급하는 것으로 가정하면 매컬리 듀레이션은 $\frac{y + 1}{y}$이 된다. 그러므로 연간 1회 액면이자를 지급하는 영구채권의 듀레이션을 결정하는 유일한 요인은 만기수익률(y)이므로 동일한 5% 만기수익률을 가진 두 영구채권의 듀레이션은 같다.

⑤ 적절치 않은 설명이다. 액면채(par bond)는 현재의 채권 가격이 채권의 액면가(face value)와 동일한 채권을 뜻하며, 이것은 곧 현

재 채권의 액면이자율과 시장이자율(만기수익률)이 동일하다는 것을 의미한다. 만약 시장이자율을 비롯한 모든 다른 조건이 일정하다면, 만기에 가까워지더라도 액면채의 이자수익률과 자본이득률은 변하지 않는다. 즉 이자수익률은 액면이자율과 동일한 값을 가지며, 자본이득률은 0이 된다. 그러나 만기까지의 기간 동안 시장이자율이 변동하게 되면 액면채는 더 이상 액면채가 아니며 이자수익률과 자본이득률은 모두 커질 수도 작아질 수도 있다. 이에 따라 채권 가격이 변동하더라도 이자수익률(=액면이자/채권 가격)은 언제나 양(+)의 값을 가지나, 자본이득률은 시장이자율의 변동 방향에 따라 양(+), 0, 음(−)의 값을 모두 가질 수 있다.

따라서, 정답은 ⑤이다.

3

주식의 가치평가

3.1 배당평가모형

문제 1 고정성장배당모형(constant growth dividend discount model)에 관한 다음 설명 중 옳은 것은? (2004년)

① 고정성장배당모형이 적용되기 위해서는 주식의 요구수익률이 배당의 성장률보다 같거나 낮아야 한다.

② 다른 모든 조건이 동일한 경우, 기본적으로 배당 상승에 대한 기대와 주식가치의 변동은 관계가 없다.

③ 고정성장배당모형에 의해 주식가치를 평가하는 경우, 할인율로 무위험이자율을 이용한다.

④ 다른 모든 조건이 동일한 경우, 배당성장률의 상승은 주식가치를 상승시킨다.

⑤ 고정성장배당모형에서 주식의 위험은 기대 배당에 반영되어 있다.

정답: ④

〈해설〉 이 문제는 배당평가모형 중 고정성장배당모형(일정성장배당평가모형 혹은 Gordon 성장모형)에 관한 문제이다. 각 문항에서 제시된 고정성장배당모형의 특성에 대해 적절한 설명인지를 문항별로 판단해 보자.

CPA 객관식 재무관리

① 적절치 않은 설명이다. 다음에 제시한 고정성장배당모형이 적용되기 위해서는 주식의 요구수익률(r)이 배당의 성장률(g)보다 항상 커야 한다. 즉 $r > g$이 성립해야 한다.

$$P = \frac{D_1}{r-g}$$

② 적절치 않은 설명이다. 다른 모든 조건이 동일한 경우, 기본적으로 배당 상승에 대한 기대가 있을 경우 위의 모형에서 올해 말 예상되는 주당배당액(D_1)이 증가하므로 주식가치(P)는 상승한다.

③ 적절치 않은 설명이다. 주식은 기본적으로 위험자산이므로 개별 주식의 적정할인율 혹은 요구수익률(r)은 무위험이자율과 위험프리미엄의 합으로 결정된다.

④ 적절한 설명이다. 다른 모든 조건이 동일한 경우, 배당성장률(g)의 상승은 주식가치를 상승시킨다.

⑤ 적절치 않은 설명이다. 고정성장배당모형에서 주식의 위험은 기대배당(D_1)이 아닌 할인율(r)에 반영되어 있다.

따라서, 정답은 ④이다.

문제 2 고정성장배당평가모형(constant growth dividend discount model)에 관한 설명으로 가장 적절하지 **않은** 것은? (2016년)

① 계속기업(going concern)을 가정하고 있다.

② 고정성장배당평가모형이 성립하면, 주가는 배당성장률과 동일한 비율로 성장한다.

③ 고정성장배당평가모형이 성립하면, 주식의 투자수익률은 배당수익률과 배당성장률의 합과 같다.

④ 다른 조건은 일정하고 재투자수익률(ROE)이 요구수익률보다 낮을 때, 내부유보율을 증가시키면 주가는 상승한다.

⑤ 다른 조건이 일정할 때, 요구수익률이 하락하면 주가는 상승한다.

정답: ④

〈해설〉 이 문제는 배당평가모형 중 고정성장배당평가모형(일정성장배당평가모형 혹은 Gordon 성장모형)에 관한 문제이다. 각 문항에서 제시된 고정성장배당평가모형의 특성에 대해 적절한 설명인지를 문항별로 판단해 보자.

① 적절한 설명이다. 이 모형은 배당성장률 g가 영속적이라는 것을 가정하므로 계속기업(going concern)을 가정하고 있다.

② 적절한 설명이다. 고정성장배당평가모형이 성립하면, 주가는 다음 식에서와 같이 배당성장률(g)과 동일한 비율로 성장한다.

$$\bullet\ P_o = \frac{D_1}{r-g}, \quad P_1 = \frac{D_2}{r-g} \rightarrow \frac{P_1}{P_o} = \frac{D_2}{D_1} = 1+g$$

$$\bullet\ P_{n-1} = \frac{D_n}{r-g}, \quad P_n = \frac{D_{n+1}}{r-g} \rightarrow \frac{P_n}{P_{n-1}} = \frac{D_{n+1}}{D_n} = 1+g$$

③ 적절한 설명이다. 고정성장배당평가모형이 성립하면, 다음 식에서와 같이 주식의 투자수익률(r)은 배당수익률(D_1/P_0)과 배당성장률(g)의 합과 같다.

$$P_o = \frac{D_1}{r-g} \;\rightarrow\; r = \frac{D_1}{P_o} + g$$

참고로 주식의 투자수익률(r)은 동일한 의미지만 다양한 용어로 사용된다. 예를 들어, 적정할인율, 요구수익률, 기회자본비용, 기대수익률 등이다.

④ 적절치 않은 설명이다. 다른 조건은 일정하고 재투자수익률(ROE)이 요구수익률(r)보다 낮을 때, 내부유보율(b)을 증가시키면 주가는 하락한다. 오히려 이 경우에는 내부유보율보다는 배당성향을 증가시켜야 주가가 상승한다. 이에 대한 이론적 근거는 아래에 제시된 "Solution Note"를 참고하기 바란다.

⑤ 적절한 설명이다. 다른 조건이 일정할 때, 요구수익률(r)이 하락하면 주가는 상승한다.

따라서, 정답은 ④이다.

※ Solution Note: 고정성장배당평가모형과 배당정책

고정성장배당평가모형(Gordon 성장모형)에서 다른 조건이 일정할 경우 내부유보율(b)이나 배당성향($1-b$)이 변화할 경우 주가에 어떤 영향을 미치게 될 것인지에 대한 배당정책 문제는 매우 중요하다. 이 문제에 관해서는 무엇보다 아래에 제시된 내부유보율에 대한 주가의 1차 편미분(partial derivative)을 계산해 보는 것이 가장 명확한 해답을 얻을 수 있다.

$$\frac{\partial P}{\partial b} = \frac{\partial \left(\dfrac{D_1}{r-g} \right)}{\partial b} = \frac{\partial \left(\dfrac{EPS_1(1-b)}{r - b \times ROE} \right)}{\partial b} \quad (\because g = b \times ROE)$$

$$= \frac{EPS_1(ROE-r)}{(r - b \times ROE)^2}$$

위 식은 배당정책에 관한 문제이므로 올해 말 예상되는 당기순이익 혹은 주당순이익(EPS_1)은 양수라고 가정한다. 위에서 제시한 편미분 결과에 의하면, 배당정책에 관한 다음과 같은 결론을 유도

할 수 있다.

1. 자기자본순이익률(ROE)이 요구수익률(r)보다 크면 즉 $ROE > r$이면 1차 편미분 값($\partial P/\partial b$)이 양수가 되므로 이 경우에는 내부유보율을 증가시키면 주가가 상승한다는 의미이다. 그러므로 이 경우에는 배당성향을 높이는 것보다 내부유보율을 증가시키는 것이 주가에 더 유리하다.

2. 이와 반대로, 자기자본순이익률(ROE)이 요구수익률(r)보다 작으면 즉 $ROE < r$이면 1차 편미분 값이 음수가 되므로 이 경우에는 내부유보율을 증가시키면 주가가 하락한다는 의미이다. 그러므로 이 경우에는 내부유보율보다는 배당성향을 증가시키는 것이 주가에 더 유리하다.

3. 또한 만약 자기자본순이익률(ROE)이 요구수익률(r)과 동일하다면 즉 $ROE = r$이면 편미분 값이 0이 되므로 이 경우에는 내부유보율을 증가나 감소시키더라도 주가는 변하지 않는다는 의미이다. 그러므로 이 경우에는 내부유보율을 높이든 혹은 배당성향을 높이든 배당정책이 주가에 전혀 영향을 미치지 않는다.

문제 3 배당평가모형에 따른 주식가치 평가에 관한 설명으로 적절한 항목만을 **모두** 선택한 것은? (2021년)

> a. 전액 배당하는 무성장 영구기업의 주가수익배수(PER)는 요구수익률과 정(+)의 관계를 갖는다.
>
> b. A기업의 배당성장률(g)은 항상 2%이다. A기업의 현재 이론주가(P_0)가 10,000원, 주식투자자의 요구수익률이 10%일 때, 최근 지급된 배당액(D_0)은 750원보다 적다.
>
> c. 유보율이 0인 무성장 영구기업의 경우 현재 이론주가(P_0)는 주당순이익(EPS_1)÷자기자본비용(k_e)으로 추정할 수 있다.
>
> d. 항상(일정)성장모형을 통해 주가 추정 시 주주 요구수익률이 성장률보다 작을 경우에 한해 현재 이론주가(P_0)가 추정된다.
>
> e. 배당평가모형은 미래배당을 현재가치화한 추정모형이다.

① a, b   ② b, e   ③ c, e

④ a, c, e   ⑤ a, d, e

정답: ③

〈해설〉 이 문제는 배당평가모형 중 성장하지 않는 기업, 즉 무성장 영구기업의 주가 모형과 항상(일정)성장모형의 특성에 관한 문제이다. 각 문항에 주어진 정보를 활용하여 해당 문항의 적절성에 대해 평가해 보자.

    a. 적절치 않은 설명이다. 무성장 영구기업의 주가수익배수(PER)는 다음 식과 같이 요구수익률(k_e)의 역수이며 요구수익률과 <u>부(−)의 관계</u>를 갖는다.

$$\bullet\ P_0 = \frac{D_1}{k_e} = \frac{EPS_1}{k_e} \quad (\because g = b \times ROE = 0 \rightarrow b = 0,\ 1-b = 1)$$

$$\bullet\ PER = \frac{P_0}{EPS_1} = \frac{EPS_1/k_e}{EPS_1} = \frac{1}{k_e}$$

    b. 적절치 않은 설명이다. A기업의 최근 지급된 배당액(D_0)은 다음 식

과 같이 784.31원으로 750원보다 크다.

$$P_0 = 10,000 = \frac{D_1}{k_e - g} = \frac{D_1}{0.1 - 0.02} \rightarrow D_1 = 800$$

$$\therefore D_0 = \frac{D_1}{(1+g)} = \frac{800}{1.02} = 784.31$$

c. 적절한 설명이다. 앞의 문항 a에서 제시한 바와 같이 유보율이 0인 무성장 영구기업의 이론적 주가(P_0)를 정확히 추정할 수 있는 모형이다.

d. 적절치 않은 설명이다. 항상(일정)성장모형은 주주 요구수익률(k_e)이 성장률(g)보다 클 경우, 즉 $k_e > g$ 경우에 한해서만 이론적 주가(P_0)를 추정할 수 있다.

e. 적절한 설명이다. 배당평가모형, 즉 배당할인모형은 주식의 미래 현금흐름인 배당을 현재가치로 할인하여 주가를 추정하는 모형이다.

따라서, 정답은 ③이다.

문제 4 한국기업은 1년 후부터 매년 20,000원씩의 주당순이익을 예상하며 주당순이익 전부를 배당으로 지급하고 있다. 한국기업은 매년 순이익의 40%를 투자할 것으로 고려하고 있으며 이때 자기자본순이익률이 13%가 될 것으로 예상한다. 한국기업이 순이익 전부를 배당으로 지급하는 대신에 40%를 투자한다면 주가가 얼마나 변화하겠는가? 한국기업 주식의 적정 수익률은 13%이다. △P는 가격변화이다. (2006년)

① △P ≤ −2,000원
② −2,000원 < △P < 0원
③ △P = 0원
④ 0원 < △P < 2,000원
⑤ △P ≥ 2,000원

정답: ③

〈해설〉 이 문제는 일정(고정)성장배당할인모형 혹은 Gordon 성장모형에서 배당정책이 주가에 미치는 영향을 묻는 문제이다. 순이익을 전부 배당으로 지급할 경우와 순이익의 40%를 재투자할 경우의 주가 차이를 계산하는 문제이다. 그런데, 일정성장배당할인모형에서 재투자수익률인 자기자본순이익률(ROE)이 적정할인율 혹은 요구수익률 r과 동일하다면 즉 $ROE = r$이면 내부유보율을 증가 혹은 감소하더라도 주가에는 영향을 미치지 못한다(앞의 **문제 2**의 "Solution Note"를 참고). 이 문제에서도 자기자본순이익률과 적정할인율이 모두 13%로 정확히 일치하므로 배당정책을 변경해 내부유보율을 0%에서 40%로 증가하더라도 주가에는 영향을 미치지 못한다. 즉, 주가 변화는 $\triangle P = 0$이다.

따라서, 정답은 ③이다.

문제 5 S사의 1년도 말(t=1)에 기대되는 주당순이익(EPS)은 2,000원이다. 이 기업의 내부유보율(retention ratio)은 40%이고 내부유보된 자금은 재투자수익률(ROE) 20%로 재투자된다. 이러한 내부유보율과 재투자수익률은 지속적으로 일정하게 유지된다. S사의 자기자본비용이 14%라고 할 경우 S사 주식의 이론적 가격(P_0)에 가장 가까운 것은? (2014년)

① 13,333원   ② 16,333원   ③ 20,000원
④ 21,600원   ⑤ 33,333원

정답: ③

〈**해설**〉 이 문제는 일정(고정)성장배당할인모형 혹은 Gordon 성장모형을 이용하여 주가를 추정하는 문제이다. 내부유보율과 재투자수익률은 지속적으로 일정하게 유지된다는 것은 성장률이 일정하게 유지된다는 의미이므로 일정성장배당평가모형을 적용할 수 있다. 문제에서 제시된 정보를 이용하여 구한 배당액, 성장률, 요구수익률 등에 의해 주가를 추정하면 다음과 같다.

- $g = b \times ROE = 0.4 \times 0.2 = 0.08\,(8\%),\ \ r = 0.14$
- $D_1 = EPS_1 \times 배당성향\,(1-b) = 2,000 \times (1-0.4) = 1,200$

$$\rightarrow\ \ P = \frac{D_1}{r-g} = \frac{1,200}{0.14-0.08} = 20,000$$

따라서, 정답은 ③이다.

문제 6 투자자 갑은 기업 A와 B에 대해 다음 표와 같은 정보를 수집하였다. 시장위험프리미엄과 무위험자산수익률은 각각 10%와 5%이다. 주가가 이론적 가치에 따라 변동한다고 가정한다. 일정성장배당평가모형을 적용하여 현재 주가를 평가할 때, 다음 설명 중 적절한 항목만을 **모두** 고르면? (단, 배당금은 연말에 한 번 지급하는 것으로 가정한다.) (2013년)

	기업 A	기업 B
ROE	15%	9%
내부유보율	12%	20%
내년도 예상 주당순이익	100원	100원
베타	0.5	0.4

> (가) 기업 A의 주가는 기업 B의 주가보다 낮다.
> (나) 다른 조건은 변하지 않는 상태에서, 두 기업이 내부유보율을 모두 증가시킨다면 두 기업의 주가는 상승할 것이다.
> (다) 다른 조건은 변하지 않는 상태에서, 두 기업의 베타가 모두 하락한다면 두 기업의 주가는 상승할 것이다.
> (라) 다른 조건은 변하지 않는 상태에서, 두 기업이 ROE를 모두 증가시키는 새로운 프로젝트를 시작한다면 두 기업의 주가는 상승할 것이다.

① (가), (나)   ② (가), (나), (다)   ③ (가), (다), (라)

④ (나), (다), (라)   ⑤ (가), (나), (다), (라)

정답: ③

〈해설〉 이 문제는 일정(고정)성장배당평가모형 혹은 Gordon 성장모형에서 주가를 결정하는 요인과 배당정책이 주가에 미치는 영향에 관한 문제이다. 문제에 주어진 정보를 이용하여 각 문항의 적절성을 판단해 보자.

(가) 적절한 설명이다. 다음 식은 기업 A와 B의 주가를 각각 추정한 것으로 기업 A의 주가는 기업 B의 주가보다 낮다.

- 기업 A

$$r_A = r_f + (E(r_m) - r_f)\beta_A = 0.05 + 0.1 \times 0.5 = 0.1 \, (< ROE = 0.15)$$
$$g_A = b \times ROE = 0.12 \times 0.15 = 0.018$$
$$D_1 = EPS_1 \times 배당성향(1-b) = 100(1-0.12) = 88$$

$$P_A = \frac{88}{0.1-0.018} = 1,073.17 \, (원)$$

- 기업 B

$$r_B = r_f + (E(r_m) - r_f)\beta_A = 0.05 + 0.1 \times 0.4 = 0.09 \, (= ROE)$$
$$g_B = b \times ROE = 0.2 \times 0.09 = 0.018$$
$$D_1 = EPS_1 \times 배당성향(1-b) = 100(1-0.2) = 80$$

$$P_B = \frac{80}{0.1-0.018} = 1,111.11 \, (원)$$

(나) 적절치 않은 설명이다. 다른 조건은 변하지 않는 상태에서, 두 기업이 내부유보율을 모두 증가시킨다면 두 기업의 주가는 모두 상승하지는 않는다. 기업 A의 주가는 상승하나, 기업 B의 주가는 변하지 않는다. 왜냐하면, 기업 A의 경우는 자기자본수익률(ROE)이 요구수익률(r)보다 높기 때문에 내부유보율을 증가시키면 주가가 상승한다. 반면에 기업 B의 경우는 자기자본수익률(ROE)이 요구수익률(r)과 동일하기 때문에 내부유보율을 증가시키더라도 주가는 변하지 않는다(앞의 **문제** 2의 "Solution Note"를 참고).

(다) 적절한 설명이다. 다른 조건은 변하지 않는 상태에서, 두 기업의 베타가 모두 하락한다면 두 기업의 주가는 상승하게 된다. 왜냐하면, 베타가 하락하면 두 기업의 요구수익률 r_A와 r_B가 하락하게 되므로, 두 기업의 주가는 모두 상승하게 된다.

(라) 적절한 설명이다. 다른 조건은 변하지 않는 상태에서, 두 기업의 ROE를 모두 증가시키는 새로운 프로젝트를 시작한다면 두 기업의 주가는 상승하게 된다. 왜냐하면, 두 기업의 ROE가 증가하게 되면 두 기업의 성장률 g_A와 g_B가 증가하게 되므로, 두 기업의 주가는 모두 상승하게 된다.

따라서, 정답은 ③이다.

문제 7 A기업의 내부유보율(retention ratio)은 40%이고, 내부 유보된 자금의 재투자수익률(ROE)은 20%이다. 내부유보율과 재투자수익률은 영원히 지속될 것으로 기대된다. A기업에 대한 주주들의 요구수익률은 14%이고 현재 주가가 10,000원이라면, A기업의 배당수익률($\frac{D_1}{P_0}$)은?

단, 일정성장배당평가모형(constant growth dividend discount model)이 성립하고, 현재 주가는 이론적 가격과 같다. (2017년)

① 2% ② 4% ③ 6% ④ 8% ⑤ 10%

정답: ③

〈해설〉 이 문제는 일정(고정)성장배당평가모형 혹은 Gordon 성장모형을 이용하여 주식의 배당수익률을 추정하는 문제이다. 일정성장배당평가모형이 성립할 경우 요구수익률과 배당수익률은 다음 식으로 추정할 수 있다.

- $g = b \times ROE = 0.4 \times 0.2 = 0.08$,

- $r = 0.14 = \frac{D_1}{P_0} + g = \frac{D_1}{P_0} + 0.08$

$$\rightarrow \frac{D_1}{P_0}(\text{배당수익률}) = r - g = 0.14 - 0.08 = 0.06\,(6\%)$$

따라서, 정답은 ③이다.

문제 8   ㈜기해의 올해 말(t=1) 주당순이익은 1,500원으로 예상된다. 이 기업은 40%의 배당성향을 유지할 예정이며, 자기자본순이익률(ROE)은 20%로 매년 일정하다. 주주들의 요구수익률이 연 15%라면, 현재 시점(t=0)에서 이론적 주가에 기초한 주당 성장기회의 순현가(NPVGO)는 얼마인가? 단, 배당은 매년 말 연 1회 지급한다. (2019년)

① 10,000원   ② 16,000원   ③ 20,000원
④ 24,000원   ⑤ 28,000원

정답: ①

〈해설〉 이 문제는 일정성장배당평가모형을 이용하여 성장기회의 순현가(NPVGO)를 어떻게 추정하는지에 대해 묻는 문제이다. 앞으로 양(+)의 NPV를 실현할 수 있는 수익성 있는 투자기회를 가지고 있는 성장기업의 주가는 다음 식과 같이 성장 없는 주식의 현재가치와 미래 성장기회의 순현재가치(NPVGO)의 합으로 나타낼 수 있다.

$$P = \text{성장없는 주식의 현재가치} + \text{성장기회의 순현가}$$

$$= \frac{EPS_1}{r} + NPVGO$$

그러므로 미래 성장기회의 순현재가치(NPVGO)는 성장기업의 주가에서 성장 없는 주식의 현재가치를 차감함으로써 쉽게 구할 수 있다.

- $g = b \times ROE = 0.6 \times 0.2 = 0.12, \quad r = 0.15$

- $D_1 = EPS_1 \times (1-b) = 1,500 \times 0.4 = 600$

- $P = \dfrac{D_1}{r-g} = \dfrac{600}{0.15 - 0.12} = 20,000$

- $NPVGO = P - \dfrac{EPS_1}{r} = 20,000 - \dfrac{1,500}{0.15} = 10,000$

따라서, 정답은 ①이다.

문제 9 ㈜한국의 발행 주식 수는 100,000주이고 배당성향이 30%이며 자기자본이익률이 10%이다. ㈜한국의 주식 베타값은 1.2이고 올해 초 주당 배당금으로 2,000원을 지불하였다. 또한 무위험이자율이 5%이고 시장 포트폴리오의 기대수익률이 15%라고 한다. 이러한 현상이 지속된다고 가정할 때, ㈜한국의 2년 말 시점의 주가는 약 얼마가 되는가? (2005년)

① 20,000원   ② 21,400원   ③ 22,898원
④ 24,500원   ⑤ 26,216원

정답: ④

〈해설〉 이 문제는 CAPM 환경하에서 일정성장배당평가모형의 적용에 관한 문제이다. 현재 시점의 배당성향과 ROE, 자본시장 관련 정보를 활용하여 ㈜한국의 현재 시점의 이론적 주가(P_0)를 구하면 다음과 같다.

- $g = b \times ROE = (1 - 0.3)(0.1) = 0.07\ (7\%)$
- $r = r_f + [E(r_m) - r_f]\beta_s = 0.05 + (0.15 - 0.05)(1.2) = 0.17\ (17\%)$
- $D_1 = D_0(1 + g) = 2,000 \times (1 + 0.07) = 2,140$

$$\rightarrow P_0 = \frac{D_1}{r - g} = \frac{2,140}{0.17 - 0.07} = 21,410$$

문제에서 ㈜한국의 2년 말 시점의 주가는 일정성장배당평가모형의 특성을 활용하면 쉽게 구할 수 있다. 즉, 일정성장배당평가모형에서 주당순이익(당기순이익), 주당배당, 주가 등의 주요 변수는 모형의 기본 가정에 의해 모두 일정한 성장률(g)로 성장한다.

　이에 따라 2년 후 시점의 주가(P_2)는 다음 식과 같이 두 가지 방식으로 구할 수 있다. 첫 번째는 현재 시점의 주가와 성장률을 활용하는 방식이며, 두 번째는 3년 후 기대 배당액(D_3)을 산정하고 일정성장배당평가모형을 바로 적용하는 방식으로 첫 번째 방식보다 오히려 간편하다.

1. $P_2 = P_0(1+g)^2 = 21,400 \times (1+0.07)^2 = 24,500.86$

2. $P_2 = \dfrac{D_3}{r-g} = \dfrac{D_0(1+g)^3}{r-g} = \dfrac{2,000 \times (1+0.07)^3}{0.17-0.07} = 24,500.86$

따라서, 정답은 ④이다.

문제 10   ㈜고구려의 자기자본비용은 14%이며 방금 배당을 지급하였다. 이 주식의 배당은 앞으로 계속 8%의 성장률을 보일 것으로 예측되고 있으며, ㈜고구려의 현재 주가는 50,000원이다. 다음 중 옳은 것은? (2007년)

① 배당수익률이 8%이다.
② 배당수익률이 7%이다.
③ 방금 지급된 주당 배당금은 3,000원이다.
④ 1년 후 예상되는 주가는 54,000원이다.
⑤ 1년 후 예상되는 주가는 57,000원이다.

정답: ④

〈해설〉 이 문제는 일정성장배당평가모형의 결정요인과 적용에 관한 문제이다. 문제에서 주어진 정보를 활용하여 각 문항의 적절성을 판단해 보자.

① , ② 적절치 않은 설명이다. 배당수익률은 다음과 같이 6%이다.

$$r = 0.14 = \frac{D_1}{P_o} + g = \frac{D_1}{P_o} + 0.08 \rightarrow \frac{D_1}{P_o} = 0.14 - 0.08 = 0.06 \,(6\%)$$

③ 적절치 않은 설명이다. 방금 지급된 주당 배당금(D_0)은 2,777.78원이다.

$$\frac{D_1}{P_o} = \frac{D_1}{50,000} = 0.06 \rightarrow D_1 = 50,000 \times 0.06 = 3,000$$

$$\therefore D_0 = \frac{D_1}{(1+g)} = \frac{3,000}{(1+0.08)} = 2,777.78$$

④ 적절한 설명이다. 일정성장배당평가모형에서 주가는 일정한 성장률(g)로 성장한다(앞의 **문제 9**의 해설 참고). 이에 따라 1년 후 예상 주가(P_1)는 다음 식과 같이 54,000원이다.

$$P_1 = P_0(1+g) = 50,000 \times (1+0.08) = 54,000$$

⑤ 적절치 않은 설명이다. 앞 문항 ④에서 제시한 바와 같이 1년 후 예상 주가(P_1)는 54,000원이다.

따라서, 정답은 ④이다.

문제 11 ㈜대한의 발행 주식 수는 20만 주이고 배당성향은 20%이며 자기자본이익률(return on equity)은 10%이다. 한편 ㈜대한 주식의 베타값은 1.4로 추정되었고 현재 시점의 주당배당금(D_0)은 4,000원이며 무위험이자율이 4%, 시장 포트폴리오의 기대수익률은 14%이다. 이러한 현상이 지속된다고 가정하고 배당평가모형을 적용하였을 때 가장 적절한 것은? (2012년)

① ㈜대한의 성장률은 10%이다.
② ㈜대한의 성장률은 9%이다.
③ ㈜대한의 요구수익률은 19%이다.
④ ㈜대한의 1년 후 시점의 주가(P_1)는 46,656원이다.
⑤ ㈜대한의 2년 후 시점의 주가(P_2)는 55,388.48원이다.

정답: ④

〈**해설**〉 이 문제는 일정성장배당평가모형의 결정요인과 적용에 관한 문제이다. 문제에서 주어진 정보를 활용하여 각 문항의 적절성을 판단해 보자.

①, ② 적절치 않은 설명이다. 성장률은 8%이다.

$$g = b \times ROE = (1 - 0.2) \times 0.1 = 0.08\,(8\%)$$

③ 적절치 않은 설명이다. 요구수익률은 다음 식과 같이 18%이다.

$$r = r_f + [E(r_m) - r_f]\beta_s = 0.04 + (0.14 - 0.04)(1.4) = 0.18\,(18\%)$$

④ 적절한 설명이다. 1년 후 시점의 주가(P_1)는 다음과 같이 46,656원이다(앞의 **문제 9**의 해설 참고).

- $g = 0.08,\ r = 0.18,\ D_0 = 4,000$

- $P_1 = \dfrac{D_2}{r-g} = \dfrac{D_0(1+g)^2}{r-g} = \dfrac{4,000(1.08)^2}{0.18 - 0.08} = 46,656$

⑤ 적절치 않은 설명이다. 일정성장배당평가모형에서 주당순이익, 주

당배당, 주가 등의 주요 변수는 가정에 의해 모두 일정한 성장률 (g)로 성장한다. 2년 후 시점의 주가(P_2)는 아래와 같이 50,388.48원이다(앞의 **문제 9**의 해설 참고).

$$P_2 = \frac{D_3}{r-g} = P_1(1+g) = 46{,}656(1.08) = 50{,}388.48$$

따라서, 정답은 ④이다.

문제 12 ㈜XYZ는 금년도(t=0)에 1,000원의 주당순이익 가운데 60%를 배당으로 지급하였고, 내부 유보된 자금의 재투자수익률(ROE)은 10%이다. 내부유보율과 재투자수익률은 영원히 지속될 것으로 기대된다. ㈜XYZ에 대한 주주들의 요구수익률은 9%이다. 다음 중 가장 적절하지 **않은** 것은? 단, 일정성장배당평가모형(constant dividend growth model)이 성립하고, 주가는 이론적 가격과 동일하며, 또한 이론적 가격과 동일하게 변동한다고 가정한다. (2015년)

① 다른 조건이 일정할 때, 재투자수익률이 상승하면 ㈜XYZ의 현재(t=0) 주가는 하락할 것이다.

② 다른 조건이 일정할 때, ㈜XYZ가 내부유보율을 증가시키면 배당성장률은 상승한다.

③ 1년 후(t=1) ㈜XYZ의 주당 배당은 624원이다.

④ ㈜XYZ의 현재(t=0) 주가는 12,480원이다.

⑤ ㈜XYZ의 주가수익비율(주가순이익비율, PER)은 매년 동일하다.

정답: ①

〈해설〉 이 문제는 일정성장배당평가모형의 특성과 주가수익비율(주가순이익비율, PER)과의 관련성에 대한 문제이다. 문제에서 주어진 정보를 활용하여 각 문항의 적절성을 판단해 보자.

① 적절치 않은 설명이다. 다른 조건이 일정할 때, 재투자수익률이 상승하면 배당성장률(=유보비율×재투자수익률)이 증가하므로 현재 주가는 <u>상승</u>하게 된다.

② 적절한 설명이다. 다른 조건이 일정할 때, 내부유보율을 증가시키면 배당성장률(=유보비율×재투자수익률)은 상승한다.

③ 적절한 설명이다. 1년 후 주당 배당은 다음 식과 같이 624원이다.

- $g = b \times ROE = (1 - 0.6)(0.1) = 0.04$
- $EPS_1 = EPS_0(1 + g) = 1,000(1 + 0.04) = 1,040$

$\rightarrow D_1 = EPS_1 \times (1 - b) = 1,040 \times 0.6 = 624$

④ 적절한 설명이다. 현재 주가는 다음 식과 같이 12,480원이다.

$$P_0 = \frac{D_1}{r-g} = \frac{624}{0.09 - 0.04} = 12,480\,(원)$$

⑤ 적절한 설명이다. 일정성장배당평가모형에서 내부유보율(b)과 재투자수익률(ROE)이 영원히 지속되어 성장률(g=b×ROE)이 일정할 경우 주가수익비율(PER)은 다음 식에서처럼 매년 동일하다. 단 아래 식에서 D_1/EPS_1은 배당성향을 의미하므로 1−유보비율(b)로 치환할 수 있다.

$$PER = \frac{P_0}{EPS_1} = \frac{(\frac{D_1}{r-g})}{EPS_1} = \frac{(\frac{D_1}{EPS_1})}{r-g} = \frac{1-b}{r-g} = constant$$

따라서, 정답은 ①이다.

문제 13 S기업 보통주의 현재 내재가치(P_0)는 20,000원이다. 전기 말(t=0) 주당순이익(EPS_0)과 내부유보율은 각각 5,000원과 60%이다. 배당금은 연 1회 매년 말 지급되고 연 2%씩 영구히 성장할 것으로 예상된다. 무위험수익률은 2%이고 시장위험프리미엄은 6%일 때, 다음 중 가장 적절하지 **않은** 것은? 단, CAPM이 성립하고, 내부유보율, 무위험수익률, 시장위험프리미엄은 변하지 않는다고 가정한다. (2020년)

① 당기말(t=1) 기대배당금은 2,040원이다.
② 자기자본비용은 12.2%이다.
③ 주식의 베타는 1.6이다.
④ 만약 베타가 25% 상승한다면, 자기자본비용은 상승한다.
⑤ 만약 베타가 25% 상승한다면, 내재가치(t=0)는 16,000원이 된다.

정답: ③

〈해설〉 이 문제는 일정성장배당평가모형과 CAPM에 관한 문제이다. 문제에서 주어진 정보를 활용하여 각 문항의 적절성을 판단해 보자.

① 적절한 설명이다. 당기 말 기대배당금은 다음 식과 같이 2,040원이다.

$$D_1 = EPS_1 \times (1-b) = EPS_0 \times (1+g) \times (1-b)$$

$$= 5,000(1.02)(1-0.6) = 2,040$$

② 적절한 설명이다. 자기자본비용은 12.2%이다.

$$r = \frac{D_1}{P_o} + g = \frac{2,040}{20,000} + 0.02 = 0.122$$

③ 적절치 않은 설명이다. 주식의 베타는 다음 식과 같이 1.7이다.

$$r = E(r_s) = r_f + [E(r_m) - r_f]\beta_s$$

$$0.122 = 0.02 + 0.06\beta_s \rightarrow \beta_s = 1.7$$

④ 적절한 설명이다. 만약 β_s가 상승하면, 주식의 체계적 위험이 증가한다는 의미이므로 CAPM에 의해 자기자본비용인 r도 상승한다.

⑤ 적절한 설명이다. 만약 베타가 25% 상승한다면, 다음 식과 같이 내재가치(t=0)는 16,000원이 된다.

- $\beta_s = (1.7)(1.25) = 2.125$

- $r = E(r_s) = 0.02 + 0.06(2.125) = 0.1475$

$$\rightarrow P_0 = \frac{D_1}{r - g} = \frac{2,040}{0.1475 - 0.02} = 16,000$$

따라서, 정답은 ③이다.

문제 14 현재(t=0) 주당 배당금 2,000원을 지급한 A기업의 배당 후 현재 주가는 30,000원이며, 향후 매년 말 배당금은 매년 5%의 성장률로 증가할 것으로 예상된다. 또한 매년 말 700원을 영구적으로 지급하는 채권은 현재 10,000원에 거래되고 있다. A기업 주식 4주와 채권 4주로 구성된 포트폴리오의 기대수익률은? (2008년)

① 8.75% ② 9.25% ③ 10.75%
④ 11.25% ⑤ 12.75%

정답: ③

⟨해설⟩ 이 문제는 일정(고정)성장배당평가모형을 이용하여 주식과 채권으로 구성된 포트폴리오의 기대수익률을 계산하는 문제이다. 이 포트폴리오의 기대수익률은 주식과 채권의 기대수익률의 가중평균이므로 먼저 주식과 채권의 기대수익률을 추정한다.

- $r_S = \dfrac{D_1}{P} + g = \dfrac{2{,}000 \times (1 + 0.05)}{30{,}000} + 0.05 = 0.12 \ (12\%)$

- $r_B = \dfrac{C}{P} = \dfrac{700}{10{,}000} = 0.07 \ (7\%)$

그리고 주식과 채권의 시장가치와 가중치 및 포트폴리오의 기대수익률은 각각 다음과 같이 추정할 수 있다.

- $S = P_S \times N_S = 30{,}000 \times 4 = 120{,}000$

- $B = P_B \times N_B = 10{,}000 \times 4 = 40{,}000$

- $V = S + B = 120{,}000 + 40{,}000 = 160{,}000$

- $E(r_p) = \left(\dfrac{S}{V}\right) \times r_S + \left(\dfrac{B}{V}\right) \times r_B$

  $= \left(\dfrac{120{,}000}{160{,}000}\right) \times 0.12 + \left(\dfrac{40{,}000}{160{,}000}\right) \times 0.07 = 0.1075 \ (10.75\%)$

따라서, 정답은 ③이다.

문제 15 N기업은 전기 말(t=0)에 주당 1,000원의 배당금을 지급하였고, 배당은 연 2%씩 영구히 성장할 것으로 예상된다. 현재 보통주의 시장가격과 내재가치는 동일하게 10,000원이고, 법인세율은 40%이며, 무위험수익률은 3%이다. N기업의 부채는 채권만으로 구성되어 있다고 가정하고, 채권의 이표이자율은 5%, 시장가격은 채권의 액면가와 동일하다. 만약 이 기업의 가중평균자본비용(WACC)이 8.98%라면, 다음 중 부채비율(부채/자기자본)에 가장 가까운 것은? 단, 내부유보율은 일정하다고 가정한다. (2020년)

① 47.06% ② 53.85% ③ 66.67%
④ 72.41% ⑤ 81.82%

정답: ②

〈해설〉 이 문제는 주식과 채권만으로 구성된 기업의 가중평균자본비용(WACC)이 주어져 있을 때 부채비율을 추정하는 문제이다.

- $D_1 = D_0(1+g) = 1{,}000(1+0.02) = 1{,}020$

  $\rightarrow r_S = \dfrac{D_1}{P_0} + g = \dfrac{1{,}020}{10{,}000} + 0.02 = 0.122$

- 채권의 가격(P_0)과 액면가(F)가 동일하므로,

  채권의 시장이자율 $r_B = i$(액면이자율) $= 0.05$ (5%)

위에서 구한 자기자본비용(r_S)과 부채의 시장이자율(r_B) 정보를 이용하여 추정한 가중평균자본비용(WACC)이 8.98%라고 할 때, 부채비율(부채/자기자본)을 구하기 이전에 우선 다음 식에서 부채구성비율(부채/기업가치)을 산출한다.

- $WACC = (\dfrac{S}{V})r_S + (\dfrac{B}{V})r_B(1-T_C)$

  $= (1-\dfrac{B}{V})(0.122) + (\dfrac{B}{V})(0.05)(1-0.4) = 0.0898 \rightarrow \dfrac{B}{V} = 0.35$

위 식에서 부채구성비율(부채/기업가치)이 0.35이므로 부채비율(부채/자기자본)은 다음과 같이 구할 수 있다.

- $\dfrac{B}{V} = 0.35 \rightarrow B : V : S = 0.35 : 1 : 0.65 \rightarrow \dfrac{B}{S} = \dfrac{0.35}{0.65} = 0.5385\,(53.85\%)$

따라서, 정답은 ②이다.

문제 16 다음에 주어진 자료에 근거하여 A, B 두 기업의 현재 주당 주식가치를 평가했을 때, 두 기업의 주당 주식가치의 차이와 가장 가까운 것은? (단, 배당금은 연 1회 연말에 지급한다) (2011년)

> 기업 A: 내년(t=1)에 주당 2,500원의 배당금을 지급하고 이후 2년간(t=2~3)은 배당금이 매년 25%로 고성장하지만, 4년째(t=4)부터는 5%로 일정하게 영구히 성장할 것으로 예상된다. 주주의 요구수익률은 고성장기간 동안 연 15%, 이후 일정성장기간 동안 연 10%이다.
>
> 기업 B: 올해 주당순이익은 3,200원이며, 순이익의 80%를 배당금으로 지급하였다. 순이익과 배당금은 각각 매년 5%씩 성장할 것으로 예상되고, 주식의 베타(β)는 1.20이다. 무위험자산수익률은 2.5%, 위험프리미엄은 6.0%이다.

① 3,477원 ② 3,854원 ③ 4,114원 ④ 4,390원 ⑤ 4,677원

정답: ②

〈해설〉 이 문제는 일정기간 동안 초과(고)성장을 하는 기업과 영구히 일정 성장률을 유지하는 기업의 주식가치 평가에 관한 문제이다. 문제에서 기업 A의 주가는 다음 식과 같이 초과(고)성장 기간 동안에 발생하는 배당의 현재가치와 일정성장 기간의 배당의 현재가치를 단계적으로 추정해야 한다. 일정성장 기간 동안의 현금흐름의 현재가치를 계산할 때는 일정성장배당평가모형을 적용해야 한다. 기업 B의 주가는 일정성장배당평가모형을 적용하면 쉽게 구할 수 있다.

1. 기업 A의 주가 추정

- 고성장 기간의 현금흐름

  $D_1 = 2,500, \ D_2 = 2,500(1+0.25) = 3,125, \ D_3 = 3,125(1+0.25) = 3,906.25$

- 고성장 기간의 현금흐름의 현재가치

  $$PV = \frac{2,500}{(1+0.15)} + \frac{3,125}{(1+0.15)^2} + \frac{3,906.25}{(1+0.15)^3} = 7,105.28$$

- 일정성장 기간의 현금흐름의 현재가치

  $* \ t = 3$년도 말에서의 현재가치 : $PV_3 = \dfrac{D_4}{r_2 - g_2} = \dfrac{3{,}906.25(1 + 0.05)}{0.1 - 0.05}$

  $$= 82{,}031.25$$

  $* \ t = 0$ 시점에서의 현재가치 : $PV_0 = \dfrac{82{,}031.25}{(1 + 0.15)^3} = 53{,}936.88$

- $P_A = 7{,}105.28 + 53{,}936.88 = 61{,}042.16$

2. 기업 B의 주가 추정

- $EPS_1 = EPS_0(1 + g) = 3{,}200(1 + 0.05) = 3{,}360$

  $D_1 = EPS_1 \times$ 배당성향 $= 3{,}360(0.8) = 2{,}688$

  $r = 0.025 + 0.06(1.2) = 0.097$

- $P_B = \dfrac{D_1}{r - g} = \dfrac{2{,}688}{0.097 - 0.05} = 57{,}191.49$

위에서 구한 두 기업의 주당 주식가치의 차이는 다음과 같다.

$$P_A - P_B = 61{,}042.16 - 57{,}191.49 = 3{,}850.67 \ (원)$$

따라서, 정답은 ②이다.

3.2 잉여현금흐름모형과 주가배수모형 및 경제적 부가가치모형

문제 17 다음은 A, B, C 세 기업의 주식가치 평가를 위한 자료이다. 이들 자료를 이용하여 산출한 각 기업의 현재 주식가치 중 최고값과 최저값의 차이는 얼마인가? 단, 세 기업의 발행 주식 수는 100만 주로 동일하고, 주가순자산비율과 주가수익비율은 동종 산업의 평균을 따른다. (2009년)

> 기업 A: 직전 회계 연도의 영업이익은 35억 원이고, 순투자금액 (순운전자본 및 순고정자산 투자금액)은 3억 원이다. 이러한 모든 현금흐름은 매년 말 시점으로 발생하고, 영구적으로 매년 5%씩 성장할 것으로 기대된다. 부채가치는 100억 원이고, 가중평균자본비용은 12%로 향후에도 일정하다. 법인세율은 30%이다.
>
> 기업 B: 현재(t=0) 자기자본의 장부가치는 145억 원이고, 동종 산업의 평균 주가순자산비율(P_0/B_0)은 1.5이다.
>
> 기업 C: 올해 말 기대되는 주당순이익은 1,500원이고, 동종 산업의 평균 주가수익비율(P_0/E_1)은 14이다.

① 500원 ② 750원 ③ 1,035원 ④ 1,250원 ⑤ 1,375원

정답: ④

〈해설〉 이 문제는 다양한 주식가치평가모형에 관해 묻는 문제이다. 문제에서 기업 A의 주가는 잉여현금흐름평가모형을, 기업 B의 주가는 주가순자산비율 혹은 주가장부가치비율(PBR) 모형을, 기업 C의 주가는 주가수익비율(PER) 모형을 각각 적용하여 추정해야 한다.

1. 기업 A의 주가 추정: 일반적으로 t시점의 잉여현금흐름(FCF: free cash flows)은 다음 공식에 의해 추정한다.

$$FCF_t = EBIT_t(1 - T_C) + Dep_t - (WC_t + CI_t)$$

그런데 문제에서 직전 회계연도의 감가상각비(Dep_0)에 대한 정보

를 직접 제공하지 않고, 고정자산 투자금액에서 감가상각비를 차감한 "순고정자산" 투자금액에 대한 정보만을 제공하고 있다. 따라서 위에 제시한 잉여현금흐름 추정 공식을 다음과 같이 변형하여 사용하는 것이 편리하다. 아래 변형된 공식에서 두 번째 항목을 출제자는 "순투자금액(순운전자본 및 순고정자산 투자금액)"으로 정의하고 있다는 점에 유의해야 한다.

$$FCF_t = EBIT_t(1 - T_C) - (WC_t + CI_t - Dep_t)$$

문제에서 주어진 정보를 바탕으로 직전 연도의 잉여현금흐름과 올해 말에 예상되는 잉여현금흐름을 추정하고, 이를 이용하여 기업 A의 주가를 추정하면 다음과 같다.

- $FCF_0 = EBIT_0(1 - T_C) - (WC_0 + CI_0 - Dep_0)$
  $= 35(1 - 0.3) - 3 = 21.5$

  $FCF_1 = FCF_0(1 + g) = 21.5(1 + 0.05) = 22.575$

- $V_A = \dfrac{FCF_1}{WACC - g} = \dfrac{22.575}{0.12 - 0.05} = 322.5$ (억 원)

  $\therefore \quad P_A = \dfrac{V_A - B_A}{N} = \dfrac{322.5 - 100 \,(억 원)}{100 \,(만주)} = 22,250 \,(원)$

2. 기업 B의 주가 추정: 기업 B의 주가는 다음에 제시한 주가순자산비율(PBR) 모형을 적용하여 추정해야 한다. 이 문제에서는 정상적 PBR의 대용치로서 동종 산업의 평균 주가순자산비율을 사용한다.

  $P_B = 주당장부가치 \times 정상적\, PBR$

  $= \dfrac{145 \,(억 원)}{100 \,(만주)} \times 1.5 = 21,750 \,(원)$

3. 기업 C의 주가 추정: 기업 C의 주가는 다음에 제시한 주가수익비율(PER) 모형을 적용하여 추정해야 한다. 이 문제에서는 정상적 PER의 대용치로서 동종 산업의 평균 주가수익비율을 사용한다.

$$P_C = 주당순이익\,(EPS_1) \times 정상적\ PER$$

$$= 1,500 \times 14 = 21,000 \ (원)$$

4. 최고값과 최저값의 차이: 위에서 추정한 세 기업의 주가 중 최고값과 최저값의 차이는 다음과 같이 1,250원이다.

$$\Delta P = P_A - P_C = 22,250 - 21,000 = 1,250 \ (원)$$

따라서, 정답은 ④이다.

문제 18 A기업의 영업용 투하자본 2,500백만원, 세전 영업이익 600백만원,
법인세 50백만원, 배당성향 60%, 가중평균자본비용(WACC) 10%,
납입자본금 1,000백만원(발행주식총수: 20만 주), 자기자본비용
20%이다. A기업의 경제적 부가가치(EVA)는? (2001년)

① 50백만원   ② 250백만원   ③ 300백만원
④ 330백만원   ⑤ 350백만원

정답: ③

〈해설〉 이 문제는 경제적 부가가치(EVA)의 정의에 의해 직접 EVA를 추정하
는 문제이다. 주어진 정보 중에서 EVA 추정에 필요한 정보만을 활용
하여 EVA를 계산하면 다음과 같다.

$$EVA = \text{세후 영업이익}(NOPAT) - \text{투하자본 조달비용}$$
$$= (\text{세전 영업이익} - \text{법인세}) - \text{투하자본} \times WACC$$
$$= (600 - 50) - 2,500 \times 0.1$$
$$= 300$$

따라서, 정답은 ③이다.

문제 19 경제적 부가가치(EVA)에 관한 설명으로 적절한 항목만을 <u>모두</u> 선택한 것은? (2021년)

> a. EVA는 투하자본의 효율적 운영 수준을 나타낸다.
>
> b. EVA는 영업 및 영업외 활동에 투자된 자본의 양적, 질적 측면을 동시에 고려한다.
>
> c. EVA는 자기자본이익률과 가중평균자본비용의 차이에 투하자본을 곱해서 산출한다.
>
> d. EVA는 투하자본의 기회비용을 반영해 추정한 경제적 이익의 현재가치의 합이다.
>
> e. EVA는 당기순이익에 반영되지 않는 자기자본비용을 고려하여 산출한다.

① a, b   ② b, c   ③ a, e

④ b, c, e   ⑤ b, d, e

정답: ③

〈해설〉 이 문제는 경제적 부가가치(EVA)의 특성에 관한 문제이다. 문항에서 주어진 정보를 활용하여 각 문항의 적절성을 판단해 보자.

a. 적절한 설명이다. EVA의 정의에 대해 올바르게 설명하고 있다.

b. 적절치 않은 설명이다. EVA는 투하자본의 효율적 운영 수준을 나타낸 것이며, 여기서 투하자본이란 영업활동에 투자된 자본만으로 한정한다.

c. 적절치 않은 설명이다. EVA는 다음 식과 같이 투하자본이익률($ROIC$)과 가중평균자본비용($WACC$)의 차이에 투하자본을 곱해서 산출한다.

EVA = 세후 영업이익 $-$ 투하자본 조달비용

$\quad\quad$ = 투하자본 $\times$ 투하자본수익률($ROIC$) $-$ 투하자본 $\times WACC$

$\quad\quad$ = 투하자본 $\times (ROIC - WACC)$

d. 적절치 않은 설명이다. 투하자본의 기회비용을 반영해 추정한 경제적 이익(economic profit) 즉 EVA의 현재가치의 합은 시장부가가치(MVA: market value added)를 의미한다.

e. 적절한 설명이다. EVA는 당기순이익에 반영되지 않는 자기자본비용을 고려하여 산출한 경제적 이익으로 정의할 수 있다.

따라서, 정답은 ③이다.

문제 20 ㈜창조의 기초 자본구조는 부채 1,200억 원, 자기자본 800억 원으로 구성되어 있었다. 기말 결산을 해보니 영업이익은 244억 원이고 이자비용은 84억 원이다. 주주의 기대수익률이 15%이고 법인세율이 25%일 때, 경제적 부가가치(EVA)를 계산하면 얼마인가? 단, 장부가치와 시장가치는 동일하며, 아래 선택지의 단위는 억 원이다. (2014년)

① EVA ≤ −20
② −20 < EVA ≤ 40
③ 40 < EVA ≤ 100
④ 100 < EVA ≤ 160
⑤ EVA > 160

정답: ②

⟨해설⟩ 이 문제는 경제적 부가가치(EVA)의 추정에 관한 문제이다. 이 문제에서는 EVA 추정에 매우 중요한 투하자본에 대한 특별한 언급이 없다. 이런 경우에는 총자산(총자본)을 투하자본으로 간주하여 문제를 풀 수밖에 없다. 문제에서 주어진 정보를 활용하여 EVA를 계산하면 다음과 같이 0이다.

- $V = B + S = 1,200 + 800 = 2,000$

$$r_S = 0.15 \, (15\%); \quad r_B = \frac{\text{이자비용}}{\text{부채가치}} = \frac{84}{1,200} = 0.07 \, (7\%)$$

$$WACC = \left(\frac{800}{2,000}\right)(0.15) + \left(\frac{1,200}{2,000}\right)(0.07)(1 - 0.25) = 0.0915$$

- $EVA = \text{세후 영업이익} - \text{투하자본} \times WACC$

$$= 244(1 - 0.25) - 2,000(0.0915) = 0$$

또한, 시장부가가치(MVA) 개념을 이용하면 이 문제를 쉽게 풀 수 있다. 문제에서 장부가치와 시장가치는 동일하다고 가정하고 있으므로 다음 식에서와 같이 시장부가가치는 0이다. 매년도 발생하는 EVA를 WACC으로 할인한 현재가치가 곧 시장부가가치(MVA)이므로 MVA

가 0일 경우 EVA도 0이 된다.

$$MVA = 자기자본의\ 시장가치 - 자기자본의\ 장부가치 = 0$$

따라서, 정답은 ②이다.

문제 21   다음의 주식가치평가 방법 중 가중평균자본비용(WACC)을 사용하는
방법만을 <u>모두</u> 고르면? (2015년)

---

a. 주주잉여현금흐름모형(FCFE)
b. 기업잉여현금흐름모형(FCFF)
c. 경제적 부가가치 모형(EVA)

---

① a   ② b   ③ c   ④ a, b   ⑤ b, c

정답: ⑤

〈해설〉 이 문제는 주식가치평가 방법 중 가중평균자본비용(WACC)을 사용하
는 방법만을 선택하는 문제이다. 각 문항에서 제시된 주식가치평가 모
형이 주가 평가과정에서 WACC를 이용하는지를 살펴보자.

  a. 주주잉여현금흐름모형(FCFE: free cash flow to equity)은 주주에
     게 귀속되는 잉여현금흐름을 추정하고 이를 주주의 요구수익률 즉
     자기자본비용(r_S)으로 할인하여 자기자본가치(S)를 산정한 다음
     이를 발행 주식 수로 나누어 주가를 계산하는 모형이다.

$$S = \sum_{t=1}^{\infty} \frac{FCFE_t}{(1+r_S)^t} \rightarrow P = \frac{S}{N}$$

  b. 기업잉여현금흐름모형(FCFF: free cash flow to firm)은 기업에게
     귀속되는 잉여현금흐름을 추정하고 이를 WACC으로 할인하여 기
     업가치(V)를 산정한다. 그리고 여기서 부채가치를 차감하여 자기
     자본가치를 구한 후에 이를 발행 주식 수로 나누어 주가를 계산하
     는 모형이다.

$$V = \sum_{t=1}^{\infty} \frac{FCFF_t}{(1+WACC)^t} \rightarrow P = \frac{V-B}{N}$$

  c. 경제적 부가가치 모형(EVA)에서 EVA는 세후 영업이익에서 투하

자본의 조달 비용을 차감한 것이며, 투하자본의 조달 비용은 투자자본과 $WACC$를 곱해서 구한 값이다.

따라서, 정답은 ⑤이다.

3.3 효율적 시장가설

문제 22 최소한 준강형(semi-strong form)의 효율적 시장이 성립할 때 다음 중 가장 적절하지 **못한** 주장은? (2004년)

① 내부정보가 없는 상태에서 증권에 투자해 몇 년 사이 1000%의 수익을 올린 투자자가 있을 수 있다.

② 최근 몇 년간 경영상의 어려움을 겪어 적자 누적으로 주당 장부가치가 액면가를 밑도는데도 불구하고 주가는 액면가보다 높게 형성될 수 있다,

③ 펀드 매니저가 증권분석을 통해 구성한 포트폴리오가 침팬지가 무작위로 구성한 포트폴리오보다 위험 대비 수익률이 더 높을 것으로 예상된다.

④ A회사는 환경단체와의 재판에서 패소해 추가로 부담해야 할 비용이 확정되었으므로 A회사의 주식은 당분간 매입하지 말아야 한다.

⑤ 은행장이 그동안 불법 대출을 주선하여 은행에 막대한 손실을 입혀왔다는 사실이 일주일 전 밝혀져 해당 은행의 주가가 급락했다. 그리고 오늘 아침 그 은행장이 사표를 제출했다는 사실이 알려지면서 해당 은행의 주가는 상승했다.

정답: ④

〈해설〉 이 문제는 준강형(semi-strong form) 효율적 시장가설의 특성에 관한 문제이다. 문제에서 주어진 정보를 활용하여 각 문항의 적절성을 판단해 보자.

① 적절한 설명이다. 준강형 효율적 시장이 성립할 때 내부정보가 없는 상태에서 투자자들이 장기간 지속적으로 초과수익을 실현할 수는 없다. 그러나 준강형 효율적 시장하에서도 운 좋은 투자자(lucky traders)의 경우에는 내부정보 없이 우연히 몇 년 사이 1000%의 고수익을 올릴 수 있는 가능성은 존재한다.

② 적절한 설명이다. 준강형 효율시장이라면 최근 몇 년간의 적자 누

적으로 인한 경영상의 어려움은 적자가 공표되는 과거 시점에 이미 주가에 신속하게 반영되었다. 그런데 지금의 주가는 현재까지 주가에 영향을 줄 수 있는 모든 공개된 정보를 반영한 것으로, 이러한 정보 중에는 미래 경영성과를 호의적으로 기대할 수 있게 하는 정보도 있을 수 있으므로 지금의 주가는 액면가보다 높게 형성될 수 있다.

③ 적절한 설명이다. 준강형 효율적 시장하에서는 일반투자자(naive investors)들이 얻을 수 없는 매우 가치 있는 정보(valuable information)에 독점적으로 접근할 수 있는 전문적인 펀드 매니저(professional fund managers)가 증권분석을 통해 구성한 포트폴리오는 침팬지가 무작위로 구성한 포트폴리오보다 투자성과가 더 높을 것으로 기대할 수 있다. 물론 시장이 강형 효율적 시장이라면 모든 내부정보(inside information)조차도 주가에 즉각 반영되기 때문에 전문적인 펀드 매니저의 포트폴리오 성과가 침팬지의 무작위 포트폴리오 성과보다 위험 대비 수익률이 더 높을 것으로 결코 기대할 수 없다.

④ 적절치 않은 설명이다. 준강형 효율적 시장이라면 A회사가 패소로 인해 추가로 부담해야 할 비용이 확정되는 순간 이 정보는 즉각 주가에 반영되었을 것이다. 따라서 이 정보는 투자자들이 A회사 주식에 대한 매입 여부를 결정하는 현재 시점에서는 더 이상 관련 있는 정보가 되지 못한다.

⑤ 적절한 설명이다. 준강형 효율적 시장이므로 은행장의 비리에 대한 정보가 밝혀진 일주일 전에 즉각 주가에 반영되어 은행 주가가 급락하였다. 그리고 오늘 아침 은행장이 사표를 제출했다는 사실이 알려지면서 이 정보 또한 주가에 신속하게 반영되어 주가가 상승했다고 볼 수 있다.

따라서, 정답은 ④이다.

문제 23 효율적 시장가설에 관한 다음의 설명 중 가장 옳지 **않은** 것은?
(2005년)

① 시장의 준강형 효율성 가설을 검증하는 한 방법으로 사건연구
(event study)를 활용할 수 있다.

② 미국 증권시장의 일일 주가 수익률을 분석해 보면 소형주의 수
익률은 전날 대형주 수익률을 추종하나, 대형주의 수익률은 전날
소형주 수익률을 추종하지 않는 것으로 나타난다. 이는 시장이
약형으로 효율적이지 않다는 증거로 볼 수 있다.

③ 시장이 강형으로 효율적이라면 베타계수가 작은 주식에 투자한
경우 베타계수가 큰 주식에 투자했을 때보다 더 높은 수익률을
올릴 수 없다.

④ 미국 주식을 가치주와 성장주로 나누어 그 수익률을 분석해 보
면 양 그룹 간에 확연한 차이가 발견된다. 이는 시장이 준강형으
로 효율적이지 않다는 증거로 볼 수 있다.

⑤ 기업의 인수·합병 발표 직후 피인수·합병 기업의 주가가 상승하
는 것으로 나타난다. 이는 시장이 강형으로 효율적이지 않다는
증거로 볼 수 있다.

정답: ③

〈해설〉 이 문제는 효율적 시장가설에 관한 문제이다. 문제에서 주어진 정보를
활용하여 각 문항의 적절성을 판단해 보자.

① 적절한 설명이다. 사건연구(event study)는 기업 고유의 사건(예
를 들어, 인수합병, 주식분할, 특별배당 등)이나 통화, 조세 및 환
경 등의 분야에서의 정부의 정책 변화에 대한 시장의 반응, 특히
주식가치의 변화를 측정하여 특정 사건(event)이 초과수익을 가져
다주는지를 분석하는 연구방법이다. 만약 인수합병 등과 같은 기업
의 재무정책을 공시했을 때 공시가 없었을 때 예상할 수 있는 기
대수익률을 초과하는 비정상수익률(abnormal return)이 공시일 이
후에도 지속적으로 발생하는지의 여부를 사건연구를 통해 분석함
으로써 준강형 효율성 가설을 실증적으로 검정할 수 있다.

② 적절한 설명이다. 약형 효율적 시장가설은 과거의 주가 동향이나

거래량 등과 같은 역사적 정보는 주가에 충분히 반영되어 있으므로 단순히 과거의 주가 흐름이나 거래량에 대한 분석을 통해 미래 주가 변화를 예상하는 것은 불가능하다는 가설이다. 그런데, 문제에서 미국 소형주의 수익률이 전날 대형주 수익률을 추종한다는 실증적 증거는 미래 소형주의 주가 변화를 대형주의 과거 주가 움직임을 관찰함으로써 예측 가능하다는 것을 의미하므로 이는 미국 증권시장이 약형으로 효율적이지 않다는 증거로 볼 수 있다.

③ 적절치 않은 설명이다. 미국의 많은 증권회사는 개별 주식의 베타에 대한 정보를 베타북(beta book)이라는 정기출판물을 통해 투자자들에게 공개한다. 이처럼 개별 주식의 베타는 일종의 공개된 정보에 속한다. 만약 시장이 강형으로 효율적이고 CAPM이 성립한다고 가정한다면 베타계수가 작은 주식의 사전적(ex ante) 기대수익률은 베타계수가 큰 주식의 기대수익률보다 평균적으로 더 높을 수는 없다. 그러나 실제로 이러한 주식에 일정 기간 투자한 이후의 사후적(ex post) 실현수익률은 기대수익률과는 달리 베타계수가 작은 주식의 실현수익률이 베타계수가 큰 주식의 실현수익률보다 더 높을 수 있다. 또한 주식 시장이 예상치 못한 하락 장세로 들어갈 때는 베타계수가 큰 주식의 실현수익률이 무위험이자율에 해당하는 국채의 만기수익률보다 더 낮을 수도 있다.

④ 적절한 설명이다. 가치주(value stocks)는 현재 주가가 기업의 내재가치보다 낮게 거래되고 있으나 일정 기간 후에는 내재가치에 도달함으로써 높은 수익률을 실현할 수 있을 것으로 생각되는 주식을 의미한다. 반면에 성장주(growth stocks)는 기업이 보유하고 있는 미래 잠재력이 뛰어난 첨단기술 등을 통해 일정 기간 후에 전체 시장수익률을 초과하는 투자성과를 올릴 수 있는 잠재력을 가진 주식을 뜻한다. 특정 주식이 성장주 혹은 가치주에 속한다는 정보는 공개된 정보에 속할 수 있는데 이를 활용해 초과수익을 얻을 수 있는 기회가 존재한다는 것은 시장이 준강형으로 효율적이지 않다는 증거로 볼 수 있다.

⑤ 적절한 설명이다. 만약 시장이 강형 효율적이라면 기업의 인수·합병에 대한 공식적인 발표 이전에 양 당사 기업이 인수합병에 대해 내부적으로 합의한 시점에 이 내부정보가 즉시 피인수기업(target firm)의 주가에 반영되어 주가가 상승해야 한다. 그렇지 않고 인수합병에 대한 공식적인 발표 직후 공개된 정보에 의해 피인수기업

의 주가가 상승한다는 것은 시장이 강형으로 효율적이지 않고 준
강형으로 효율적이라는 증거로 볼 수 있다.

따라서, 정답은 ③이다.

문제 24 다음 중 가장 옳지 **않은** 것은? (2007년)

① 날씨가 맑은 날에는 주가지수가 상승하고, 그렇지 않은 날에는 주가지수가 하락하는 경향이 전 세계적으로 관찰되고 있음을 보인 연구 결과가 있다. 만일 이 연구 결과가 사실이라면 이는 시장이 약형으로 효율적이지 않다는 증거이다. (매일 다음 날의 일기예보가 발표되며 일기예보는 50%보다 높은 정확도를 갖는다고 가정하시오)

② 시장이 약형으로 효율적이라면 기술적 분석을 이용해서 초과수익률을 얻을 수 없다.

③ 국내 주식시장에서 개인투자자들의 투자성과가 외국인 투자자들이나 국내 기관투자자들에 비해 지속적으로 나쁘다는 연구 결과가 있다. 모든 투자자들이 공개된 정보만을 이용하여 투자한다는 가정하에, 이는 시장이 준강형으로 효율적이지 않다는 증거로 볼 수 있다.

④ 시장이 효율적이고 CAPM이 맞는다고 해도 베타가 같은 두 주식의 실현수익률이 다를 수 있다.

⑤ 시장이 약형으로 효율적일 때, 과거 6개월간 매달 주가가 오른 주식이 다음 달에도 주가가 또 오를 수 있다.

정답: ①

〈해설〉 이 문제는 효율적 시장가설에 관한 문제이다. 문제에서 주어진 정보를 활용하여 각 문항의 적절성을 판단해 보자.

① 적절치 않은 설명이다. 날씨가 주가지수의 상승과 하락에 영향을 미친다는 사실이 세계적으로 관찰되고 있고, 일기예보가 50%보다 높은 정확도를 갖고 있다면 매일 발표되는 다음 날의 일기예보는 주가 움직임과 실질적인 관련이 있는 공개된 정보이다. 이처럼 공개된 정보를 이용하여 초과수익률을 실현할 수 있는 거래방법(예를 들어, 날씨가 흐린 날에 주식지수 ETF를 매입한 다음 날씨가 맑은 날에 매도)이 존재한다면 이는 시장이 약형이 아닌 <u>준강형</u>으로 효율적이지 않다는 증거이다.

② 적절한 설명이다. 시장이 약형으로 효율적이라면 단순히 과거의

주가 동향이나 거래량 등을 분석해 미래 주가를 예측하는 기술적 분석을 이용해서 평균적으로 초과수익률을 얻을 수 없다.

③ 적절한 설명이다. 현실적으로 외국인 투자자들이나 국내 기관투자자들이 개인투자자들에 비해 지속적으로 나은 투자성과를 달성하는 이유는 이들이 개인투자자들이 얻을 수 없는 매우 가치 있는 정보(valuable information)에 독점적으로 접근할 수 있는 가능성이 크기 때문이다. 그러나 모든 투자자들이 공개된 정보만을 이용하여 투자한다는 가정하에서도 외국인 투자자들이나 국내 기관투자자들이 개인투자자들에 비해 지속적으로 나은 투자성과를 달성한다면, 이는 시장이 준강형으로 효율적이지 않다는 증거로 볼 수 있다.

④ 적절한 설명이다. 앞의 **문제 23**의 **문항 ③**에 관한 해설에서 제시된 바와 같이 개별 주식의 베타는 일종의 공개된 정보에 속한다. 만약 시장이 효율적이고 CAPM이 성립한다고 가정한다면 베타계수가 같은 두 주식의 사전적(ex ante) 기대수익률은 같아야 한다. 그러나 실제로 이러한 주식에 일정 기간 투자한 이후의 사후적(ex post) 실현수익률은 기대수익률과는 달리 베타계수가 같은 주식이라도 실현수익률은 다를 수 있다.

⑤ 적절한 설명이다. 시장이 약형으로 효율적이라면, 과거 6개월간의 주가 움직임은 미래 주가의 움직임과는 아무런 관련이 없다. 그러므로 과거 6개월간 매달 주가가 오른 주식이 다음 달에도 주가가 또 오를 확률도 있고 그렇지 않고 내릴 확률도 있다.

따라서, 정답은 ①이다.

4

포트폴리오 선택이론과 CAPM

4.1 포트폴리오 선택이론

문제 1 다음 그림에서 가로축은 투자안의 위험을 나타내고 세로축은 투자안의 기대수익을 나타낸다. 이 그림 중에서 위험중립형 투자자의 등기대효용곡선은 어느 것인가? (2012년)

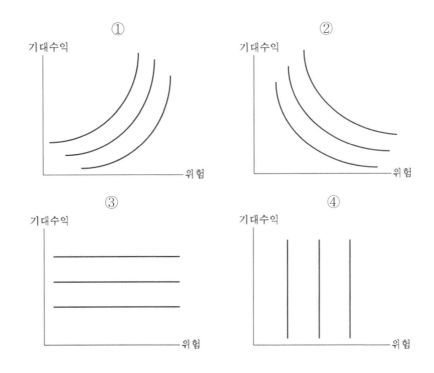

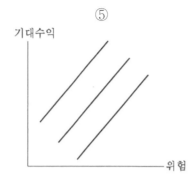

⑤

기대수익

위험

정답: ③

〈해설〉 이 문제는 투자자 유형에 따른 무차별곡선(indifference curve) 혹은 등기대효용곡선의 형태에 관해 묻는 문제이다. 위험중립형 투자자의 특성은 이들은 위험의 크기에 상관없이 기대수익률에 의해 의사결정을 한다. 위에 제시된 그림 중 이에 가장 적합한 등기대효용곡선의 형태는 동일한 기대수익률을 가져다주는 모든 조합은 위험에 크기에 관계없이 동일한 효용을 나타내는 직선 형태의 그래프 ③이다. 이에 반해 위험회피형 투자자의 등기대효용곡선은 그래프 ①이다. 참고로 투자자 유형에 따른 무차별곡선 혹은 등기대효용곡선의 형태를 그래프로 표시하면 다음 〈그림 4.1〉과 같다.

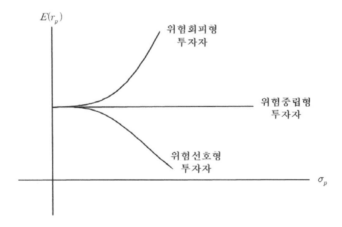

〈그림 4.1〉 위험성향에 따른 무차별곡선의 형태

문제 2 위험회피적인 투자자 갑은 무위험자산과 위험자산 A를 이용하여 자신의 효용을 극대화하는 포트폴리오를 구성하고자 한다. 투자자 갑의 효용을 극대화하는 포트폴리오에서 위험자산 A가 차지하는 투자 비중에 관한 다음 설명 중 옳은 것만을 <u>모두</u> 선택한 것은? 단, 위험자산 A의 기대수익률은 무위험수익률보다 높고, 투자자 갑의 효용함수는 $U = E(R_p) - \frac{1}{2} \times \gamma \times \sigma_p^2$과 같다고 가정한다. 여기서, $E(R_p)$와 σ_p는 각각 위험자산 A와 무위험자산이 결합한 포트폴리오의 기대수익률과 표준편차이다. 그리고 γ는 투자자 갑의 위험회피도(위험회피계수)이다. (2017년)

> a. 다른 조건은 일정할 때, 위험자산 A의 기대수익률이 높을수록 위험자산 A에 대한 투자 비중도 높다.
> b. 다른 조건은 일정할 때, 투자자 갑의 위험회피도가 클수록 위험자산 A에 대한 투자 비중도 높다.
> c. 다른 조건은 일정할 때, 위험자산 A의 표준편차가 클수록 위험자산 A에 대한 투자 비중도 높다.

① a   ② b   ③ c   ④ a, c   ⑤ b, c

정답: ①

〈해설〉 이 문제는 위험회피형 투자자의 기대효용 극대화 기준에 관한 문제이다. 먼저, 투자자 갑의 기대효용함수(U)의 특성을 요약하면 다음과 같다. 아래 기준에 의해 각 문항의 적절성을 확인해 보자.

- 기대수익률($E(R_p)$)이 증가하면 기대효용도 증가한다.
- 표준편차(σ_p)가 증가하면 기대효용은 감소한다.
- 위험회피도(γ)가 증가하면 기대효용은 감소한다.

a. 적절한 설명이다. 다른 조건은 일정할 때, 위험자산 A의 기대수익률이 높으면 투자자의 기대효용이 증가하므로 위험자산 A에 대한 투자 비중을 높이는 것이 기대효용을 극대화할 수 있다.

b. 적절치 않은 설명이다. 다른 조건은 일정할 때, 투자자 갑의 위험회피도가 클수록 투자자의 기대효용이 감소하므로 위험자산 A에

대한 투자 비중을 <u>낮추는</u> 것이 기대효용을 극대화할 수 있다.

c. 적절치 않은 설명이다. 다른 조건은 일정할 때, 위험자산 A의 표준 편차가 클수록 투자자의 기대효용이 감소하므로 위험자산 A에 대한 투자 비중을 <u>낮추는</u> 것이 기대효용을 극대화할 수 있다.

따라서, 정답은 ①이다.

문제 3 만기가 1년 후이고 만기일 이전에는 현금흐름이 발생하지 않는 위험자산 A가 있다. 이 자산은 만기일에 경기가 호황인 경우 140원, 불황인 경우 80원을 투자자에게 지급한다. 위험자산 A의 현재 적정 가격이 100원이라면, 위험자산 A의 적정 할인율에 가장 가까운 것은? 단, 경기가 호황과 불황이 될 확률은 각각 50%이다. (2019년)

① 연 8%   ② 연 10%   ③ 연 14%
④ 연 20%   ⑤ 연 30%

정답: ②

〈해설〉 이 문제는 미래 현금흐름이 불확실한 위험자산의 가치평가에 관한 문제이다. 위험자산의 현재 적정 가격은 만기일에 예상되는 현금흐름의 기댓값을 해당 자산의 위험에 적합한 적정할인율(appropriate discount rate)로 할인한 현재가치이다. 문제에서 주어진 정보를 활용하여 위험자산 A의 적정할인율(r)을 계산하면 다음과 같이 10%이다.

$$P = 100 = \frac{E(CF_1)}{(1+r)} = \frac{[140(0.5) + 80(0.5)]}{(1+r)} = \frac{110}{(1+r)}$$

$$\rightarrow \quad r = 0.1\,(10\%)$$

따라서, 정답은 ②이다.

문제 4 자산 세 개(A, B, C)의 1년 후 시장 상황에 따른 예상수익(단위: 원)은 다음과 같다. 단, 1년 후 호황과 불황의 확률은 각각 50%이다.

	자산 A	자산 B	자산 C
1년 후 수익(호황)	110	120	160
1년 후 수익(불황)	110	100	80

자산 A의 현재 가격은 100원이다. 다음 중 자산의 균형가격으로 성립될 수 **없는** 것은? (2006년)

① 위험회피형 투자자만 있는 세계에서 자산 B의 현재 가격이 97원이다.
② 위험회피형 투자자만 있는 세계에서 자산 C의 현재 가격이 105원이다.
③ 위험선호형 투자자만 있는 세계에서 자산 C의 현재 가격이 115원이다.
④ 위험중립형 투자자만 있는 세계에서 자산 B의 현재 가격이 100원이다.
⑤ 위험중립형 투자자만 있는 세계에서 자산 C의 현재 가격이 107원이다.

정답: ⑤

〈해설〉 이 문제는 투자자의 위험성향에 따른 가치평가에 관해 묻는 문제이다. 이 문제의 핵심은 위험중립형 투자자의 경우는 위험에 대해 전혀 무관심하므로 어떤 위험자산의 가치를 추정할 때 미래 기대 현금흐름을 단순히 무위험이자율로 할인하여 현재가치를 구한다는 것이다. 먼저, 이 문제에서 자산 A의 경우는 미래의 어떤 상황에서도 언제나 110원의 현금흐름을 가져다주기 때문에 무위험자산으로 정의할 수 있다. 그리고, 자산 A의 현재 가격이 100원이므로 무위험이자율(r_f)은 10%로 추정이 가능하다. 반면에, 자산 B와 자산 C는 미래 현금흐름이 상황에 따라 달라지는 불확실성을 보이고 있으므로 위험자산으로 볼 수 있다. 이를 이용하여 각 문항의 적절성을 판단해 보자.

① 성립될 수 있다. 위험회피형 투자자만 있는 세계에서 위험자산인 자산 B에 투자할 때는 위험회피형 투자자들은 반드시 위험프리미엄을 요구한다. 그러므로 자산 B의 적정 가격을 계산하는 데 필요한 적정할인율은 무위험이자율에 양(+)의 위험프리미엄(α)을 더한 값이다. 이에 따라 자산 B의 적정 가격을 추정하면 위험프리미엄이 양(+)인 한 다음과 같이 100원보다 작은 값이어야 한다.

$$P_B = \frac{E(CF_1)}{(1+r_f+\alpha)} \quad (\alpha > 0)$$

$$= \frac{[120(0.5)+100(0.5)]}{(1+0.1+\alpha)} = \frac{110}{(1.1+\alpha)} < 100$$

② 성립될 수 있다. 앞 문항 ①에서 설명한 바와 같이 위험회피형 투자자만 있는 세계에서 위험자산인 자산 C에 투자할 때는 위험회피형 투자자들은 반드시 위험프리미엄을 요구한다. 이에 따라 자산 C의 적정 가격은 위험프리미엄이 양(+)인 한 다음과 같이 109원보다 작은 값이어야 한다.

$$P_C = \frac{E(CF_1)}{(1+r_f+\alpha)} \quad (\alpha > 0)$$

$$= \frac{[160(0.5)+80(0.5)]}{(1+0.1+\alpha)} = \frac{120}{(1.1+\alpha)} < 109$$

③ 성립될 수 있다. 위험선호형 투자자만 있는 세계에서 위험자산인 자산 C에 투자할 때는 위험회피형 투자자들과는 반대로 음(-)의 위험프리미엄을 요구한다. 이에 따라 자산 C의 적정 가격은 다음과 같이 109원보다 큰 값이어야 한다.

$$P_C = \frac{E(CF_1)}{(1+r_f+\alpha)} \quad (\alpha < 0)$$

$$= \frac{[160(0.5)+80(0.5)]}{(1+0.1+\alpha)} = \frac{120}{(1.1+\alpha)} > 109$$

④ 성립될 수 있다. 위험중립형 투자자만 있는 세계에서 자산 B의 현

재 가격은 다음 식과 같이 미래 기대현금흐름을 무위험이자율로 할인하여 구한다.

$$P_B = \frac{[120(0.5) + 100(0.5)]}{(1 + 0.1)} = \frac{110}{(1 + 0.1)} = 100$$

⑤ 성립될 수 없다. 앞 문항 ④에서와 마찬가지로 위험중립형 투자자만 있는 세계에서 자산 C의 현재 가격은 다음 식과 같이 미래 기대현금흐름을 무위험이자율로 할인하여 구하면 107원이 아니라 109원이다.

$$P_C = \frac{[160(0.5) + 80(0.5)]}{(1 + 0.1)} = \frac{120}{(1 + 0.1)} = 109$$

따라서, 정답은 ⑤이다.

문제 5 아래 표에서와 같이 A, B, C 및 D 투자안의 호경기와 불경기 때의 수익률이 주어져 있다. 네 투자안 가운데 하나를 선택하는 경우, 다음의 설명 중 옳은 것을 모두 모아 놓은 것은? (2004년)

투자안	호경기	불경기
A	10%	10%
B	13%	7%
C	14%	6%
D	15%	9%

단, 호경기와 불경기가 발생할 확률은 각각 1/2로 동일하다.

a. 위험회피적 투자자들 가운데에서도 D 투자안을 선택하는 투자자가 있다.
b. 위험중립적 투자자는 A, B 및 C 투자안을 동일하게 평가한다.
c. 위험추구적 투자자는 A와 B 투자안 중에서는 B 투자안을 선택한다.

① a, b, c   ② b, c   ③ a, c   ④ a, b   ⑤ c

정답: ①

〈해설〉 이 문제는 투자자의 위험성향에 따른 가치평가와 지배원리에 관해 묻는 문제이다. 우선 지배원리를 적용하기 위해 네 투자안의 기대수익률과 표준편차를 간단히 정리하면 다음과 같다.

투자안	기대수익률	표준편차	비고
A	10%	0%	무위험투자안
B	10%	3%	
C	10%	4%	
D	12%	3%	

위 표에서 제시한 네 투자안의 기대수익률과 표준편차에 대한 정보를 활용하여 각 문항의 적절성을 확인해 보자.

a. 옳은 설명이다. 위험회피적 투자자의 경우, 투자안 B와 C는 투자안

A에 의해 지배되는 투자안이므로 비효율적 투자안으로 선택될 수 없는 투자안이다. 반면에, 투자안 D와 투자안 A는 지배관계가 성립하지 않는다. 따라서 위험회피적 투자자들 가운데에서는 D 투자안을 선택하는 투자자가 있을 수 있다.

b. 옳은 설명이다. 위험중립적 투자자의 특성은 투자를 결정할 때 위험은 고려하지 않고 기대수익률만을 고려 대상으로 한다. 따라서 위험중립적 투자자는 표준편차는 다르지만 기대수익률이 동일한 A, B 및 C 투자안을 동일하게 평가한다.

c. 옳은 설명이다. 위험추구적 투자자일 경우, 동일한 기대수익률을 가지는 투자안인 A와 B 중에서 무위험자산인 A 투자안보다 위험자산인 B 투자안을 선택할 것이다.

따라서, 정답은 ①이다.

문제 6 다음은 세 가지 위험자산(A, B, C)의 기대수익률과 표준편차이다.

	A	B	C
기대수익률	10%	15%	20%
표준편차	5%	?	15%

지배원리를 적용하였을 때, 옳은 것만을 **모두** 고르면? 단, 투자자는 위험회피형이고, 투자자의 효용함수는 2차함수의 형태를 가지며, 수익률은 정규분포를 따른다고 가정한다. (2015년)

a. B의 표준편차가 3%이면, A가 B를 지배한다.
b. B의 표준편차가 18%이면, B가 C를 지배한다.
c. B의 표준편차가 13%이면, A, B, C 사이에는 지배관계가 성립하지 않는다.

① a   ② b   ③ c   ④ a, b   ⑤ b, c

정답: ③

〈해설〉 이 문제는 평균-분산 기준(mean-variance criterion)에 의한 지배원리에 관한 문제이다. 문제에서 주어진 정보를 활용하여 각 문항의 적절성을 확인해 보자.

a. 옳지 않다. 만약 B의 표준편차가 3%이면, 위험회피형 투자자의 경우 자산 B는 자산 A에 비해 위험을 나타내는 표준편차는 낮은 데 반해 기대수익률은 더 높기 때문에 자산 B가 자산 A를 지배한다.

b. 옳지 않다. 만약 B의 표준편차가 18%이면, 위험회피형 투자자의 경우 자산 C는 자산 B에 비해 표준편차는 낮은 데 반해 기대수익률은 더 높기 때문에 자산 C가 자산 B를 지배한다.

c. 옳다. 만약 B의 표준편차가 13%이면, 위험회피형 투자자의 경우 자산 C는 자산 B에 비해, 자산 B는 자산 A에 비해 표준편차는 크나 기대수익률도 동시에 크기 때문에 A, B, C 사이에는 상호 지배관계가 성립하지 않는다.

따라서, 정답은 ③이다.

문제 7 지배원리를 이용하여 두 위험자산 A, B에서만 자산을 선택하려고 한다. 두 자산 A와 B의 기대수익률과 표준편차가 다음 표와 같다. 두 자산 간의 상관계수가 0이라고 가정할 때, 다음 설명 중 적절하지 않은 것은? (2018년)

자산	기대수익률	표준편차
A	12%	10%
B	5%	20%

① 상호배타적 투자의 경우, 모든 위험회피적 투자자는 자산 A를 선택한다.
② 상호배타적 투자의 경우, 모든 위험중립적 투자자는 자산 A를 선택한다.
③ 상호배타적 투자의 경우, 자산 A를 선택하는 위험선호적 투자자가 존재할 수 있다.
④ 두 자산으로 분산투자하는 경우, 모든 위험회피적 투자자는 자산 A를 양의 비율로 보유한다.
⑤ 두 자산으로 분산투자하는 경우, 자산 A와 B를 각각 70%와 30%의 비율로 보유하는 위험회피적 투자자가 존재할 수 있다.

정답: ⑤

〈해설〉 이 문제는 평균-분산 기준(mean-variance criterion)에 의한 지배원리에 관한 문제이다. 문제에서 주어진 두 주식 A와 B의 기대수익률과 표준편차에 대한 정보를 활용하여 각 문항의 적절성을 확인해 보자.

① 적절한 설명이다. 위험회피적 투자자의 경우 자산 B는 자산 A에 비해 위험(표준편차)은 높은 데 반해 기대수익률은 더 낮기 때문에 자산 A가 자산 B를 지배한다. 따라서 모든 위험회피적 투자자는 자산 A를 선택한다.
② 적절한 설명이다. 위험중립적 투자자는 투자의 위험은 고려하지 않고 오직 기대수익률의 크기에 따라 투자를 결정한다. 따라서 이들에게는 자산 A가 자산 B를 지배하므로 자산 A를 선택한다.

③ 적절한 설명이다. 위험선호적 투자자의 경우에는 자산 A와 자산 B 간에 상호 지배관계가 존재하지 않으므로 자산 A를 선택하는 위험 선호적 투자자가 존재할 수 있다.

④ 적절한 설명이다. 앞 문항 ①에서 설명한 바와 같이 위험회피적 투자자의 경우 자산 A가 자산 B를 지배한다. 이러한 현재 시장 상황에서는 위험회피적 투자자는 당분간 결코 자산 B에 투자하지 않을 것이다. 따라서 두 자산으로 분산투자하는 경우일지라도 모든 위험회피적 투자자는 자산 A를 양의 비율로 보유한다.

⑤ 적절치 않은 설명이다. 앞 문항 ④에서 설명한 바와 같이 위험회피적 투자자는 시장 상황이 변화하지 않는 한 당분간 결코 자산 B에 투자하지 않을 것이다. 따라서 두 자산으로 분산투자하는 경우일지라도 모든 위험회피적 투자자는 자산 A에 100% 투자할 수밖에 없다.

따라서, 정답은 ⑤이다.

문제 8 다음은 A, B 두 주식에 대한 기대수익률, 수익률의 표준편차, 수익률의 공분산이다. 총 1억원의 투자자금으로 위의 주식들을 활용하여 I, II, III 세 가지의 포트폴리오를 구축하였다고 하면 위험회피형 투자자의 투자 행태에 대한 설명으로 가장 적절한 것은? (2005년)

$$E(R_A) = 8\% \qquad E(R_B) = 10\%$$
$$\sigma(R_A) = 10\% \qquad \sigma(R_B) = 15\% \qquad Cov(R_A, R_B) = -0.006$$

포트폴리오	주식 A	주식 B
I	1억원	–
II	5천만원	5천만원
III	–	1억원

① 포트폴리오 I은 적절한 투자안이 될 수 있다.
② 포트폴리오 II는 적절한 투자안이 될 수 있다.
③ 지배원리에 의하면 포트폴리오 III은 포트폴리오 II보다 효율적인 투자안이므로 II를 지배한다.
④ 위험회피도가 낮은 투자자는 포트폴리오 III에 비하여 포트폴리오 I을 선택할 가능성이 높다.
⑤ 위험회피도가 높은 투자자는 포트폴리오 II에 비하여 포트폴리오 III을 선택할 가능성이 높다.

정답: ②

〈해설〉 이 문제는 평균-분산 기준(mean-variance criterion)에 의한 지배원리에 관한 문제이다. 우선 지배원리를 적용하기 위해 포트폴리오 II의 기대수익률과 표준편차를 계산하면 다음과 같다.

$$E(R_{II}) = w_A E(R_A) + w_B E(R_B) = (0.5)(0.08) + (0.5)(0.1) = 0.09 \, (9\%)$$

$$\begin{aligned}
\sigma_{II}^2 &= w_A^2 \sigma_A^2 + w_B^2 \sigma_B^2 + 2 w_A w_B \sigma_{AB} \\
&= (0.5)^2(0.1)^2 + (0.5)^2(0.15)^2 + 2(0.5)(0.5)(-0.006) = 0.005125
\end{aligned}$$

$$\sigma_{II} = \sqrt{0.005125} = 0.0716 \, (7.16\%)$$

포트폴리오 I, II, III의 기대수익률과 표준편차는 다음과 같다.

포트폴리오	기대수익률	표준편차
I	8%	10%
II	9%	7.16%
III	10%	15%

위 표에서 제시한 세 포트폴리오의 기대수익률과 표준편차에 대한 정보를 활용하여 각 문항의 적절성을 확인해 보자.

① 적절치 않은 설명이다. 위험회피형 투자자의 경우 포트폴리오 II는 포트폴리오 I에 비해 표준편차는 낮은 데 반해 기대수익률은 더 높기 때문에 포트폴리오 II가 포트폴리오 I를 지배한다. 따라서 포트폴리오 I은 적절한 투자안이 될 수 없다.

② 적절한 설명이다. 앞 문항 ①에서 설명한 바와 같이 포트폴리오 II는 포트폴리오 I를 지배한다. 반면에 포트폴리오 II와 포트폴리오 III는 상호 지배관계가 성립하지 않으므로 포트폴리오 II는 적절한 투자안이 될 수 있다.

③ 적절치 않은 설명이다. 앞 문항 ②에서 설명한 바와 같이 위험회피형 투자자의 경우 포트폴리오 II와 포트폴리오 III는 상호 지배관계가 성립하지 않는다.

④ 적절치 않은 설명이다. 앞 문항 ②에서 설명한 바와 같이 위험회피형 투자자의 경우 포트폴리오 II와 포트폴리오 III는 상호 지배관계가 성립하지 않아 두 포트폴리오 모두 효율적 포트폴리오이다. 그러므로 위험회피도가 낮은 투자자는 포트폴리오 II에 비하여 위험(표준편차)이 크고 기대수익률이 높은 포트폴리오 III를 선택한다.

⑤ 적절치 않은 설명이다. 앞 문항 ④와는 반대로 위험회피도가 높은 투자자는 포트폴리오 III에 비하여 위험(표준편차)이 작고 기대수익률도 낮은 포트폴리오 II를 선택할 가능성이 높다.

따라서, 정답은 ②이다.

문제 9 위험자산 A, B, C의 기대수익률과 수익률의 표준편차는 다음과 같다. 지배원리를 이용하여 투자자 갑은 이들 세 가지 위험자산 가운데 두 가지 효율적 자산을 선택하고, 이 두 가지 효율적 자산에 각각 50%씩 투자하여 포트폴리오 K를 구성하고자 한다. 포트폴리오 K 수익률의 표준편차에 가장 가까운 것은? 단, 각 위험자산 사이의 상관계수는 모두 0이라고 가정한다. (2016년)

위험자산	A	B	C
기대수익률	9%	12%	10%
표준편차	13%	15%	10%

① 7%   ② 8%   ③ 9%   ④ 10%   ⑤ 11%

정답: ③

〈해설〉 이 문제는 지배원리와 포트폴리오의 표준편차 측정에 관한 문제이다. 우선 지배원리를 적용하여 두 가지 효율적 포트폴리오를 선택해 보자. 위험회피형 투자자의 경우, 자산 C는 자산 A에 비해 표준편차는 낮은데도 불구하고 기대수익률은 더 높으므로 자산 C는 자산 A를 지배한다. 그러나 자산 B는 자산 C에 비해 표준편차는 크지만 기대수익률도 더 크기 때문에 자산 B와 자산 C 간에는 지배관계가 성립하지 않는다. 따라서 효율적 자산은 자산 B와 자산 C이다. 이 두 효율적 자산에 각각 50%씩 투자하여 포트폴리오 K를 구성한다고 할 때, 포트폴리오 K의 표준편차는 다음과 같이 추정할 수 있다.

$$\sigma_k = \sqrt{w_B^2 \sigma_B^2 + w_C^2 \sigma_C^2} \quad (\because \sigma_{BC} = 0)$$

$$= \sqrt{(0.5)^2 (0.15)^2 + (0.5)^2 (0.1)^2}$$

$$= 0.0901 \ (9.01\%)$$

따라서, 정답은 ③이다.

문제 10 주식 A의 수익률의 평균(=기댓값)과 표준편차는 각각 9%와 20%이고, 주식 B의 수익률의 평균과 표준편차는 각각 5%와 10%이다. 이 두 주식에 분산투자하는 포트폴리오 C의 수익률의 평균과 분산에 관한 주장 중 맞는 것을 모두 골라라. 단, 주식의 공매도(short sale)가 가능하며, 두 주식의 수익률의 공분산은 0이다. (2009년)

> a. 포트폴리오 C의 수익률의 평균이 29%가 될 수 있다.
> b. 포트폴리오 C의 수익률의 평균이 0%가 될 수 있다.
> c. 포트폴리오 C의 수익률의 평균이 −5%가 될 수 있다.
> d. 포트폴리오 C의 분산이 0이 될 수 있다.

① a, b, c, d   ② a, b, c   ③ b, c   ④ a, c   ⑤ b, c, d

정답: ②

〈해설〉 이 문제는 공매도(short sale)가 가능한 경우에 있어서 포트폴리오의 평균과 표준편차를 계산하는 문제이다. 문제에서 주어진 정보를 활용하여 각 문항의 적절성을 확인해 보자.

 a. 옳은 주장이다. 다음 식과 같이 주식 A와 주식 B에 대한 투자비율이 각각 6과 −5(500% 공매도)일 경우 포트폴리오 C의 수익률 평균이 29%가 될 수 있다.

$$E(R_C) = w_A E(R_A) + (1 - w_A) E(R_B) \quad (\because w_B = 1 - w_A)$$

$$= w_A (0.09) + (1 - w_A)(0.05) = 0.29$$

$$\rightarrow w_A = 6, \ w_B = -5$$

 b. 옳은 주장이다. 다음 식과 같이 주식 A와 주식 B에 대한 투자비율이 각각 −1.25(125% 공매도)와 2.25일 경우 포트폴리오 C의 수익률 평균이 0%가 될 수 있다.

$$E(R_C) = w_A E(R_A) + (1 - w_A)E(R_B)$$

$$= w_A(0.09) + (1 - w_A)(0.05) = 0 \rightarrow w_A = -1.25, \; w_B = 2.25$$

c. 옳은 주장이다. 다음 식과 같이 주식 A와 주식 B에 대한 투자비율이 각각 −2.5(250% 공매도)와 3.5일 경우 포트폴리오 C의 수익률 평균이 −0.05%가 될 수 있다.

$$E(R_C) = w_A E(R_A) + (1 - w_A)E(R_B)$$

$$= w_A(0.09) + (1 - w_A)(0.05) = -0.05 \rightarrow w_A = -2.5, \; w_B = 3.5$$

d. 옳지 않은 주장이다. 다음 식과 같이 공매도가 가능한 경우라도 두 주식 수익률의 공분산이 0이라면 포트폴리오 C의 분산은 항상 0보다 크며 결코 0이 될 수 없다.

$$Since \; \sigma_{AB} = 0, \; \sigma_C^2 = w_A^2 \sigma_A^2 + w_B^2 \sigma_B^2 > 0$$

따라서, 정답은 ②이다.

문제 11 두 개의 주식(A와 B)으로 포트폴리오를 구성하고자 한다. 공매도 (short sale)가 허용된다고 가정할 때, 다음 중 수익률의 표준편차 가 0인 포트폴리오를 구성할 수 있는 경우만을 <u>모두</u> 선택한 것은? 단, 두 주식 수익률의 표준편차는 모두 0보다 크다고 가정한다. (2019년)

> a. 주식 A와 B 수익률의 상관계수가 −1인 경우
> b. 주식 A와 B 수익률의 상관계수가 0인 경우
> c. 주식 A와 B 수익률의 상관계수가 1인 경우

① a   ② a, b   ③ a, c   ④ b, c   ⑤ a, b, c

정답: ③

⟨**해설**⟩ 이 문제는 공매도(short sale)가 가능한 경우에 있어서 포트폴리오를 구성하는 개별자산 간의 상관계수와 포트폴리오의 표준편차와의 관계 를 묻는 문제이다. 문제에서 주어진 정보를 활용하여 각 문항의 적절 성을 확인해 보자.

a. 공매도가 허용되며 주식 A와 주식 B 수익률의 상관계수(ρ_{AB})가 − 1인 경우 다음 식과 같이 수익률의 표준편차가 0인 포트폴리오를 구성할 수 있다.

$$\sigma_p^2 = w_A^2 \sigma_A^2 + w_B^2 \sigma_B^2 - 2 w_A w_B \sigma_A \sigma_B \quad (\because \rho_{AB} = -1)$$
$$= (w_A \sigma_A - w_B \sigma_B)^2$$

$$\sigma_p = |w_A \sigma_A - w_B \sigma_B| = 0$$

$$\rightarrow \; w_A \sigma_A - (1 - w_A) \sigma_B = 0$$

$$\therefore \; w_A = \frac{\sigma_B}{\sigma_A + \sigma_B}, \; w_B = \frac{\sigma_A}{\sigma_A + \sigma_B}$$

b. 공매도가 허용되더라도 주식 A와 주식 B 수익률의 상관계수(ρ_{AB}) 가 0인 경우 다음 식과 같이 포트폴리오 수익률의 표준편차는 항 상 0보다 크기 때문에 표준편차가 0인 포트폴리오를 결코 구성할

수 없다.

$$\sigma_p^2 = w_A^2 \sigma_A^2 + w_B^2 \sigma_B^2 > 0$$

c. 공매도가 허용되며 주식 A와 주식 B 수익률의 상관계수(ρ_{AB})가 1 인 경우 다음 식과 같이 수익률의 표준편차가 0인 포트폴리오를 구성할 수 있다.

$$\sigma_p^2 = w_A^2 \sigma_A^2 + w_B^2 \sigma_B^2 + 2 w_A w_B \sigma_A \sigma_B \quad (\because \rho_{AB} = 1)$$
$$= (w_A \sigma_A + w_B \sigma_B)^2$$

$$\sigma_p = |w_A \sigma_A + w_B \sigma_B| = 0$$

$$\rightarrow \ w_A \sigma_A + (1 - w_A)\sigma_B = 0$$

$$\therefore \ w_A = \frac{-\sigma_B}{\sigma_A - \sigma_B}, \ w_B = \frac{\sigma_A}{\sigma_A - \sigma_B}$$

따라서, 정답은 ③이다.

※ Solution Note: 만약 이 문제의 가정과는 달리 공매도가 허용되지 않는다면 주식 A와 주식 B 수익률의 상관계수(ρ_{AB})가 1일 때는 위의 **문항 c**의 식에서 제시한 바와 같이 분산 혹은 표준편차가 0 인 포트폴리오를 구성할 수 없다. 왜냐하면, 위의 **문항 c**에서 구한 자산 A와 자산 B의 투자비율 중 어느 하나는 두 자산의 표준편차의 크기에 따라 음(−)의 값을 갖기 때문이다. 그러므로 위에서 제시한 주식 A와 주식 B 수익률의 상관계수(ρ_{AB})에 대한 3가지 시나리오에서 공매도가 허용되지 않는다면 분산 혹은 표준편차가 0 인 포트폴리오를 구성할 수 있는 경우는 상관계수가 −1일 때가 유일하다.

CPA 객관식 재무관리

문제 12 시장에는 두 개의 위험자산 A와 B만 존재한다고 가정하자. 이 두 위험자산의 기대수익률은 동일하며, 위험(표준편차) 역시 서로 동일하다. 위험회피적인 투자자 갑은 두 개의 위험자산 A와 B로 포트폴리오를 구성하려고 한다. 투자자 갑의 최적 포트폴리오에서 위험자산 A에 대한 투자비율은 얼마인가? 단, 이 두 자산 사이의 공분산 ($Cov(R_A, R_B)$)은 0이다. (2015년)

① 0.0   ② 1/4   ③ 1/3   ④ 1/2   ⑤ 2/3

정답: ④

〈해설〉 이 문제는 포트폴리오를 구성하는 자산 간의 공분산이 주어져 있을 경우 최적 포트폴리오와 최소분산 포트폴리오(MVP: minimum variance portfolio)를 구하는 문제이다. 먼저, 두 위험자산의 기대수익률과 표준편차가 서로 동일하다고 가정하였으므로 포트폴리오의 기대수익률도 다음 식과 같이 두 자산 간의 배분에 관계없이 동일하다.

- $E(r_A) = E(r_B) = E$
- $E(r_p) = w_A E(r_A) + w_B E(r_B) = w_A E + (1 - w_A) E = E$

포트폴리오의 기대수익률은 각 개별자산의 투자비율에 관계없이 언제나 일정한 값 E를 갖기 때문에 투자자 갑의 최적 포트폴리오는 위험이 최소인 포트폴리오일 것이다. 따라서 최소분산 포트폴리오(MVP)에서 자산 A의 투자비율(w_A^*)을 계산하는 공식을 이용하면 최적 포트폴리오에서 자산 A에 대한 투자 비율을 추정할 수 있다 (최소분산 포트폴리오에서 자산 A의 투자 비율(w_A^*)을 계산하는 공식의 도출 과정은 아래에 제시한 "Solution Note"를 참고).

$$w_A^* = \frac{\sigma_B^2 - \sigma_{AB}}{\sigma_A^2 + \sigma_B^2 - 2\sigma_{AB}} = \frac{\sigma^2}{\sigma^2 + \sigma^2} = \frac{1}{2} \quad (\because \sigma_A = \sigma_B = \sigma, \ \sigma_{AB} = 0)$$

따라서, 정답은 ④이다.

※ Solution Note: 최소분산 포트폴리오에서 개별자산 A의 투자비율

이 문제에서처럼 두 개의 위험자산 A와 B로 포트폴리오를 구성하려고 할 경우 가능한 포트폴리오 중 위험이 최소인 포트폴리오를 최소분산 포트폴리오(MVP)라고 정의한다. 이러한 최소분산 포트폴리오(MVP)와 이를 구성하는 각 개별자산 A의 투자 비율(w_A^*)은 다음 식과 같이 포트폴리오의 분산(σ_p^2)을 자산 A의 투자 비율(w_A)로 1차 편미분을 하고 이를 0으로 설정하면 구할 수 있다.

- $\sigma_p^2 = w_A^2 \sigma_A^2 + (1 - w_A)^2 \sigma_B^2 + 2w_A(1 - w_A)\sigma_{AB}$ $(\because w_B = 1 - w_A)$

- $\dfrac{\partial \sigma_p^2}{\partial w_A} = 2w_A \sigma_A^2 - 2\sigma_B^2 + 2w_A \sigma_B^2 + 2\sigma_{AB} - 4w_A \sigma_{AB} = 0$

$$w_A(\sigma_A^2 + \sigma_B^2 - 2\sigma_{AB}) + \sigma_{AB} - \sigma_B^2 = 0$$

$$\rightarrow w_A^* = \frac{\sigma_B^2 - \sigma_{AB}}{\sigma_A^2 + \sigma_B^2 - 2\sigma_{AB}} = \frac{\sigma_B^2 - \rho_{AB}\sigma_A \sigma_B}{\sigma_A^2 + \sigma_B^2 - 2\rho_{AB}\sigma_A \sigma_B}$$

CPA 1차 시험과 같이 정해진 시간에 많은 문제를 풀어야 하는 시험에서는 이러한 주요 공식은 암기해 두는 것이 고득점에 훨씬 유리하다.

문제 13 다음의 조건을 만족하는 위험자산 A와 위험자산 B로 구성된 포트폴리오 p에 관한 설명으로 적절한 항목만을 **모두** 선택한 것은? 단, $E(R_A)$, $E(R_B)$ 그리고 $E(R_p)$는 각각 위험자산 A, 위험자산 B 그리고 포트폴리오 p의 기대수익률을 나타내고, σ_A와 σ_B는 각각 위험자산 A와 위험자산 B 수익률의 표준편차를 나타낸다. (2020년)

< 조 건 >

· 위험자산 A 수익률과 위험자산 B 수익률 간의 상관계수(ρ)는 -1보다 크고 1보다 작다.
· 공매도(short sale)는 허용되지 않는다.

---

  a. $0 < E(R_A) \leq E(R_B)$의 관계가 성립한다면, 상관계수(ρ)의 크기에 관계없이 $E(R_A) \leq E(R_p) \leq E(R_B)$이다.

  b. $\sigma_A = \sigma_B$인 경우, 상관계수(ρ)의 크기에 관계없이 두 위험자산에 투자자금의 50%씩을 투자하면 최소분산 포트폴리오를 구성할 수 있다.

  c. 위험자산 A와 위험자산 B에 대한 투자비율이 일정할 때, 상관계수(ρ)가 작아질수록 포트폴리오 p 수익률의 표준편차는 작아진다.

---

  ① a   ② a, b   ③ a, c   ④ b, c   ⑤ a, b, c

정답: ⑤

〈해설〉 이 문제는 포트폴리오의 기대수익률과 위험의 특성에 관한 문제이다. 문제에서 주어진 정보와 조건을 활용하여 각 문항의 적절성을 판단해 보자.

  a. 적절한 설명이다. 이론적으로 포트폴리오의 기대수익률은 포트폴리오를 구성하는 두 자산 간의 상관계수(ρ)와는 관련이 없다. 그리고 포트폴리오의 기대수익률은 다음 식과 같이 두 구성 자산 기대수익률의 가중평균이므로 공매도가 허용되지 않는다면 기댓값이 작은 자산의 기댓값보다는 크고, 큰 자산의 기댓값보다는 작다.

$$0 < E(R_A) \leq E(R_B), \; w_A \geq 0, \; w_B \geq 0$$

$$\rightarrow E(R_A) \leq E(R_p) = w_A E(R_A) + w_B E(R_B) \leq E(R_B)$$

b. 적절한 설명이다. $\sigma_A = \sigma_B$인 경우, 최소분산 포트폴리오에서 자산 A의 투자비율(w_A^*)을 계산하는 공식을 이용하면 최적 포트폴리오에서 두 위험자산에 대한 투자비율을 다음과 같이 추정할 수 있다 (최소분산 포트폴리오에서 자산 A의 투자비율(w_A^*)을 계산하는 공식의 도출 과정은 앞의 **문제 12**에서 제시한 "Solution Note"를 참고).

$$w_A^* = \frac{\sigma_B^2 - \rho_{AB}\sigma_A\sigma_B}{\sigma_A^2 + \sigma_B^2 - 2\rho_{AB}\sigma_A\sigma_B} = \frac{\sigma_A^2 - \rho_{AB}\sigma_A^2}{\sigma_A^2 + \sigma_A^2 - 2\rho_{AB}\sigma_A^2} \quad (\because \sigma_A = \sigma_B)$$

$$= \frac{\sigma_A^2(1 - \rho_{AB})}{2\sigma_A^2(1 - \rho_{AB})} = \frac{1}{2}$$

위 식에서처럼 상관계수(ρ)의 크기에 관계없이 두 위험자산에 각각 투자자금의 50%씩을 투자하면 최소분산 포트폴리오를 구성할 수 있다.

c. 적절한 설명이다. 먼저, 공매도가 허용되지 않으므로 두 위험자산의 투자비율은 모두 양수이다. 즉, $w_A \geq 0$, $w_B \geq 0$. 또한 위험자산 A와 위험자산 B에 대한 투자비율이 일정할 때, 상관계수(ρ)가 포트폴리오의 표준편차에 미치는 영향은 다음 식과 같이 상관계수에 관한 포트폴리오 분산(σ_p^2)의 1차 편미분을 계산하면 쉽게 알 수 있다.

- $\sigma_p^2 = w_A^2 \sigma_A^2 + w_B^2 \sigma_B^2 + 2w_A w_B \rho_{AB}\sigma_A\sigma_B$

- $\dfrac{\partial \sigma_p^2}{\partial \rho_{AB}} = 2w_A w_B \sigma_A \sigma_B > 0 \quad (\because w_A \geq 0, \, w_B \geq 0)$

상관계수에 관한 포트폴리오의 분산의 1차 편미분 결과에서와 같이 상관계수(ρ)와 포트폴리오의 분산은 양($+$)의 관계를 가지므로,

상관계수가 작아질수록 포트폴리오의 표준편차는 작아진다. 즉 공매도가 허용되지 않으며 포트폴리오 구성 자산에 대한 투자비율이 모두 일정할 때, 상관계수가 작아질수록 포트폴리오의 위험(표준편차)도 작아지며 반면에 포트폴리오의 분산효과는 커진다.

따라서, 정답은 ⑤이다.

문제 14 두 개의 자산으로 포트폴리오를 구성하고자 한다. 각 자산의 수익률의 표준편차와 구성비율은 다음과 같다.

단, $\sigma_1 < \sigma_2$, $w_1 + w_2 = 1, w_1 \geq 0, w_2 \geq 0$이다. （2006년）

	표준편차	구성비율
자산 I	σ_1	w_1
자산 II	σ_2	w_2

아래에서 옳은 기술만을 모두 모은 것은?

> a. 상관계수가 -1일 경우 무위험 포트폴리오를 만들기 위한 구성비율은
>
> $w_1 = \dfrac{\sigma_1}{\sigma_1 + \sigma_2}, \ w_2 = \dfrac{\sigma_2}{\sigma_1 + \sigma_2}$ 이다.
>
> b. 만약 $\sigma_1 = 0$이고, $w_1 = w_2 = 0.5$이면 포트폴리오의 표준편차는 $0.5\sigma_2$이다.
>
> c. 상관계수가 양수이면 포트폴리오의 표준편차는 항상 σ_1보다 크거나 같다.

① a   ② b   ③ a, b   ④ b, c   ⑤ a, b, c

정답: ②

〈해설〉 이 문제는 두 위험자산으로 구성된 포트폴리오의 기대수익률과 위험의 특성에 관한 문제이다. 특히 두 자산의 상관계수와 포트폴리오의 위험과의 관계에 대해 심층적으로 묻는 문제이며 난이도가 높은 편이다. 문제에서 주어진 정보를 활용하여 각 문항의 적절성을 판단해 보자.

    a. 옳지 않은 설명이다. 상관계수가 -1일 경우 무위험 포트폴리오, 즉 최소분산 포트폴리오(MVP)를 만들기 위한 각 개별자산의 투자비율은 다음과 같이 최소분산 포트폴리오에서 자산 I의 투자비율(w_1^*)을 계산하는 공식을 이용하면 간단히 산출할 수 있다(최소분산 포트폴리오에서 자산 I의 투자비율(w_1^*)을 계산하는 공식의 도출 과정은 앞의 **문제 12**에서 제시한 "Solution Note"를 참고).

$$\bullet\ w_1^* = \frac{\sigma_2^2 - \rho_{12}\sigma_1\sigma_2}{\sigma_1^2 + \sigma_2^2 - 2\rho_{12}\sigma_1\sigma_2} = \frac{\sigma_2^2 + \sigma_1\sigma_2}{\sigma_1^2 + \sigma_2^2 + 2\sigma_1\sigma_2} \quad (\because \rho_{12} = -1)$$

$$= \frac{\sigma_2(\sigma_2 + \sigma_1)}{(\sigma_1 + \sigma_2)^2} = \frac{\sigma_2}{\sigma_1 + \sigma_2}$$

$$\bullet\ w_2^* = 1 - w_1^* = 1 - \frac{\sigma_2}{\sigma_1 + \sigma_2} = \frac{\sigma_1}{\sigma_1 + \sigma_2}$$

b. 옳은 설명이다. 아래 식에서처럼 만약 $\sigma_1 = 0$이고, $w_1 = w_2 = 0.5$이면 포트폴리오의 표준편차는 $0.5\sigma_2$이다.

$$\sigma_p^2 = w_1^2\sigma_1^2 + w_2^2\sigma_2^2 + 2w_1 w_2\rho_{12}\sigma_1\sigma_2 = (0.5)^2\sigma_2^2$$

$$\rightarrow \sigma_p = \sqrt{\sigma_p^2} = 0.5\sigma_2$$

c. 옳지 않은 설명이다. 만약 공매도가 허용되지 않으며 ($w_1 \geq 0,\ w_2 \geq 0$) 상관계수(ρ_{12})가 1이면, 이 문항의 설명처럼 포트폴리오의 표준편차는 항상 σ_1보다 크거나 같다. 그러나 상관계수가 양수라도 0에 근접한 값일 경우(예를 들어, 0.1 혹은 0.2 등)에는 포트폴리오의 표준편차가 σ_1보다 작을 수 있다. 이를 증명하기 위해 먼저 다음 식에서 상관계수가 양수이지만 0에 아주 가까이 접근할 경우 최소분산 포트폴리오(MVP)에서 자산 I의 투자비율(w_1^*)은 아래와 같이 추정할 수 있다.

$$\bullet\ \operatorname*{Lim}_{\rho_{12} \to 0} w_1^* = \frac{\sigma_2^2 - \rho_{12}\sigma_1\sigma_2}{\sigma_1^2 + \sigma_2^2 - 2\rho_{12}\sigma_1\sigma_2} = \frac{\sigma_2^2}{\sigma_1^2 + \sigma_2^2} \rightarrow 0 < w_1^* < 1$$

위 식에서 추정한 최소분산 포트폴리오(MVP)에서 자산 I의 투자비율(w_1^*)을 최소분산 포트폴리오의 위험을 계산하는 공식에 대입해 최소분산 포트폴리오의 표준편차를 계산하면 다음 식과 같다.

- $\sigma_p^2 = w_1^2 \sigma_1^2 + (1 - w_1)^2 \sigma_2^2 \quad (\because \rho_{12} = 0)$

$$= (\frac{\sigma_2^2}{\sigma_1^2 + \sigma_2^2})^2 \sigma_1^2 + (1 - \frac{\sigma_2^2}{\sigma_1^2 + \sigma_2^2})^2 \sigma_2^2 = \frac{\sigma_1^2 \sigma_2^2}{\sigma_1^2 + \sigma_2^2}$$

- $\sigma_p = \sqrt{\dfrac{\sigma_1^2 \sigma_2^2}{\sigma_1^2 + \sigma_2^2}} = \sqrt{\sigma_1^2 \times \dfrac{\sigma_2^2}{\sigma_1^2 + \sigma_2^2}} = \sqrt{\sigma_1^2 \times w_1^*}$

$$= \sigma_1 \sqrt{w_1^*} < \sigma_1 \quad (\because 0 < w_1^* < 1)$$

이와 같이, 상관계수가 양수이지만 0에 근접할 경우 최소분산 포트폴리오에서의 자산 I의 투자비율(w_1^*)은 0보다 크고 1보다 작으며, 이에 따라 최소분산 포트폴리오의 표준편차 $\sigma_1 \sqrt{w_1^*}$는 위의 식에서처럼 σ_1보다 작다.

따라서, 정답은 ②이다.

문제 15 두 개의 자산만으로 포트폴리오를 구성하려고 한다. 자산의 기대수익률과 표준편차는 다음과 같다.

	기대수익률	표준편차
자산 I	13%	10%
자산 II	20%	15%

다음 설명 중 적절한 항목만을 <u>모두</u> 고르면? (단, 공매도는 가능하지 않다고 가정한다.) (2013년)

> (가) 상관계수가 −1일 경우 무위험포트폴리오를 만들기 위한 두 자산 I, II의 구성비율은 각각 0.4와 0.6이다.
> (나) 상관계수가 0.2일 경우 포트폴리오의 표준편차를 10%보다 작게 만드는 두 자산의 구성비율이 존재한다.
> (다) 상관계수가 0.8일 경우 포트폴리오의 표준편차는 결코 10%보다 작을 수 없다.
> (라) 두 자산으로 구성된 포트폴리오 A와 B가 모두 효율적 (efficient) 포트폴리오라면, 두 포트폴리오 A와 B의 구성비를 선형 결합한 새로운 포트폴리오도 효율적이다.

① (가), (나) ② (가), (나), (다) ③ (가), (다), (라)
④ (나), (다), (라) ⑤ (가), (나), (다), (라)

정답: ④

〈해설〉 이 문제는 앞의 **문제 14**와 매우 유사한 문제로 두 위험자산으로 구성된 포트폴리오의 기대수익률과 위험의 특성 등에 관한 문제이다. 문제에서 주어진 정보를 활용하여 각 문항의 적절성을 판단해 보자.

(가) 적절치 않은 설명이다. 상관계수가 −1일 경우 최소분산 포트폴리오에서 자산 I의 투자비율(w_1^*)을 계산하는 공식을 이용하면 간단히 산출할 수 있다. 여기서는 앞의 **문제 14**의 **문항 a**에서 도출한 결과를 이용하여 계산한다.

$$w_1^* = \frac{\sigma_2}{\sigma_1 + \sigma_2} = \frac{0.15}{0.1 + 0.15} = 0.6, \; w_2^* = 1 - w_1^* = 0.4$$

(나) 적절한 설명이다. 이 문항의 적절성을 판단할 때 놓치지 말아야
할 점은 표준편차 10%가 두 자산 중 위험이 작은 자산 I의 표
준편차라는 것이다. 따라서 공매도가 허용되지 않는 경우 포트
폴리오의 표준편차를 10%보다 작게 만들기 위해서는 자산 I이
최소분산 포트폴리오가 되어서는 안 된다. 이것은 곧 공매도가
허용되지 않는 경우 최소분산 포트폴리오에서 자산 I의 구성비
율(w_1^*)이 반드시 1보다 작아야 한다는 것을 의미한다. 이러한
조건을 충족시키는 상관계수(ρ_{12})의 범위를 구하면 다음 식과
같이 0.67보다 작아야 한다.

$$w_1^* = \frac{\sigma_2^2 - \rho_{12}\sigma_1\sigma_2}{\sigma_1^2 + \sigma_2^2 - 2\rho_{12}\sigma_1\sigma_2} = \frac{(0.15)^2 - \rho_{12}(0.1)(0.15)}{(0.1)^2 + (0.15)^2 - 2\rho_{12}(0.1)(0.15)} < 1$$

$$\rightarrow \rho_{12} < \frac{2}{3}(=0.67)$$

그러므로 상관계수가 0.67보다 작은 0.2일 경우 최소분산 포트
폴리오에서의 두 자산의 구성비율은 각각 0.74와 0.26이며, 최
소분산 포트폴리오의 표준편차는 9.03%이다. 이처럼 상관계수
가 0.2일 경우 포트폴리오의 표준편차를 10%보다 작게 만드는
두 자산의 구성비율이 존재한다(앞의 **문제 14 문항 c**와 유사한
문제이므로 이에 대한 해설 참고).

(다) 적절한 설명이다. 앞의 **문항 (나)**에서 설명한 바와 같이, 공매도
가 허용되지 않는 상황에서 상관계수가 0.67보다 큰 0.8일 경
우에는 자산 I이 최소분산 포트폴리오가 된다. 왜냐하면, 상관
계수가 0.8일 때 최소분산 포트폴리오에서 자산 I과 자산 II의
구성 비율이 각각 1.24와 -0.24가 되나 공매도가 허용되지 않
으므로 자산 I과 자산 II의 구성비율(w_1^*)은 각각 1과 0이 되기
때문이다. 이 경우 자산 I의 표준편차가 10%이므로 최소분산포
트폴리오의 표준편차도 10%가 된다. 따라서 공매도가 허용되
지 않는 상황에서 상관계수가 0.8일 경우 포트폴리오의 표준편

차는 결코 10%보다 작을 수 없다.

(라) 적절한 설명이다. 두 자산으로 구성된 포트폴리오 A와 B가 모두 효율적 포트폴리오(efficient portfolio)라면, 포트폴리오 A와 B는 모두 자본시장선(CML) 선상에 존재한다. 이 경우 두 효율적 포트폴리오인 A와 B의 구성비를 선형 결합한 새로운 포트폴리오도 자본시장선(CML) 선상에 존재한다. 따라서 두 효율적 포트폴리오인 A와 B의 구성비를 선형 결합한 새로운 포트폴리오도 효율적이다.

따라서, 정답은 ④이다.

문제 16 현재의 시장가치가 1,000만 원인 포트폴리오(P)는 주식 A와 B로 구성되어 있다. 현재 주식 A의 시장가치는 400만 원이고 주식 B의 시장가치는 600만 원이다. 주식 A와 주식 B의 수익률 표준편차는 각각 5%와 10%이고 상관계수는 -0.5이다. 주식 수익률은 정규분포를 따른다고 가정한다. 99% 신뢰수준 하에서 포트폴리오(P)의 최대 가치하락을 측정하는 Value at Risk(VaR)는 아래 식에 의해 계산된다. 포트폴리오(P)의 VaR 값과 가장 가까운 것은? 단, σ_P는 포트폴리오(P) 수익률의 표준편차이다. (2019년)

$$VaR = 2.33 \times \sigma_P \times \text{포트폴리오(P)의 시장가치}$$

① 466,110원   ② 659,840원   ③ 807,350원

④ 1,232,920원   ⑤ 2,017,840원

정답: ④

〈해설〉 이 문제는 표면적으로는 정상적 시장 상황 하에서 주어진 신뢰수준으로 목표 기간 동안에 발생할 수 있는 포트폴리오의 최대손실을 의미하는 Value at Risk(VaR)를 계산하는 문제인 것처럼 보인다. 그러나 실제로는 포트폴리오의 위험(표준편차)을 계산하는 단순한 문제이다. 문제에서 99% 신뢰수준 하에서의 Z값(2.33)과 현재의 시장가치(P_0)가 주어져 있으므로 포트폴리오(P) 수익률의 표준편차만 계산하면 VaR를 추정할 수 있다.

- $w_A = 0.4$, $w_B = 0.6$
- $\sigma_p^2 = w_A^2 \sigma_A^2 + w_B^2 \sigma_B^2 + 2w_A w_B \rho_{AB} \sigma_A \sigma_B$

  $= (0.4)^2 (0.05)^2 + (0.6)^2 (0.1)^2 + 2(0.4)(0.6)(-0.5)(0.05)(0.1)$

  $= 0.0028$
- $\sigma_p = \sqrt{0.0028} = 0.052915$

위에서 구한 포트폴리오(P) 수익률의 표준편차를 이용하여 최종적으

로 VaR를 추정하면 다음과 같다.

$$VaR = 2.33 \times \sigma_P \times P_0$$
$$= (2.33)(0.052915)(1,000)$$
$$= 123.2920 \ (만원)$$

따라서, 정답은 ④이다.

문제 17 주식과 채권 반반으로 구성된 뮤추얼펀드가 있다고 하자. 뮤추얼펀드를 구성하고 있는 주식과 채권의 분산이 각각 0.16과 0.04이고, 주식과 채권 간의 공분산은 -0.1이다. 뮤추얼펀드의 분산을 $\sigma_p^2 = w_s S_s + w_b S_b$라고 할 때($w_s = w_b = \frac{1}{2}$, S_s=주식으로 인한 뮤추얼펀드의 분산 기여도, S_b=채권으로 인한 뮤추얼펀드의 분산 기여도), S_s는 얼마인가?

① 0.02   ② 0.03   ③ 0.05

④ 0.08   ⑤ 0.16

정답: ②

〈해설〉 이 문제는 포트폴리오의 분산을 포트폴리오를 구성하는 개별자산의 포트폴리오의 분산기여도로 분해하는 문제이다. 이론적으로 개별자산이 포트폴리오의 위험(분산)에 기여하는 정도는 개별자산 수익률과 포트폴리오 수익률의 공분산으로 측정한다(여기에 대한 이론적 근거는 아래 "Solution Note"를 참고). 이 문제에서 주식으로 인한 뮤추얼펀드의 분산 기여도(S_s)는 주식 수익률(r_s)과 뮤추얼펀드 수익률(r_p)과의 공분산을 계산하면 추정할 수 있다.

$$S_s = Cov(r_s, r_p) = Cov(r_s, w_s r_s + w_b r_b) = Cov(r_s, w_s r_s) + Cov(r_s, w_b r_b)$$

$$= w_s \sigma_s^2 + w_b Cov(r_s, r_b) = (0.5)(0.16) + (0.5)(-0.1) = 0.03$$

따라서, 정답은 ②이다.

※ Solution Note: 포트폴리오의 분산에 대한 개별자산의 기여도
두 개의 개별자산 A와 B로 구성된 포트폴리오의 분산을 포트폴리오를 구성하는 개별자산이 포트폴리오의 분산에 기여하는 정도로 각각 분해하기 전에 먼저 개별자산과 포트폴리오 간의 공분산을 측정해 보자.

- $Cov(r_A, r_p) = Cov(r_A, w_A r_A + w_B r_B) = Cov(r_A, w_A r_A) + Cov(r_A, w_B r_B)$

$$= w_A \sigma_A^2 + w_B \sigma_{AB}$$

- $Cov(r_B, r_p) = Cov(r_B, w_A r_A + w_B r_B) = Cov(r_B, w_A r_A) + Cov(r_B, w_B r_B)$

$$= w_A \sigma_{AB} + w_B \sigma_B^2$$

우리가 익숙하게 알고 있는 두 개의 개별자산 A와 B로 구성된 포트폴리오의 분산은 위에서 구한 개별자산과 포트폴리오 간의 공분산으로 다음과 같이 분해할 수 있다.

$$\sigma_p^2 = w_A^2 \sigma_A^2 + w_B^2 \sigma_B^2 + 2 w_A w_B \sigma_{AB}$$

$$= w_A (w_A \sigma_A^2 + w_B \sigma_{AB}) + w_B (w_B \sigma_B^2 + w_A \sigma_{AB})$$

$$= w_A Cov(r_A, r_p) + w_B Cov(r_B, r_p)$$

이것은 곧 포트폴리오를 구성하는 개별자산으로 인한 포트폴리오의 분산 기여도는 개별자산 수익률과 포트폴리오 수익률의 공분산으로 측정할 수 있음을 의미한다.

4.2 자본자산가격결정모형(CAPM)

문제 18 자본자산가격결정모형(CAPM)의 가정에 관한 설명으로 가장 적절하지 **않은** 것은? (2014년)

① 투자자들은 자신의 기대효용을 극대화하고자 하는 위험중립적인 합리적 투자자로서 평균-분산 기준에 따라 투자결정을 한다.
② 각 자산의 기대수익률과 분산, 공분산 등에 관한 자료는 모든 투자자들이 동일하게 알고 있다. 즉, 모든 투자자들의 위험자산에 대한 예측은 동일하다.
③ 정보는 모든 투자자에게 신속하고 정확하게 알려지며 정보획득에 따른 비용도 존재하지 않는다.
④ 투자자들의 투자 기간은 현재와 미래만 존재하는 단일기간 (single period)이다.
⑤ 모든 투자자는 가격수용자(price taker)이기 때문에 어떤 투자자의 거래도 시장가격에 영향을 미칠 만큼 크지 않다.

정답: ①

〈해설〉 이 문제는 자본자산가격결정모형(CAPM)의 가정에 관한 문제이다. CAPM의 가정에 관한 각 문항의 적절성을 확인해 보자.

① 적절치 않은 설명이다. CAPM에서는 투자자들이 자신의 기대효용을 극대화하고자 하는 위험회피적인 투자자를 가정하고 있다.
② 적절한 설명이다. CAPM의 동질적 기대 가정을 의미한다.
③ 적절한 설명이다. CAPM은 완전자본시장을 가정하고 있으므로 정보비용은 존재하지 않는다.
④ 적절한 설명이다. CAPM은 단일기간(single period) 모형이다.
⑤ 적절한 설명이다. CAPM은 완전자본시장을 가정하고 있으므로 모든 투자자는 가격수용자(price taker)이다.

따라서, 정답은 ①이다.

문제 19 증권시장선(SML)에 관한 설명으로 가장 적절하지 **않은** 것은? (2015년)

① 위험자산의 기대수익률은 베타와 선형관계이다.

② 개별 위험자산의 베타는 0보다 작을 수 없다.

③ 개별 위험자산의 위험프리미엄은 시장위험프리미엄에 개별 위험자산의 베타를 곱한 것이다.

④ 균형상태에서 모든 위험자산의 $\dfrac{E(R_j) - R_f}{\beta_j}$ 는 동일하다. 단, $E(R_j)$와 β_j는 각각 위험자산 j의 기대수익률과 베타이며, R_f는 무위험수익률이다.

⑤ 어떤 위험자산의 베타가 1% 변화하면, 그 자산의 위험프리미엄도 1% 변화한다.

정답: ②

〈해설〉 이 문제는 증권시장선(SML)의 특성에 관한 문제이다. SML에 관한 각 문항의 적절성을 확인해 보자.

① 적절한 설명이다. 아래 증권시장선(SML) 모형에서 위험자산의 기대수익률($E(r_j)$)은 베타(β_j)와 일차 함수 즉 선형관계를 가진다.

$$E(r_j) = r_f + [E(r_m) - r_f]\beta_j$$

② 적절치 않은 설명이다. 개별 위험자산의 베타는 다음 식과 같이 개별자산과 시장 포트폴리오의 공분산에 의해 결정되며, 이 공분산이 0보다 작을 경우는 개별자산의 베타는 0보다 작을 수 있다. 즉 공분산이 0보다 작을 경우는 개별자산의 수익률이 시장 포트폴리오의 수익률과 반대 방향으로 움직일 경우이며 이때 베타도 음수가 된다.

$$Cov(r_i, r_m) < 0 \rightarrow \beta_i = \frac{Cov(r_i, r_m)}{\sigma_m^2} < 0$$

③ 적절한 설명이다. SML 모형에서 개별 위험자산의 위험프리미엄은 시장위험프리미엄($E(r_m) - r_f$)에 개별 위험자산의 베타(β_j)를 곱한 것이다.

④ 적절한 설명이다. SML을 다음과 같이 변형할 경우, 균형 상태에서 모든 위험자산의 $\frac{E(r_j) - E(r_f)}{\beta_j}$는 시장위험프리미엄($E(r_m) - r_f$)과 동일한 상수 값을 갖는다.

$$\frac{E(r_j) - E(r_f)}{\beta_j} = [E(r_m) - r_f] = constant$$

⑤ 적절한 설명이다. SML을 다음과 같이 변형할 경우, 어떤 위험자산 j의 베타가 1% 변화하면, 그 자산의 위험프리미엄($E(r_j) - r_f$)도 정확히 1% 변화한다.

$$E(r_j) - r_f = [E(r_m) - r_f]\beta_j$$

따라서, 정답은 ②이다.

문제 20 자본자산가격결정모형(CAPM)에 대한 다음의 설명 중 가장 올바른
것은? (2005년)

① 증권시장선(SML)에서 다른 조건은 동일하고 시장 포트폴리오의
기대수익률이 커진다면 β가 1보다 매우 큰 주식의 균형수익률은
상승하지만, β가 0보다 크지만 1보다 매우 작은 주식의 균형수
익률은 하락한다.

② 자본시장선(CML)에서 무위험자산과 시장 포트폴리오에 대한 투
자가중치는 객관적이지만, 시장포트폴리오에 대한 투자비율은 주
관적이다.

③ 증권시장선(SML)의 기울기는 β값에 상관없이 항상 일정한 값
을 가진다.

④ 자본시장선(CML)상에 있는 포트폴리오는 효율적이므로 베타는
0이다.

⑤ 자본시장선(CML)상에 있는 포트폴리오와 시장 포트폴리오의 상
관계수는 0이다.

정답: ③

〈**해설**〉 이 문제는 자본자산가격결정모형(CAPM)의 특성에 관한 문제이다. 각
문항에서 주어진 정보를 활용하여 해당 문항의 적절성을 확인해 보자.

① 적절치 않은 설명이다. 아래 증권시장선(SML) 모형에서 다른 조
건은 동일하고 시장 포트폴리오의 기대수익률($E(r_m)$)이 커진다면
β가 0보다 큰 모든 주식의 균형수익률은 상승한다.

$$E(r_j) = r_f + [E(r_m) - r_f]\beta_j$$

② 적절치 않은 설명이다. 토빈의 분리정리에 의하면, 자본시장선
(CML)에서 무위험자산과 시장 포트폴리오에 대한 투자가중치는
투자자들의 위험회피성향, 즉 투자자들의 주관적인 무차별곡선의
형태에 의해 결정된다. 이에 반해 시장 포트폴리오에 대한 투자비
율은 객관적 시장 정보 즉 개별 위험자산의 기대수익률, 표준편차
및 공분산 등에 의해 결정된다.

③ 적절한 설명이다. 증권시장선(SML)의 기울기는 $[E(r_m) - r_f]$로, 이 것은 β값에 상관없이 항상 일정한 값을 가진다.

④ 적절치 않은 설명이다. 자본시장선(CML)상에 있는 포트폴리오는 무위험자산과 시장 포트폴리오로 구성되어 있는 효율적 포트폴리 오이며, 이 효율적 포트폴리오의 베타(β_p)는 다음 식에서와 같이 시장 포트폴리오에 대한 투자비중 w_m이다.

$$
\begin{aligned}
\beta_p &= w_f \beta_f + w_m \beta_m \quad (w_f + w_m = 1) \\
&= w_f \times 0 + w_m \times 1 \\
&= w_m
\end{aligned}
$$

⑤ 적절치 않은 설명이다. 자본시장선(CML)상에 있는 포트폴리오는 무위험자산과 시장 포트폴리오로 구성되어 있는 효율적 포트폴리 오이며, 이 포트폴리오와 시장 포트폴리오의 상관계수는 다음 식에 서와 같이 항상 1이다.

$$
\rho(r_p, r_m) = \rho(w_m r_m + w_f r_f, r_m) = \rho(r_m, r_m) = 1
$$

$$
(\because \rho(ax + b, cy + d) = \rho(x, y), \; x, y \text{는 확률변수}, a, b, c, d \text{는 상수})
$$

따라서, 정답은 ③이다.

문제 21 CAPM이 성립한다는 가정하에서 다음 중 가장 적절하지 **않은** 것은? (단, r_f는 무위험이자율이고 m은 시장포트폴리오이며 시장은 균형에 있다고 가정한다.) (2010년)

① 모든 주식의 $\dfrac{E(r_j) - r_f}{Cov(r_j, r_m)}$ 이 일정하다.

② 시장 포트폴리오는 어떤 비효율적 포트폴리오보다 큰 변동보상률 (reward to variability ratio)을 갖는다.

③ 개별 주식 j가 시장포트폴리오의 위험에 공헌하는 정도를 상대적인 비율로 전환하면 $\dfrac{w_j Cov(r_j, r_m)}{\sigma_m^2}$ 이다(여기서 w_j는 j주식이 시장 포트폴리오에서 차지하는 비중임).

④ 1년 후부터 매년 300원의 일정한 배당금을 영원히 지급할 것으로 예상되는 주식의 체계적 위험이 2배가 되면 주가는 40% 하락한다. (단, 위험이 증가하기 전 주식의 가격은 3,000원이고 무위험이자율은 4%이다.)

⑤ 무위험이자율보다 낮은 기대수익률을 제공하는 위험자산이 존재한다.

정답: ④

〈해설〉 이 문제는 자본자산가격결정모형(CAPM)의 특성에 관한 문제이다. 각 문항에서 주어진 정보를 활용하여 해당 문항의 적절성을 확인해 보자.

① 적절한 설명이다. CAPM에서 모든 주식의 $\dfrac{E(r_j) - r_f}{Cov(r_j, r_m)}$ 은 다음 식에서 제시한 바와 같이 일정한 상수 값을 갖는다.

$$E(r_j) - r_f = [E(r_m) - r_f]\beta_j$$
$$= [E(r_m) - r_f]\frac{Cov(r_j, r_m)}{Var(r_m)}$$

$$\rightarrow \frac{E(r_j) - r_f}{Cov(r_j, r_m)} = \frac{[E(r_m) - r_f]}{Var(r_m)} = constant$$

② 적절한 설명이다. 시장 포트폴리오는 CML 상에서 존재하는 효율적 포트폴리오 중의 하나이며, 효율적 포트폴리오의 변동보상률 (reward to variability ratio)은 어떤 비효율적 포트폴리오보다 크다.

③ 적절한 설명이다. 개별 주식 j가 시장 포트폴리오의 위험에 공헌하는 정도의 상대적인 비율은 다음과 같이 개별 주식 j의 시가총액이 시장 전체 시가총액에서 차지하는 비중과 베타계수에 의해 결정된다.

- $\beta_m = \sum_{i=1}^{n} w_j \beta_j = 1$

- 개별 주식 j의 공헌 비율 $= \dfrac{w_j \beta_j}{\beta_m} = w_j \beta_j = \dfrac{w_j Cov(r_j, r_m)}{\sigma_m^2}$

④ 적절치 않은 설명이다. 다음에서 제시한 바와 같이 위험이 증가한 후의 주가는 위험 변경 전에 비해 주가가 37.5% 하락하였다.

- 위험 증가 전 : $r_i = \dfrac{D_1}{P_i} = \dfrac{300}{3,000} = r_f + [E(r_m) - r_f]\beta_i = 0.1$

    $\rightarrow$ 위험프리미엄 $= [E(r_m) - r_f]\beta_i = 0.1 - 0.04 = 0.06$

- 위험 증가 후 : $r_i = r_f + [E(r_m) - r_f]2\beta_i = 0.04 + 2(0.06) = 0.16$

    $\rightarrow P_i = \dfrac{D_1}{r_i} = \dfrac{300}{0.16} = 1,875$

- $\dfrac{\triangle P_i}{P_i} = \dfrac{P_i(\text{후}) - P_i(\text{전})}{P_i(\text{전})} = \dfrac{1,875 - 3,000}{3,000} = -0.375 \, (-37.5\%)$

⑤ 적절한 설명이다. 베타계수가 음(-)인 개별 자산이나 포트폴리오의 기대수익률은 무위험이자율보다 낮다.

따라서, 정답은 ④이다.

문제 22 자본시장선(CML)과 증권시장선(SML)에 관한 설명으로 가장 적절하지 **않은** 것은? (2014년)

① 자본시장선에 위치한 위험자산과 시장포트폴리오 간의 상관계수는 항상 1이다.
② 증권시장선은 모든 자산의 체계적 위험(베타)과 기대수익률 간의 선형적인 관계를 설명한다.
③ 자본시장선은 자본배분선(capital allocation line)들 중에서 기울기가 가장 큰 직선을 의미한다.
④ 자본시장선의 기울기는 '시장포트폴리오의 기대수익률에서 무위험자산수익률(무위험이자율)을 차감한 값'으로 표현된다.
⑤ 증권시장선의 균형 기대수익률보다 높은 수익률이 기대되는 주식은 과소평가된 자산에 속한다.

정답: ④

〈해설〉 이 문제는 자본시장선(CML)과 증권시장선(SML)의 특성을 비교하는 문제이다. 각 문항에서 주어진 정보를 활용하여 해당 문항의 적절성을 확인해 보자.

① 적절한 설명이다. 자본시장선에 위치한 모든 위험자산, 즉 효율적 포트폴리오와 시장 포트폴리오 간의 상관계수는 항상 1이다(이에 대한 수학적 증명은 앞의 **문제 20**의 **문항** ⑤에 대한 해설 참고).
② 적절한 설명이다. 증권시장선은 모든 자산, 즉 효율적 자산이나 비효율적 자산을 모두 포함한 자산의 체계적 위험(베타)과 기대수익률 간의 선형적인 관계를 설명한다.
③ 적절한 설명이다. 자본시장선(CML) 상에 존재하는 모든 포트폴리오는 무위험자산과 시장 포트폴리오로 구성된 효율적 포트폴리오의 집합이므로, 자본시장선(CML) 상의 포트폴리오는 자본시장선(CML) 아래에 있는 다른 모든 자본배분선(capital allocation line) 상에 위치하는 포트폴리오에 비해 동일한 위험 하에서 기대수익률이 가장 높다. 따라서 CML은 자본배분선들 중에서 기울기가 가장 큰 직선을 의미한다.

④ 적절치 않은 설명이다. CML 모형은 다음 식과 같이 표현할 수 있으며, 여기서 기울기는 $\dfrac{[E(r_m)-r_f]}{\sigma_m}$ 이다.

$$CML : E(r_p) = r_f + \frac{[E(r_m)-r_f]}{\sigma_m}\,\sigma_p$$

문항에서 설명하고 있는 '시장포트폴리오의 기대수익률에서 무위험자산수익률(무위험이자율)을 차감한 값'은 CML이 아니라 SML의 기울기이다.

⑤ 적절한 설명이다. 증권시장선의 균형 기대수익률보다 높은 수익률을 제공하는 주식은 초과수익을 가져다주는 주식이므로 합리적인 투자자라면 이와 같은 주식을 매입하려 할 것이다. 따라서 이 주식에 대한 수요가 증가함에 따라 주가도 상승하게 됨으로써 기대수익률은 균형 기대수익률 수준으로 하락하게 될 것이다. 그러므로 이 주식은 과소평가된 자산에 속한다는 주장은 옳은 설명이다.

따라서, 정답은 ④이다.

문제 23 CAPM에 대한 설명으로 틀린 것은? (2006년)

① 시장위험프리미엄(market risk premium)은 항상 0보다 커야 한다.
② 시장 포트폴리오와 무위험자산 간의 상관계수는 정확히 0이다.
③ SML에 위치한다고 해서 반드시 CML에 위치하는 것은 아니다.
④ 위험자산의 기대수익률은 무위험자산의 수익률보다 항상 높아야 한다.
⑤ 개별자산의 진정한 위험은 총위험의 크기가 아니라 체계적 위험의 크기만으로 평가되어야 한다.

정답: ④

〈해설〉 이 문제는 자본시장선(CML)과 증권시장선(SML)의 특성을 비교하는 문제이다. 각 문항에서 주어진 정보를 활용하여 해당 문항의 적절성을 확인해 보자.

① 적절한 설명이다. 시장 포트폴리오는 위험자산으로 구성된 포트폴리오이므로 사전적으로 시장 포트폴리오의 기대수익률은 무위험수익률보다 커야 한다. 따라서 시장위험프리미엄($E(r_m) - r_f$)은 항상 0보다 크다.
② 적절한 설명이다. 무위험자산의 수익률은 미래 시장 상황과는 관계없이 언제나 일정한 수익률을 실현하는 상수(constant)이므로 시장포트폴리오와 무위험자산 간의 상관계수는 정확히 0이다.
③ 적절한 설명이다. 증권시장선(SML) 상에 존재하는 자산은 효율적 포트폴리오뿐만 아니라 비효율적 포트폴리오나 개별자산도 모두 포함하는 데 반해, 자본시장선(CML) 상에는 오직 효율적 포트폴리오만 존재한다. 따라서 SML에 위치한다고 해서 반드시 CML에 위치하는 것은 아니다.
④ 적절치 않은 설명이다. 위험자산 중에서도 베타계수가 음(−)인 개별 자산이나 포트폴리오의 기대수익률은 무위험수익률보다 낮을 수 있으므로 위험자산의 기대수익률이 무위험자산의 수익률보다 항상 높은 것은 아니다.
⑤ 적절한 설명이다. 개별자산의 위험 중 비체계적 위험은 투자자들

이 아무런 추가 비용을 들이지 않고 단순히 여러 자산에 분산 투자함으로써 제거될 수 있으므로, 증권시장에서 비체계적 위험에 대해서는 보상해 줄 필요가 없다. 따라서 개별자산의 진정한 위험은 총위험의 크기가 아니라 체계적 위험의 크기만으로 평가되어야 한다.

따라서, 정답은 ④이다.

문제 24 자본시장선(CML)과 증권시장선(SML)과의 관계에 대한 서술 중 옳지 <u>않은</u> 것은? (2002년)

① 동일한 β를 가지고 있는 자산이면 SML 선상에서 동일한 위치에 놓이게 된다.
② CML과 SML은 기대수익률과 총위험 간의 선형관계를 설명하고 있다는 점에서 공통점을 가지고 있다.
③ 비체계적 위험(unsystematic risk)을 가진 포트폴리오는 CML 선상에 놓이지 않는다.
④ 어떤 자산과 시장포트폴리오 간의 상관계수가 1이면 CML과 SML은 동일한 표현식이 된다.
⑤ SML 선상에 있는 자산이라고 하여 모두 다 CML 선상에 위치하지는 않는다.

정답: ②

〈해설〉 이 문제는 자본시장선(CML)과 증권시장선(SML)의 특성을 비교하는 문제이다. 각 문항에서 주어진 정보를 활용하여 해당 문항의 적절성을 확인해 보자.

① 옳은 설명이다. SML에서는 동일한 β를 가지고 있는 자산이면 동일한 기대수익률을 나타낸다. 따라서 동일한 β를 가지고 있는 자산이면 SML 선상에서 동일한 위치에 놓이게 된다.
② 옳지 않은 설명이다. CML은 효율적 포트폴리오의 기대수익률과 총위험간의 선형관계를 설명하고 있다. 반면에 SML은 효율적 포트폴리오와 비효율적 포트폴리오 및 개별자산 등 모든 자산의 기대수익률과 체계적 위험 즉 베타 간의 선형관계를 설명하고 있다.
③ 옳은 설명이다. 자본시장선(CML) 상에는 오직 비체계적 위험이 없는 효율적 포트폴리오만 존재하므로 비체계적 위험을 가진 비효율적 포트폴리오는 CML 선상에 놓이지 않는다.
④ 옳은 설명이다. 어떤 자산과 시장포트폴리오간의 상관계수가 1이면 해당 자산은 효율적 포트폴리오이므로 CML 상에 존재하게 되며(이에 대한 수학적 증명은 앞의 **문제 20**의 **문항** ⑤에 대한 해설 참고) 동시에 SML 상에도 존재하게 된다. 따라서 이 효율적 자산

에 대한 CML과 SML은 동일한 표현식이 된다.

⑤ 옳은 설명이다. CML 상에는 오직 효율적 포트폴리오만이 존재하는 데 반해, SML 상에는 효율적 포트폴리오뿐만 아니라 비효율적 포트폴리오와 개별자산 등 모든 자산이 존재하고 있다. 따라서 SML 선상에 있는 자산이라고 하여 모두 다 CML 선상에 위치하지는 않는다.

따라서, 정답은 ②이다.

문제 25 다음의 위험(risk)에 관한 여러 설명 중 옳은 것은? (2004년)

① 총위험이 큰 주식의 기대수익률은 총위험이 낮은 주식의 기대수익률보다 항상 크다.
② 증권시장선(SML)보다 위쪽에 위치하는 주식의 기대수익률은 과대평가되어 있으므로 매각하는 것이 바람직하다.
③ 시장 포트폴리오의 베타는 항상 1로서 비체계적 위험은 모두 제거되어 있다.
④ 상관관계가 1인 두 주식으로 포트폴리오를 구성하는 경우에도 미미하지만 분산투자의 효과를 볼 수 있다.
⑤ 베타로 추정한 주식의 위험과 표준편차로 추정한 주식의 위험 사이에는 일정한 관계가 있다.

정답: ③

〈해설〉 이 문제는 증권의 총위험을 구성하는 체계적 위험과 비체계적 위험의 특성에 관한 문제이다. 각 문항에서 주어진 정보를 활용하여 해당 문항의 적절성을 확인해 보자.

① 옳지 않은 설명이다. 개별자산의 위험 중 비체계적 위험은 투자자들이 아무런 추가 비용을 들이지 않고 단순히 여러 자산에 분산투자함으로써 제거될 수 있으므로, 증권시장에서 비체계적 위험에 대해서는 보상해 줄 필요가 없다. 따라서 주식의 기대수익률은 총위험이 아닌 체계적 위험에 의해 결정된다.
② 옳지 않은 설명이다. 증권시장선의 균형 기대수익률보다 높은 수익률을 제공하는 주식은 초과수익을 가져다주는 주식이므로 합리적인 투자자라면 이와 같은 주식을 매입하려 할 것이다. 따라서 이 주식에 대한 수요가 증가함에 따라 주가도 상승하게 되며 이로 인해 기대수익률은 균형 기대수익률 수준으로 하락하게 될 것이다. 그러므로 이 주식은 과소평가된 자산이며 매입하는 것이 바람직하다.
③ 옳은 설명이다. 시장포트폴리오의 베타는 다음 식에서처럼 항상 1이며, 또한 효율적 포트폴리오이므로 비체계적 위험은 모두 제거되어 있다.

$$\beta_m = \frac{Cov(r_m, r_m)}{\sigma_m^2} = \frac{Var(r_m)}{\sigma_m^2} = 1$$

④ 옳지 않은 설명이다. 공매도가 허용되지 않으며$(w_A \geq 0, w_B \geq 0)$, 주식 A와 주식 B 수익률의 상관계수(ρ_{AB})가 1인 경우 다음 식과 같이 포트폴리오의 표준편차는 포트폴리오를 구성하는 개별증권 A 와 B의 표준편차를 단순히 가중 평균한 값이므로 분산효과가 존재 하지 않는다. 그러므로 공매도가 허용되지 않을 경우 상관계수가 1보다 작은 경우에는 분산효과가 존재하지만 상관계수가 1인 포트 폴리오는 분산효과를 볼 수 없다.

$$\sigma_p^2 = w_A^2 \sigma_A^2 + w_B^2 \sigma_B^2 + 2 w_A w_B \sigma_A \sigma_B \quad (\because \rho_{AB} = 1)$$
$$= (w_A \sigma_A + w_B \sigma_B)^2$$

$$\sigma_p = w_A \sigma_A + w_B \sigma_B$$

⑤ 옳지 않은 설명이다. 베타로 추정한 주식의 위험은 체계적 위험이 며, 표준편차로 추정한 주식의 위험은 총위험이다. 따라서 주식의 비체계적 위험의 크기에 따라 총위험은 달라지지만 체계적 위험은 변하지 않는다. 따라서 베타로 추정한 체계적 위험과 표준편차로 추정한 총위험 사이에는 일정한 관계가 존재하지 않는다.

따라서, 정답은 ③이다.

문제 26 두 투자자 각각의 최적 포트폴리오 A와 B의 베타는 0.8과 0.4이다. 다음 설명 중 가장 적절하지 <u>않은</u> 것은? 단, CAPM이 성립하고, 모든 투자자들은 CAPM에 따라 최적 포트폴리오를 구성하고 있다. (2019년)

① 포트폴리오 A의 베타 1단위당 위험프리미엄($\frac{E(R_A)-R_f}{\beta_A}$)은 시장포트폴리오의 위험프리미엄과 같다. 단, $E(R_A)$와 β_A는 포트폴리오 A의 기대수익률과 베타이고, R_f는 무위험수익률이다.

② 포트폴리오 B의 위험프리미엄이 4%이면, 포트폴리오 A의 위험프리미엄은 8%이다.

③ 포트폴리오 A 수익률의 표준편차는 포트폴리오 B 수익률의 표준편차의 2배이다.

④ 포트폴리오 A와 B의 기대수익률이 각각 6%와 4%가 되기 위해서는 무위험수익률은 3%이어야 한다.

⑤ 무위험수익률이 5%이고 시장 포트폴리오의 위험프리미엄이 5%이면, 포트폴리오 A의 기대수익률은 9%이다.

정답: ④

〈해설〉 이 문제는 최적 포트폴리오와 주식 베타의 특성에 관해 묻는 문제이다. 각 문항에서 주어진 정보를 활용하여 해당 문항의 적절성을 확인해 보자.

① 적절한 설명이다. 포트폴리오 A의 베타 1단위당 위험프리미엄은 다음 식과 같이 시장 포트폴리오의 위험프리미엄과 같다.

$$E(R_A) = R_f + [E(R_m) - R_f]\beta_A$$

$$\rightarrow \frac{E(R_A)-R_f}{\beta_A} = [E(R_m) - R_f]$$

② 적절한 설명이다. 포트폴리오 B의 위험프리미엄이 4%이면, 다음 식과 같이 포트폴리오 A의 위험프리미엄은 8%이다.

$$E(R_B) - R_f = [E(R_m) - R_f](0.4) = 0.04 \ (4\%)$$

$$\rightarrow E(R_A) - R_f = [E(R_m) - R_f](0.8) = 0.08 \ (8\%)$$

③ 적절한 설명이다. 포트폴리오 A와 B는 모두 최적 포트폴리오이므로 효율적 포트폴리오이다. 따라서 이들 포트폴리오는 오직 체계적 위험만 있을 뿐 비체계적 위험은 존재하지 않으므로 체계적 위험이 곧 총위험이다. 문제에서 최적 포트폴리오 A의 베타가 최적 포트폴리오 B의 베타의 2배이므로 포트폴리오 A의 체계적 위험과 총위험(표준편차)은 포트폴리오 B의 체계적 위험과 총위험(표준편차)의 2배이다. 이를 수학적으로 증명하면 다음과 같다,

$$\beta_A = 2\beta_B \rightarrow \frac{\rho_{Am}\sigma_A\sigma_m}{\sigma_m^2} = \frac{2\rho_{Bm}\sigma_B\sigma_m}{\sigma_m^2}$$

포트폴리오 A와 B는 효율적 $\rightarrow \rho_{Am} = \rho_{Bm} = 1$

$$\therefore \ \sigma_A = 2\sigma_B$$

④ 적절치 않은 설명이다. 포트폴리오 A와 B의 기대수익률이 각각 6%와 4%가 되기 위해서는 무위험수익률은 2%이어야 한다.

$$E(R_A) = R_f + [E(R_m) - R_f](0.8) = 0.06 \ \cdots \ (1)$$

$$E(R_B) = R_f + [E(R_m) - R_f](0.4) = 0.04 \ \cdots \ (2)$$

식 (1)과 (2)을 풀면, $R_f = 0.02$, $E(R_m) = 0.07$

⑤ 적절한 설명이다. 무위험수익률이 5%이고 시장포트폴리오의 위험프리미엄이 5%이면, 다음과 같이 포트폴리오 A의 기대수익률은 9%이다.

$$E(R_A) = 0.05 + (0.05)(0.8) = 0.09$$

따라서, 정답은 ④이다.

문제 27 다음 설명 중 옳은 항목만을 <u>모두</u> 선택한 것은? 단, 자본자산가격결정모형(CAPM)이 성립한다고 가정한다. (2016년)

> a. 투자자의 효용을 극대화시키는 최적 포트폴리오의 베타 값은 그 투자자의 시장 포트폴리오에 대한 투자 비율과 동일하다.
> b. 투자자의 위험회피성향이 높아질수록 최적 포트폴리오를 구성할 때 시장 포트폴리오에 대한 투자 비율이 낮아진다.
> c. 시장 포트폴리오와 개별 위험자산의 위험프리미엄은 항상 0보다 크다.

① a   ② b   ③ a, b   ④ a, c   ⑤ a, b, c

정답: ③

〈해설〉 이 문제는 최적 포트폴리오와 주식 베타의 특성에 관해 묻는 문제이다. 각 문항에서 주어진 정보를 활용하여 해당 문항의 적절성을 확인해 보자.

a. 옳은 설명이다. 투자자의 효용을 극대화시키는 최적 포트폴리오는 무위험자산과 시장포트폴리오로 구성되어 있는 효율적 포트폴리오이어야 하며, 이것은 언제나 CML 상에 존재한다. 이 효율적 포트폴리오의 베타 값은 다음 식과 같이 그 투자자의 시장 포트폴리오에 대한 투자 비율과 동일하다.

$$\begin{aligned} \beta_p &= w_f \beta_f + w_m \beta_m \quad (\text{단}, w_f + w_m = 1) \\ &= w_f \times 0 + w_m \times 1 \\ &= w_m \end{aligned}$$

b. 옳은 설명이다. 투자자의 위험회피성향이 높아질수록 최적 포트폴리오를 구성할 때 무위험자산에 대한 투자비중은 높아지고 상대적으로 시장포트폴리오에 대한 투자비율은 낮아진다.

c. 옳지 않은 설명이다. 시장포트폴리오의 위험프리미엄은 $[E(r_m) - r_f]$이므로 이것은 항상 0보다 크다. 그러나 개별 위험자산의 위험프리미엄은 $[E(r_m) - r_f]\beta_j$이므로 위험자산의 베타가 음

(−)의 값을 가질 경우에는 0보다 작을 수 있다.

따라서, 정답은 ③이다.

문제 28 자본시장에서 CAPM이 성립한다고 가정한다. 무위험자산의 수익률은 연 5.0%, 시장포트폴리오의 기대수익률은 연 15.0%, 시장포트폴리오 연 수익률의 표준편차는 5.0%, 주식 A의 베타계수는 2.0, 주식 A 연 수익률의 표준편차는 12.5%이다. 이들 자료에 근거하여 CML과 SML을 도출할 때 다음 설명 중 적절하지 **않은** 항목만으로 구성된 것은? (2011년)

> a. CML과 SML은 기대수익률과 총위험의 상충관계(trade-off)를 공통적으로 설명한다.
> b. 주식 A의 베타계수가 2.0으로 일정할 때 잔차의 분산이 감소하면 균형 하에서 주식 A의 기대수익률은 감소한다.
> c. 주식 A의 수익률과 시장포트폴리오의 수익률 간의 상관계수가 1.0이므로 SML은 CML과 일치한다.
> d. CML 상의 시장포트폴리오는 어떤 비효율적 포트폴리오보다 위험보상비율(reward to variability ratio)이 크다.
> e. SML을 이용하여 비효율적 개별자산의 균형수익률을 구할 수 있다.

① a, b, c ② a, b, d ③ a, c, e ④ b, c, e ⑤ b, d, e

정답: ①

〈해설〉 이 문제는 CML과 SML의 특성에 관한 문제이다. 각 문항에서 주어진 정보를 활용하여 해당 문항의 적절성을 확인해 보자.

a. 적절하지 않은 설명이다. CML은 효율적 포트폴리오의 기대수익률과 총위험 간의 선형관계를 설명하고 있다. 반면에 SML은 효율적 포트폴리오와 비효율적 포트폴리오 및 개별자산 등 모든 자산의 기대수익률과 체계적 위험 즉 베타 간의 선형관계를 설명하고 있다.

b. 적절하지 않은 설명이다. CAPM이 성립한다면, 주식 A의 기대수익률은 주식 A의 베타계수에 의해 결정되며, 잔차의 분산, 즉 비체계적 위험에 의해 영향을 받지 않는다. 따라서 베타계수가 2.0으로 일정하면 균형 하에서 주식 A의 기대수익률은 변하지 않는다.

c. 적절하지 않은 설명이다. 다음 식에서와 같이 주식 A의 베타계수가 2.0이면 주식 A의 수익률과 시장포트폴리오의 수익률 간의 상관계수는 0.8이므로 SML은 CML과 일치하지 않는다.

$$\beta_A = 2 = \frac{\rho_{Am}\sigma_A\sigma_m}{\sigma_m^2} = \frac{\rho_{Am}\sigma_A}{\sigma_m} = \frac{\rho_{Am}(0.125)}{0.05}$$

$$\rightarrow \rho_{Am} = 0.8$$

d. 적절한 설명이다. CML 상의 시장포트폴리오는 효율적 포트폴리오이므로 어떤 비효율적 포트폴리오보다 위험보상비율이 크다.

e. 적절한 설명이다. 균형상태에서 SML 상에는 모든 자산 즉 효율적 포트폴리오와 비효율적 포트폴리오 및 비효율적 개별자산 등이 존재하므로 SML을 이용하여 비효율적 개별자산의 균형수익률을 구할 수 있다.

따라서, 정답은 ①이다.

문제 29 증권시장선(SML)과 자본시장선(CML)에 대한 다음의 설명 중 옳은 항목만을 **모두** 모은 것은? (2010년)

> a. SML은 초과이익이 발생한다는 가격결정모형으로부터 도출된다.
> b. 인플레이션율이 상승하는 경우 SML의 절편이 상승한다.
> c. 개별증권의 수익률과 시장수익률간의 상관계수가 1인 경우 SML은 CML과 일치하게 된다.
> d. CML을 이용하여 비효율적 개별자산의 균형수익률을 구할 수 있다.
> e. 수동적(passive) 투자 포트폴리오를 구성하기 위해서는 CML을 이용할 수 있다.

① a, d   ② b, e   ③ a, b, c   ④ a, c, e   ⑤ b, c, e

정답: ⑤

〈**해설**〉 이 문제는 CML과 SML의 특성에 관한 문제이다. 각 문항에서 주어진 정보를 활용하여 해당 문항의 적절성을 확인해 보자.

a. 옳지 않은 설명이다. SML은 초과이익이 발생하지 않는 균형상태에서 기대수익률과 베타와의 관계를 설명하는 가격결정모형이다.

b. 옳은 설명이다. SML의 절편인 무위험이자율(r_f)은 명목이자율 (nominal interest rate)이다. 이론적으로 명목이자율은 다음 식과 같이 근사적으로 실질이자율(real interest rate: R_f)과 기대인플레이션율($E(\frac{\Delta P}{P})$)의 합에 의해 결정된다. 따라서 인플레이션율이 상승하는 경우 SML의 절편인 명목 무위험이자율도 상승한다.

$$r_f = R_f + E(\frac{\Delta P}{P})$$

c. 옳은 설명이다. 개별증권의 수익률과 시장수익률 간의 상관계수가 1인 경우 해당 증권은 효율적 자산이므로 CML 상에 존재하게 된다(이에 대한 수학적 증명은 앞의 **문제 20**의 **문항** ⑤에 대한 해설

참고). 이 개별증권이 CML 상에 존재한다면 당연히 SML 상에도 존재하게 된다. 따라서 이 효율적 자산에 대한 SML은 CML과 일치하게 된다.

d. 옳지 않은 설명이다. CML은 오직 효율적 포트폴리오의 위험과 균형 기대수익률의 관계를 표시하는 것이므로 CML을 이용하여 비효율적 개별자산의 균형수익률을 구할 수 없다. 비효율적 개별자산의 균형수익률을 구하기 위해서는 CML이 아닌 SML을 이용해야 한다.

e. 옳은 설명이다. 일반적으로 수동적(passive) 투자 포트폴리오 전략은 특정 주가지수와 동일한 투자성과를 얻기 위해 특정 주가지수(stock index)의 구성을 모방하여 지수와 동일한 투자 포트폴리오를 구성하는 포트폴리오 투자전략이다. ETF(exchange-traded fund)와 지수 펀드(index fund) 등이 좋은 예이다. CML 상에 존재하는 효율적 포트폴리오는 무위험자산과 시장 포트폴리오의 결합으로 구성되어 있으므로 수동적 투자 포트폴리오를 구성하기 위해서는 CML을 이용할 수 있다.

따라서, 정답은 ⑤이다.

문제 30   몇 개의 주식으로 이루어진 어느 포트폴리오는 시장 포트폴리오와
         0.8의 상관계수를 갖는다. 포트폴리오의 수익률과 위험이 시장모형에
         의해 설명된다고 가정하고 이 포트폴리오의 총위험 중 비체계적 위
         험의 비율을 구하시오. (2007년)

         ① 80%   ② 64%   ③ 36%   ④ 20%   ⑤ 16%

정답: ③

〈해설〉 이 문제는 포트폴리오 혹은 개별 자산의 총위험의 분해에 관한 문제이
       다. 총위험은 크게 체계적 위험과 비체계적 위험으로 나누어진다. 이
       중에서 체계적 위험이 총위험에서 차지하는 비중은 특정 포트폴리오와
       시장 포트폴리오와의 상관계수의 제곱 즉 결정계수(ρ_{im}^2)로 추정한다.
       따라서 총위험 중 비체계적 위험의 비율은 다음과 같이 산출할 수 있
       다.

$$\text{비체계적 위험의 비율} = 1 - \rho_{im}^2 = 1 - (0.8)^2 = 0.36$$

       따라서, 정답은 ③이다.

문제 31 다음 표는 시장모형을 만족시키는 두 주식 A와 B에 대한 정보를 보여 준다. 시장포트폴리오의 표준편차는 20%이다. 다음 설명 중 가장 적절하지 않은 것은? (2018년)

주식	베타	표준편차
A	0.4	30%
B	1.2	40%

① 주식 A와 주식 B 간의 공분산은 0.0192이다.

② 주식 B와 시장포트폴리오 간의 공분산은 0.048이다.

③ 분산으로 표시된 주식 B의 체계적 위험은 0.0576이다.

④ 분산으로 표시된 주식 B의 비체계적 위험은 0.1224이다.

⑤ 주식 A에 80%, 주식 B에 20% 투자된 포트폴리오의 베타는 0.56이다.

정답: ④

〈해설〉 이 문제는 시장모형과 주식 베타의 특성에 관해 묻는 문제이다. 각 문항에서 주어진 정보를 활용하여 해당 문항의 적절성을 확인해 보자.

① 적절한 설명이다. 시장모형이 성립할 경우 주식 A와 주식 B 간의 공분산은 다음 식과 같이 두 주식의 베타와 시장포트폴리오의 분산의 곱으로 나타낼 수 있다(이 공식의 도출 과정은 아래 "Solution Note"를 참고).

$$\sigma_{AB} = \beta_A \beta_B \sigma_m^2 = (0.4)(1.2)(0.2)^2 = 0.0192$$

② 적절한 설명이다. 주식 B와 시장포트폴리오 간의 공분산은 다음 식과 같이 0.048이다.

$$\beta_B = \frac{\sigma_{BM}}{\sigma_M^2} \rightarrow \sigma_{BM} = \beta_B \sigma_M^2 = (1.2)(0.2)^2 = 0.048$$

③ 적절한 설명이다. 분산으로 표시된 주식 B의 체계적 위험은 아래

와 같이 0.0576이다.

$$체계적\ 위험\,(B) = \beta_B^2 \sigma_M^2 = (1.2)^2 (0.2)^2 = 0.0576$$

④ 적절치 않은 설명이다. 분산으로 표시된 주식 B의 비체계적 위험은 다음 식과 같이 0.1224가 아닌 0.1024이다.

$$비체계적\ 위험\,(B) = \sigma_B^2 - \beta_B^2 \sigma_M^2 = (0.4)^2 - 0.0576 = 0.1024$$

⑤ 적절한 설명이다. 주식 A에 80%, 주식 B에 20% 투자된 포트폴리오의 베타는 다음 식과 같이 0.56이다.

$$\beta_P = w_A \beta_A + w_B \beta_B = (0.8)(0.4) + (0.2)(1.2) = 0.56$$

따라서, 정답은 ④이다.

※ Solution Note: 포트폴리오 A와 B 간의 공분산(σ_{AB})

시장모형이 성립할 경우 포트폴리오 A와 포트폴리오 B 간의 공분산(σ_{AB})은 다음 식과 같이 포트폴리오 A의 베타와 포트폴리오 B의 베타 및 시장포트폴리오의 분산의 곱으로 나타낼 수 있다. 왜냐하면 아래 네 번째 식에서 $Cov(r_m, \epsilon_B)$, $Cov(\epsilon_A, r_m)$, $Cov(\epsilon_A, \epsilon_B)$ 등은 시장모형의 가정에 의해 모두 0이므로 아래 식의 첫 항을 제외한 나머지 항은 모두 0이 되기 때문이다.

$$
\begin{aligned}
\sigma_{AB} &= Cov(r_A, r_B) \\
&= Cov(\alpha_A + \beta_A r_m + \epsilon_A,\ \alpha_B + \beta_B r_m + \epsilon_B) \\
&= Cov(\beta_A r_m + \epsilon_A,\ \beta_B r_m + \epsilon_B) \quad (\because \alpha_A, \alpha_B = constant) \\
&= \beta_A \beta_B \sigma_m^2 + \beta_A Cov(r_m, \epsilon_B) + \beta_B Cov(\epsilon_A, r_m) + Cov(\epsilon_A, \epsilon_B) \\
&= \beta_A \beta_B \sigma_m^2
\end{aligned}
$$

문제 32   시장포트폴리오와 상관계수가 1인 포트폴리오 A의 기대수익률은
          12%이고, 무위험수익률은 5%이다. 시장포트폴리오의 기대수익률과
          수익률의 표준편차는 각각 10%와 25%이다. 포트폴리오 A 수익률
          의 표준편차에 가장 가까운 것은? 단, CAPM이 성립한다고 가정한
          다. (2016년)

          ① 30%   ② 35%   ③ 40%   ④ 45%   ⑤ 50%

정답: ②

〈해설〉 이 문제는 자본시장선(CML)의 특성에 관한 문제이다. 포트폴리오 A
       가 "시장포트폴리오와 상관계수가 1"이라는 것은 포트폴리오 A가 시장
       포트폴리오와 마찬가지로 효율적인 포트폴리오이며 CML 상에 존재한
       다는 것을 의미한다. 우선 문제에서 주어진 정보를 이용하여 CML 모
       형을 도출하면 다음과 같다.

$$E(r_p) = r_f + \frac{[E(r_m) - r_f]}{\sigma_m} \sigma_p = 0.05 + \frac{[0.1 - 0.05]}{0.25} \sigma_p$$

$$= 0.05 + 0.2 \, \sigma_p$$

       포트폴리오 A의 기대수익률이 12%이므로 CML 모형에 의해 포트폴
       리오 A의 표준편차를 계산하면 다음 식과 같이 0.35(35%)이다.

$$0.12 = 0.05 + 0.2 \, \sigma_p \rightarrow \sigma_p = 0.35$$

       따라서, 정답은 ②이다.

문제 33 투자자 갑이 구성한 최적 포트폴리오(optimal portfolio)의 기대수익률과 표준편차는 각각 10%와 12%이다. 시장포트폴리오의 표준편차는 15%이고 무위험수익률은 5%라면, 시장포트폴리오의 기대수익률은? 단, CAPM이 성립한다고 가정한다. (2017년)

① 6.50% ② 8.25% ③ 11.25% ④ 12.50% ⑤ 17.50%

정답: ③

〈해설〉 이 문제는 자본시장선(CML)의 특성에 관한 문제이다. 투자자들은 본인의 위험성향에 맞추어 CML 상에 존재하는 효율적 포트폴리오 중에서 최적 포트폴리오를 선택한다. 문제에서 투자자 갑이 구성한 최적 포트폴리오도 반드시 CML 상에 존재해야 하므로 이 포트폴리오의 기대수익률과 표준편차는 다음 식을 만족해야 한다. 그러므로 자본시장선(CML)을 만족시키는 시장포트폴리오의 기대수익률을 추정하면 다음과 같다.

$$E(r_p) = r_f + \frac{[E(r_m) - r_f]}{\sigma_m} \sigma_p$$

$$0.1 = 0.05 + \frac{[E(r_m) - 0.05]}{0.15} \times 0.12 \rightarrow E(r_m) = 0.1125 \, (11.25\%)$$

따라서, 정답은 ③이다.

문제 34 투자자 갑과 투자자 을이 자본시장선(CML) 상에 있는 포트폴리오 중에서 자신의 기대효용을 극대화하기 위해 선택한 최적 포트폴리오의 기대수익률과 표준편차는 다음과 같다. 단, 시장포트폴리오의 기대수익률은 18%이며, 무위험이자율은 6%이다. (2008년)

투자자	기대수익률	표준편차
갑	21%	15%
을	15%	9%

위험회피(risk aversion) 성향이 갑보다는 높지만 을보다 낮은 투자자가 투자원금 1,000만 원을 보유하고 있다면 자신의 기대효용을 극대화하기 위한 다음 포트폴리오 중 가장 적절한 것은?

① 300만 원을 무위험자산에 투자하고 나머지 금액을 시장포트폴리오에 투자한다.
② 500만 원을 무위험자산에 투자하고 나머지 금액을 시장포트폴리오에 투자한다.
③ 670만 원을 무위험자산에 투자하고 나머지 금액을 시장포트폴리오에 투자한다.
④ 80만 원을 무위험이자율로 차입해서 원금과 함께 총액인 1,080만 원을 모두 시장포트폴리오에 투자한다.
⑤ 500만 원을 무위험이자율로 차입해서 원금과 함께 총액인 1,500만 원을 모두 시장포트폴리오에 투자한다.

정답: ④

〈해설〉 이 문제는 위험회피(risk aversion) 성향이 다른 투자자들의 최적 포트폴리오를 자본시장선(CML) 상의 효율적 포트폴리오 중에서 선택하는 문제이다. 위험회피 성향이 갑보다는 높지만 을보다 낮은 투자자가 기대할 수 있는 수익률은 이들 사이, 즉 21%와 15% 사이에 있어야 한다. 그러므로 문제에 주어진 5가지 포트폴리오 중 기대수익률이 갑과 을의 기대수익률 사이, 즉 21%~15% 사이에 있는 포트폴리오를 선택하면 된다. 다음 표는 문제에 주어진 5가지 선택 가능한 포트폴리오의 무위험자산에 대한 구성비율(w_f)과 시장포트폴리오에 대한 구성비율(w_m)과 기대수익률($E(r_p)$)을 각각 계산한 것이다. 문항 ④와 ⑤에서 무위험이자율로 차입하는 경우는 무위험 채권을 공매도(short selling)하는 것과 동일한 결과를 가져오기 때문에 투자비중을 표시할 때 음(−)으로 나타낸다.

투자안	w_f	w_m	$E(r_p)$
①	0.3	0.7	14.40 %
②	0.5	0.5	12.00
③	0.67	0.33	9.96
④	−0.08	1.08	18.96
⑤	−0.5	1.5	24.00

위 표에서 5가지 포트폴리오 중 기대수익률이 갑과 을의 기대수익률 사이에 있는 포트폴리오는 4번째 포트폴리오로 기대수익률이 18.96% 이다.

따라서, 정답은 ④이다.

문제 35 투자자 갑은 다음 표와 같이 포트폴리오 A와 B, 시장포트폴리오의 자료를 수집하였다. 무위험자산수익률은 5%이고, 이 수익률로 무한정 차입과 대출이 가능하다고 가정한다.

	기대수익률	표준편차	시장포트폴리오와의 상관계수
포트폴리오 A	10%	15.0%	0.6
포트폴리오 B	12%	25.2%	0.5
시장포트폴리오	15%	18.0%	1.0

다음 설명 중 적절한 항목만을 <u>모두</u> 고르면? (단, 투자비중은 퍼센트 기준으로 소수 첫째 자리에서 반올림하여 계산한다.) (2013년)

(가) 시장 포트폴리오와 무위험자산이 결합한 포트폴리오 X의 표준편차가 포트폴리오 A의 표준편차와 동일하기 위해서는, 시장포트폴리오에 83%를 투자해야 한다.

(나) 시장 포트폴리오와 무위험자산이 결합한 포트폴리오 Y의 기대수익률이 포트폴리오 B의 기대수익률과 동일하기 위해서는, 시장포트폴리오에 50%를 투자해야 한다.

(다) 시장모형이 성립한다고 가정하면 포트폴리오 A와 포트폴리오 B 사이의 상관계수는 0.3으로 추정된다.

① (가)　　　　② (나)　　　　③ (가), (다)

④ (나), (다)　　　　⑤ (가), (나), (다)

정답: ③

〈해설〉 이 문제는 자본시장선(CML) 상의 효율적 포트폴리오의 기대수익률과 포트폴리오 간의 상관계수를 추정하는 문제이다. 문제에 주어진 정보를 이용하여 각 문항의 적절성을 판단해 보자.

(가) 적절한 설명이다. 시장포트폴리오와 무위험자산이 결합한 포트폴리오 X의 표준편차는 다음 식과 같이 시장포트폴리오에 대한

투자비율(w_m)과 시장포트폴리오의 표준편차(σ_m)의 곱으로 나타낼 수 있다.

$$\sigma_p^2 = w_m^2 \sigma_m^2 + w_f^2 \sigma_f^2 + 2w_m w_f \sigma_{mf} = w_m^2 \sigma_m^2 \rightarrow \sigma_p = w_m \sigma_m$$

포트폴리오 X의 표준편차가 포트폴리오 A의 표준편차(15%)와 일치하는 시장 포트폴리오의 투자비율은 다음 식과 같이 83%이다.

$$\sigma_p = w_m \sigma_m = w_m (0.18) = 0.15 \rightarrow w_m = 0.83\,(83\%)$$

(나) 적절치 않은 설명이다. 시장포트폴리오와 무위험자산이 결합한 포트폴리오 Y의 기대수익률은 다음 식과 같이 나타낼 수 있다.

$$E(r_Y) = w_m E(r_m) + w_f r_f = w_m E(r_m) + (1 - w_m) r_f \ (\because w_m + w_f = 1)$$

포트폴리오 Y의 기대수익률이 포트폴리오 B의 기대수익률 (0.12)과 동일하기 위해서는 다음 식과 같이 시장포트폴리오에 70%를 투자해야 한다.

$$E(r_Y) = w_m (0.15) + (1 - w_m)(0.05) = 0.12 \rightarrow w_m = 0.7$$

(다) 적절한 설명이다. 시장모형이 성립한다면 포트폴리오 A와 포트폴리오 B 간의 상관계수(ρ_{AB})는 포트폴리오 A와 시장포트폴리오 간의 상관계수(ρ_{Am})와 포트폴리오 B와 시장포트폴리오 간의 상관계수(ρ_{Bm})의 곱으로 나타낼 수 있다(관계식의 도출 과정은 아래 "Solution Note"를 참고). 이를 이용하여 포트폴리오 A와 포트폴리오 B 간의 상관계수(ρ_{AB})를 추정하면 0.3이다.

$$\rho_{AB} = \rho_{Am} \times \rho_{Bm} = (0.6)(0.5) = 0.3$$

따라서, 정답은 ③이다.

※ Solution Note: 포트폴리오 A와 B 간의 공분산과 상관계수

먼저, 시장모형이 성립할 경우 포트폴리오 A와 포트폴리오 B 간의 공분산(σ_{AB})은 다음 식과 같이 포트폴리오 A의 베타와 포트폴리오 B의 베타 및 시장포트폴리오의 분산의 곱으로 나타낼 수 있다. 왜냐하면 아래 식에서 $Cov(r_m, \epsilon_B)$, $Cov(\epsilon_A, r_m)$, $Cov(\epsilon_A, \epsilon_B)$ 등은 시장모형의 가정에 의해 모두 0이므로 아래 식의 첫 항을 제외한 나머지 항은 0이 되기 때문이다.

$$\sigma_{AB} = Cov(\alpha_A + \beta_A r_m + \epsilon_A, \alpha_B + \beta_B r_m + \epsilon_B)$$
$$= Cov(\beta_A r_m + \epsilon_A, \beta_B r_m + \epsilon_B) \quad (\because \alpha_A, \alpha_B = constant)$$
$$= \beta_A \beta_B \sigma_m^2 + \beta_A Cov(r_m, \epsilon_B) + \beta_B Cov(\epsilon_A, r_m) + Cov(\epsilon_A, \epsilon_B)$$
$$= \beta_A \beta_B \sigma_m^2$$

그리고 시장모형이 성립할 경우 위의 식에서와 같이 포트폴리오 A와 포트폴리오 B 간의 공분산(σ_{AB})이 포트폴리오 A의 베타와 포트폴리오 B의 베타 및 시장포트폴리오의 분산의 곱으로 나타낼 수 있다면, 포트폴리오 A와 포트폴리오 B 간의 상관계수(ρ_{AB})는 다음 식과 같이 포트폴리오 A와 시장포트폴리오 간의 상관계수(ρ_{Am})와 포트폴리오 B와 시장포트폴리오 간의 상관계수(ρ_{Bm})의 곱으로 나타낼 수 있다.

- $\sigma_{AB} = \beta_A \beta_B \sigma_m^2$

- $\rho_{AB} \sigma_A \sigma_B = (\dfrac{\rho_{Am} \sigma_A \sigma_m}{\sigma_m^2})(\dfrac{\rho_{Bm} \sigma_B \sigma_m}{\sigma_m^2}) \sigma_m^2$

  $\rightarrow \rho_{AB} = \rho_{Am} \times \rho_{Bm}$

시장모형이 성립할 경우 위의 식에서 정의한 포트폴리오 A와 포트폴리오 B 간의 공분산(σ_{AB})과 상관계수(ρ_{AB})에 관한 관계식은 매우 유용하게 활용할 수 있으므로 암기할 수 있다면 문제 풀이 시간을 크게 줄일 수 있다.

문제 36 투자자 갑은 시장포트폴리오에 1,000만 원을 투자하고 있으며, 그 가운데 주식 A와 B에 각각 100만 원과 200만 원을 투자하고 있다. 다음 문장의 빈칸 (a)와 (b)에 들어갈 내용으로 적절한 것은? 단, CAPM이 성립하고, 두 투자자(갑과 을)를 포함한 모든 투자자들은 CAPM에 따라 최적 포트폴리오를 구성한다고 가정한다. (2019년)

> 투자자 을은 1,000만 원을 시장 포트폴리오와 무위험자산에 나누어 투자하고 있다. 전체 투자금액 가운데 300만 원을 시장 포트폴리오에 투자한다면, 투자자 을의 시장포트폴리오에 대한 투자금액 가운데 주식 A에 투자하는 비중은 (a)이다. 그리고 시장 전체에서 볼 때, 주식 A의 시가총액은 주식 B의 시가총액의 (b)이다.

	(a)	(b)
①	3%	1/2 배
②	3%	2배
③	10%	1/2 배
④	10%	2배
⑤	30%	1/2 배

정답: ③

〈해설〉이 문제는 토빈(Tobin)의 분리정리(separation theorem)에 관한 문제이다. 토빈의 분리정리를 정의하면 다음과 같이 요약할 수 있다.

1. 시장포트폴리오 M을 구성하는 개별자산의 투자비중은 전적으로 개별 위험자산들의 기대수익률, 분산, 및 공분산 등과 같은 시장정보의 객관적인 추정치에 의해 결정된다. 그러므로 시장 포트폴리오 M을 구성하는 개별자산의 투자비중은 투자자들의 주관적인 위험회피 성향에 관계없이 개인투자자 모두에게 동일하다.

2. 개별 투자자가 선택한 최적 포트폴리오에서 위험자산으로 구성된 시장포트폴리오 M과 무위험자산에 대한 투자비중은 투자자들의 주관적인 위험회피 성향에 따라 달라진다.

이러한 토빈의 분리정리에 의하면, 투자자 갑이 시장 포트폴리오 M을 구성하는 주식 A와 주식 B에 투자한 비중이 각각 10%($w_A = 100/1,000 = 0.1$)와 20%($w_B = 200/1,000 = 0.2$)라는 것은 곧 주식 A와 주식 B의 시장가치의 비중이 다음 식과 같이 각각 전체 주식시장에서 거래되는 N개 주식의 총 시장가치, 즉 시장포트폴리오의 시장가치의 10%와 20%에 해당한다는 의미이다.

$$w_A = \frac{p_A q_A}{\sum_{i=1}^{N} p_i q_i} = 0.1, \quad w_B = \frac{p_B q_B}{\sum_{i=1}^{N} p_i q_i} = 0.2$$

그러므로 투자자 을의 시장포트폴리오에 대한 투자금액 가운데 주식 A의 투자비중(w_A)도 0.1(10%)이며, 시장 전체에서 볼 때, 시장포트폴리오 M을 구성하는 주식 A의 시가총액은 주식 B의 시가총액의 $\frac{1}{2}$이어야 한다.

따라서, 정답은 ③이다.

문제 37 아래 표에서와 같이 세 가지 펀드만 판매되고 있는데 위험수준은 수
익률의 표준편차를 나타낸다. 위험수준 25%를 추구하는 투자자에게
총투자액 1억 원을 "안정주식형"에 3천만 원, "성장주식형"에 5천만
원, "국채투자형"에 2천만 원씩 투자하는 최적 포트폴리오를 추천하
고 있다. 위험수준 15%를 추구하는 투자자가 총투자액 8천만 원으
로 최적 포트폴리오를 구성한다면 "안정주식형"에 투자해야 하는 금
액은 얼마인가? (2004년)

펀드 명칭	기대수익률	위험수준
안정주식형	10%	20%
성장주식형	20%	40%
국채투자형	5%	0%

① 1,152만원   ② 1,440만원   ③ 1,800만원
④ 2,400만원   ⑤ 3,840만원

정답: ②

〈해설〉 이 문제는 토빈의 분리정리(separation theorem)에 관한 문제이다(분
리정리에 관한 정의는 앞의 **문제 36**의 해설을 참고). 이 문제를 쉽게
풀려면 무엇보다 토빈의 분리정리의 이론적 틀에 맞춰 단계적으로 풀
어야 한다. 이 문제에서 "국채투자형" 펀드는 무위험자산을 의미하며,
시장 포트폴리오 M을 구성하는 위험자산은 안정주식형 펀드와 성장주
식형 펀드 등 2개뿐이다.

먼저, 위험수준 25%를 추구하는 투자자가 추천받은 최적 포트폴
리오의 구성을 통해 시장포트폴리오 M을 구성하는 안정주식형 펀드
와 성장주식형 펀드의 구성비율을 다음과 같이 추정할 수 있다.

$$w_{안정} = \frac{3천\,만원}{8천\,만원} = 0.375\,(37.5\%), \quad w_{성장} = \frac{5천\,만원}{8천\,만원} = 0.625\,(62.5\%)$$

그리고 위험수준 25%를 추구하는 투자자의 최적 포트폴리오는 시장
포트폴리오 M에 80%를, 나머지 20%는 무위험자산에 투자하고 있다.

최적 포트폴리오의 위험 수준(표준편차)이 25%가 되기 위해서는 시장포트폴리오 M의 표준편차는 다음 식과 같이 31.25%가 되어야 한다(최적 포트폴리오의 표준편차에 관한 설명은 앞의 **문제 35**의 **문항 (가)**에 대한 해설을 참고).

$$\sigma_p = 0.25 = w_m \sigma_m = 0.8 \times \sigma_m \ \rightarrow \ \sigma_m = \frac{0.25}{0.8} = 0.3125\,(31.25\%)$$

그런데 토빈의 분리정리에 의하면 개별 투자자의 최적 포트폴리오에서 위험자산으로 구성된 시장 포트폴리오 M과 무위험자산 간의 투자비중은 투자자들의 주관적인 위험회피 성향에 따라 달라질 수 있다. 이에 따라 위에서 구한 시장 포트폴리오의 표준편차를 이용하여 위험 수준 15% 투자자가 시장 포트폴리오 M에 투자해야 할 투자비중(w_m)을 계산하면 다음과 같다.

$$\sigma_p = 0.15 = w_m \sigma_m = w_m \times 0.3125 \ \rightarrow \ w_m = \frac{0.15}{0.3125} = 0.48\,(48\%)$$

위 식이 제시하는 바와 같이, 위험수준 15%를 추구하는 투자자는 시장 포트폴리오 M에 총투자금액의 48%, 즉 3,840($= 8,000 \times 0.48$)만 원을 투자해야 한다. 이 중에서 "안정주식형 펀드"에 투자해야 하는 금액은 아래 식과 같이 시장 포트폴리오 M에 투자한 3,840만 원에다 시장 포트폴리오 M에서 안정주식형 펀드의 구성비율인 37.5%를 곱하면 산출할 수 있다.

$$\text{안정형 펀드 투자금액} = 3,840 \times 0.375 = 1,440$$

따라서, 정답은 ②이다.

문제 38 다음 중 CAPM(자본자산가격결정모형)이 성립하는 시장에서 존재할 수 **없는** 경우는? (2006년)

① A주식: 기대수익률＝8%, 표준편차＝20%
　B주식: 기대수익률＝20%, 표준편차＝18%
② A주식: 기대수익률＝18%, 베타＝1.0
　B주식: 기대수익률＝22%, 베타＝1.5
③ A주식: 기대수익률＝13%, 표준편차＝20%
　B주식: 기대수익률＝20%, 표준편차＝40%
④ A주식: 기대수익률＝14.6%, 베타＝1.2
　시장 포트폴리오의 기대수익률＝13%, 무위험이자율＝5%
⑤ A주식: 기대수익률＝20%, 표준편차＝30%
　시장 포트폴리오: 기대수익률＝12%, 표준편차＝16%
　무위험이자율＝4%

정답: ⑤

<해설> 이 문제는 CAPM의 위험과 기대수익률과의 관계에 대해 묻는 질문이다. 각 문항에서 주어진 정보를 활용하여 해당 문항의 적절성을 확인해 보자.

① 존재할 수 있다. CAPM이 성립할 경우 주식 A와 주식 B 간의 기대수익률은 베타의 크기에 결정되며, 총분산을 뜻하는 표준편차와는 아무런 관련이 없다. 따라서 주식 A의 총위험이 주식 B보다 크다고 하더라도 주식 A의 기대수익률은 주식 B보다 작을 수 있다.
② 존재할 수 있다. 주식 A의 베타가 주식 B보다 작으므로 주식 A의 기대수익률은 주식 B보다 작다.
③ 존재할 수 있다. 문항 ①과 마찬가지로 주식 A와 주식 B 간의 기대수익률은 베타의 크기에 결정되며, 총위험을 뜻하는 표준편차와는 아무런 관련이 없다.
④ 존재할 수 있다. 주식 A의 기대수익률과 베타는 다음 식과 같이 CAPM을 만족시킨다.

$$E(r_A) = r_f + [E(r_m) - r_f]\beta_A = 0.05 + (0.13 - 0.05)(1.2) = 0.146 \ (14.6\%)$$

⑤ 존재할 수 없다. CAPM이 성립할 경우 CML 상에 존재하며 표준편차가 30%인 효율적 포트폴리오의 기대수익률은 아래 식과 같이 19%이다. 따라서 비효율적인 개별증권인 주식 A의 기대수익률이 20%로 동일한 표준편차를 가지고 있는 효율적인 포트폴리오의 기대수익률보다 높다는 것은 CAPM이 성립하는 시장에서는 존재할 수 없다.

$$E(r_p) = r_f + \frac{[E(r_m) - r_f]}{\sigma_m} \sigma_p = 0.04 + \frac{(0.12 - 0.04)}{0.16} \times 0.3 = 0.19 \ (19\%)$$

따라서, 정답은 ⑤이다.

문제 39 최근 주식시장에 상장된 주식 A의 최초의 3거래일 동안 주식 A와
시장 포트폴리오의 일별 수익률은 다음과 같다. 문제 풀이의 편의를
위해 아래 자료가 주식 A의 수익률 자료의 전체 모집단이라 가정한
다. (2009년)

	주식 A의 수익률	시장포트폴리오의 수익률
거래일 1	0.1	0.1
거래일 2	0.3	0.2
거래일 3	−0.1	0.0

위 자료에 근거하여 자본자산가격결정모형(CAPM)에 의한 **주식 A의
베타 값을 산출한 후 가장 가까운 값**을 골라라. 소수 다섯째 자리에
서 반올림하여 소수 넷째 자리로 확정하여 계산하여라. 예로서
0.00666은 0.0067로 간주하여 계산할 것.

① 1.2   ② 1.5   ③ 1.7   ④ 2.0   ⑤ 2.3

정답: ④

〈해설〉 이 문제는 CAPM에 의해 개별 주식과 시장포트폴리오의 역사적 자료
를 이용하여 주식의 베타 값을 산출하는 문제이다. 일반적으로 과거
수익률 자료를 이용하여 베타를 계산할 경우 분산 및 공분산 등이 전
체 모집단이 아닌 표본을 이용하여 추정하기 때문에 분산 또는 공분산
을 계산할 때 분모를 표본 수(n)에서 1을 뺀 $n-1$을 사용해야 한다.
그러나 이 문제에서는 주어진 수익률 자료가 전체 모집단이라 가정하
고 있기 때문에 분모로 $n=3$을 그대로 사용한다. 베타는 정의에 의해
주식 A와 시장포트폴리오 간의 공분산을 시장포트폴리오의 분산으로
나눈 값이다. 공분산과 분산은 계산의 편의를 위해 다음과 같은 간편
식을 활용하여 자료에서 추정하도록 한다.

- $\beta_i = \dfrac{\sigma_{Am}}{\sigma_m^2}$

- $\sigma_{Am} = E(r_A r_m) - E(r_A)E(r_m) = \overline{r_A r_m} - \overline{r_A} \times \overline{r_m}$

- $\sigma_m^2 = E(r_m^2) - [E(r_m)]^2 = \overline{r_m^2} - (\overline{r_m})^2$

거래일	r_A	r_m	$r_A r_m$	r_m^2
1	0.1	0.1	0.01	0.01
2	0.3	0.2	0.06	0.04
3	−0.1	0.0	0.0	0.0
합계	0.3	0.3	0.07	0.05

$$\overline{r_A} = (\sum_{t=1}^{3} r_{At})/3 = 0.3/3 = 0.1, \quad \overline{r_m} = (\sum_{t=1}^{3} r_{mt})/3 = 0.3/3 = 0.1$$

$$\overline{r_m^2} = (\sum_{t=1}^{3} r_{mt}^2)/3 = 0.05/3, \quad \overline{r_A r_m} = (\sum_{t=1}^{3} r_{At} r_{mt})/3 = 0.07/3$$

- $\sigma_{Am} = \overline{r_A r_m} - \overline{r_A} \times \overline{r_m} = \dfrac{0.07}{3} - (0.1)(0.1) = \dfrac{0.04}{3}$

- $\sigma_m^2 = \overline{r_m^2} - (\overline{r_m})^2 = \dfrac{0.05}{3} - (0.1)^2 = \dfrac{0.02}{3}$

- $\beta_i = \dfrac{\sigma_{Am}}{\sigma_m^2} = (\dfrac{0.04}{3})/(\dfrac{0.02}{3}) = 2$

따라서, 정답은 ④이다.

문제 40 시장 가치 1억 원 규모의 펀드 A를 운용하고 있는 펀드 매니저는 펀드의 위험을 표준편차로 추정하려 한다. 과거 5년간 펀드 A와 KOSPI의 월간 수익률 평균은 각각 1.8%, 1.4%였다. KOSPI 수익률 표준편차는 1.6%, 펀드 A 수익률과 KOSPI 수익률의 상관계수는 0.835로 나타났다. 이어 펀드 A와 KOSPI 월간 수익률을 이용한 회귀분석 결과는 다음과 같다. 이때 펀드 A의 표준편차는 얼마인가? (2003년)

	계수	표준오차	t 통계량	P-값
상수	−0.178	0.635	−0.281	0.779
KOSPI	1.670	0.098	16.901	5.62E−32

① 2.8% ② 3.2% ③ 3.6% ④ 3.9% ⑤ 4.2%

정답: ②

〈해설〉 이 문제는 개별자산의 수익률과 시장 포트폴리오 수익률의 과거 자료를 이용한 단순회귀분석에 의해 도출한 개별자산의 증권특성선(CL: characteristic line)에서 베타를 추정하는 문제이다. 여기서는 펀드 A의 증권특성선을 도출하기 위해 과거 5년간 펀드 A와 KOSPI 수익률 (시장 포트폴리오 수익률의 대용치임) 자료를 이용하여 회귀분석을 수행하고 그 결과를 위의 표에 제시하고 있다. 먼저, 위의 표에 제시된 결과를 기초로 다음과 같은 회귀분석식, 즉 펀드 A의 증권특성선을 도출할 수 있다. 표에서 상수의 회귀계수 −0.178은 증권특성선의 절편인 α_A이며, KOSPI 수익률의 회귀계수 1.670은 증권특성선의 기울기 β_A이다.

- 펀드 A의 증권특성선 : $r_A = \alpha_A + \beta_A r_m = -0.178 + 1.67 r_m$

  $\rightarrow \beta_A = 1.67$

펀드 A의 증권특성선에서 기울기가 곧 펀드 A의 베타계수이므로, 펀드 A의 베타는 1.67이 된다. 이를 이용하여 펀드 A의 표준편차(σ_A)를 구하면 다음과 같다.

- $\beta_A = \dfrac{\rho_{Am}\sigma_A\sigma_m}{\sigma_m^2} = \dfrac{\rho_{Am}\sigma_A}{\sigma_m} = 1.67$

$$\rightarrow \quad \sigma_A = \beta_A \dfrac{\sigma_m}{\rho_{Am}} = (1.67)\dfrac{0.016}{0.835} = 0.032\,(3.2\%)$$

따라서, 정답은 ②이다.

문제 41 펀드 K를 운용하고 있는 펀드 매니저는 펀드의 위험을 표준편차로 추정하고 월간 수익률 자료를 이용해 분석한다. 과거 5년간 펀드 K와 KOSPI(주가지수)의 평균수익률은 각각 3.0%, 2.0%이다. 또한 KOSPI 수익률의 표준편차는 3.0%, 펀드 K 수익률과 KOSPI 수익률의 상관계수는 0.8이다. 펀드 K 수익률을 종속변수로, KOSPI 수익률을 독립변수로 한 단순회귀분석의 결과는 다음과 같다. 펀드 K의 표준편차로 가장 적절한 것은? (2011년)

변수	추정계수	표준오차	t−통계량	p−값
상수	0.15	0.50	0.26	0.75
KOSPI 수익률	1.60	0.08	15.4	0.0001

① 5.2%   ② 5.8%   ③ 6.0%
④ 7.5%   ⑤ 8.0%

정답: ③

〈해설〉 이 문제는 앞의 **문제 40과** 유사한 문제로 개별자산의 수익률과 시장 포트폴리오 수익률의 과거 자료를 이용한 단순회귀분석에 의해 도출한 개별자산의 증권특성선(CL: characteristic line)에서 베타를 추정하는 문제이다. 먼저, 위의 표에 제시된 결과를 기초로 다음과 같은 회귀분석식, 즉 펀드 K의 증권특성선을 도출할 수 있다. 표에서 상수의 회귀계수 0.15는 증권특성선의 절편인 α_k이며, KOSPI 수익률의 회귀계수 1.6은 증권특성선의 기울기 β_k이다.

- 펀드 k의 증권특성선 : $r_k = \alpha_k + \beta_k r_m = 0.15 + 1.60\, r_m$

  $\rightarrow \beta_k = 1.6$

펀드 K의 증권특성선에서 기울기가 곧 펀드 K의 베타계수이므로, 펀드 K의 베타는 1.60이 된다. 이를 이용하여 펀드 K의 표준편차(σ_k)를 구하면 다음과 같다.

- $\beta_k = \dfrac{\rho_{km}\sigma_k\sigma_m}{\sigma_m^2} = \dfrac{\rho_{km}\sigma_k}{\sigma_m} = 1.6$

$\rightarrow \sigma_k = \beta_k \dfrac{\sigma_m}{\rho_{km}} = (1.6)\dfrac{0.03}{0.8} = 0.06\,(6\%)$

따라서, 정답은 ③이다.

문제 42 시장포트폴리오의 기대수익률과 표준편차는 각각 15%와 20%이다. 그리고 무위험자산의 수익률은 5%이다. 효율적 포트폴리오 A의 기대수익률이 10%라고 하면, 포트폴리오 A의 베타는 얼마인가? 그리고 포트폴리오 A와 시장포트폴리오와의 상관계수는 얼마인가? 단, CAPM이 성립한다고 가정한다. (2015년)

	베타	상관계수
①	$\dfrac{1}{3}$	0.5
②	$\dfrac{1}{3}$	1.0
③	$\dfrac{1}{2}$	0.5
④	$\dfrac{1}{2}$	1.0
⑤	$\dfrac{2}{3}$	0.5

정답: ④

〈해설〉 이 문제는 CAPM에서 베타와 효율적 포트폴리오의 특성에 관한 문제이다. 먼저, 포트폴리오 A의 기대수익률이 주어져 있으므로 SML을 이용하여 포트폴리오 A의 베타를 계산하면 다음과 같이 0.5이다.

$$E(r_A) = 0.1 = r_f + [E(r_m) - r_f]\beta_A$$

$$= 0.05 + [0.15 - 0.05]\beta_A \rightarrow \beta_A = 0.5$$

그리고 포트폴리오 A가 효율적 포트폴리오이므로 반드시 CML 상에 존재해야 한다. CML 상에 존재하는 효율적 포트폴리오와 시장포트폴리오와의 상관계수는 항상 1.0이다(이에 대한 수학적 증명은 앞의 **문제 20의 문항** ⑤에 대한 해설 참고).

따라서, 정답은 ④이다.

문제 43 다음은 내년도 경기상황에 따른 시장 포트폴리오의 수익률과 주식 A 와 B의 수익률 예상치이다. 경기상황은 호황과 불황만 존재하며 호황과 불황이 될 확률은 동일하다. 증권시장선(SML)을 이용하여 주식 A의 베타(β_A)와 주식 B의 베타(β_B)를 비교할 때, β_A는 β_B의 몇 배인가? (단, CAPM이 성립하고 무위험자산수익률은 5%이다.) (2011년)

경기상황	수익률		
	시장포트폴리오	주식 A	주식 B
호황	12.5%	20.0%	27.5%
불황	7.5%	10.0%	12.5%

① $\frac{1}{2}$ 배   ② $\frac{2}{3}$ 배   ③ $\frac{3}{4}$ 배

④ $\frac{4}{3}$ 배   ⑤ $\frac{3}{2}$ 배

정답: ②

〈해설〉 이 문제는 위험자산의 수익률에 대한 확률분포표가 주어졌을 때 이를 기초로 위험자산의의 기대수익률과 베타를 추정하는 문제이다. 먼저, 문제에서 주어진 시장 포트폴리오와 개별 주식의 수익률에 대한 확률분포표를 이용하여 이들의 기대수익률을 계산하면 다음과 같다.

- $E(r_m) = 0.5 \times 0.125 + 0.5 \times 0.075 = 0.1$
- $E(r_A) = 0.5 \times 0.2 + 0.5 \times 0.1 = 0.15$
- $E(r_B) = 0.5 \times 0.275 + 0.5 \times 0.125 = 0.2$

CAPM이 성립하므로, 위에서 추정한 개별 주식 A와 B의 기대수익률을 이용하여 SML에 의해 이들 주식의 베타를 산출하면 다음과 같다.

- $E(r_A) = 0.15 = 0.05 + (0.1 - 0.05)\beta_A \rightarrow \beta_A = 2$

- $E(r_B) = 0.2 = 0.05 + (0.1 - 0.05)\beta_B \rightarrow \beta_B = 3$

$$\therefore \frac{\beta_A}{\beta_B} = \frac{2}{3}$$

따라서, 정답은 ②이다.

문제 44   주식시장에서 거래되는 모든 주식의 베타는 3보다 작다고 가정한다. 투자자 갑은 자신의 자금 1,000만 원으로 주식 A와 주식 B에 각각 w 및 $(1-w)$의 비중으로 분산투자하려 한다. 주식 A, B에 분산투자된 갑의 포트폴리오 C의 베타에 관한 주장 중 **맞는 것의 개수**를 골라라. 각 주식의 베타는 지난 6개월간 각 주식과 시장 포트폴리오의 수익률 자료를 이용하여 추정되었다고 가정한다. 단, 주식의 **공매도**(short sale)가 **가능**하다. (2009년)

---

a. 포트폴리오 C의 베타가 3이 될 수 있다.

b. 포트폴리오 C의 베타가 −4가 될 수 있다.

c. 포트폴리오 C의 베타가 0이 될 수 있다.

d. w가 어떤 값이 되더라도 포트폴리오 C의 베타 값이 전혀 변하지 않는 경우가 있다.

---

① 4개   ② 3개   ③ 2개   ④ 1개   ⑤ 0개

정답: ①

〈해설〉 이 문제는 포트폴리오를 구성하는 개별자산의 베타와 포트폴리오 베타와의 관계를 묻는 문제이다. 이 문제의 핵심은 포트폴리오 베타는 포트폴리오를 구성하는 개별자산 베타의 가중평균으로 산출한다는 점이다. 문제에서 주어진 정보를 활용하여 각 문항의 적절성을 판단해 보자.

a. 맞는 주장이다. 공매도가 허용되므로 주식 A의 투자비중인 w_A는 실수 중 어떤 값도 가능하다. 따라서 주식 A와 주식 B의 베타가 동일한 경우를 제외하고는 주식 A의 투자 비중을 아래 식에서 추정한 w_A값으로 설정하면 β_C는 3이 될 수 있다. 그러나 주식 A와 주식 B의 베타가 동일한 경우에는 아래 첫 번째 식에서 β_C는 w_A 값에 상관없이 β_B가 되므로 이것은 3보다 작다.

$$\beta_C = w_A \times \beta_A + (1 - w_A)\beta_B = w_A(\beta_A - \beta_B) + \beta_B = 3$$

$$\rightarrow w_A = \frac{3 - \beta_B}{\beta_A - \beta_B} \quad (\text{단}, \ \beta_A \neq \beta_B)$$

b. 맞는 주장이다. 주식 A와 주식 B의 베타가 동일하지 않는 경우에는 주식 A의 투자 비중을 아래 식에서 추정한 w_A값으로 설정하면 β_C는 -4가 될 수 있다. 또한 주식 A와 주식 B의 베타가 모두 -4로 동일한 경우에도 β_C는 w_A값에 상관없이 -4가 될 수 있다.

$$w_A = \frac{-4 - \beta_B}{\beta_A - \beta_B} \quad (\text{단}, \ \beta_A \neq \beta_B)$$

c. 맞는 주장이다. 주식 A와 주식 B의 베타가 동일하지 않는 경우에는 주식 A의 투자 비중을 아래 식에서 추정한 w_A값으로 설정하면 β_C는 0이 될 수 있다. 그러나 주식 A와 주식 B의 베타가 동일한 경우에는 β_C는 0이 될 수 없다. 왜냐하면 주식 A와 주식 B가 무위험자산이 아니므로 β_B가 0이 될 수 없기 때문이다.

$$w_A = \frac{-\beta_B}{\beta_A - \beta_B} \quad (\text{단}, \ \beta_A \neq \beta_B)$$

d. 맞는 주장이다. 앞의 **문항 a**에서 제시한 첫 번째 식에서와 같이 주식 A와 주식 B의 베타가 동일한 경우에는 β_C는 w_A값에 상관없이 β_B가 되므로 β_C는 전혀 변하지 않는다.

따라서, 정답은 ①이다.

문제 45 시장모형이 성립한다고 가정하자. 주식 A(β_A=1.4)와 B(β_B=0.6)에 투자액의 3/4과 1/4을 각각 투자한 포트폴리오 수익률의 표준편차가 0.04이다. 시장포트폴리오 수익률의 표준편차는 0.02로 알려져 있다. 이 포트폴리오의 총위험에 대한 체계적 위험의 비율은? (2000년)

① 32%　　② 34%　　③ 36%　　④ 38%　　⑤ 40%

정답: ③

〈해설〉 이 문제는 앞의 **문제 30**과 유사한 총위험의 분해와 포트폴리오의 베타에 관한 문제이다. 총위험은 크게 체계적 위험과 비체계적 위험으로 나누어진다. 이 중에서 체계적 위험이 총위험에서 차지하는 비중은 특정 포트폴리오와 시장포트폴리오와의 상관계수의 제곱 즉 결정계수(ρ_{im}^2)로 추정한다. 그리고 이 문제의 또 다른 핵심은 포트폴리오 베타는 포트폴리오를 구성하는 개별 자산의 베타의 가중평균으로 산출한다는 점이다.

　　먼저, 주식 A와 B로 구성된 포트폴리오의 베타(β_p)와 시장포트폴리오와의 상관계수(ρ_{pm})를 추정하면 다음과 같다.

- $\beta_p = w_A\beta_A + w_B\beta_B = (3/4)(1.4) + (1/4)(0.6) = 1.2$

- $\beta_p = \dfrac{\rho_{pm}\sigma_p\sigma_m}{\sigma_m^2} = \dfrac{\rho_{pm}\sigma_p}{\sigma_m} \rightarrow \rho_{pm} = \dfrac{\beta_p\sigma_m}{\sigma_p} = \dfrac{(1.2)(0.02)}{0.04} = 0.6$

따라서 총위험 중 체계적 위험의 비율은 다음과 같이 포트폴리오와 시장포트폴리오와의 상관계수의 제곱 즉 결정계수(ρ_{im}^2)로 산출할 수 있다.

$$\text{체계적 위험의 비율} = \rho_{pm}^2 = (0.6)^2 = 0.36$$

따라서, 정답은 ③이다.

문제 46 ㈜대한은 투자자금 1,000,000원으로 베타가 1.5인 위험자산 포트폴리오를 구성하려고 한다. ㈜대한의 투자정보는 다음 표와 같다. 무위험자산수익률은 5.0%이다. 자산 C의 기대수익률과 가장 가까운 것은?   (2011년)

투자자산	베타	기대수익률(%)	투자금액(원)
자산 A	1.0	13.0	280,000
자산 B	2.0	21.0	240,000
자산 C	?	?	?
포트폴리오	1.5	?	1,000,000

① 16.90%　　　　② 17.33%　　　　③ 17.54%

④ 17.76%　　　　⑤ 18.03%

정답: ②

〈해설〉 이 문제는 포트폴리오를 구성하는 개별자산의 베타와 포트폴리오 베타와의 관계를 묻는 문제이다. 이 문제의 핵심은 포트폴리오 베타는 포트폴리오를 구성하는 개별자산의 베타의 가중평균으로 산출한다는 점이다. 먼저, 문제에서 주어진 각 자산에 대한 투자금액에 대한 정보를 이용하여 각 자산에 대한 투자 비중을 계산하면 다음과 같다.

$$w_A = \frac{280,000}{1,000,000} = 0.28, \ w_B = \frac{240,000}{1,000,000} = 0.24$$

$$\rightarrow w_C = 1 - w_A - w_B = 1 - 0.28 - 0.24 = 0.48$$

자산 A와 B, C로 구성된 포트폴리오의 베타가 1.5이므로 자산 C의 베타는 다음 식을 만족해야 하며, 계산 결과 1.5417로 나타났다.

$$\beta_p = 1.5 = \sum_{i=1}^{3} w_i \beta_i = (0.28)(1.0) + (0.24)(2.0) + (0.48)\beta_C$$

$$\rightarrow \beta_C = 1.5417$$

자산 C의 기대수익률은 SML을 이용하여 다음 식과 같이 산출할 수 있다. 단, 자산 A의 베타가 시장포트폴리오의 베타와 동일한 1.0이므로 시장포트폴리오의 기대수익률은 자산 A의 기대수익률과 동일한 13%이다.

$$E(r_C) = r_f + [E(r_m) - r_f]\beta_C = 0.05 + [0.13 - 0.05](1.5417) = 0.1733$$

따라서, 정답은 ②이다.

문제 47 CAPM이 성립한다는 가정하에 다음 문장의 (a)와 (b)에 들어갈 값으로 적절한 것은? (2020년)

> 주식 A 수익률과 주식 B 수익률의 표준편차는 각각 10%와 20%이며, 시장포트폴리오 수익률의 표준편차는 10%이다. 시장포트폴리오 수익률은 주식 A 수익률과 상관계수가 0.4이고, 주식 B 수익률과는 상관계수가 0.8이다. 주식 A와 주식 B의 베타는 각각 0.4와 (a)이며, 주식 A와 주식 B로 구성된 포트폴리오의 베타가 0.76이기 위해서는 주식 B에 대한 투자비율이 (b)이어야 한다.

	(a)	(b)
①	0.8	30%
②	0.8	70%
③	1.0	30%
④	1.6	30%
⑤	1.6	70%

정답: ④

〈해설〉 이 문제는 개별자산과 포트폴리오의 베타를 추정하는 문제이다. 이 문제의 핵심은 포트폴리오 베타는 포트폴리오를 구성하는 개별 자산의 베타의 가중평균으로 산출한다는 점이다. 먼저, 문제에서 주어진 시장 정보를 활용해 주식 B의 베타를 추정하면 다음과 같다.

$$\beta_B = \frac{\rho_{Bm}\sigma_B\sigma_m}{\sigma_m^2} = \frac{\rho_{Bm}\sigma_B}{\sigma_m} = \frac{(0.8)(0.2)}{0.1} = 1.6$$

주식 A와 주식 B로 구성된 포트폴리오의 베타가 0.76이 되기 위해서는 주식 B에 대한 투자 비중(w_B)은 다음 식과 같이 0.3이다.

$$\beta_p = 0.76 = \sum_{i=1}^{2} w_i\beta_i = (1-w_B)(0.4) + w_B(1.6) \rightarrow w_B = 0.3$$

따라서, 정답은 ④이다.

문제 48 ㈜대한은 총 5억 원의 기금을 3개 프로젝트에 투자하고 있으며, 투자금액과 베타계수는 다음과 같다.

프로젝트	투자금액	베타계수
A	1.4억 원	0.5
B	2.0억 원	1.6
C	1.6억 원	2.0

무위험자산수익률은 5%이며, 내년도 시장수익률의 추정확률분포는 다음과 같다.

확 률	시장수익률
0.2	9 %
0.6	12 %
0.2	15 %

주어진 자료에 근거하여 추정된 증권시장선(SML)으로부터 산출한 기금의 기대수익률로 가장 적절한 것은? (2011년)

① 12.95% ② 13.52% ③ 13.95% ④ 14.52% ⑤ 14.94%

정답: ⑤

〈해설〉 이 문제는 포트폴리오의 베타와 기대수익률을 추정하는 문제이다. 포트폴리오의 베타는 포트폴리오를 구성하는 개별 자산의 베타의 가중평균이라는 특성을 이용하면 어렵지 않게 풀 수 있는 문제이다. 먼저, 3개의 프로젝트의 투자금액으로부터 각 프로젝트의 투자비중을 계산하면 다음 표와 같다.

프로젝트	투자금액	투자비중	베타계수
A	1.4억 원	0.28	0.5
B	2.0억 원	0.40	1.6
C	1.6억 원	0.32	2.0
합계	5.0억 원	1.00	

기금의 베타(β_p)는 다음 식과 같이 각 프로젝트 베타의 가중평균으로

산출한다.

$$\beta_p = \sum_{i=1}^{3} w_i \beta_i = (0.28)(0.5) + (0.4)(1.6) + (0.32)(2.0) = 1.42$$

내년도 시장수익률의 확률분포를 이용하여 시장포트폴리오의 기대수익률을 계산하면 다음과 같다.

$$E(r_m) = \sum_{s=1}^{3} p_s r_{sm} = (0.2)(0.09) + (0.6)(0.12) + (0.2)(0.15) = 0.12$$

위에서 추정한 기금의 베타와 시장 포트폴리오의 기대수익률 등의 정보를 이용하여 기금의 기대수익률을 SML에 의해 추정하면 다음과 같이 14.94%이다.

$$E(r_p) = r_f + [E(r_m) - r_f]\beta_p = 0.05 + (0.12 - 0.05)(1.42) = 0.1494$$

따라서, 정답은 ⑤이다.

문제 49 CAPM(자본자산가격결정모형)이 성립하는 시장에서 시장포트폴리오의 수익률의 표준편차는 0.04이며 세 자산의 베타와 수익률의 표준편차가 다음과 같다. **틀린** 설명은 무엇인가? (2008년)

자산	베타	표준편차
A	0.8	0.10
B	0.8	0.05
C	0.4	0.10

① 자산 B와 시장 포트폴리오의 상관계수는 자산 A와 시장 포트폴리오의 상관계수의 2배수이다.
② 자산 B와 시장 포트폴리오의 상관계수는 자산 C와 시장 포트폴리오의 상관계수의 2배수이다.
③ 자산 A와 자산 B의 체계적 위험 1단위당 위험프리미엄은 동일하다.
④ 자산 A의 분산가능한 위험은 자산 C의 분산가능한 위험보다 낮다.
⑤ 투자원금 50만 원을 보유한 투자자가 무위험이자율로 25만 원을 차입하여 총액인 75만 원을 자산 A에 투자할 경우의 기대수익률은 시장 포트폴리오의 기대수익률보다 높다.

정답: ②

〈해설〉 이 문제는 CAPM의 위험과 기대수익률과의 관계에 대해 묻는 질문이다. 각 문항에서 주어진 정보를 활용하여 해당 문항의 적절성을 확인해 보자.

① 옳은 설명이다. 아래 식과 같이 자산 B와 시장포트폴리오의 상관계수(ρ_{Bm})는 0.64로 자산 A와 시장 포트폴리오의 상관계수(ρ_{Am}) 0.32의 2배이다.

- $\beta_A = \dfrac{\rho_{Am}\sigma_A\sigma_m}{\sigma_m^2} = \dfrac{\rho_{Am}\sigma_A}{\sigma_m} \rightarrow \rho_{Am} = \dfrac{\beta_A\sigma_m}{\sigma_A} = \dfrac{(0.8)(0.04)}{0.1} = 0.32$

- $\rho_{Bm} = \dfrac{\beta_B \sigma_m}{\sigma_B} = \dfrac{(0.8)(0.04)}{0.05} = 0.64$

② 틀린 설명이다. 앞의 **문항** ①에서 추정한 자산 B와 시장 포트폴리오의 상관계수는 (ρ_{Bm})는 0.64로 아래 자산 C와 시장포트폴리오의 상관계수(ρ_{Cm}) 0.16의 4배이다.

$$\rho_{Cm} = \frac{\beta_C \sigma_m}{\sigma_C} = \frac{(0.4)(0.04)}{0.1} = 0.16$$

③ 옳은 설명이다. SML에서 체계적 위험 즉 베타 1단위당 위험프리미엄은 시장위험프리미엄 $[E(r_m) - r_f]$으로 모든 자산에 대해 동일하다.

④ 옳은 설명이다. 자산 A와 자산 C의 총위험(표준편차)은 동일하다. 그런데 자산 A의 베타(분산불가능 위험 혹은 체계적 위험)가 자산 C의 베타보다 크므로 자산 A의 분산가능한 위험(비체계적 위험)은 자산 C의 분산가능한 위험보다 낮다.

⑤ 옳은 설명이다. 투자원금 50만 원을 보유한 투자자가 무위험이자율로 25만 원을 차입하여 총액인 75만 원을 자산 A에 투자할 경우 무위험자산에 대한 투자비중은 -50%이며, 자산 A에 대한 투자비중은 150%가 된다. 무위험자산과 자산 A로 구성된 이 포트폴리오의 베타는 다음과 같이 1.2이다.

$$\beta_p = w_f \beta_f + w_A \beta_A = (-0.5)(0) + (1.5)(0.8) = 1.2$$

이 포트폴리오의 베타가 1.2로 시장포트폴리오의 베타인 1보다 크므로 CAPM이 성립할 경우 이 포트폴리오의 기대수익률은 시장포트폴리오의 기대수익률보다 높다.

따라서, 정답은 ②이다.

문제 50 주식 A와 주식 B의 기대수익률은 동일하다. 주식 A와 시장포트폴리오의 상관계수는 주식 B와 시장포트폴리오의 상관계수의 2배이다. CAPM이 성립하고 주식 A의 표준편차가 10%라면, 주식 B의 표준편차는? (2017년)

① 5%　　② 10%　　③ 15%　　④ 20%　　⑤ 25%

정답: ④

〈해설〉 이 문제는 CAPM에서 베타의 기본 공식에 관한 문제이다. 이 문제의 핵심은 CAPM에서 기대수익률이 동일하면 베타도 동일해야 한다는 원칙이다.

- $E(r_A) = E(r_B) \rightarrow \beta_A = \beta_B$

- $\beta_A = \beta_B$, $\rho_{Am} = 2\rho_{Bm}$, $\sigma_A = 0.1$,

$$\frac{\rho_{Am}\sigma_A\sigma_m}{\sigma_m^2} = \frac{2\rho_{Bm}(0.1)\sigma_m}{\sigma_m^2} = \frac{\rho_{Bm}\sigma_B\sigma_m}{\sigma_m^2}$$

$$\rightarrow \sigma_B = 0.2$$

따라서, 정답은 ④이다.

문제 51 무위험이자율은 3%, 시장 포트폴리오의 기대수익률은 13%이다. 아래 두 자산 가격의 균형/저평가/고평가 여부에 대하여 가장 적절한 것은? (2005년)

자산	β 계수	기대수익률
A	0.5	9%
B	1.5	17%

① 두 자산의 가격은 모두 균형 상태이다.
② 두 자산의 가격은 모두 저평가되어 있다.
③ 두 자산의 가격은 모두 고평가되어 있다.
④ 자산 A는 저평가되어 있고 자산 B는 고평가되어 있다.
⑤ 자산 A는 고평가되어 있고 자산 B는 저평가되어 있다.

정답: ④

〈해설〉 이 문제는 CAPM의 가격결정 기능에 관한 문제이다. 문제에 주어진 두 자산 가격의 균형/저평가/고평가 여부에 대해서는 다음의 원칙을 활용하면 쉽게 답할 수 있다. 즉,

- 기대수익률 > 균형기대수익률 → 저평가
- 기대수익률 < 균형기대수익률 → 고평가
- 기대수익률 = 균형기대수익률 → 균형

문제에 주어진 SML과 두 자산의 베타를 이용하여 각 자산의 균형 기대수익률을 구하고, 이를 현재 기대수익률과 비교해 두 자산 가격의 균형/저평가/고평가 여부를 판단하면 다음과 같다.

- $E(r_A) = 0.03 + (0.13 - 0.03)(0.5) = 0.08$
- $E(r_B) = 0.03 + (0.13 - 0.03)(1.5) = 0.18$

- 자산 A : 기대수익률 (9%) > 균형 기대수익률 $(E(r_A) = 8\%)$ → 저평가

- 자산 B : 기대수익률 (17%) < 균형 기대수익률 $(E(r_B) = 18\%)$ → 고평가

따라서, 정답은 ④이다.

문제 52 CAPM을 이용하여 주식 A, B, C의 과대/과소/적정 평가 여부를 판단
       하고자 한다. 주식 A, B, C의 베타와 현재 가격에 내재된 기대수익
       률은 다음과 같다. 다음 설명 중 가장 적절하지 **않은** 것은? 단, 시장
       포트폴리오의 기대수익률과 무위험수익률(R_f)은 각각 10%와 5%이
       다. (2016년)

주식	베타	현재 가격에 내재된 기대수익률
A	0.5	8.5%
B	0.8	7.0%
C	1.2	11.0%

① 주식 A는 과소평가되어 있다.

② 주식 A의 위험보상률($\frac{E(R_A) - R_f}{\beta_A}$)은 시장위험프리미엄과 같다.
   (단, β_A와 $E(R_A)$는 각각 주식 A의 베타와 현재 가격에 내재된
   기대수익률이다.)

③ 주식 B는 증권시장선(SML)보다 아래에 위치한다.

④ 주식 B의 현재 가격에 내재된 기대수익률은 균형수익률(요구수익
   률)보다 작다.

⑤ 주식 C의 알파 값은 0이다.

정답: ②

〈해설〉 이 문제는 CAPM의 가격결정 기능에 관한 문제이다. 문제에 주어진
      두 자산 가격의 과대/과소/적정 평가 여부에 대해서는 다음의 원칙을
      활용하면 쉽게 답할 수 있다. 즉,

      • 기대수익률 > 균형수익률 → 과소평가

      • 기대수익률 < 균형수익률 → 과대평가

      • 기대수익률 = 균형수익률 → 적정평가

      다음은 시장포트폴리오의 기대수익률과 무위험수익률 및 세 자산의

베타를 이용하여 SML에 의한 각 자산의 균형수익률을 산출한 결과이다.

- $E(r_A) = 0.05 + (0.1 - 0.05)(0.5) = 0.075\ (7.5\%)$
- $E(r_B) = 0.05 + (0.1 - 0.05)(0.8) = 0.09\ (9\%)$
- $E(r_C) = 0.05 + (0.1 - 0.05)(1.2) = 0.11\ (11\%)$

위에서 SML에 의해 산출한 균형수익률을 현재 가격에 내재된 기대수익률과 비교해 각 자산 가격의 과대/과소/적정 평가 여부를 판단하면 다음과 같다.

- 자산 A: 기대수익률 (8.5%) > 균형수익률 (7.5%) → 과소평가
- 자산 B: 기대수익률 (7%) < 균형수익률 (9%) → 과대평가
- 자산 C: 기대수익률 (11%) = 균형수익률 (11%) → 적정평가

위에서 제시한 각 자산 가격의 과대/과소/적정 평가 결과를 바탕으로 각 문항의 적절성을 확인해 보자.

① 적절한 설명이다. 현재 가격에 내재된 기대수익률이 균형수익률보다 크므로 주식 A는 과소평가되어 있다.
② 적절치 않은 설명이다. 주식 A의 경우 현재 가격에 내재된 기대수익률이 균형수익률보다 크므로 다음 식에서와 같이 주식 A의 위험보상률은 7%로 시장위험프리미엄 5%보다 크다.

$$\frac{E(R_A) - R_f}{\beta_A} = \frac{0.085 - 0.05}{0.5} = 0.07 > E(R_m) - R_f = 0.1 - 0.05 = 0.05$$

③ 적절한 설명이다. 주식 B의 경우 현재 가격에 내재된 기대수익률이 균형수익률보다 작으므로 주식 B는 과대평가되어 있으며 증권시장선(SML)보다 아래에 위치한다.
④ 적절한 설명이다. 앞의 **문항** ③과 동일한 논리에 의해, 주식 B의 현재 가격에 내재된 기대수익률(7%)이 균형수익률(9%)보다 작다.

⑤ 적절한 설명이다. 주식 C의 현재 기대수익률은 균형수익률과 일치
하고 SML 상에 위치하므로 초과수익률이 발생하지 않는다. 따라
서 젠슨의 알파(Jensen's α) 값은 0이다.

따라서, 정답은 ②이다.

문제 53 CAPM이 성립하며 시장에는 다음 두 위험자산만이 존재한다고 하자.

	기대수익률	표준편차
주식 A	18%	35%
주식 B	8%	22%

두 주식 수익률간의 공분산은 0이다. 시장포트폴리오를 구성하는 주식 A와 B의 구성비는 각각 68%와 32%이며, 무위험 자산은 존재하지 않는다고 가정한다. 이 시장포트폴리오에 대한 제로베타 포트폴리오의 기대수익률에 가장 가까운 것은? (단, 공매 제한은 없으며, 각 주식에 대한 가중치는 퍼센트 기준으로 소수 셋째 자리에서 반올림하여 계산한다.) (2013년)

① 5.00%   ② 5.25%   ③ 5.53%

④ 5.72%   ⑤ 6.00%

정답: ④

〈**해설**〉 이 문제는 무위험자산이 존재하지 않은 경우에 이를 대체할 수 있는 제로베타 포트폴리오를 이용하여 CAPM을 도출해내는 제로베타 CAPM에 관한 문제이다. 문제의 핵심은 제로베타 포트폴리오가 시장포트폴리오와의 공분산이 0이라는 특성을 이용하여 주식 A와 B로 구성된 제로베타 포트폴리오를 구성하는 것이다. 먼저 주식 A와 B로 구성된 시장포트폴리오와 제로베타 포트폴리오의 수익률은 다음 식과 같이 나타낼 수 있다.

- 시장포트폴리오 : $r_m = 0.68\,r_A + 0.32\,r_B$

- 제로베타포트폴리오 : $r_z = w_A r_A + (1 - w_A)\,r_B$

제로베타 포트폴리오의 정의에 의해,

$$\beta_z = \frac{Cov(r_z, r_m)}{\sigma_m^2} = 0 \;\rightarrow\; Cov(r_z, r_m) = 0$$

$$Cov(r_z, r_m) = Cov(w_A r_A + (1 - w_A)r_B, 0.68r_A + 0.32r_B) = 0$$

$$w_A(0.68)\,Cov(r_A, r_A) + (1 - w_A)(0.32)\,Cov(r_B, r_B) = 0 \quad (\because Cov(r_A, r_B) = 0)$$

$$w_A(0.68)\,\sigma_A^2 + (1 - w_A)(0.32)\,\sigma_B^2 = 0$$

$$w_A(0.68)(0.35)^2 + (1 - w_A)(0.32)(0.22)^2 = 0$$

$$\rightarrow w_A = -0.2284,\ w_B = 1.2284$$

위의 결과에 의하면, 제로베타 포트폴리오는 주식 A에 -0.2284(공매도)를, 주식 B에 1.2284 투자 비중으로 구성할 수 있다는 것이다. 이렇게 구성된 제로베타 포트폴리오의 기대수익률을 계산하면 다음과 같다.

$$E(R_z) = (-0.2284)E(r_A) + (1.2284)E(r_B)$$

$$= (-0.2284)(0.18) + (1.2284)(0.08) = 0.0572\ (5.72\%)$$

따라서, 정답은 ④이다.

문제 54 자본자산가격결정모형(CAPM)이 성립할 때, 다음 중 가장 적절한 것은? (2021년)

① 공매도가 허용될 때, 기대수익률이 서로 다른 두 개의 효율적 포트폴리오를 조합하여 시장 포트폴리오를 복제할 수 있다.

② 시장 포트폴리오의 위험프리미엄이 음(−)의 값을 가지는 경우가 발생할 수 있다.

③ 수익률의 표준편차가 서로 다른 두 포트폴리오 중에서 더 높은 표준편차를 가진 포트폴리오는 더 높은 기대수익률을 갖는다.

④ 비체계적 위험을 가진 자산이 자본시장선 상에 존재할 수 있다.

⑤ 베타가 0인 위험자산 Z와 시장 포트폴리오를 조합하여 위험자산 Z보다 기대수익률이 높고 수익률의 표준편차가 작은 포트폴리오를 구성할 수 없다.

정답: ①

〈해설〉 이 문제는 CAPM과 제로베타 포트폴리오의 특성에 관한 문제이다. 각 문항에 주어진 정보를 활용하여 해당 문항의 적절성을 판단해 보자.

① 적절한 설명이다. 공매도가 허용될 때, 기대수익률이 서로 다른 두 개의 효율적 포트폴리오 A와 B를 조합하여 시장포트폴리오를 복제할 경우, 이 복제 포트폴리오의 기대수익률은 시장포트폴리오의 기대수익률과 일치해야 한다. 포트폴리오 A와 B에 투자비중을 각각 w_A와 w_B라고 할 때 이들이 각각 다음 식과 같은 조건을 만족시킬 경우 이 포트폴리오는 시장포트폴리오를 복제할 수 있다.

$$E(r_p) = w_A E(r_A) + (1 - w_A) E(r_B) = E(r_m) \quad (\because w_B = 1 - w_A)$$

$$w_A [E(r_A) - E(r_B)] + E(r_B) = E(r_m)$$

$$\rightarrow w_A = \frac{E(r_m) - E(r_B)}{E(r_A) - E(r_B)}, \quad w_B = \frac{E(r_A) - E(r_m)}{E(r_A) - E(r_B)}$$

② 적절치 않은 설명이다. 시장포트폴리오의 위험프리미엄, 즉 $[E(r_m) - r_f]$은 사전적(ex ante)으로 결코 음(−)의 값을 가질 수

없다. 왜냐하면 시장포트폴리오는 위험자산만으로 구성된 가장 효율적인 포트폴리오이기 때문에 기대수익률은 항상 무위험수익률보다 크기 때문이다.

③ 적절치 않은 설명이다. CAPM이 성립할 경우, 모든 자산의 기대수익률은 체계적 위험인 베타에 의해 결정되며, 총위험(표준편차)과는 관련이 없다.

④ 적절치 않은 설명이다. 자본시장선 상에는 체계적 위험만을 갖는 효율적 포트폴리오만이 존재하므로 비체계적 위험을 가진 자산은 존재할 수 없다.

⑤ 적절치 않은 설명이다. 무위험 자산은 존재하지 않는다고 가정할 경우 아래 〈그림 4.2〉에서와 같이 베타가 0인 위험자산 Z, 즉 제로베타 포트폴리오와 시장포트폴리오 M을 결합하여 새로운 효율적 프론티어 ZM을 만들 수 있다. 이 새로운 효율적 프론티어에서 최소분산 포트폴리오 S와 같이 제로베타 포트폴리오 Z보다 기대수익률이 높고 표준편차가 작은 포트폴리오를 구성할 수 있다.

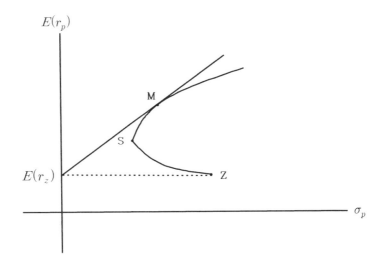

〈그림 4.2〉 제로베타 포트폴리오

따라서, 정답은 ①이다.

4.3 포트폴리오 투자성과의 평가

문제 55 두 위험자산 A와 B의 기대수익률과 표준편차가 다음 표와 같다. 시장에서 CAPM이 성립하고 차익거래의 기회가 없다고 가정한다. 다음 중 적절하지 <u>않은</u> 것은? (2018년)

자산	기대수익률	표준편차
A	12%	6%
B	10%	15%

① 자산 A의 베타가 자산 B의 베타보다 크다.
② 자산 A의 비체계적 위험이 자산 B의 비체계적 위험보다 작다.
③ 무위험자산과 자산 A를 각각 40%와 60%의 비율로 구성한 포트폴리오의 표준편차는 2.4%이다.
④ 무위험이자율이 4.5%인 경우, 자산 A의 샤프지수는 1.25이다.
⑤ 시장포트폴리오의 표준편차가 5%인 경우, 자산 A의 베타는 1.2보다 크지 않다.

정답: ③

〈해설〉 이 문제는 증권의 위험과 투자성과 측정에 관한 문제이다. 문제에 주어진 두 자산에 대한 시장 정보를 활용하여 각 문항의 적절성을 판단해 보자.

① 적절한 설명이다. CAPM이 성립할 경우 자산 A의 기대수익률이 자산 B보다 크므로 자산 A의 베타가 자산 B의 베타보다 크다.
② 적절한 설명이다. 자산 A의 총위험인 표준편차(6%)가 자산 B의 총위험인 표준편차(15%)보다 작은 반면, 자산 A의 체계적 위험(베타)은 자산 B의 체계적 위험보다 더 크다. 따라서 자산 A의 비체계적 위험은 자산 B의 비체계적 위험보다 작다.
③ 적절치 않은 설명이다. 무위험자산 f와 자산 A를 각각 40%와 60%로 구성한 포트폴리오의 표준편차는 아래 식과 같이 2.4%가 아닌 3.6%이다.

$$\sigma_p^2 = w_f^2 \sigma_f^2 + w_A^2 \sigma_A^2 + 2 w_f w_A \sigma_{fA} = w_A^2 \sigma_A^2 \quad (\because \sigma_f^2 = 0, \sigma_{fA} = 0)$$

$$\sigma_p = \sqrt{w_A^2 \sigma_A^2} = w_A \sigma_A = (0.6)(0.06) = 0.036 \, (3.6\%)$$

④ 적절한 설명이다. 무위험이자율이 4.5%인 경우 자산 A의 샤프지수(S_A)는 다음 식과 같이 1.25이다.

$$S_A = \frac{E(r_A) - r_f}{\sigma_A} = \frac{0.12 - 0.045}{0.06} = 1.25$$

⑤ 적절한 설명이다. 시장포트폴리오의 표준편차가 5%인 경우 자산 A의 베타는 아래 식에서와 같이 자산 A와 시장 포트폴리오 간의 상관계수(ρ_{Am})의 1.2배이다. 그런데 상관계수 자체가 정의에 의해 −1보다 크고 1보다 작으므로 자산 A의 베타는 1.2보다 크지 않다.

$$\beta_A = \frac{\sigma_{AM}}{\sigma_M^2} = \frac{\rho_{AM} \sigma_A \sigma_M}{\sigma_M^2} = \frac{\rho_{AM} \sigma_A}{\sigma_M} = \frac{\rho_{AM}(0.06)}{0.05} = 1.2 \rho_{AM}$$

$$\rightarrow -1.2 \leq \beta_A (= 1.2 \rho_{AM}) \leq 1.2 \quad (\because -1.0 \leq \rho_{AM} \leq 1.0)$$

따라서, 정답은 ③이다.

문제 56 주식시장이 주식 A와 주식 B만으로 이루어져 있다고 가정한다. 주식 A 45%와 주식 B 55%로 구성된 시장포트폴리오의 샤프비율 (Sharpe ratio)이 0.2라고 할 때, 무위험이자율(risk free rate) 값으로 가장 가까운 것은? (2012년)

주식시장		
	주식 A의 수익률	주식 B의 수익률
평균	6.50%	8.50%
분산	0.10	0.15
공분산	0.06	

① 1.39% ② 1.43% ③ 1.47% ④ 1.51% ⑤ 1.55%

정답: ②

〈해설〉 이 문제는 투자성과 평가 지표 중 샤프지수에 관한 문제이다. 먼저 시장포트폴리오의 샤프비율을 추정하기 위해 필요한 시장포트폴리오의 수익률 평균($\overline{r_m}$)과 표준편차(σ_m)를 다음 식과 같이 계산한다.

- $\overline{r_m} = (0.45)\overline{r_A} + (0.55)\overline{r_B} = (0.45)(0.065) + (0.55)(0.085) = 0.076$

- $\sigma_m^2 = (0.45)^2\sigma_A^2 + (0.55)^2\sigma_B^2 + 2(0.45)(0.55)\sigma_{AB}$

  $= (0.45)^2(0.1) + (0.55)^2(0.15) + 2(0.45)(0.55)(0.06) = 0.095325$

- $\sigma_m = \sqrt{0.095325} = 0.3087$

시장포트폴리오의 샤프비율(Sharpe ratio)은 위 식에서 산출한 시장포트폴리오의 수익률 평균($\overline{r_m}$)과 표준편차(σ_m), 무위험이자율 등과 다음 관계식을 만족해야 한다. 여기서 무위험이자율은 1.43%이다.

$$S_m = \frac{\overline{r_m} - r_f}{\sigma_m} = \frac{0.076 - r_f}{0.3087} = 0.2 \rightarrow r_f = 0.0143\,(1.43\%)$$

따라서, 정답은 ②이다.

문제 57 지난 24개월 동안 펀드 A와 펀드 B 및 한국종합주가지수(KOSPI)의 평균수익률, 표준편차, 그리고 베타는 다음과 같다.

구분	평균수익률	표준편차	베타
펀드 A	12%	10%	0.5
펀드 B	20%	25%	1.5
KOSPI	15%	12%	1.0

이 기간 동안 무위험수익률이 4%로 변동이 없었다고 가정할 때 가장 적절하지 **않은** 것은? (2014년)

① 펀드 A의 트레이너지수(Treynor measure)는 KOSPI의 트레이너지수보다 높다.
② 펀드 A의 샤프지수(Sharpe measure)는 KOSPI의 샤프지수보다 높다.
③ 젠센의 알파(Jensen's alpha) 기준으로 펀드 A의 성과가 펀드 B의 성과보다 우월하다.
④ 샤프지수 기준으로 펀드 A의 성과가 펀드 B의 성과보다 우월하다.
⑤ 젠센의 알파 기준으로 KOSPI의 성과가 펀드 B의 성과보다 우월하다.

정답: ②

〈해설〉 이 문제는 포트폴리오 성과 평가 지표에 관한 문제이다. 펀드 A와 펀드 B 및 한국종합주가지수(KOSPI)에 대한 시장 정보를 바탕으로 각 문항의 적절성을 판단해 보자.

① 적절하다. 아래 식과 같이 펀드 A의 트레이너지수(T_A)는 KOSPI의 트레이너지수(T_K)보다 높다.

- $T_A = \dfrac{\overline{r_A} - r_f}{\beta_A} = \dfrac{0.012 - 0.04}{0.5} = 0.016$
- $T_K = \dfrac{0.015 - 0.04}{1.0} = 0.011$

② 적절치 않다. 아래 식과 같이 펀드 A의 샤프지수(S_A)는 KOSPI의 샤프지수(S_K)보다 낮다.

$$\bullet\; S_A = \frac{\overline{R_A} - R_f}{\sigma_A} = \frac{0.012 - 0.04}{0.1} = 0.8$$

$$\bullet\; S_K = \frac{0.015 - 0.04}{0.12} = 0.92$$

③ 적절하다. 아래 식과 같이 젠센의 알파(Jensen's alpha) 기준으로 펀드 A의 성과(α_A)가 펀드 B의 성과(α_B)보다 우월하다.

$$\bullet\; \alpha_A = (\overline{r_A} - r_f) - (\overline{r_m} - r_f)\beta_A = (0.12 - 0.04) - (0.15 - 0.04)(0.5)$$
$$= 0.025$$

$$\bullet\; \alpha_B = (\overline{r_B} - r_f) - (\overline{r_m} - r_f)\beta_B = (0.2 - 0.04) - (0.15 - 0.04)(1.5)$$
$$= -0.005$$

④ 적절하다. 아래 식과 같이 샤프지수 기준으로 펀드 A의 성과(S_A)가 펀드 B의 성과(S_B)보다 우월하다.

$$\bullet\; S_A = \frac{\overline{r_A} - r_f}{\sigma_A} = \frac{0.012 - 0.04}{0.1} = 0.8$$

$$\bullet\; S_B = \frac{0.2 - 0.04}{0.25} = 0.64$$

⑤ 적절하다. 펀드 B의 젠센의 알파가 음($-$)이므로 시장포트폴리오의 성과, 즉 KOSPI의 성과가 펀드 B의 성과보다 우월하다.

$$\alpha_B = (\overline{r_B} - r_f) - (\overline{r_m} - r_f)\beta_B = (0.2 - 0.04) - (0.15 - 0.04)(1.5)$$
$$= -0.005 < 0$$

따라서, 정답은 ②이다.

문제 58 다음 표는 지난 36개월간 월별 시장 초과수익률에 대한 ㈜한국의 월별 주식 초과수익률의 회귀분석 결과이다.

	계수	표준오차	t 통계량	p-값
Y 절편	0.0047	0.0044	1.0790	0.2882
X_1	0.8362	0.1996	4.1892	0.0002

주) X_1 변수는 시장 초과수익률을 나타낸다.

이 기간 중 ㈜한국의 월별 주식 수익률의 평균은 1.65%, 표준편차는 2.55%였고, 월별 시장수익률의 평균은 1.40%, 표준편차는 1.77%였다. 또한 무위험자산 수익률은 연 1.20%였고 36개월간 변동이 없었다. 주어진 정보를 이용하여 샤프지수(Sharpe measure), 트레이너지수(Treynor measure), 젠슨의 알파(Jensen's alpha)를 올바르게 계산한 것은? (2010년)

	샤프지수	트레이너지수(%)	젠슨의 알파(%)
①	0.18	1.96	1.20
②	0.61	1.85	0.47
③	0.61	1.96	0.47
④	0.65	1.85	0.47
⑤	0.65	1.96	1.20

정답: ②

〈해설〉 이 문제는 포트폴리오 성과평가 지표에 관한 문제이다. 먼저 문제에서 주어진 월별 시장 초과수익률에 대한 ㈜한국의 월별 주식 초과수익률의 회귀분석 결과를 바탕으로 분석회귀식을 다음과 같이 추정할 수 있다.

$$\text{회귀분석식} : \overline{r_k} - r_f = \alpha_k + (\overline{r_m} - r_f)\beta_k \rightarrow \alpha_k = 0.0047, \ \beta_k = 0.8362$$

위의 회귀분석식에서 절편인 α_k는 ㈜한국의 젠슨의 알파를 의미하며, 기울기인 β_k는 ㈜한국의 베타를 뜻한다(앞의 **문제 40**의 해설을 참고). 위의 회귀분석식과 문제에서 주어진 시장포트폴리오와 ㈜한국의 주식 수익률과 무위험자산 수익률 등에 관한 정보를 활용하여 각 성과지표를 계산하면 다음과 같다. 단, 무위험수익률은 연 1.20%이므로 이것을 월 단위로 환산하면 0.1%이다.

- $S_k = \dfrac{\overline{r_k} - r_f}{\sigma_k} = \dfrac{0.0165 - 0.001}{0.0255} = 0.61$

- $T_k = \dfrac{\overline{r_k} - r_f}{\beta_k} = \dfrac{0.0165 - 0.001}{0.8362} = 0.0185 \ (1.85\%)$

- $Jensen's\ \alpha_k = 0.0047 \ (0.47\%)$

따라서, 정답은 ②이다.

문제 59 시장 포트폴리오와 무위험자산에 대한 투자비율이 각각 80%와 20%인 최적 포트폴리오 A가 있다. CAPM이 성립한다고 가정할 때, 시장포트폴리오의 샤프비율과 최적 포트폴리오 A의 샤프비율 사이의 차이 ($\frac{E(R_m) - R_f}{\sigma_m} - \frac{E(R_A) - R_f}{\sigma_A}$)는 얼마인가? 단, 시장포트폴리오의 기대수익률($E(R_m)$)과 무위험수익률(R_f)은 각각 20%와 5%이며, 시장포트폴리오 수익률의 표준편차(σ_m)는 15%이다. $E(R_A)$와 σ_A는 각각 최적 포트폴리오 A의 기대수익률과 수익률의 표준편차를 나타낸다. (2020년)

① −1.0   ② −0.5   ③ 0   ④ 0.5   ⑤ 1.0

정답: ③

〈해설〉 이 문제는 자본시장선(CML)의 특성과 샤프지수에 관한 문제이다. CAPM이 성립하면 모든 효율적인 포트폴리오는 자본시장선 상에 위치해야 하며, 이에 따라 자본시장선(CML)은 오직 효율적인 포트폴리오의 위험과 기대수익률과의 관계를 설명해 준다. 그리고 다음 식과 같이 자본시장선 상에 위치한 시장포트폴리오를 포함한 모든 효율적 포트폴리오의 샤프비율은 동일하다.

$$CML : E(r_A) = r_f + \frac{E(r_M) - r_f}{\sigma_m}\sigma_A$$

$$\rightarrow \frac{E(r_A) - r_f}{\sigma_A} = \frac{E(r_m) - r_f}{\sigma_m} = constant$$

그러므로 시장포트폴리오의 샤프비율과 최적 포트폴리오 A의 샤프비율 사이의 차이는 0이다.

따라서, 정답은 ③이다.

문제 60 주식 A와 주식 B로 위험 포트폴리오를 구성하고자 한다. 주식 A와 주식 B의 기대수익률은 10%로 같으며, 주식 A 수익률의 표준편차와 주식 B 수익률의 표준편차는 각각 20%와 40%이다. 샤프비율 ($\frac{E(R_i) - R_f}{\sigma_i}$)에 관한 다음 설명 중 옳은 것만을 <u>모두</u> 선택한 것은? 단, $E(R_i)$와 σ_i는 각각 주식(포트폴리오) i의 기대수익률과 수익률의 표준편차이고, 주식 A와 주식 B에 대한 투자비율의 합은 1이며, 무위험수익률(R_f)은 5%이다. 공매도는 허용하지 않는다고 가정한다. (2016년)

---

a. 주식 A의 샤프비율은 주식 B의 샤프비율의 두 배이다.
b. 주식 A와 주식 B 사이의 상관계수가 1인 경우, 주식 B에 대한 투자비율이 높아질수록 위험 포트폴리오의 샤프비율은 하락한다.
c. 주식 A와 주식 B 사이의 상관계수가 0인 경우, 위험 포트폴리오 가운데 최소분산 포트폴리오의 샤프비율이 가장 크다.

---

① a   ② b   ③ a, c   ④ b, c   ⑤ a, b, c

정답: ⑤

〈해설〉 이 문제는 포트폴리오 성과 평가 지표 중에서 샤프지수에 관한 문제이다. 문제에서 주어진 정보를 활용하여 각 문항의 적절성을 판단해 보자.

   a. 옳은 주장이다. 주식 A의 샤프비율은 주식 B의 샤프비율의 두 배이다.

$$S_A = \frac{0.1 - 0.05}{0.2} = 0.25, \quad S_B = \frac{0.1 - 0.05}{0.4} = 0.125$$

b. 옳은 주장이다. 주식 A와 주식 B로 구성된 포트폴리오 C에 있어서 주식 A에 비해 샤프비율이 상대적으로 작은 주식 B에 대한 투자비율이 높아지면 포트폴리오의 샤프비율은 하락하게 된다.

CPA 객관식 재무관리

c. 옳은 주장이다. 주식 A와 주식 B의 기대수익률이 동일하므로 각 주식에 대한 투자비중에 관계없이 포트폴리오의 위험프리미엄은 다음 식과 같이 항상 5%이다. 그리고 최소분산 포트폴리오의 표준편차 (σ_p)가 가장 작으므로 최소분산 포트폴리오의 샤프비율이 가장 크다.

$$S_p = \frac{w_A E(r_A) + w_B E(r_B) - r_f}{\sigma_p} = \frac{0.1 - 0.05}{\sigma_p} = \frac{0.05}{\sigma_p}$$

따라서, 정답은 ⑤이다.

문제 61 다음 표는 자산 A, B, C, D의 젠센(Jensen)지수를 나타낸다. 공매도가 허용된다고 가정할 때, 다음 중 가능한 경우만을 **모두** 선택한 것은? (2021년)

자산	A	B	C	D
젠센지수(%)	-2	-1	1	2

a. 자산 A와 자산 B로만 구성된 포트폴리오의 젠센지수가 1%인 경우
b. 자산 C의 샤프(Sharpe)지수가 자산 D의 샤프지수보다 큰 경우
c. 자산 C의 트레이너(Treynor)지수가 자산 D의 트레이너지수보다 큰 경우

① a 　　　② c 　　　③ a, b
④ a, c 　　　⑤ a, b, c

정답: ⑤

〈해설〉 이 문제는 포트폴리오 성과 평가에 관한 문제이다. 문제에서 주어진 정보를 활용하여 각 문항의 적절성을 판단해 보자.

a. 가능하다. 공매도가 허용된다고 가정할 때, 아래 식에서와 같이 자산 A의 투자 비중이 -2, 자산 B의 투자 비중이 1인 포트폴리오의 젠센지수는 1%이다.

$$\alpha_p = w_A \alpha_A + (1 - w_A)\alpha_B = w_A(\alpha_A - \alpha_B) + \alpha_B = 1 \quad (\because w_B = 1 - w_A)$$

$$w_A(-2 + 1) - 1 = 1 \to w_A = -2, \ w_B = 1$$

b. 가능하다. 자산 C의 샤프지수가 자산 D의 샤프지수는 각각 다음 식과 같이 나타낼 수 있다. 이들의 크기는 각 자산의 표준편차와 베타의 크기에 달라지므로 자산 C와 D의 표준편차와 베타에 따라 자산 C의 샤프지수가 자산 D의 샤프지수보다 클 수도 있다.

$$\bullet \ S_C = \frac{\overline{r_C} - r_f}{\sigma_C} = \frac{1}{\sigma_C} + \frac{(\overline{r_m} - r_f)\beta_C}{\sigma_C}$$

$$\bullet \ S_D = \frac{\overline{r_D} - r_f}{\sigma_D} = \frac{2}{\sigma_D} + \frac{(\overline{r_m} - r_f)\beta_D}{\sigma_D}$$

c. 가능하다. 자산 C의 트레이너(Treynor)지수와 자산 D의 트레이너 지수를 다음 식과 나타낼 수 있으며, 만약 아래 식에서와 같이 $1/\beta_C$가 $2/\beta_D$보다 크면 자산 C의 트레이너지수가 자산 D의 트레이너지수보다 클 수 있다.

$$\bullet \ T_C = \frac{\overline{r_C} - r_f}{\beta_C} = \frac{1}{\beta_C} + (\overline{r_m} - r_f)$$

$$\bullet \ T_D = \frac{\overline{r_D} - r_f}{\beta_D} = \frac{2}{\beta_D} + (\overline{r_m} - r_f)$$

$$\bullet \ \frac{1}{\beta_C} > \frac{2}{\beta_D} \rightarrow T_C > T_D$$

따라서, 정답은 ⑤이다.

4.4 차익거래가격결정모형(APT)

문제 62 다음의 APT(차익거래가격결정이론)에 대한 설명 중 옳지 **않은** 것은? (2004년)

① APT를 유도하기 위한 가정은 CAPM의 경우보다 상대적으로 약하며, 따라서 CAPM은 APT의 특수한 형태로 볼 수 있다.

② APT에서는 자산의 수익률 분포에 대한 제약이 필요 없으며, 투자자가 위험회피적이라는 가정도 필요 없다.

③ APT는 시장 포트폴리오를 필요로 하지 않기 때문에 시장에 존재하는 자산 일부만으로 자산가치 평가를 할 수 있다.

④ APT에서 위험자산의 기대수익률 결정에 영향을 미치는 체계적 위험은 하나 이상이다.

⑤ APT와 CAPM은 둘 다 자산의 기대수익률과 관련 위험요인이 선형관계를 갖고 있다는 것을 보여 준다.

정답: ②

〈해설〉 이 문제는 APT와 CAPM이라는 두 가격결정 모형의 다양한 특성에 관한 문제이다. 각 문항에 주어진 정보를 활용하여 해당 문항의 적절성을 판단해 보자.

① 적절한 설명이다. CAPM의 주요 가정 중에는 효용함수가 2차 함수의 형태를 지니거나 혹은 수익률 분포가 정규분포라는 것인데, 이것은 현실적으로 볼 때 매우 강한 가정으로 볼 수 있다. 이에 반해 APT는 균형상태 하에서는 차익거래가 존재하지 않는다는 단순한 가정만으로 유도할 수 있다.

② 적절치 않은 설명이다. APT에서는 자산의 수익률 분포에 대한 제약은 필요 없으나, 다음 APT 모형에서의 λ_k는 요인 k에 대한 위험프리미엄으로 이것은 체계적 위험요인 k에 대한 보상을 기대수익률에 반영한다는 것을 의미한다. 따라서 투자자가 위험회피적이라는 가정이 필요하다.

$$E(r_i) = r_f + \lambda_1 \beta_{i1} + \lambda_2 \beta_{i2} \cdots + \lambda_k \beta_{ik}$$

여기서, λ_k = 요인 k에 대한 위험프리미엄

③ 적절한 설명이다. APT에서는 CAPM과는 달리 모든 위험자산을 포함하는 시장포트폴리오를 반드시 필요로 하지 않는다. 그러나 APT를 도출하기 위한 필요조건으로 비체계적 위험을 제거하기 위해서는 충분히 많은 수의 증권으로 차익거래 포트폴리오(a very large portfolio)를 구성해야 한다. 이러한 필요조건을 충족시킬 수 있다면 APT에서는 시장에 존재하는 자산 일부만으로 자산 가치평가를 할 수 있다.

④ 적절한 설명이다. CAPM에서는 시장포트폴리오만이 체계적 위험을 가져다주는 유일한 요인으로 가정하고 있으나, APT에서는 다수의 공통요인을 전제로 하고 있다.

⑤ 적절한 설명이다. APT와 CAPM은 둘 다 자산의 기대수익률과 체계적 위험요인이 선형관계를 갖고 있다.

따라서, 정답은 ②이다.

문제 63 CAPM과 APT 등 위험프리미엄의 가격모형에 관한 다음 설명 중 적절하지 <u>않은</u> 것은? (단, CAPM에서 시장이 균형 상태라고 가정한다.) (2018년)

① 자본시장선에 존재하는 두 위험 포트폴리오 간의 상관계수는 1이다.
② CAPM에서 시장포트폴리오는 효율적 포트폴리오이다.
③ APT모형은 차익거래의 기회가 지속되지 않는다는 조건 등을 이용하여 적정 위험프리미엄을 도출한다.
④ 파마-프렌치의 3요인모형은 시장포트폴리오의 수익률, 기업규모, 주가순자산비율(PBR)을 반영한 세 가지 공통요인으로 주식의 수익률을 설명한다.
⑤ 자본시장선보다 아래에 존재하는 자산은 증권시장선에 놓이지 않을 수 있다.

정답: ⑤
〈해설〉 이 문제는 APT와 CAPM, 3요인모형 등 세 가격결정 모형의 특성에 관한 문제이다. 각 문항에 주어진 정보를 활용하여 해당 문항의 적절성을 판단해 보자.

① 적절한 설명이다. 자본시장선은 직선(선형)이므로 자본시장선에 존재하는 두 위험 포트폴리오 간의 상관계수는 항상 1이다(이에 대한 수학적 증명은 앞의 **문제 20의 문항 ⑤**에 대한 해설 참고).
② 적절한 설명이다. CAPM에서 시장포트폴리오는 모든 위험자산을 포함하는 효율적 포트폴리오이다.
③ 적절한 설명이다. APT모형은 차익거래의 기회가 지속되지 않는다는 조건하에서 도출된 모형으로 체계적 위험인 공통요인에 대한 적정 위험프리미엄을 도출한다.
④ 적절한 설명이다. 파마-프렌치(Fama and French)는 시장요인, 기업규모 요인, 장부가-시장가 요인(주가순자산비율) 등 3개의 요인을 이용하여 아래에 제시한 3요인모형을 개발하였다. 이처럼 3요인모형은 시장포트폴리오의 수익률, 기업규모, 장부가-시장가비율(주가순자산비율)을 반영한 세 가지 공통요인으로 주식의 수익률

을 설명하고 있다.

$$E(r_i) = r_f + \beta_i [E(r_m) - r_f] + s_i E(SMB) + h_i E(HML)$$

여기서, $E(r_m) - r_f$=시장 요인에 대한 위험프리미엄
$\qquad$ E(SMB)=기업규모 요인에 대한 위험프리미엄
$\qquad$ E(HML)=장부가−시장가 요인에 대한 위험프리미엄
$\qquad$ β_i, s_i, h_i=각 요인에 대한 자산 i의 민감도

⑤ 적절치 않은 설명이다. 자본시장선(CML)은 오직 효율적인 포트폴리오의 위험과 기대수익률과의 관계를 설명하는데 반해, 자본시장선 아래에 있는 비효율적인 포트폴리오나 개별증권의 위험과 기대수익률 간의 관계는 자본시장선이 아닌 증권시장선(SML)이 설명해 준다. 따라서 증권시장에서 거래되는 모든 자산들, 즉 효율적인 포트폴리오와 비효율적인 포트폴리오와 개별증권 등이 초과수요나 초과공급이 존재하지 않는 균형상태 하에서는 항상 증권시장선(SML) 상에 존재한다.

따라서, 정답은 ⑤이다.

문제 64 증권 또는 포트폴리오의 수익률이 다음의 2요인모형에 의하여 설명 된다고 가정하자.

$$R_i = E(R_i) + \beta_{i1}F_1 + \beta_{i2}F_2 + e_i$$

R_i=포트폴리오 i의 수익률

$E(R_i)$=포트폴리오 i의 기대수익률

F_1=공통요인 1

F_2=공통요인 2

β_{i1}=포트폴리오 i의 공통요인 1에 대한 체계적 위험

β_{i2}=포트폴리오 i의 공통요인 2에 대한 체계적 위험

e_i= 잔차항 (비체계적 위험)

위 2요인 차익거래가격결정모형(arbitrage pricing theory)이 성립하는 자본시장에서 다음과 같은 3가지 충분히 분산된 포트폴리오가 존재한다. 요인1 포트폴리오와 요인2 포트폴리오 위험프리미엄(risk premium)의 조합으로 가장 적절한 것은? (2011년)

포트폴리오	기대수익률	베타1	베타2
A	16%	1.0	1.0
B	17%	0.5	1.5
C	18%	−1.5	3.0

	요인1 포트폴리오	요인2 포트폴리오
①	4%	4%
②	4%	6%
③	6%	4%
④	6%	6%
⑤	8%	8%

정답: ②

〈**해설**〉 이 문제는 APT에서 체계적 위험인 공통요인에 대한 위험프리미엄을 추정하는 문제이다. 문제에서 주어진 모형은 APT 모형을 도출하기 위한 수익률생성모형(return generating process)을 설명한 것이다. 그리고 아래에 제시한 모형이 개별자산의 기대수익률을 설명하는 2요인 APT 모형이다.

$$E(r_i) = r_f + \lambda_1 \beta_{i1} + \lambda_2 \beta_{i2}$$

여기서, λ_k =공통요인 k에 대한 위험프리미엄
β_{ik} =공통요인 k에 대한 자산 i의 베타

문제에서 주어진 포트폴리오 A, B, C의 기대수익률과 공통요인 베타에 관한 정보를 바탕으로 2요인 APT 모형의 공통요인 1과 공통요인 2에 대한 위험프리미엄 λ_1과 λ_2를 다음과 같이 추정할 수 있다.

- $E(r_A) = 0.16 = r_f + \lambda_1(1.0) + \lambda_2(1.0)$

- $E(r_B) = 0.17 = r_f + \lambda_1(0.5) + \lambda_2(1.5)$

- $E(r_C) = 0.18 = r_f + \lambda_1(-1.5) + \lambda_2(3.0)$

  $\rightarrow r_f = 0.06, \lambda_1 = 0.04, \lambda_2 = 0.06$

위의 연립방정식의 해를 구한 결과, 공통요인 1과 공통요인 2에 대한 위험프리미엄 λ_1과 λ_2는 각각 4%와 6%로 나타났다.

따라서, 정답은 ②이다.

문제 65 증권 수익률은 다음의 3-요인모형으로 설명된다고 가정하자.

$$R_i = E(R_i) + \beta_{i1}F_1 + \beta_{i2}F_2 + \beta_{i3}F_3 + e_i$$

여기서, R_i: 증권 i의 수익률,

$E(R_i)$: 증권 i의 기대수익률,

F_j: 공통요인 j (j=1,2,3),

β_{ij}: 증권 i의 공통요인 j에 대한 체계적 위험(민감도),

e_i: 잔차항

요인	요인 1	요인 2	요인 3
위험프리미엄	6%	4%	5%

무위험자산수익률은 3%이다. 요인 1, 요인 2, 요인 3의 체계적 위험이 각각 1.2, 0.2, 0.8인 증권의 균형 기대수익률은 얼마인가? (2014년)

① 12%   ② 15%   ③ 17%
④ 19%   ⑤ 21%

정답: ②

〈해설〉 이 문제는 APT 모형에서 체계적 위험인 공통요인에 대한 위험프리미엄과 베타가 주어져 있을 때 위험자산의 기대수익률을 추정하는 문제이다. 문제에서 주어진 모형은 APT 모형을 도출하기 위한 수익률생성모형(return generating process)을 설명한 것이다. 그리고 문제에서 무위험자산수익률과 요인 1, 요인 2, 요인 3에 대한 위험프리미엄 λ_1, λ_2, λ_3에 대한 정보가 주어져 있으므로 아래 3요인 APT모형은 이를 반영한 것이다.

$$E(r_i) = r_f + \lambda_1 \beta_{i1} + \lambda_2 \beta_{i2} + \lambda_3 \beta_{i3}$$

$$= 0.03 + 0.06\beta_{i1} + 0.04\beta_{i2} + 0.05\beta_{i3}$$

여기서, λ_k=공통요인 k에 대한 위험프리미엄

β_{ik}=공통요인 k에 대한 자산 i의 베타

위의 3요인 APT모형을 이용하여 체계적 위험 β_1, β_2, β_3가 각각 1.2, 0.2, 0.8인 증권의 균형 기대수익률은 다음과 같이 추정할 수 있다.

$$E(r_i) = 0.03 + 0.06\beta_{i1} + 0.04\beta_{i2} + 0.05\beta_{i3}$$

$$= 0.03 + (0.06)(1.2) + (0.04)(0.2) + (0.05)(0.8)$$

$$= 0.15\,(15\%)$$

따라서, 정답은 ②이다.

문제 66 다음 표는 1개의 공통요인만 존재하는 시장에서 포트폴리오 A와 포트폴리오 B의 기대수익률과 공통요인에 대한 베타를 나타낸다. 차익거래의 기회가 존재하지 않는다고 할 때, 포트폴리오 B의 기대수익률은 얼마인가? 단, 무위험수익률은 5%이고, 포트폴리오 A와 포트폴리오 B는 모두 잘 분산 투자된 포트폴리오이며 비체계적 위험이 없다고 가정한다. (2020년)

포트폴리오	기대수익률	베타
A	15%	0.8
B	( )	1.2

① 15%　② 20%　③ 25%　④ 27.5%　⑤ 30%

정답: ②

〈해설〉 이 문제는 특이하게 APT 모형에서 1개의 공통요인만 존재하는 경우에 위험자산의 기대수익률을 추정하는 문제이다. 1개의 공통요인만 존재하는 시장에서 1요인 APT모형은 다음과 같이 나타낼 수 있다. 만약 공통요인이 시장요인이라고 한다면 1요인 APT모형은 CAPM과 정확히 일치한다. 그러나 문제에서 이를 명시하지 않았기 때문에 이 문제는 1요인 APT모형으로 풀어야 한다.

$$E(r_i) = r_f + \lambda \beta_i$$

여기서, λ=공통요인에 대한 위험프리미엄

β_i=공통요인에 대한 자산 i의 베타

먼저, 문제에서 주어진 무위험수익률과 포트폴리오 A의 기대수익률 및 베타에 대한 정보를 이용하여 공통요인에 대한 위험프리미엄을 아래에서 추정한다.

$$E(r_A) = 0.15 = r_f + \lambda \beta_A = 0.05 + \lambda \times 0.8 \rightarrow \lambda = 0.125$$

위 식에서 구한 공통요인에 대한 위험프리미엄 λ를 이용하여 베타가 1.2인 포트폴리오 B의 기대수익률은 다음과 같이 추정할 수 있다.

$$E(r_B) = r_f + \lambda \beta_B = 0.05 + 0.125 \times 1.2 = 0.2 \,(20\%)$$

따라서, 정답은 ②이다.

문제 67 다음 표는 2개의 공통요인만이 존재하는 시장에서, 비체계적 위험이 모두 제거된 포트폴리오 A, B, C, D의 기대수익률과 각 요인에 대한 민감도를 나타낸다. 차익거래가격결정이론(APT)이 성립할 때, 포트폴리오 D의 요인 1에 대한 민감도에 가장 가까운 것은? (2021년)

포트폴리오	요인 1에 대한 민감도	요인 2에 대한 민감도	기대수익률
A	1	1	7%
B	2	1	10%
C	2	2	12%
D	( )	3	20%

① 2   ② 3   ③ 4   ④ 5   ⑤ 6

정답: ③

〈해설〉 이 문제는 APT에서 체계적 위험인 공통요인에 대한 위험프리미엄과 민감도 즉 베타를 추정하는 문제이다. 먼저 문제에서 주어진 포트폴리오 A, B, C의 기대수익률과 공통요인에 대한 민감도, 즉 베타에 관한 정보를 바탕으로 2요인 APT 모형의 공통요인 1과 2에 대한 위험프리미엄 λ_1과 λ_2를 다음과 같이 추정한다.

- $E(r_A) = 0.07 = r_f + \lambda_1(1) + \lambda_2(1)$

- $E(r_B) = 0.10 = r_f + \lambda_1(2) + \lambda_2(1)$

- $E(r_C) = 0.18 = r_f + \lambda_1(2) + \lambda_2(2)$

    → $r_f = 0.02,\ \lambda_1 = 0.03,\ \lambda_2 = 0.02$

위에서 산출한 공통요인 1과 2에 대한 위험프리미엄 λ_1과 λ_2를 이용하여 다음 식에서 포트폴리오 D의 기대수익률을 만족시키는 요인 1에 대한 민감도 즉 베타 1을 구한다.

$$E(r_D) = 0.20 = 0.02 + 0.03\beta_1 + 0.02 \times 3 \rightarrow \beta_1 = 4$$

따라서, 정답은 ③이다.

문제 68 행동재무학(behavioral finance)과 투자자의 비합리성에 관한 설명으로 가장 적절하지 <u>않은</u> 것은? (2018년)

① 투자자의 비합리성과 차익거래의 제약으로 인하여 금융시장은 비효율적일 수 있다.

② 보수주의(conservatism)의 예로 어떤 기업의 수익성이 악화될 것이라는 뉴스에 대해 투자자가 초기에는 과소반응을 보여 이 정보가 주가에 부분적으로만 반영되는 현상을 들 수 있다.

③ 동일한 투자안이더라도 정보가 제시되는 방법(예: 이익을 얻을 가능성만 강조되는 경우, 반대로 손실을 입을 가능성만 강조되는 경우)에 따라 투자 의사결정이 달라지는 현상은 액자(framing) 편향으로 설명될 수 있다.

④ 투자자가 이익(gain)의 영역에서는 위험회피적 성향을, 손실(loss)의 영역에서는 위험선호적 성향을 보이는 것은 전망이론(prospect theory)과 관련이 있다.

⑤ 다수의 의견이 틀리지 않을 것이라는 믿음하에 개별적으로 수집·분석한 정보를 무시한 채 대중이 움직이는 대로 따라가는 현상을 과신(overconfidence)이라고 한다.

정답: ⑤

〈해설〉 이 문제는 행동재무학(behavioral finance)의 기초 개념에 관한 문제이다. 행동재무학은 기본적으로 재무학의 전통적인 효율시장가설을 부정하고 현실 금융시장에서 자산 가격이 왜곡되고 비효율적으로 되는 문제를 투자자 행동에 미치는 비합리적인 심리적 요인에 초점을 두고 분석하는 새로운 학문 영역이다. 각 문항에 주어진 정보를 활용하여 해당 문항의 적절성을 판단해 보자.

① 적절한 설명이다. 비록 투자자가 비합리적이라고 하더라도 차익거래에 대한 제도적 제약이 없을 경우 시장의 비효율성은 제거될 수 있다. 그러나 현실에서는 차익거래에 대한 제도적 제약으로 인해 금융시장의 비효율성이 즉시 제거되지 않아 시장은 비효율적일 수 있다.

② 적절한 설명이다. 보수주의(conservatism) 편의란 투자자들이 최

근의 새로운 증거에 대해 자신의 신념을 새롭게 바꾸는 데 지나치게 느린 것을 의미하므로 올바른 설명이다.

③ 적절한 설명이다. 동전을 던져 앞면이 나오면 50원의 이익을 얻는 내기와, 50원을 그냥 주고 동전을 던져 뒷면이 나오면 50원을 잃게 되는 내기는 실제적으로 동전의 뒷면이 나오면 아무런 이득이 없고, 앞면이 나오면 50원의 이득을 얻는 내기이다. 즉, 전자는 위험한 이득의 관점에서 내기를 구성한 것이며, 후자는 위험한 손실의 관점에서 내기를 구성한 것이다. 이러한 구성의 차이로 인해 사람들은 동일한 투자안에 대해 다른 의사결정을 내릴 수도 있다. 이러한 경향을 액자(framing) 편향이라고 한다.

④ 적절한 설명이다. 전망이론(prospect theory)은 카너먼과 트버스키(Kahneman and Tversky)가 투자자들이 이익(gain)의 영역에서는 위험회피적 성향을, 손실(loss)의 영역에서는 위험선호적 성향을 보이는 심리적 현상을 설명하는 행동재무학의 대표적인 이론으로 손실회피(loss aversion) 현상으로도 부른다.

⑤ 적절치 않은 설명이다. 다수의 의견이 틀리지 않을 것이라는 믿음하에 개별적으로 수집·분석한 정보를 무시한 채 대중이 움직이는 대로 따라가는 현상은 과신이 아니라 군중심리(herd behavior)라고 한다. 반면에 과신(overconfidence)이란 사람들이 자신의 믿음이나 예측의 부정확성을 과소평가하며, 자신의 능력을 과대평가하는 경향을 의미한다.

따라서, 정답은 ⑤이다.

5

자본예산

5.1 투자안의 현금흐름 추정

문제 1 증분현금흐름(incremental cash flow)을 고려해 투자 의사결정을 해야 하는 다음의 상황에서 가장 적절하지 **못한** 주장은? (2004년)

① 은행이 부실기업에 대한 추가 자금지원 여부를 검토할 때, 추가로 지원할 자금과 함께 이미 부도 처리된 대출금에 대해서도 원금과 이자를 회수할 수 있는지 고려해야 한다.

② 100억 원에 구입한 토지에 30억 원을 들인 주차장 시설을 철거하고 상가건물을 신축할지 여부를 검토할 때, 장부가치인 120억 원이 아니라 토지와 주차장 시설을 매각하면 받을 수 있는 150억 원 (세후 기준)을 비용으로 고려해야 한다.

③ 제주도의 한 호텔이 인근 골프장 인수 여부를 검토할 때, 골프장 예약이 수월해짐에 따라 증가하는 투숙객으로부터 예상되는 수입과 호텔 예약이 수월해짐에 따라 증가하는 골프장 이용객으로부터 예상되는 수입도 고려해야 한다.

④ 신제품발매 여부를 검토할 때, 원자재 추가구입에 따른 외상매입금의 증가와 재고자산 및 보관창고 비용의 증가 그리고 현금보유액의 증가도 고려해야 한다.

⑤ 공장직원을 해외로 교육연수 보낼지 여부를 검토할 때, 항공료와 등록금은 물론 해당 직원의 업무를 맡은 신규채용 임시직원에게

지급할 급여도 함께 고려해야 한다.

정답: ①

〈해설〉 이 문제는 투자안의 현금흐름 추정 원칙에 관한 문제이다. 각 문항에서 제시된 정보를 바탕으로 해당 문항의 적절성을 판단해 보자.

① 적절치 않은 설명이다. 은행이 부실기업에 대한 추가자금 지원 여부를 검토할 때, 이미 부도 처리된 대출금은 추가자금 지원 여부를 검토하는 의사결정과는 관계없는 비용으로 전형적인 매몰비용 (sunk costs)에 속한다. 따라서 이것은 증분현금흐름 추정 원칙 중 하나인 "매몰비용(sunk costs)은 현금유출에 포함시키지 않는다."에 위배된다.

② 적절한 설명이다. 상가건물을 신축하는 새로운 투자안을 검토할 때, 기존의 토지와 주차장 시설을 매각하면 받을 수 있는 150억원(세후 기준)은 새로운 투자안의 채택으로 인해 포기해야 할 기회비용(opportunity costs)이므로 현금흐름 추정 시에 현금유출에 포함시켜야 한다.

③ 적절한 설명이다. 호텔이 인근 골프장 인수 여부를 검토할 때, 골프장 예약이 수월해짐에 따라 증가하는 투숙객으로부터 예상되는 수입과 호텔 예약이 수월해짐에 따라 증가하는 골프장 이용객으로부터 예상되는 수입 등은 새로운 투자안의 부수적 효과(incidental effect)이므로 현금흐름 추정에 고려해야 한다.

④ 적절한 설명이다. 신제품발매 여부를 검토할 때, 원자재 추가구입에 따른 외상매입금의 증가와 재고자산 및 보관창고 비용의 증가 그리고 현금보유액의 증가 등과 같은 추가적인 순운전자본의 증가는 현금흐름 추정에 고려해야 한다.

⑤ 적절한 설명이다. 공장직원의 해외연수로 인해 발생하는 직접적인 비용인 항공료와 등록금은 물론 해당 직원의 업무를 맡은 신규채용 임시직원에게 지급할 급여도 증분 현금유출에 포함시켜야 한다.

따라서, 정답은 ①이다.

문제 2 B 출판사는 현재 사용하고 있는 구형 윤전기를 대체할 3년 수명의 신형 윤전기 구입을 고려하고 있다. 구형 윤전기는 완전상각되어 있으며 잔존 시장가치도 없다. 72억 원인 신형 윤전기를 구입함으로 인해 3년 동안 연간 매출액이 구형 윤전기에 비해 28억 원 증가하고, 매출원가는 변동이 없을 것으로 추정한다. 신형 윤전기는 정액법으로 3년 동안 100% 감가상각할 예정이나 3년 후(t=3) 처분가치는 6억 원일 것으로 추정하고 있다. 윤전기를 도입하면 초기(t=0)에 3억 원의 순운전자본이 소요되며, 이 순운전자본은 3년 후 시점에서 전액 회수된다. 법인세율이 30%라면 3년 후 시점에서의 증분현금흐름은 얼마인가? (2016년)

① 26.3억원 ② 34.0억원 ③ 35.8억원 ④ 50.8억원 ⑤ 52.6억원

정답: ②

〈해설〉 이 문제는 대체투자안의 투자종료 시점의 현금흐름 추정에 관한 문제이다. 투자 종료 시점에는 영업현금흐름과 순운전자본 회수액, 및 신형 윤전기의 처분액 등이 발생한다. 이에 따라 투자종료 시점의 현금흐름을 추정하면 다음과 같다.

- $OCF_3 = (\Delta R_3 - \Delta OC_3)(1 - T_C) + T_C \Delta Dep$

$$= (28 - 0)(1 - 0.3) + (0.3)(\frac{72 - 0}{3}) = 26.8$$

- 순운전자본 회수액(ΔRWC_3) = 3

- 신형 윤전기 처분액 = $\Delta S_3 - (\Delta S_3 - \Delta B_3) T_C$

$$= 6 - (6 - 0) \times 0.3 = 4.2$$

→ $\Delta CF_3 = 26.8 + 3 + 4.2 = 34$

따라서, 정답은 ②이다.

문제 3 ㈜대한은 초기자금이 663,000원 소요되는 3년 연한의 시설장비 투자안을 고려 중이다. 이 투자안은 투자 기간 동안 매년 매출을 285,000원 증가시킨다. 시설장비는 잔존가치를 0원으로 하여 투자 기간 동안 정액법으로 감가상각된다. 한편 시설장비는 투자 기간 종료 시점에서 장부가치와 상이하게 50,000원에 처분될 것으로 추정된다. 이 투자안은 초기자금 지출과 함께 25,000원의 순운전자본을 소요한다. 순운전자본은 투자 기간 종료 후 전액 회수된다. 법인세는 30%, 요구수익률은 10%이다. 이 투자안의 순현가(NPV)와 가장 가까운 것은? (단, 감가상각비를 제외한 영업비용은 변동이 없다.) (2011년)

① 18,084 ② 19,414 ③ 20,455 ④ 21,695 ⑤ 22,754

정답: ①

〈해설〉 이 문제는 새로운 투자안의 현금흐름과 NPV 추정에 관한 문제이다. 투자안의 현금흐름은 다음과 같이 투자의 시작 시점, 정상적인 영업활동 기간 및 투자 종료 시점 등 3개의 기간으로 구분하여 추정한다.

- 투자 개시 $(t = 0)$ 시점의 현금흐름

$$\Delta CF_0 = -\Delta CI_0 - \Delta WC_0 = -663,000 - 25,000 = -688,000$$

- 정상적 영업 기간 $(t = 1, 2)$의 현금흐름

$$\Delta OCF_t = (\Delta R_t - \Delta OC_t)(1 - T_C) + T_C \Delta Dep_t$$

$$= (285,000 - 0)(1 - 0.3) + (0.3)(\frac{663,000 - 0}{3}) = 265,800$$

- 투자 종료 $(t = 3)$ 시점의 현금흐름

$$\Delta CF_3 = \Delta OCF_3 + \Delta RWC + \Delta S - (\Delta S - \Delta B)T_C$$

$$= 265,800 + 25,000 + 50,000 - (50,000 - 0)(0.3) = 325,800$$

위에서 추정한 기간별 현금흐름을 이용하여 NPV를 계산하면 다음과 같다.

$$NPV = -688{,}000 + \frac{265{,}800}{(1+0.1)} + \frac{265{,}800}{(1+0.1)^2} + \frac{325{,}000}{(1+0.1)^3}$$

$$= 18{,}084.15$$

따라서, 정답은 ①이다.

문제 4 ㈜한국은 기존의 생산라인 제어시스템을 교체하는 것을 고려하고 있다. 시스템이 교체되는 경우 ㈜한국은 연간 약 50억 원의 비용을 절감할 수 있을 것으로 예상된다. 신규 시스템의 구입 비용은 총 200억 원이며 내용 연수는 5년이다. 이 시스템은 정액법으로 감가상각되며 5년 사용 후 잔존가치는 없을 것으로 예상된다. 현재의 시스템도 전액 감가상각되었고 시장가치는 없다. 한편, 신규 시스템을 가동하기 위하여 순운전자본이 약 10억 원 가량 추가로 필요하다. ㈜한국의 법인세율은 20%이고 이 투자안에 대한 할인율은 15%라면 이 투자안의 순현가는 약 얼마인가? (2005년)

(n=5)	현재가치계수	연금의 현재가치계수
15%	0.4972	3.3522
20%	0.4019	2.9906

① 66억원   ② 49억원   ③ −44억원   ④ −49억원   ⑤ −66억원

정답: ③

〈해설〉 이 문제는 대체 투자안의 현금흐름과 NPV 추정에 관한 문제이다. 투자안의 현금흐름은 다음과 같이 투자의 시작 시점, 정상적인 영업활동 시기 및 투자 종료 시점 등 3개의 기간으로 구분하여 추정한다.

- 투자 개시$(t=0)$시점의 현금흐름

$$\Delta CF_0 = -\Delta CI_0 - \Delta WC_0 = -200 - 10 = -210$$

- 정상적 영업 기간$(t=1 \sim 4)$의 현금흐름

$$\Delta OCF_t = (\Delta R_t - \Delta OC_t)(1 - T_C) + T_C \Delta Dep_t$$

$$= [0 - (-50)](1 - 0.2) + (0.2)(\frac{200 - 0}{5}) = 48$$

- 투자 종료 시점$(t=5)$의 현금흐름

$$\Delta CF_5 = \Delta OCF_5 + \Delta RWC = 48 + 10 = 58$$

위에서 추정한 기간별 현금흐름을 이용하여 NPV를 계산하면 다음과

CPA 객관식 재무관리

같다.

$$NPV = -210 + 48 \times PVIFA_{15\%,5} + 10 \times PVIF_{15\%,5}$$

$$= -210 + 48 \times 3.3522 + 10 \times 0.4972 = -44.1224$$

따라서, 정답은 ③이다.

문제 5 K기업은 새로운 투자안을 발굴하기 위해서 컨설팅비용으로 50만 원을 지출하였다. 이 기업은 내용 연수가 3년인 기계설비를 도입하는 투자안을 순현가(NPV)법으로 평가하고자 한다. 3,000만 원인 기계설비의 구입비용은 투자 시작 시점(t=0)에서 전액 지출되며, 이 기계설비는 내용 연수 동안 정액법으로 전액 감가상각되고, 투자안의 종료시점(t=3)에서 500만 원에 처분될 것으로 예상된다. 이 기계설비를 도입하면 매년(t=1~t=3) 매출과 영업비용(감가상각비 제외)이 각각 2,000만 원과 500만 원 발생한다. 순운전자본은 투자 시작 시점에 300만 원 투하되고, 투자안이 종료되는 시점에서 전액 회수된다. 법인세율은 30%이고 투자안의 할인율은 10%이다. 이 투자안의 순현가에 가장 가까운 것은? 단, 연 1회 복리를 가정하고, $PVIF(10\%,3)$ =0.7513, $PVIFA(10\%,3)$ =2.4868이다. (2020년)

① 4,955,250원   ② 5,455,250원   ③ 5,582,200원
④ 6,082,200원   ⑤ 6,582,200원

정답: ②

〈해설〉 이 문제는 새로운 투자안의 현금흐름과 NPV 추정에 관한 문제이다. 투자안의 현금흐름은 투자의 시작 시점, 정상적인 영업활동 시기 및 투자 종료 시점 등 3개의 기간으로 구분하여 추정한다. 그런데 이 문제에서 유의해야 할 점은 새로운 투자안을 발굴하기 위해 투자안 평가 이전에 지출한 컨설팅 비용 50만 원은 매몰비용(sunk cost)이므로 현금유출에 포함시키지 않는다는 점이다.

- 투자 개시 시점$(t=0)$의 현금흐름

$$\Delta CF_0 = -\Delta CI_0 - \Delta WC_0 = -3,000 - 300 = -3,300$$

- 정상적 영업 기간$(t=1,2)$의 현금흐름

$$\Delta OCF_t = (\Delta R_t - \Delta OC_t)(1 - T_C) + T_C \Delta Dep_t$$

$$= (2,000 - 500)(1 - 0.3) + (0.3)(\frac{3,000 - 0}{3}) = 1,350$$

- 투자 종료 시점 $(t=3)$의 현금흐름

$$\Delta CF_3 = \Delta OCF_3 + \Delta RWC_3 + \Delta S - (\Delta S - \Delta B)T_C$$

$$= 1{,}350 + 300 + 500 - (500 - 0)(0.3) = 1{,}350 + 650$$

위에서 추정한 기간별 현금흐름을 이용하여 NPV를 계산하면 다음과 같다.

$$NPV = -3{,}300 + 1{,}350 \times PVIFA(10\%, 3) + 650 \times PVIF(10\%, 3)$$

$$= -3{,}300 + 1{,}350 \times 2.4868 + 650 \times 0.7513$$

$$= 545.525 \,(만원)$$

따라서, 정답은 ②이다.

문제 6 ㈜버젯은 내용 연수가 3년인 기계를 구입하려고 한다. 이 기계는 정액
법으로 상각되며, 3년 후 잔존가치는 없지만 처분가치는 1,000만 원
으로 예상된다. 이 기계를 도입할 경우(t=0), 향후 3년 동안(t=1∼
t=3) 매년 6,000만 원의 매출액과 3,000만 원의 영업비용(감가상각
비 제외)이 발생한다. 자본비용은 10%이고 법인세율은 30%이다. 순
현가(NPV)법으로 투자안을 평가할 경우, ㈜버젯이 기계 구입 비용으
로 지불할 수 있는 최대 금액과 가장 가까운 것은? (단,
PVIFA(10%, 3)=2.4869, PVIF(10%,3)=0.7513) (2018년)

① 7,536만원   ② 7,651만원   ③ 7,749만원
④ 7,899만원   ⑤ 7,920만원

정답: ②

〈해설〉 이 문제는 새로운 투자안의 현금흐름과 NPV 추정에 관한 문제이다.
투자안의 현금흐름은 투자의 시작 시점, 정상적인 영업활동 시기 및
투자 종료 시점 등 3개의 기간으로 구분하여 추정한다. 새로운 기계
구입 비용을 P라고 두면, 다음과 같이 현금흐름과 NPV를 추정할 수
있다.

- 투자 개시$(t=0)$시점의 현금흐름

  $\triangle CF_0 = -P$

- 정상적 영업기간$(t=1,2)$의 현금흐름

  $\triangle OCF_t = (\triangle R_t - \triangle OC_t)(1 - T_C) + T_C \triangle Dep_t$
  $= (6,000 - 3,000)(1 - 0.3) + (0.3)(\frac{P-0}{3}) = 2,100 + 0.1P$

- 투자 종료$(t=3)$시점의 현금흐름

  $\triangle CF_3 = \triangle OCF_3 + \triangle S - (\triangle S - \triangle B)T_C$

  $= (2,100 + 0.1P) + 1,000 - (1,000 - 0)0.3$

  $= (2,100 + 0.1P) + 700$

㈜버젯이 기계 구입비용으로 지불할 수 있는 최대 금액은 다음 식과

같이 NPV가 0이 되는 금액이다.

$$NPV = -P + (2,100 + 0.1P) \times PVIFA(10\%, 3) + 700 \times PVIF(10\%, 3)$$

$$= -P + (2,100 + 0.1P) \times 2.4869 + 700 \times 0.7513 = 0$$

$$\rightarrow P = 7,651.17$$

따라서, 정답은 ②이다.

문제 7   ㈜대한은 새로운 투자안을 순현재가치법으로 평가하여 사업의 시행 여부를 결정하고자 한다. 상각대상 고정자산에 대한 총투자액은 15,000백만 원으로 사업 시작 시점에서 모두 투자되며 사업 기간은 10년이다. 고정자산은 10년에 걸쳐서 정액법으로 감가상각되며 투자 종료 시점에서의 잔존가치 및 매각가치는 없다. ㈜대한은 매년 동일한 수량을 판매한다. 제품의 단위당 판매가격은 100백만 원, 제품 단위당 변동비는 40백만 원, 감가상각비를 제외한 연간 총고정비용은 2,500백만 원이다. 법인세율은 35%이며 할인율은 8%이다. 연간 예상 제품 판매수가 150개일 경우 이 투자안의 순현재가치(NPV)에 가장 가까운 것은 다음 중 어느 것인가? (단, 연 8%의 할인율에서 10년 만기 일반연금의 현가요소는 6.71이다.) (2010년)

① 15,669백만원   ② 16,873백만원   ③ 17,267백만원
④ 18,447백만원   ⑤ 19,524백만원

정답: ②

〈해설〉 이 문제는 새로운 투자안의 현금흐름과 NPV 추정에 관한 문제이다. 투자안의 현금흐름은 투자의 시작 시점, 정상적인 영업활동 시기 및 투자 종료 시점 등 3개의 기간으로 구분하여 추정한다. 그러나 이 문제에 있어서는 종료 시점에 영업현금흐름 이외에는 어떤 현금흐름도 발생하지 않기 때문에 정상적 영업 활동 시기와 종료 시점을 구분할 필요 없다.

- 투자 개시 시점 $(t = 0)$의 현금흐름

$$\Delta CF_0 = -\Delta CI_0 = -15,000$$

- 정상적 영업 기간 $(t = 1 \sim 10)$의 현금흐름

$$\Delta OCF_t = (\Delta R_t - \Delta OC_t)(1 - T_C) + T_C \Delta Dep_t$$

$$= [(100 - 40)(150) - 2,500](1 - 0.35) + (0.35)(\frac{15,000 - 0}{10})$$

$$= 4,750$$

위에서 추정한 기간별 현금흐름을 이용하여 NPV를 계산하면 다음과 같다.

$$NPV = -15,000 + 4,750 \times PVIFA_{8\%,10}$$

$$= -15,000 + 4,750 \times 6.71 = 16,873$$

따라서, 정답은 ②이다.

문제 8 탄산 음료를 생산하는 H사는 현재 신개념의 이온 음료 사업을 고려하고 있다. 이 투자안의 사업 연한은 5년이며, 이온 음료 생산에 필요한 설비자산의 구입 가격은 1,000만 원이다. 설비자산은 잔존가치가 0원이며 5년에 걸쳐 정액법으로 상각된다. 5년 후 설비자산의 처분가치는 없을 것으로 예상된다. 이온 음료는 매년 500개씩 판매되고, 이 제품의 단위당 판매가격은 5만 원, 단위당 변동비용은 3만 원이며, 감가상각비를 제외한 연간 총고정비용은 300만 원으로 추정된다. 한편 이온 음료가 판매될 경우 기존 탄산음료에 대한 수요가 위축되어 탄산음료의 판매량이 매년 100개씩 감소할 것으로 예상된다. 탄산음료의 단위당 판매가격은 2만 원, 단위당 변동비는 1만 원이다. H사의 법인세율은 40%이고 투자안의 자본비용은 10%이다. 설비자산의 투자는 현시점(t=0)에서 일시에 이뤄지고, 매출 및 제조 비용과 관련된 현금흐름은 매년 말(t=1~5)에 발생한다. 이 투자안의 순현재가치(NPV)에 가장 가까운 것은? 단, 연 10%의 할인율에서 5년 연금의 현가요소(present value interest factor for an annuity)는 3.7908이다. (2014년)

① 820만원   ② 668만원 ③ 516만원   ④ 365만원   ⑤ 213만원

정답: ②

〈해설〉 이 문제는 새로운 투자안의 현금흐름과 NPV 추정에 관한 문제이다. 투자안의 현금흐름은 일반적으로 투자의 시작 시점, 정상적인 영업활동 시기 및 투자 종료 시점 등 3개의 기간으로 구분하여 추정하여야 하나, 이 문제에 있어서는 종료 시점에 영업현금흐름 이외에는 어떤 추가적인 현금흐름도 발생하지 않기 때문에 정상적 영업 활동 시기와 종료 시점을 구분할 필요 없이 현금흐름을 추정할 수 있다. 그리고 이 문제에 있어서 특이한 점은 탄산 음료를 생산하는 H사가 현재 신개념의 이온 음료 사업을 추진할 경우 기존 탄산 음료에 대한 수요가 위축되어 잠식비용(erosion costs)이 발생하며 이 잠식비용은 현금유출에 포함시켜야 한다.

- 투자 개시 시점 $(t = 0)$의 현금흐름

  $\Delta CF_0 = -\Delta CI_0 = -1{,}000$

- 정상적 영업 기간 $(t = 1 \sim 10)$의 현금흐름

  $$\begin{aligned}
  \Delta OCF_t &= (\Delta R_t - \Delta OC_t)(1 - T_C) + T_C \Delta Dep_t \\
  &= [(5-3)(500) - 300 - (2-1)(100)](1-0.4) + (0.4)(\frac{1{,}000 - 0}{5}) \\
  &= 440
  \end{aligned}$$

위에서 추정한 기간별 현금흐름을 이용하여 NPV를 계산하면 다음과 같다.

$$\begin{aligned}
NPV &= -1{,}000 + 440 \times PVIFA_{10\%, 5} \\
&= -1{,}000 + 440 \times 3.7908 = 667.95
\end{aligned}$$

따라서, 정답은 ②이다.

문제 9 하나기업은 5년 전에 기계를 4,000만 원에 구입하였다. 구입했을 시 하나기업은 이 기계를 8년 동안 사용하며 8년 후 잔존가치는 없을 것으로 예상하였다. 하나기업은 이 기계를 현재 2,000만 원에 매각할 예정이다. 자산처분 시점에서의 현금흐름으로 적절한 금액은 얼마인가? 감가상각비는 정액법으로 계산하며 법인세율은 30%이다. (2006년)

① 2,000만원   ② 2,150만원   ③ 1,500만원
④ 1,850만원   ⑤ 1,650만원

정답: ④

〈해설〉 이 문제는 대체 투자안의 현금흐름 추정에 관한 문제이다. 이 문제를 푸는 과정에서 유의할 점은 자산 매각대금에서 처분이익이나 처분손실과 관련된 세금을 반드시 고려해야 한다는 것이다. 자산처분 시점에서의 현금흐름은 다음 식과 같이 자산 매각대금(S)에서 처분이익에 대한 세금을 차감하면 쉽게 구할 수 있다.

- 감가상각비 $= \dfrac{4,000 - 0}{8} = 500$

- 현재의 장부가치 $(B) = 4,000 - 5 \times 500 = 1,500$

- $CF = S - (S - B)\,T_C = 2,000 - (2,000 - 1,500)(0.3) = 1,850$

따라서, 정답은 ④이다.

문제 10 C기업은 기존의 기계설비를 새로운 기계설비로 교체할 것을 고려하고 있다. 기존의 기계설비는 3년 전 2,400만 원에 취득했으며 구입 시 내용 연수는 8년, 잔존가치는 없는 것으로 추정하였다. 기존의 기계는 현재 시장에서 1,000만 원에 처분할 수 있다. 내용 연수가 5년인 새로운 기계설비는 2,500만 원이며 투자종료 시점에서의 잔존가치 및 매각가치는 없다. 기존의 기계설비를 사용하는 경우에 매출액은 1,500만 원, 영업비용은 700만 원이고, 새로운 기계설비를 사용하는 경우 매출액은 1,800만 원, 영업비용은 600만 원이다. C기업의 감가상각 방법은 정액법, 법인세율은 30%로 가정하였을 때, 새로운 기계설비를 도입할 경우 5년 후 시점(t=5)에서 발생하는 증분현금흐름은 얼마인가? (2015년)

① 310만원 ② 340만원 ③ 370만원 ④ 400만원 ⑤ 430만원

정답: ②

〈해설〉 이 문제는 대체 투자안의 현금흐름 추정에 관한 문제이다. 이 문제에서는 종료 시점에 순운전자본의 회수나 자산 매각대금과 세금 등이 발생하지 않으므로 5년 후 종료 시점의 현금흐름은 다음과 같이 영업현금흐름만 추정하면 된다. 영업현금흐름 추정에서 유의할 점은 증분 감가상각비를 계산할 시에 구 기계설비를 구입한 지 3년이 지난 시점이므로 현재 장부가치는 구 기계설비의 취득원가에서 3년간의 감가상각비를 차감한 1,500(=2,400−900)만 원이라는 점을 고려해야 한다.

- 종료 시점 ($t=5$)의 현금흐름

$$\Delta OCF_5 = (\Delta R_5 - \Delta OC_5)(1 - T_C) + T_C \Delta Dep_5$$

$$= [(1,800 - 1,500) - (600 - 700)](1 - 0.3) + (0.3)[(\frac{2,500}{5}) - (\frac{1,500}{5})]$$

$$= 340$$

따라서, 정답은 ②이다.

문제 11   ㈜한국은 100억 원을 투자하여 전자사업부를 신설하려고 하는데 향후 순현금흐름은 다음과 같이 예상된다. 순현금흐름의 성장률은 t=1~4 시점까지는 높게 형성되다가, t=5 시점 이후부터는 4%로 일정할 것으로 예상된다. 할인율은 고성장기간 동안 20%, 일정성장 기간 동안 10%라고 할 때, 이 투자안의 순현재가치(NPV)와 가장 가까운 것은?   (2009년)

t	1	2	3	4	5
순현금흐름 (단위 : 억원)	10	16	20	30	16

①   −6.30억원   ②   26.13억원   ③   74.09억원
④   80.41억원   ⑤   84.13억원

정답: ③

〈해설〉 이 문제는 투자안의 현금흐름과 NPV 추정에 관한 문제이다. 우선 이 문제에서 사업 초기 t=1~4 시점까지는 고성장을, 그 이후에는 일정성장을 가정하고 있다. 이러한 설정은 주가를 측정하는 초과성장모형(super growth model)을 활용하지 않으면 접근하기 힘든 문제이다. 따라서 초과성장모형을 이용하여 투자안의 NPV를 계산한다.

- 고성장 기간의 순현금흐름의 현가

$$PV = \frac{10}{(1+0.2)} + \frac{16}{(1+0.2)^2} + \frac{20}{(1+0.2)^3} + \frac{30}{(1+0.2)^4} = 45.49$$

- 일정성장 기간의 현금흐름의 현가

  ＊ $t=4$년도 말에서의 현가 : $PV_4 = \frac{16}{0.1-0.04} = 266.67$

  ＊ $t=0$에서의 현가 : $PV_0 = \frac{266.67}{(1+0.2)^4} = 128.60$

- $NPV = -100 + (45.49 + 128.60) = 74.09$

따라서, 정답은 ③이다.

문제 12 기업이 자산에서 창출하는 현금흐름을 잉여현금흐름(free cash flow)
이라고 한다. 이는 주주와 채권자에게 자유롭게 배분해 줄 수 있는
현금이라는 의미이다. 다음 재무제표에서 잉여현금흐름(FCF)을 계산
했을 때 가장 적절한 것은? 단, 모든 자산과 부채는 영업용이고 법
인세율은 25%이며 금액 단위는 억 원이다. (2012년)

재무상태표			손익계산서	
	당기	**전기**		
유동자산	100	85	매출액	500
비유동자산	200	165	변동영업비	220
자산총계	300	250	고정영업비	180
			감가상각비	24
			순영업이익	76
유동부채	50	40	이자	12
비유동부채	120	110	세전이익	64
자본	130	100	법인세	16
부채 및 자본총계	300	250	당기순이익	48

① FCF ≤ 20
② 20 < FCF ≤ 40
③ 40 < FCF ≤ 60
④ 60 < FCF ≤ 80
⑤ FCF > 80

정답: ①

⟨**해설**⟩ 이 문제는 재무제표를 활용하여 잉여현금흐름을 추정하는 문제이다.
잉여현금흐름(FCF)은 영업활동으로부터 취득한 세후 현금흐름에서 순
운전자본의 증가액($\triangle WC$)과 자본적 지출의 증가액($\triangle CI$)을 차감하여
추정한다.

- $FCF = EBIT(1 - T_C) + Dep - \triangle WC - \triangle CI$

- $\triangle WC$(순운전자본) = 유동자산의 증가 − 유동부채의 증가

- $\triangle CI$(자본적 지출) = 비유동자산의 증가 + 감가상각비

$$\rightarrow FCF = 76(1-0.25)+24-(15-10)-(200-165+24)=17$$

따라서, 정답은 ①이다.

5.2 투자안의 수익성 평가기법

문제 13 다음 중 자본예산에 관한 설명으로 가장 적절하지 **않은** 것은? (2019년)

① 상호배타적인 두 투자안의 투자 규모가 서로 다른 경우 순현가 (NPV)법과 내부수익률(IRR)법에 의한 평가 결과가 다를 수 있다.

② 순현가법은 자본비용으로 재투자한다고 가정하며, 가치의 가산원리가 적용된다.

③ IRR이 자본비용보다 큰 경우 수정내부수익률(MIRR)은 IRR보다 큰 값을 갖는다.

④ 수익성지수(PI)는 투자안의 부분적 선택이 가능한 자본할당 (capital rationing)의 경우에 유용하게 사용된다.

⑤ PI법을 사용할 경우 PI가 0보다 크면 투자안을 채택하고, 0보다 작으면 투자안을 기각한다.

정답: ⑤

〈해설〉 이 문제는 자본예산 기법 중 NPV과 IRR, PI법의 특성에 관한 문제이다. 각 문항에 주어진 정보를 활용하여 해당 문항의 적절성을 판단해 보자.

① 적절한 설명이다. 상호배타적인 두 투자안의 투자 규모 혹은 현금 흐름 발생 형태가 서로 다른 경우 순현가(NPV)법과 내부수익률 (IRR)법에 의한 평가 결과가 다를 수 있다.

② 적절한 설명이다. 순현가법은 자본비용으로 재투자한다고 가정하며, 여러 평가 기법 중 가치의 가산원리가 적용되는 유일한 평가 기법이다.

③ 적절한 설명이다. 수정내부수익률(MIRR)법은 재투자수익률을 IRR 에서 자본비용으로 전환해서 산출한 내부수익률이므로, IRR이 자본비용보다 큰 경우 수정내부수익률(MIRR)은 IRR보다 작은 값을

갖는다.

④ 적절한 설명이다. 수익성지수(PI)는 기업 현장에서 사용 빈도가 가장 낮은 평가 기법이기는 하나 투자안의 부분적 선택이 가능한 자본할당(capital rationing)의 경우에는 매우 유용하게 사용된다.

⑤ 적절치 않은 설명이다. PI법의 평가 기준은 NPV법과는 달리 PI가 0이 아닌 1보다 크면 투자안을 채택하고, 1보다 작으면 투자안을 기각한다.

따라서, 정답은 ⑤이다.

문제 14 ㈜감마기업은 다음 네 개의 투자안을 검토하고 있다. 투자 기간은 모두 1기간이며, 각 투자안에 적용되는 가중평균자본비용은 10%로 동일하다. 다음 설명 중 적절하지 **않은** 것은? (2008년)

투자안	투자액(t=0)	수익성지수(PI)
A	1억	1.2
B	1억	1.5
C	2억	1.5
D	3억	1.4

① 순현재가치(NPV)가 가장 큰 투자안은 D이다.
② 투자안 B와 투자안 C의 내부수익률(IRR)은 동일하다.
③ 투자안이 모두 상호배타적일 경우, 순현재가치법과 내부수익률법으로 평가한 결과는 상이하다.
④ 투자안이 모두 독립적이며 투자할 수 있는 총금액이 2억 원으로 제약될 경우, 투자안 A와 투자안 B에 투자하는 것이 기업가치를 극대화시킬 수 있다.
⑤ 투자안이 모두 독립적이며 투자할 수 있는 총금액이 3억 원으로 제약될 경우, 투자안 B와 투자안 C에 투자하는 것이 기업가치를 극대화시킬 수 있다.

정답: ④

〈해설〉 이 문제는 자본예산 기법에 관한 문제이다. 특히, 자본할당 문제에 직면할 경우 주어진 자금의 제약하에서 NPV를 극대화하기 위해서는 어떤 의사결정을 해야 하는지를 묻는 문제이다. 문제에서 제시된 투자안의 초기 투자액과 PI의 정보를 바탕으로 t=1 시점의 현금흐름(CF$_1$)과 NPV, IRR을 추정하면 다음 표와 같다. 아래 표에서 제시된 PI, NPV, IRR 정보를 바탕으로 각 문항의 적절성을 판단해 보자.

① 적절하다. 투자안 D의 순현재가치(NPV)가 1.2로 가장 크다.
② 적절하다. 투자안 B와 C의 IRR은 모두 0.65로 동일하다. 내용연수가 1년인 단기 투자안의 IRR 계산은 역사적 수익률 계산하는 방법인 연간 가치증가분을 초기 투자액으로 나누는 방식과 동일하다.

투자안	CF$_0$	PI	CF$_1$	NPV	IRR
A	1억	1.2	$1.2 \times 1.1 = 1.32$	$\dfrac{1.32}{1.1} - 1 = 0.2$	$\dfrac{1.32 - 1}{1} = 0.32$
B	1억	1.5	$1.5 \times 1.1 = 1.65$	$\dfrac{1.65}{1.1} - 1 = 0.5$	$\dfrac{1.65 - 1}{1} = 0.65$
C	2억	1.5	$1.5 \times 2 \times 1.1 = 3.3$	$\dfrac{3.3}{1.1} - 2 = 1$	$\dfrac{3.3 - 2}{2} = 0.65$
D	3억	1.4	$1.4 \times 3 \times 1.1 = 4.62$	$\dfrac{4.62}{1.1} - 3 = 1.2$	$\dfrac{4.62 - 3}{3} = 0.54$

③ 적절하다. 투자안이 모두 상호배타적일 경우, 순현재가치법은 투자안 D를, 내부수익률법은 투자안 B 혹은 C를 최적 투자안으로 선택할 것이므로 평가 결과는 상이하다.

④ 적절치 않다. 이 문제와 같이 투자안이 모두 독립적이며 자본제약이 투자 초기에만 한정되어 있는 단순한 자본할당에 관한 의사결정 시에는 수익성지수법이 가장 유용한 평가 기법이다. 총금액이 2억 원으로 제약될 경우, 수익성지수가 높은 투자안을 차례대로 선택하면 투자안 C가 최적이며 NPV는 1이다. 이에 반해 투자안 A와 B를 선택하면 NPV는 0.7이다. 따라서 투자안 A와 투자안 B에 투자하는 것보다 투자안 C에 투자하는 것이 기업가치를 극대화시킬 수 있다.

⑤ 적절하다. 투자안이 모두 독립적이며 투자할 수 있는 총금액이 3억 원으로 제약될 경우, 수익성지수가 높은 투자안을 차례대로 선택하면 투자안 B와 투자안 C에 투자하는 것이 최적 투자안이다. NPV 관점에서도 투자안 B와 투자안 C에 투자할 경우 NPV가 1.5로 다른 어떤 투자안의 조합보다 더 높은 NPV를 실현할 수 있으므로 기업가치를 극대화시킬 수 있다.

따라서, 정답은 ④이다.

문제 15 자본예산에 관한 설명으로 가장 적절하지 **않은** 것은? (2012년)

① 상호배타적인 투자안의 경우 투자 규모 또는 현금흐름의 형태가 크게 다를 때 순현재가치법과 내부수익률법이 서로 다른 결론을 제시할 수 있다.

② 투자 규모, 투자 수명, 현금흐름 양상이 서로 다른 상호배타적인 투자안을 내부수익률법으로 평가하는 경우 반드시 두 투자안의 NPV 곡선이 상호 교차하는지 여부를 검토해야 한다.

③ 두 개의 NPV 곡선이 교차하는 지점의 할인율을 Fisher 수익률이라고 한다.

④ 투자안의 경제성을 분석할 때 감가상각의 방법에 따라서 투자안의 현금흐름이 달라져서 투자안 평가에 영향을 미칠 수 있다.

⑤ 투자에 필요한 자금조달에 제약이 있는 경우 이 제약 조건하에서 최적의 투자조합을 선택하는 의사결정을 자본할당(credit rationing)이라 하는데 이 경우 수익성지수법을 사용하면 항상 최적의 투자안 조합을 결정할 수 있다.

정답: ⑤

〈**해설**〉 이 문제는 자본예산 기법 중 NPV과 IRR, PI법의 기본적 특성에 관한 문제이다. 각 문항에 주어진 정보를 활용하여 해당 문항의 적절성을 판단해 보자.

① 적절한 설명이다. 순현가(NPV)법과 내부수익률(IRR)법에 의한 평가 결과가 다를 수 있는 사례를 적절하게 설명하고 있다.

② 적절한 설명이다. 두 투자안의 NPV 곡선이 상호 교차하는 경우 투자안의 자본비용이 교차점인 Fisher 수익률보다 작은 경우에는 NPV법과 IRR법에 의한 평가 결과가 다를 수 있다. 따라서 투자 규모, 투자수명, 현금흐름 양상이 서로 다른 상호배타적인 투자안을 내부수익률법으로 평가하는 경우 반드시 두 투자안의 NPV 곡선이 상호 교차하는지 여부를 검토해야 한다.

③ 적절한 설명이다. Fisher 수익률의 정의를 잘 설명하고 있다.

④ 적절한 설명이다. 감가상각비는 현금지출을 수반하는 비용이 아니므로 현금유출에 포함시키지 않는다. 그러나 감가상각의 방법에 따

라서 법인세가 달라지므로 이에 따라 투자안의 현금흐름이 달라져 투자안 평가에 간접적으로 영향을 미칠 수 있다.

⑤ 적절치 않은 설명이다. 앞의 **문제 14의 문항** ④와 ⑤에서와 같이 투자안이 모두 독립적이며 자본제약이 투자 초기에만 한정되어 있는 단순한 자본할당에 관한 의사결정 시에는 수익성지수법이 가장 유용한 평가 기법이다. 그러나 선택 가능한 투자안의 구성이 다음에 제시한 경우와 같이 다소 복잡한 경우에는 수익성지수법으로는 주주 부를 극대화할 수 있는 최적 투자안을 선택하는 것이 불가능할 수 있다.

   1. 평가 대상이 되는 전체 투자안 중 특정 두 투자안이 상호배타적(mutually exclusive)이거나 혹은 종속적(dependent)일 경우
   2. 자본제약이 투자 개시 시점에 한정되지 않고 여러 기간에 걸쳐 요구되는 경우

이러한 투자안을 평가할 시에는 NPV을 극대화하는 목적함수를 가진 선형계획법(linear programming) 혹은 정수계획법(integer programming) 등과 같은 정교한 방법론을 사용해야 한다.

따라서, 정답은 ⑤이다.

문제 16 ㈜성우의 CFO는 현재 100억 원을 투자해야 하는 3년 수명의 상호배타적인 투자안 A와 투자안 B를 고려하고 있다. 두 투자안은 잔존가치 없이 3년간 정액법으로 감가상각되며, 3년간 당기순이익은 투자안의 현금흐름과 같다. 두 개의 투자안 모두 자본비용은 20%이다. 투자의사결정과 관련된 다음의 내용 중 가장 옳지 **않은** 것은? (2007년)

투자안	현금흐름			IRR	NPV
	1년 후	2년 후	3년 후		
A	+40억원	+60억원	+90억원	34.4%	27.1억원
B	+60억원	+60억원	+60억원	36.3%	26.4억원

① 회수기간법에 의하면 A의 회수기간이 2년으로 B의 회수기간 1.67년보다 더 길므로 B를 선택한다.

② 평균회계이익률(AAR)법에 의하면 A의 AAR이 26.67%로 B의 AAR 20%보다 더 크므로 A를 선택한다.

③ 내부수익률(IRR)법에 의하면 A의 IRR이 B의 IRR보다 더 작으므로 B를 선택한다.

④ 증분내부수익률(IRR)법에 의하면 A의 현금흐름에서 B의 현금흐름을 차감한 현금흐름의 IRR인 1.9%가 영(zero)보다 크므로 A를 선택한다.

⑤ 수익률지수(PI)법에 의하면 A의 PI인 1.27이 B의 PI인 1.26보다 크므로 A를 선택한다.

정답: ④

〈해설〉 이 문제는 다양한 자본예산 기법의 특성을 묻는 문제이다. 각 문항에 주어진 정보를 활용하여 해당 문항의 적절성을 판단해 보자.

① 옳은 설명이다. 회수기간법은 관행적으로 회수기간을 연 단위로 계산하며, 소수점으로 표시하지 않는다. 따라서 "B의 회수기간 1.67년"이라는 설명은 적절치 않지만 엄밀한 의미에서 투자안 A의 회수기간이 B보다 더 길므로 B를 선택한다는 것은 옳은 설명이다.

② 옳은 설명이다. 투자안 A와 B의 평균회계이익률(AAR)을 계산하면 다음과 같다.

$$\bullet \ AAR(A) = \frac{\text{평균순이익}}{\text{평균투자액}} = \frac{(40+60+90)/3}{90/2} = 1.2667\,(126.67\%)$$

$$\bullet \ AAR(B) = \frac{(60+60+60)/3}{100/2} = 1.2\,(120\%)$$

위의 결과에 의하면, 두 투자안의 평균회계이익률(AAR)에 대해 "A의 AAR이 26.67%로 B의 AAR 20%"라는 설명은 적절치 않다. 그러나 투자안 A의 AAR이 B보다 더 크므로 A를 선택한다는 것은 옳은 설명이다.

③ 옳은 설명이다. 내부수익률(IRR)법에 의하면 A의 IRR이 34.4%로 B의 IRR 36.3%보다 더 작으므로 B를 선택한다는 것은 옳은 설명이다.

④ 옳지 않은 설명이다. 다음 표는 투자안 A와 B, 가상적인 증분투자안 A-B의 현금흐름을 각각 나타낸 것이다.

투자안	$t=0$	$t=1$	$t=2$	$t=3$
A	-100	40	60	90
B	-100	60	60	60
A-B	0	-20	0	30

이를 이용하여 증분내부수익률을 계산하면 아래 식과 같이 1.9%가 아닌 22.47%이다.

$$\bullet \ NPV = -\frac{20}{(1+IRR)} + \frac{30}{(1+IRR)^3} = 0$$

$$\rightarrow IRR = 0.2247\,(22.47\%)$$

그리고 증분내부수익률(IRR)법은 다른 IRR기법과 마찬가지로 투자 평가기준을 영(zero)이 아니라 자본비용 20%를 적용한다. 따라서 이 문항의 설명은 가장 옳지 않다.

⑤ 옳은 설명이다. 투자안 A와 B의 PI를 추정하면 다음 식에서와 같

이 각각 1.27과 1.26이며 A의 PI가 B의 PI보다 크므로 A를 선택한다는 것은 옳은 설명이다.

- 수익성지수$(A) = \dfrac{\text{현금유입의 현가}}{\text{현금유출의 현가}} = \dfrac{\text{현금유출의 현가} + NPV}{\text{현금유출의 현가}}$

$$= \dfrac{100 + 27.1}{100} = 1.271$$

- 수익성지수$(B) = \dfrac{100 + 26.4}{100} = 1.264$

따라서, 정답은 ④이다.

문제 17 자본예산의 투자안 경제성 평가 방법에 대한 다음의 설명 중 가장
        옳지 **않은** 것은? (2005년)

  ① 할인회수기간은 회수기간보다 길다.
  ② 내부수익률(IRR)법의 재투자수익률에 대한 가정을 자본비용으로
     수정한 수정내부수익률(MIRR)법에서는 2개 이상의 IRR이 나오
     지 않는다.
  ③ 내부수익률(IRR)이 자본비용보다 큰 경우, IRR값은 MIRR값보다
     큰 값을 가진다.
  ④ 현금유입의 양상이 다르거나 투자 수명이 다른 상호배타적인 두
     개의 투자안은 투자 규모가 동일하다면, MIRR법과 수익성지수
     (PI)법의 평가 결과는 NPV법의 평가 결과와 같다.
  ⑤ 순현재가치(NPV)법은 재투자수익률로 자본비용을 가정하고, 가
     치의 가산원리가 성립하며, 투자액의 효율성을 고려한 방법이다.

정답: ⑤

〈해설〉 이 문제는 자본예산 기법에 관한 문제이다. 각 문항에서 주어진 정보
를 바탕으로 해당 문항의 적절성을 판단해 보자.

  ① 옳은 설명이다. 할인회수기간법은 화폐의 시간적 가치를 무시한
     회수기간법의 단점을 보완하기 위해 먼저 모든 기간의 현금흐름을
     자본비용으로 할인하여 현재가치로 환산한 후에 회수기간을 계산
     한다. 따라서 각 기간별로 할인한 현금흐름이 할인하기 전의 현금
     흐름보다 작기 때문에 할인회수기간은 회수기간보다 길어진다.
  ② 옳은 설명이다. 수정내부수익률(MIRR)법은 투자 기간 내 모든 현
     금유입을 자본비용으로 재투자한다는 가정하에서 추정한 투자 기
     간 말의 미래가치(terminal value)와 초기 투자비용이라는 두 현금
     흐름만을 가지고 IRR을 계산하는 기법이다. 이때 초기 투자비용의
     부호는 음(−)이며, 투자 기간 말의 미래가치(terminal value)는
     양(+)의 부호를 가져 현금흐름 사이에서 일어나는 부호 변화의
     횟수가 단 1회에 그치므로 데카르트의 부호법칙(Descartes' law
     of signs)에 따라 1개의 해 즉 1개의 IRR만 나올 수 있다. 따라서
     수정내부수익률(MIRR)법에서는 2개 이상의 IRR이 결코 나올 수

없다. 참고로 데카르트의 부호법칙이란 n차 방정식의 실근의 개수는 계수의 열 사이에서 일어나는 부호 변화의 횟수와 같거나 또는 그 수보다 짝수 개만큼 적다는 법칙을 말한다.

③ 옳은 설명이다. 수정내부수익률(MIRR)법은 재투자수익률을 IRR에서 자본비용으로 전환해서 산출한 내부수익률이므로, IRR이 자본비용보다 큰 경우 IRR은 MIRR보다 큰 값을 가진다.

④ 옳은 설명이다. 현금유입의 양상이 다르거나 투자 수명이 다른 상호배타적인 두 개의 투자안이 투자 규모도 다르다면, MIRR법과 수익성지수(PI)법의 평가 결과가 NPV법의 평가 결과와 다를 수 있다. 그러나 이들 투자안의 투자 규모가 동일하다면, MIRR법과 수익성지수(PI)법의 평가 결과는 NPV법의 평가 결과와 같다. 참고로 MIRR법은 두 투자안의 현금흐름 발생시점의 차이로 인해 나타나는 IRR법의 문제점은 해결할 수 있지만, 투자 규모의 차이로 인한 IRR법의 문제점은 해결하지 못한다. 이 경우에는 MIRR법보다는 증분내부수익률법을 사용해야 한다.

⑤ 옳지 않은 설명이다. 순현재가치(NPV)법이 재투자수익률로 자본비용을 가정하고 가치의 가산원리가 성립한다는 설명은 옳으나, 투자액의 효율성을 고려한다는 주장은 옳지 않다. 오히려 순현가는 투자안의 절대적 성과를 측정하는 기법인데 반해, IRR법과 수익성지수법이 투자안의 상대적 성과 즉 투자액의 효율성을 고려한 기법으로 볼 수 있다.

따라서, 정답은 ⑤이다.

문제 18 자본예산에서 순현가법과 내부수익률법의 평가 결과가 다른 경우, 순현가법을 따르는 것이 바람직하다고 한다. 다음 중 순현가법의 우위를 설명하는 이유로 옳지 **않은** 것은? (2004년)

① 순현가법에서는 할인율로 재투자한다고 가정하고 있으나, 내부수익률법에서는 내부수익률로 재투자한다고 가정하고 있다.
② 내부수익률법에 의할 경우, 내부수익률이 존재하지 않거나 또는 내부수익률이 복수로 존재하는 경우가 있을 수 있다.
③ 할인율이 매기 변동하는 경우, 내부수익률법에 이를 반영하는 것은 곤란하지만, 순현가법에서는 비교적 용이하게 이를 반영할 수 있다.
④ 여러 개의 투자안을 결합하는 분석을 실시하는 경우, 순현가법은 개별투자안의 순현가를 독립적으로 구하여 합산하면 되지만, 내부수익률법은 개별투자안의 내부수익률을 독립적으로 구하여 합산하는 방법을 사용할 수 없다.
⑤ 투자 규모가 다른 투자안을 비교하는 경우, 순현가는 각 투자안의 투자 규모에 대비한 상대적 성과에 대한 정보를 제공하지만, 내부수익률은 절대적 성과에 대한 정보만 제공한다.

정답: ⑤

〈**해설**〉 이 문제는 자본예산 기법 중 순현가법과 내부수익률법의 차이에 관한 문제이다. 각 문항에서 주어진 정보를 바탕으로 해당 문항의 적절성을 판단해 보자.

① 옳은 설명이다. NPV법과 IRR법에 있어서 각각의 재투자수익률에 대한 가정을 정확히 설명하고 있다.
② 옳은 설명이다. IRR법의 수학적 특성을 잘 설명하고 있다.
③ 옳은 설명이다. 수익률곡선(yield curve)이 수평이지 않아 이자율이 기간마다 변동하는 경우에 내부수익률법의 단점을 잘 설명하고 있다.
④ 옳은 설명이다. 여러 개의 투자안을 결합하는 분석을 실시하는 경우, 순현가법은 가치의 가산원칙이 성립하지만 내부수익률법은 성립하지 않는다.

CPA 객관식 재무관리

⑤ 옳지 않은 설명이다. 순현가는 각 투자안의 투자 규모에 대비한
절대적 성과에 대한 정보를 제공하지만, 내부수익률은 상대적 성과
즉 투자액의 효율성에 대한 정보를 제공한다.

따라서, 정답은 ⑤이다.

문제 19 　상호배타적인 투자안 A, B가 있다. 두 투자안의 투자 규모 및 투자
수명은 같으며, 투자안 A의 내부수익률(IRR)은 16%, 투자안 B의
내부수익률은 20%이다. 자본비용이 7%일 때 투자안 A의 순현가
(NPV)가 투자안 B의 순현가보다 높다. 다음 설명 중 가장 적절한
것은? 단, 현재(0시점)에 현금유출이 발생하고, 이후 현금유입이 발
생하는 투자형 현금흐름을 가정한다. (2017년)

① 자본비용이 7%보다 클 때 투자안 A의 NPV는 투자안 B의 NPV
　보다 항상 높다.
② 두 투자안의 순현가를 같게 하는 할인율은 7%보다 높다.
③ 자본비용이 5%일 때 투자안 B의 순현가는 투자안 A의 순현가보
　다 높다.
④ 투자안 B는 투자안 A에 비해 투자기간 후기에 현금유입이 상대
　적으로 더 많다.
⑤ 자본비용이 16%일 때 투자안 B의 순현가는 0이다.

정답: ②
〈해설〉 이 문제는 내부수익률법(IRR rule)의 단점에 관한 문제이다. 이 문제
에서 자본비용이 7%일 때 순현가법에 의해 평가할 경우 투자안 A를
선택해야 하며, 반면에 내부수익률법에 의해 평가할 경우 투자안 B를
선택해야 한다. 이처럼 투자 규모와 내용 연수가 동일한 상호배타적인
투자안 평가에서 NPV법과 IRR법이 서로 다른 결론을 가져다주는 경
우에는 두 투자안의 순현가곡선(NPV profile)이 서로 교차하게 된다.
따라서 다음 <그림 5.1>에 제시한 두 투자안의 순현가곡선을 그린 다
음 각 문항의 적절성을 분석하는 것이 효과적이다. 그리고 이 문제에
서 요구하는 핵심 이론은 순현가곡선이 서로 교차하는 경우 자본비용
이 피셔의 수익률보다 작을 경우에 순현가법과 내부수익률법이 서로
다른 평가 결과를 가져다주는 데 반해, 자본비용이 피셔의 수익률보다
클 경우에는 순현가법과 내부수익률법이 같은 결과를 가져다준다는 사
실이다. 이것만 잘 이해하고 있으면 이런 유형의 문제는 쉽게 풀 수
있다.

① 적절치 않은 설명이다. 다음 그림에서처럼 할인율이 Fisher의 수익률 r_X보다 작을 경우에는 투자안 A의 순현가가 투자안 B의 순현가보다 높지만, 반대로 할인율이 Fisher의 수익률보다 클 경우에는 투자안 B의 순현가가 투자안 A의 순현가보다 높다.

② 적절한 설명이다. 할인율이 7%일 때는 투자안 A의 NPV가 투자안 B의 NPV보다 높지만 할인율이 7%보다 높은 r_X에서는 두 투자안의 순현가가 동일해지므로 r_X가 Fisher 수익률이다. 따라서 그림에서처럼 두 투자안의 NPV를 같게 하는 Fisher 수익률(r_X)은 7%보다 높다.

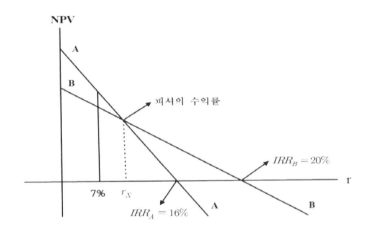

〈그림 5.1〉 투자안 A와 B의 순현가곡선

③ 적절치 않은 설명이다. 할인율이 7%보다 작은 구간에서는 투자안 A의 순현가가 투자안 B의 순현가보다 항상 높다. 따라서 자본비용이 5%일 때 투자안 B의 순현가는 투자안 A의 순현가보다 낮다.

④ 적절치 않은 설명이다. 다음에 제시한 두 가지 방법, 즉 각 투자안의 내부수익률의 크기와 순현가곡선의 기울기 등을 통해 해당 투자안의 현금흐름의 발생 형태를 유추할 수 있다.

⑴ 내부수익률이 상대적으로 큰 투자안 B의 현금흐름은 투자기간 초기에 큰 현금흐름이 발생하며, 반대로 내부수익률이 작은 투자안 A의 현금흐름은 후기에 현금유입이 더 많다.

⑵ 순현가곡선의 기울기가 상대적으로 완만한 투자안 B의 현금
흐름은 투자 기간 초기에 큰 현금흐름이 발생하며, 이에 비
해 순현가곡선의 기울기가 가파른 투자안 A의 현금흐름은
후기에 현금유입이 더 많다. 왜냐하면 후기에 현금유입이 더
많은 투자안 A의 NPV가 할인율의 증가에 따라 투자안 B에
비해 더 민감하게 반응해 더 빨리 감소하는 경향을 보이기
때문이다.

첫 번째 방법인 내부수익률의 크기를 통해 판단할 때 투자안 B는
투자안 A에 비해 투자 기간 후기가 아닌 초기에 현금유입이 상대
적으로 더 많으므로 적절치 않은 설명이다.
⑤ 적절치 않은 설명이다. 위의 그림에서 볼 때 자본비용이 16%일
때 투자안 A의 순현가는 0이지만 투자안 B의 순현가는 0보다 크
다. 투자안 B의 내부수익률이 20%이므로 투자안 B의 순현가가 0
이 되는 자본비용은 20%이다.

따라서, 정답은 ②이다.

문제 20 투자 규모와 내용 연수가 동일한 상호배타적인 투자안 A와 투자안 B의 경제성을 평가하고자 한다. 투자안 A와 투자안 B의 자본비용은 동일하다. 두 투자안 간 증분현금흐름의 내부수익률은 15%이다. 현재 시점에 현금유출이 발생하고, 이후 현금유입이 발생하는 투자형 현금흐름을 가정한다. NPV곡선(NPV profile)은 가로축이 할인율, 세로축이 NPV를 표시하는 평면에서 도출된다. 다음 표는 투자안 A와 투자안 B의 순현재가치(NPV) 및 내부수익률(IRR)을 요약한다. 다음 설명 중 가장 적절하지 **않은** 것은? (2021년)

구분	투자안 A	투자안 B
NPV	4억 원	3억 원
IRR	20%	30%

① 투자안 A와 투자안 B의 NPV를 추정할 때의 자본비용은 15%보다 작다.

② 투자안 A의 NPV곡선이 투자안 B의 NPV곡선보다 완만하다.

③ 피셔수익률은 20%보다 작다.

④ 순현재가치법과 내부수익률법의 결과가 상이하면 순현재가치법에 따라서 투자안 A를 선택하는 것이 합리적이다.

⑤ 독립적인 투자안이라면 투자안 A와 투자안 B를 모두 선택하는 것이 바람직하다.

정답: ②

〈**해설**〉 이 문제는 내부수익률법(IRR rule)의 단점에 관한 문제이다. 이 문제에서 15%보다 작은 자본비용(r_S)에서 순현가법에 의해 평가할 경우 투자안 A를 선택해야 하며, 반면에 내부수익률법에 의해 평가할 경우 투자안 B를 선택해야 한다. 이처럼 투자 규모와 내용 연수가 동일한 상호배타적인 투자안 평가에서 NPV법과 IRR법이 서로 다른 결론을 가져다주는 경우에는 두 투자안의 순현가곡선(NPV profile)은 서로 교차하게 된다. 따라서 이 문제는 앞의 **문제 19**와 매우 유사하므로 **문제 19**의 해설을 참고해서 풀면 어렵지 않게 풀 수 있다.

먼저 문제에서 두 투자안 간 증분현금흐름의 내부수익률이 15%라고 가정하였는데, 이것은 할인율 15%일 때 증분현금흐름의 NPV가 0이며 동시에 두 투자안의 NPV가 동일하다는 것을 의미한다. 이에 따라 두 투자안의 NPV가 같아지는 Fisher의 수익률은 15%가 된다. 아래 〈그림 5.2〉을 참고하여 각 문항에서 주어진 정보를 바탕으로 해당 문항의 적절성을 판단해 보자.

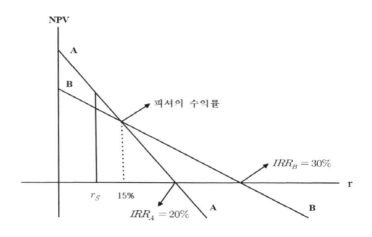

〈그림 5.2〉 투자안 A와 B의 순현가곡선

① 적절한 설명이다. 순현가곡선이 서로 교차하는 경우 자본비용(r_S)이 피셔의 수익률보다 작을 경우에 순현가법과 내부수익률법이 서로 다른 평가 결과를 가져다준다. 이 문제에서 Fisher의 수익률은 증분투자안의 내부수익률 15%와 동일하므로 투자안 A와 투자안 B의 NPV를 추정할 때의 자본비용(r_S)은 15%보다 작아야 한다 (앞의 **문제 19**의 해설 참고).

② 적절치 않은 설명이다. 내부수익률이 상대적으로 높은 투자안 B는 투자기간 초기에 큰 현금흐름이 발생한다. 이로 인해 투자안 B의 NPV는 할인율의 증가에 따라 투자안 A에 비해 덜 민감하게 반응하므로 투자안 B의 NPV곡선이 투자안 A의 NPV곡선보다 완만하게 된다. 위의 〈그림 5.2〉가 이를 잘 보여 주고 있다(앞의 **문제 19의 문항** ④에 대한 해설 참고).

③ 적절한 설명이다. 문제에서 두 투자안 간 증분현금흐름의 내부수익률이 15%라고 가정하였는데, 이것은 할인율이 15%일 때 증분현금흐름의 NPV가 0이며 동시에 두 투자안의 순현가가 동일하다

는 것을 의미한다. 이에 따라 두 투자안의 순현가가 같아지는 Fisher의 수익률은 15%이다.

④ 적절한 설명이다. 상호배타적인 투자안의 평가에서 NPV법과 IRR 법의 결과가 다른 근본 이유는 두 평가기법의 재투자수익률에 대한 가정이 다르기 때문이다. 그런데, 한계투자수익률이 체감하는 현실을 고려한다면 자본비용을 재투자수익률로 가정하고 있는 NPV법이 내부수익률을 재투자수익률로 가정하고 있는 IRR법에 비해 더욱 현실적이다. 따라서 IRR법이 아닌 NPV법에 따라 투자안 A를 선택하는 것이 합리적이다.

⑤ 적절한 설명이다. 독립적인 투자안이라면 투자안 A와 투자안 B의 NPV가 모두 양수이므로 투자안 A와 투자안 B를 모두 선택한다.

따라서, 정답은 ②이다.

문제 21 투자 규모와 내용 연수가 동일한 상호배타적인 투자안 A와 투자안 B를 대상으로 투자안의 경제성을 평가한다. 순현재가치(NPV)법에 의하면 투자안 A가 선택되나, 내부수익률(IRR)법에 의하면 투자안 B가 선택된다. 투자안 A에서 투자안 B를 차감한 현금흐름(투자안 간의 증분현금흐름)의 내부수익률은 10%이다. 투자안들의 내부수익률은 모두 자본비용보다 높고 두 투자안의 자본비용은 동일하다. 다음 설명 중 가장 적절하지 **않은** 것은? (2014년)

① 순현재가치법과 내부수익률법의 결과가 다른 이유는 내용 연수 내 현금흐름에 대한 재투자수익률의 가정을 달리하기 때문이다.

② 투자안 A의 순현재가치와 투자안 B의 순현재가치는 모두 0원 보다 크다.

③ 두 투자안의 순현재가치를 동일하게 만드는 할인율은 10%이다.

④ 내부수익률법이 아닌 순현재가치법에 따라 투자안 A를 선택하는 것이 합리적이다.

⑤ 투자안의 자본비용은 10%보다 높고 투자안 A의 내부수익률보다 낮은 수준이다.

정답: ⑤

〈해설〉 이 문제는 내부수익률법(IRR rule)의 단점에 관한 문제이다. 이 문제에서 10%보다 작은 자본비용(r_S)에서 순현가법에 의해 평가할 경우 투자안 A를 선택해야 하며, 반면에 내부수익률법에 의해 평가할 경우 투자안 B를 선택해야 한다. 이처럼 투자 규모와 내용 연수가 동일한 상호배타적인 투자안 평가에서 NPV법과 IRR법이 서로 다른 결론을 가져다주는 경우에는 두 투자안의 순현가곡선(NPV profile)은 서로 교차하게 된다. 따라서 이 문제는 앞의 **문제 19**와 **문제 20** 등과 매우 유사하므로 **문제 19**와 **문제 20**의 해설을 참고하면 쉽게 풀 수 있다. 먼저 문제에서 두 투자안 간 증분현금흐름의 내부수익률이 10%라고 가정하였으므로 두 투자안의 NPV가 같아지는 Fisher의 수익률은 10%가 된다(**문제 20**의 **문항** ③에 대한 해설 참고). 아래 〈그림 5.3〉을 참고하여 각 문항의 적절성을 판단해 보자.

① 적절하다. 순현재가치법과 내부수익률법의 결과가 다른 근본적인

이유는 두 기법의 재투자수익률에 대한 가정이 다르기 때문이다.

② 적절하다. 두 투자안의 IRR이 모두 자본비용(r_S)보다 높다고 가정하고 있으므로 두 투자안의 NPV는 모두 0원보다 크다.

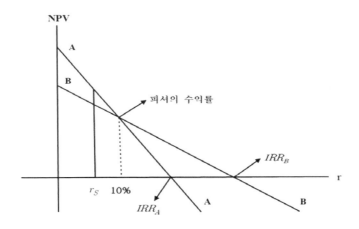

〈그림 5.3〉 투자안 A와 B의 순현가곡선

③ 적절하다. "투자안 A에서 투자안 B를 차감한 증분현금흐름의 내부수익률은 10%"라는 것은 IRR의 정의에 의해 할인율 10%에서 증분현금흐름의 NPV가 0이라는 의미를 갖는다. 이처럼 두 투자안 간 증분현금흐름의 NPV가 0이라는 것은 다시 두 투자안의 NPV가 동일하다는 뜻이다. 따라서 두 투자안의 순현재가치를 동일하게 만드는 할인율, 즉 Fisher의 수익률은 10%이다(앞의 **문제 20**의 **문항 ③**에 대한 해설 참고).

④ 적절하다. 상호배타적인 투자안의 평가에서 순현재가치법과 내부수익률법의 결과가 다른 경우 순현가법에 따라 투자안 A를 선택하는 것이 합리적이다(앞의 **문제 20**의 **문항 ④**에 대한 해설 참고).

⑤ 적절치 않다. 상호배타적인 두 투자안의 순현가곡선이 서로 교차하는 경우 자본비용(r_S)이 Fisher의 수익률 10%보다 작을 경우에만 한해 순현가법과 내부수익률법이 서로 다른 평가 결과를 가져다주기 때문에 "투자안의 자본비용은 10%보다 높다"라는 주장은 옳지 않다(앞의 **문제 19**의 해설 참고).

따라서, 정답은 ⑤이다.

문제 22 ㈜대한과 ㈜민국은 새로운 투자안에 대해 고려하고 있다. ㈜대한과 ㈜민국이 선택해야 할 투자안을 올바르게 구성한 것은? (단, CAPM이 성립한다고 가정한다.) (2010년)

- ㈜대한의 주식 베타는 1이고 기업의 평균자본비용은 6%이다.

- ㈜대한에는 2개의 사업부서 AM과 PM이 있으며 AM은 기업 평균보다 위험도가 높은 투자안을, PM은 낮은 투자안을 수행한다.

- ㈜민국의 주식 베타는 2이고 기업의 평균자본비용은 10%이다.

- ㈜민국에는 2개의 사업부서 하계와 동계가 있으며 하계는 기업 평균보다 위험도가 높은 투자안을, 동계는 낮은 투자안을 수행한다.

- ㈜대한과 ㈜민국은 베타가 1.5로 측정된 신규사업 A와 B에 대한 시행 여부를 고려하고 있다. ㈜대한은 AM사업부가, ㈜민국은 동계사업부가 이 투자안을 수행할 계획이다.

- ㈜대한과 ㈜민국은 모두 완전 자기자본조달 기업이며 신규사업에 대한 자본조달은 기존 자본구조를 따른다.

- 신규사업 A의 내부수익률은 9%이고 B의 내부수익률은 7%이다.

	㈜대한	㈜민국
①	A, B	A
②	A, B	없음
③	A	A
④	A	없음
⑤	없음	없음

정답: ③

〈해설〉 이 문제는 기업의 신규 투자안의 체계적 위험(베타)이 기존 투자와 다를 경우 새로운 투자안의 수익성 평가에 관한 문제이다. 기본적으로 투자평가 시에 신규 투자안의 위험과 기존 투자의 위험이 서로 다를 경우, 기업의 가중평균자본비용(WACC)을 신규 투자안의 자본비용으로 사용할 수 없다. 이때, 신규 투자안의 자본비용은 투자안 자체의 체계적 위험 즉 새로운 투자안의 베타를 측정한 후 CAPM을 이용하여 이를 추정해야 한다.

먼저, 문제에서 주어진 ㈜대한과 ㈜민국의 주식 베타와 평균자본비용에 대한 정보를 이용하여 다음과 같이 CAPM 모형식을 도출한다.

- ㈜대한 : $E(r_D) = 0.06 = E(r_m)$ $(\because \beta_D = 1)$

- ㈜민국 : $E(r_K) = 0.1 = r_f + [E(r_m) - r_f](2.0) \rightarrow r_f = 0.02$

  $\therefore SML : E(r_i) = 0.02 + [0.06 - 0.02]\beta_i = 0.02 + 0.04\beta_i$

그리고 신규사업 A와 B의 체계적 위험(베타)이 두 기업의 기존 사업과 다르므로 두 기업의 평균자본비용을 신규사업 A와 B의 자본비용으로 사용할 수 없다. 두 기업 모두 완전 자기자본조달 기업이며 신규사업에 대한 자본조달은 기존 자본구조를 따른다는 가정에 의해 신규사업의 자본비용은 신규사업의 베타에 의해 추정해야 한다. 문제에서 신규사업 A와 B의 베타가 1.5로 주어져 있으므로 신규사업 A와 B의 자본비용을 SML을 이용하여 추정하면 모두 8%이다. 신규사업 A와 B의 자본비용 8%와 각 신규 투자안의 내부수익률을 비교하여 채택 여부를 결정한다. 평가 결과는 기업에 관계없이 다음과 같이 ㈜대한과 ㈜민국은 모두 투자안 A는 채택하고 투자안 B는 기각한다.

- 자본비용 : $E(r_A) = E(r_B) = 0.02 + 0.04(1.5) = 0.08\ (8\%)$

- $IRR_A = 0.09 > E(r_A) = 0.08 \rightarrow$ 투자안 A 채택

- $IRR_B = 0.07 < E(r_B) = 0.08 \rightarrow$ 투자안 B 기각

따라서, 정답은 ③이다.

문제 23　㈜민국은 신형기계를 도입하기로 하고 A형 기계와 B형 기계 두 기종을 검토 중이다. A형 기계의 구입 원가는 10억 원이고 매년 1억원의 유지비가 소요되며 수명은 2년이다. 한편 B형 기계는 구입 원가가 14억 원이고 매년 7천만 원의 유지비가 소요되며 수명은 3년이다. 매년 두 기계로부터 얻는 미래 현금유입이 동일하며 일단 특정 기계를 선택하면 그 기계로 영구히 교체해서 사용해야 한다. 현금흐름이 실질 현금흐름이고 실질 할인율이 12%일 때 가장 적절하지 **않은** 것은?　(2012년)

① A형 기계의 총비용의 현가는 근사치로 11.69억 원이다.
② B형 기계의 총비용의 현가는 근사치로 15.68억 원이다.
③ A형 기계의 등가연금비용(equivalent annual cost)은 근사치로 6.92억 원이다.
④ B형 기계의 등가연금비용은 근사치로 5.53억 원이다.
⑤ A형 기계의 등가연금비용은 B형 기계의 등가연금비용보다 크다.

정답: ④

〈해설〉이 문제는 등가연금비용 혹은 등가연간비용(EAC: equivalent annual cost)에 관한 문제이다. 등가연금비용법에서는 미래 현금유입은 모두 동일하다는 전제에서 출발하기 때문에 최적의 투자안은 등가연금비용이 최소인 투자안이다.　먼저, A형 기계와 B형 기계 두 기종의 구입원가와 유지비, 내용 연수 등의 정보를 이용하여 기계 유형별로 총비용의 현재가치와 등가연금비용(EAC)을 각각 추정하면 다음과 같다.

- A형 : 총비용의 $PV(A) = 10 + \dfrac{1}{(1.12)} + \dfrac{1}{(1.12)^2} = 11.6901$

  $\rightarrow EAC(A) = \dfrac{PV(A)}{PVIFA_{12\%,\,2}} = \dfrac{11.6901}{1.6901} = 6.92$

- B형 : 총비용의 $PV(B) = 14 + \dfrac{0.7}{(1.12)} + \dfrac{0.7}{(1.12)^2} + \dfrac{0.7}{(1.12)^3} = 15.6813$

  $\rightarrow EAC(B) = \dfrac{PV(B)}{PVIFA_{12\%,\,3}} = \dfrac{15.6813}{2.4018} = 6.53$

그런데 문항 ④의 설명에서 B형 기계의 등가연금비용은 5.53억 원이 아니라 6.53억 원이므로 적절치 않은 설명이다. 이외 다른 문항은 모두 옳게 설명하고 있다.

따라서, 정답은 ④이다.

문제 24 기계설비 투자안에 대한 자료가 다음과 같다. 자본비용은 10%이고 세금은 고려하지 않으며 연간 판매 수량은 동일하다. 감가상각은 정액법을 따르며 투자 종료 시점에서 잔존가치와 매각가치는 없다고 가정한다. (2010년)

> - 기계 구입가격 3,000만원
> - 기계 내용연수 3년
> - 감가상각비를 제외한 연간 고정비 1,000만원
> - 단위당 판매가격 10만원
> - 단위당 변동비 5만원

다음 설명 중 가장 적절하지 **않은** 것은? (단, 회계손익분기점, 현금손익분기점, 재무손익분기점은 각각 영업이익, 영업현금흐름, 순현가를 0으로 하는 연간 판매 수량을 의미한다. 3년 연금의 현가요소는 이자율이 10%일 때 2.4869이다.)

① 회계손익분기점에서 회수기간은 투자안의 내용 연수와 동일하다.
② 재무손익분기점에서 내부수익률은 자본비용과 같다.
③ 현금손익분기점에서 내부수익률은 0%이다.
④ 순현가를 양(+)으로 하는 최소한의 연간 판매 수량은 442개이다.
⑤ 세 가지 손익분기점을 큰 순서대로 나열하면 재무손익분기점, 회계손익분기점, 현금손익분기점이다.

정답: ③

〈해설〉 이 문제는 회계손익분기점, 현금손익분기점, 재무손익분기점 등의 특성과 투자평가 기법과의 관련성에 관한 문제이다. 감가상각은 정액법을 따르며 투자종료시점에서 잔존가치와 매각가치는 없다고 가정하고 있기 때문에 투자사업 기간 3년간 현금흐름은 영업현금흐름과 동일하다. 문제에서 설명한 세 가지 유형의 손익분기점의 특성을 고려하여 각 문항의 적절성을 판단해 보자.

   ① 적절한 설명이다. 회계손익분기점에서는 정의상 영업이익($EBIT_A$)이 0이므로 현금유입인 영업현금흐름(OCF_A)은 감가상각비(Dep)

와 동일하다. 따라서 회수기간(PP_A)을 계산하면 투자안의 내용연수 3년과 동일하다.

- $OCF_A = EBIT_A(1-T_C) + Dep = Dep \ (\because EBIT_A = T_C = 0)$

$$= \frac{(3,000-0)}{3} = 1,000$$

- $PP_A = \frac{3,000}{1,000} = 3 \,(년)$

② 적절한 설명이다. 재무손익분기점에서 자본비용 10%로 계산한 순현가가 0이므로, 내부수익률의 정의에 의해 자본비용 10%가 재무손익분기점에서 내부수익률이다.

③ 적절치 않은 설명이다. 현금손익분기점에서는 영업현금흐름이 0이므로 투자로부터 현금유입은 발생하지 않고 현금유출만 발생한다는 의미이다. 따라서 현금손익분기점에서 내부수익률은 0%가 아닌 -100%이다.

④ 적절한 설명이다. 다음 식과 같이 순현가가 0인 재무손익분기점의 판매량(Q_F)이 441.26개이므로 순현가를 양(+)으로 하는 최소한의 연간 판매 수량은 442개이다.

- $NPV_F = -3,000 + OCF_F \times PVIFA_{10\%,\,3}$

$$= -3,000 + OCF_F \times 2.4869 = 0 \ \to \ OCF_F = 1,206.32 \,(만원)$$

- $OCF_F = EBIT_F + Dep = [(10-5)Q_F - (1,000 + \frac{3,000}{3})] + \frac{3,000}{3}$

$$= (5Q_F - 2,000) + 1,000 = 1,206.32 \ \to \ Q_F = 441.26 \,(개)$$

⑤ 적절한 설명이다. 다음 식과 같이 세 가지 손익분기점을 큰 순서대로 나열하면 재무손익분기점(Q_F), 회계손익분기점(Q_A), 현금손익분기점(Q_C)이다.

- $EBIT_A = 5Q_A - 2,000 = 0 \ \to \ Q_A = 400$

- $OCF_C = EBIT_C + Dep = (5Q_C - 2{,}000) + 1{,}000 = 0 \rightarrow Q_C = 200$

$\therefore Q_F > Q_A > Q_C$

따라서, 정답은 ③이다.

문제 25 M사는 임대건물의 신축과 주차장의 신축이라는 두 가지의 투자안을 고려하고 있다. 임대건물의 신축안은 초기 투자액이 18억 원이며, 1년 후에 24억 원으로 매각할 수 있다고 한다. 주차장의 신축안은 단위당 1백만 원을 초기투자하면 1년 후부터 매년 1백만 원의 현금유입이 영구히 발생된다고 한다. 주차장의 신축 단위에는 제한이 없고, 신축 규모에 대하여 수익률이 일정하다고 가정한다. 할인율을 동일하게 연 20%로 적용할 경우, 양 투자안의 순현가(NPV)가 같아지기 위해서는 주차장을 몇 단위 신축해야 하는가? (2000년)

① 10   ② 20   ③ 30   ④ 40   ⑤ 50

정답: ⑤

〈해설〉 이 문제는 NPV 계산에 관한 문제이다. 문제에서 주어진 양 투자안에 대한 정보를 활용해 각 투자안의 NPV를 계산하면 다음과 같다.

- 임대 : $NPV = -18 + \dfrac{24}{(1+0.2)} = 2\,(\text{억 원}) = 200\,(\text{백만원})$

- 주차장 : $NPV = -1 + \dfrac{1}{0.2} = 4\,(\text{백만원})$

그러므로 양 투자안의 순현가(NPV)가 같아지기 위해서는 신축해야 할 주차장 개수는 50(=200/4)이어야 한다.

따라서, 정답은 ⑤이다.

5.3 리스

문제 26 명도기업은 특정 자동차부품을 보다 저렴하게 생산할 수 있는 기계설비의 도입에 리스를 이용할 것인지, 차입 구매할 것인지를 검토하고 있다. 이 기계설비의 구입 가격은 1,200억 원이고 내용 연수는 10년이다. 10년 후 잔존가치와 매각가치는 없으며, 명도기업은 설비의 도입으로 매년 250억 원의 비용이 절약될 것으로 기대한다. 리스료는 10년 동안 매년 연말에 지불하며 법인세율은 35%이고 감가상각은 정액법을 따르며 시장에서의 차입이자율은 9%이다. 명도기업 입장에서, 차입 구매 대비 리스의 증분현금흐름의 순현가가 0이 되는 리스료에 가장 가까운 것은? (단, 10년 연금의 현가요소는 이자율 9%의 경우 6.4177이고 5.85%의 경우 7.4127이다.) (2013년)

① 183.67억원   ② 184.44억원   ③ 185.23억원
④ 185.95억원   ⑤ 186.98억원

정답: ②

〈해설〉 이 문제는 리스의 순현가와 리스료 산정에 관한 문제이다. 차입 구매 대비 리스의 증분현금흐름의 순현가와 이를 0으로 만드는 리스료(L)는 각각 다음 식과 같이 추정할 수 있다.

$$\bullet \ NPV = I_o - \sum_{t=1}^{n} \frac{L(1-T_c) + Dep \times T_c}{[(1+r(1-T_c)]^t}$$

$$= 1{,}200 - \sum_{t=1}^{10} \frac{L(1-0.35) + 120(0.35)}{[(1+0.09(1-0.35)]^t}$$

$$= 1{,}200 - (0.65L + 42) \times PVIFA_{5.85\%, 10}$$

$$= 1{,}200 - (0.65L + 42) \times 7.4127$$

$$\bullet \ NPV = 0 = 1{,}200 - (0.65L + 42) \times 7.4127 \ \rightarrow \ L = 184.44$$

따라서, 정답은 ②이다.

문제 27 ㈜한국은 미국 델라웨어 주에 새로운 공장을 설립하고자 한다. 공장 설립 비용은 총 $10,000,000이며 이 공장 설비는 10년 후 폐기처분될 예정이다. ㈜한국은 다음과 같은 두 가지의 자금 조달 방안을 고려하고 있다. 첫째는 전액을 연 8%의 이자로 차입하는 것이며 둘째는 공장 설비 회사로부터 10년간 설비를 리스하는 것이다. 차입금이나 리스료는 모두 공장설비 설치 후 1년 말 시점부터 매년 1회씩 10회에 걸쳐 지불되고, ㈜한국의 가중평균자본비용이 15%일 때 리스가 차입 방안보다 더 선호되게 하여주는 최대의 리스료는 약 얼마인가? (단, 세금이나 기타 비용은 무시할 수 있다고 가정하자) (2005년)

(n=10)	표면이자계수	연금의 현재가치계수
8%	2.1589	6.7101
15%	4.0456	5.0188

① 149만불   ② 169만불   ③ 199만불
④ 247만불   ⑤ 463만불

정답: ①

⟨해설⟩ 이 문제는 법인세가 없는 경우에 리스의 순현가와 리스료 산정에 관한 문제이다. 차입 구매 대비 리스의 순현가와 이를 0으로 만드는 리스료를 산정해야 한다는 점에서는 앞의 **문제 26**과 유사하나, 법인세가 없으므로 리스의 순현가(NPV) 공식만 이해하고 있으면 간단히 풀 수 있는 문제이다. 리스의 증분현금흐름은 WACC이 아닌 차입이자율로 할인해야 한다는 점에 유의해야 한다. 리스의 순현가와 이를 0으로 만드는 리스료(L)는 각각 다음 식과 같이 추정할 수 있다.

$$\cdot \; NPV = I_o - \sum_{t=1}^{n} \frac{L(1-T_c) + Dep \times T_c}{[(1 + r(1-T_c)]^t}$$

$$= 1{,}000 - \sum_{t=1}^{10} \frac{L}{(1 + 0.08)^t} \quad (\because T_c = 0)$$

$$= 1{,}000 - L \times PVIFA_{8\%,10} = 1{,}000 - L \times 6.7101$$

- $NPV = 0 = 1{,}000 - L \times 6.7101 \; \rightarrow \; L = 149.03$

따라서, 정답은 ①이다.

6

자본구조와 배당정책

6.1 MM이론과 하마다 모형

문제 1 자본비용과 관련된 다음 서술 중 가장 옳은 것은? (2001년)

① 자기자본비용은 부채의존도와는 무관하다.
② 타인자본비용이 자기자본비용보다 더 크다.
③ 신규 투자안 평가 시 기존의 WACC을 사용한다.
④ WACC이 최소가 되는 자본구성이 최적 자본구조이다.
⑤ 사내유보이익을 투자재원으로 사용하는 경우 자본비용은 없다.

정답: ④

〈해설〉 이 문제는 투자재원에 따른 자본비용에 관한 문제이다. 자본비용에 관한 각 문항의 설명을 바탕으로 해당 문항의 적절성을 판단해 보자.

① 옳지 않은 설명이다. 부채비율이 증가하면 기업이 부담해야 할 이 자비용이 늘어나 주주에게 귀속되는 당기순이익 혹은 주당순이익의 변동성 즉 재무위험이 증가하게 된다. 따라서 부채의존도가 커지면 주주들은 이러한 재무위험에 대한 보상을 요구하게 됨으로써 자기자본비용은 증가하게 된다. 결과적으로 자기자본비용은 부채의 존도와 정(+)의 함수관계를 가진다.

② 옳지 않은 설명이다. 주주들은 기업성과와 잔여재산 처분 시에 채권자에 비해 우선순위에서 후순위이다. 따라서 주주들은 채권자보다 더 큰 위험을 부담해야 하므로 주주들의 요구수익률인 자기자본비용이 채권자들의 요구수익률인 타인자본비용(이자율)에 비해 더 커야 한다.

③ 옳지 않은 설명이다. 신규 투자안의 체계적 위험이 기업의 기존 투자사업의 체계적 위험과 동일한 경우에는 신규 투자안 평가 시에 기존의 WACC을 사용할 수 있다. 그러나 신규 투자안의 체계적 위험이 기업의 기존 투자사업의 체계적 위험과 다를 경우에는 신규 투자안 평가 시에 기존의 WACC을 사용할 수 없다. 이 경우에는 신규 투자안의 체계적 위험(베타)에 적합한 적정할인율을 CAPM 등에 의해 추정한 후 이를 적용해야 한다.

④ 옳은 설명이다. 기업의 WACC을 최소가 되게 함으로써 기업가치를 최대로 할 수 있는 자본구성이 최적 자본구조(optimal capital structure)이다.

⑤ 옳지 않은 설명이다. 사내 유보이익을 투자재원으로 사용하는 경우 기업 자체가 보유하고 있는 자금을 사용하는 것이라 비용이 들지 않는다고 생각할 수 있으나 이를 사용하는 데에는 기회비용이 존재한다. 이때 유보이익의 기회비용은 보통주의 자본비용과 동일하다. 물론 신주 발행과는 달리 발행비용이 발생하지 않으므로 신주 발행에 의해 자본을 조달하는 경우에 비해서는 자본비용이 저렴하다.

따라서, 정답은 ④이다.

문제 2 다음의 설명 중 가장 옳지 **않은** 것은? (2005년)

① 약 1,000종목의 주식에 적절히 분산투자한 투자자가 새로운 주식을 포트폴리오에 편입할 때 요구하는 수익률은 비체계적 위험보다는 체계적 위험에 의하여 더 큰 영향을 받는다.

② 경제가 불경기에 처하여 수익성이 높은 투자 기회가 축소되면 자금의 수요가 줄어들면서 전반적으로 시장이자율이 하락한다.

③ 물가가 큰 폭으로 상승할 것으로 예상되는 경우, 채권이나 주식 등 금융자산에 대한 요구수익률도 상승한다.

④ 총자산의 약 80%가 자신이 창업한 회사의 주식으로 구성된 경우 비체계적 위험도 총자산의 수익률에 큰 영향을 미칠 수 있다.

⑤ 어떤 무부채기업이 1억 원 상당의 투자안에 대하여 자금을 조달하고자 할 때, 회사 내부의 현금을 사용하는 경우의 자본비용은 외부로부터 자금을 차입할 때의 자본비용보다 대체적으로 낮다.

정답: ⑤

〈해설〉 이 문제는 포트폴리오의 분산효과에서부터 투자재원에 따른 자본비용에 이르기까지 다양한 주제를 다루고 있는 문제이다. 각 문항에서 제시한 내용을 바탕으로 해당 문항의 적절성을 판단해 보자.

① 옳은 설명이다. 약 1,000종목의 주식에 적절히 분산투자한 경우에는 포트폴리오의 분산효과로 비체계적 위험은 거의 제거된 상태이므로 새로운 주식을 포트폴리오에 편입할 때 요구수익률은 비체계적 위험보다는 체계적 위험에 의하여 더 큰 영향을 받는다.

② 옳은 설명이다. 불경기에는 금융시장의 자금 공급에 비해 상대적으로 수요가 줄어들면서 시장이자율이 하락한다.

③ 옳은 설명이다. 채권이나 주식 등 금융자산에 대한 요구수익률은 기대인플레이션을 반영하므로 금융자산의 요구수익률은 물가가 상승할 것으로 예상되는 경우에는 기대인플레이션만큼 상승한다.

④ 옳은 설명이다. 총자산의 약 80%가 자신이 창업한 회사의 주식으로 구성된 경우 포트폴리오의 비체계적 위험을 완전히 제거하기 위해 추가적으로 구성자산의 수를 대폭 늘리는 것은 현실적으로 어렵다. 따라서 이 경우 포트폴리오의 비체계적 위험이 총자산의

수익률에 큰 영향을 미칠 수 있다.

⑤ 옳지 않은 설명이다. 유보이익의 자본비용은 보통주의 자본비용과 동일하므로 외부로부터 자금을 차입할 때의 부채 이자율보다 항상 더 높다(앞의 **문제 1**의 **문항** ⑤에 대한 해설을 참고).

따라서, 정답은 ⑤이다.

문제 3 다음 정보를 이용하여 계산된 ㈜명동의 가중평균자본비용과 가장 가까운 것은? (2019년)

> ㈜명동 주식의 베타는 1.2이고 부채비율(=부채/자기자본)은 150%이다. ㈜명동이 발행한 회사채는 만기 2년, 액면가 1,000,000원인 무이표채이다. 현재 만기가 1년 남은 이 회사채의 시장가격은 892,857원이고, 이 회사의 다른 부채는 없다. 시장포트폴리오의 기대수익률은 연 10%이고 무위험수익률은 연 2%이며 법인세율은 30%이다.

① 9.68%   ② 10.24%   ③ 11.84%

④ 12.56%   ⑤ 14.02%

정답: ①

〈해설〉 이 문제는 주식과 채권만으로 구성된 기업의 WACC를 추정하는 문제이다. 먼저 자기자본비용(r_S)과 부채의 만기수익률(r_B)을 추정하면 각각 11.6%와 12%이다(동일 기업이 발행한 채권의 만기수익률이 주식의 기대수익률보다 크다는 것은 위험−수익률 균형관계 혹은 "No free lunch"의 기본원칙이 성립하지 않는 것으로 출제오류로 판단된다).

- $r_S = r_f + [E(r_m) - r_f]\beta_S = 0.02 + (0.1 - 0.02)(1.2) = 0.116$

- $P_B = 892,857 = \dfrac{1,000,000}{(1 + r_B)} \rightarrow r_B = 0.12$

부채비율(부채/자기자본)이 150%이므로 이를 이용하여 자기자본과 부채의 구성비율을 구한 후 WACC를 산출한다.

- $\dfrac{B}{S} = 150\% = \dfrac{3}{2} \rightarrow \dfrac{S}{V_L} = \dfrac{2}{5}, \dfrac{B}{V} = \dfrac{3}{5}$

- $WACC = \left(\dfrac{S}{V}\right) \times r_S + \left(\dfrac{B}{V}\right) \times r_B(1 - T_C)$

  $= \left(\dfrac{2}{5}\right)(0.116) + \left(\dfrac{3}{5}\right)(0.12)(1 - 0.3) = 0.0968\,(9.68\%)$

따라서, 정답은 ①이다.

문제 4 무부채기업인 A기업의 자기자본은 10억 원이다. A기업에서는 매년 0.7억 원의 영구 무성장 세후영업이익이 발생하며, 법인세율은 30%이다. A기업은 이자율 5%의 영구채 5억 원 발행자금 전액으로 자사주 매입소각 방식의 자본구조 변경을 계획 중이다. MM수정이론(1963)을 가정할 때, 자본구조 변경에 따른 가중평균자본비용에 가장 가까운 것은? 단, 자본비용은 %기준으로 소수점 아래 셋째 자리에서 반올림한다. (2021년)

① 6%   ② 8%   ③ 10%
④ 12%   ⑤ 14%

정답: ①

〈**해설**〉 이 문제는 MM수정이론(1963)에서 자본구조 변경에 따른 가중평균자본비용(WACC)을 추정하는 문제이다. 먼저 다음 식에서 무부채 U기업인 A기업의 자기자본비용을 산출한다. 단, 여기서 주의할 점은 0.7억 원이 세전 기대영업이익($\overline{X}$)이 아니라 세후 기대영업이익$[\overline{X}(1-T_C)]$이라는 점이다.

- $V_U = \dfrac{\overline{X}(1-T_C)}{r_U} \rightarrow r_U = \dfrac{\overline{X}(1-T_C)}{V_U} = \dfrac{0.7}{10} = 0.07$

그리고 A기업이 영구채 5억 원을 발행하여 자본구조를 변경한 이후의 기업가치(V_L)를 구한 다음 WACC을 산출한다.

- $V_L = V_U + T_C B = 10 + 0.3 \times 5 = 11.5$

- $WACC = r_U\left(1 - T_C\dfrac{B}{V_L}\right) = 0.07\left(1 - 0.3 \times \dfrac{5}{11.5}\right) = 0.0609 \, (6.09\%)$

따라서, 정답은 ①이다.

문제 5   N기업은 전기말(t=0)에 주당 1,000원의 배당금을 지급하였고, 배당은 연 2%씩 영구히 성장할 것으로 예상된다. 현재 보통주의 시장가격과 내재가치는 동일하게 10,000원이고, 법인세율은 40%이며, 무위험수익률은 3%이다. N기업의 부채는 채권만으로 구성되어 있다고 가정하고, 채권의 이표이자율은 5%, 시장가격은 채권의 액면가와 동일하다. 만약 이 기업의 가중평균자본비용(WACC)이 8.98%라면, 다음 중 부채비율(부채/자기자본)에 가장 가까운 것은? 단, 내부유보율은 일정하다고 가정한다. (2020년)

① 47.06%   ② 53.85%   ③ 66.67%
④ 72.41%   ⑤ 81.82%

정답: ②

〈해설〉 이 문제는 가중평균자본비용(WACC)이 주어져 있을 때 부채비율을 추정하는 문제이다. 먼저 자기자본비용(r_S)과 부채의 만기수익률(r_B)을 각각 추정하면 다음과 같다.

- $D_1 = D_0\,(1+g) = 1,000\,(1+0.02) = 1,020$

$$r_S = \frac{D_1}{P_0} + g = \frac{1,020}{10,000} + 0.02 = 0.122$$

- 채권의 가격(P_0)과 액면가(F)가 동일하므로,

$$r_B(만기수익률) = i(액면이자율) = 0.05\,(5\%)$$

WACC가 8.98%라고 할 때, 부채비율(B/S)을 구하기 전에 우선 다음 식에서 부채구성비율(B/V)을 산출한다.

- $WACC = (\frac{S}{V})\,r_S + (\frac{B}{V})\,r_B\,(1-T_C)$

$= (1 - \frac{B}{V})(0.122) + (\frac{B}{V})(0.05)(1-0.4) = 0.0898 \rightarrow \frac{B}{V} = 0.35$

부채비율은 비례식을 이용하여 다음과 같이 간단히 구할 수 있다.

- $\dfrac{B}{V} = 0.35 \rightarrow B : V : S = 0.35 : 1 : 0.65 \rightarrow \dfrac{B}{S} = \dfrac{0.35}{0.65} = 0.5385\,(53.85\%)$

따라서, 정답은 ②이다.

문제 6 완전자본시장에서의 MM 자본구조이론(1958)이 성립한다는 가정하에서 자본구조에 대한 다음 설명 중 가장 옳은 것은? (2008년)

① 부채비율이 증가하게 되면 자기자본비용과 타인자본비용이 증가하기 때문에 가중평균자본비용(WACC)이 증가한다.
② 법인세로 인한 절세효과가 없기 때문에 순이익의 크기는 자본구조와 무관하게 결정된다.
③ 부채비율이 증가함에 따라 영업위험이 커지기 때문에 자기자본비용이 커진다.
④ 부채비율이 증가함에 따라 자기자본비용과 타인자본비용은 증가하나 가중평균자본비용(WACC)은 일정하다.
⑤ 부채비율이 증가함에 따라 EPS(주당순이익)의 변동성이 커진다.

정답: ⑤

〈해설〉 이 문제는 완전자본시장을 가정한 MM 자본구조이론(1958)에 관한 문제이다. 각 문항에서 제시된 설명을 바탕으로 해당 문항의 적절성을 판단해 보자.

① 옳지 않은 설명이다. MM(1958)의 명제 II에 의해 부채비율이 증가하게 되면 자기자본비용은 증가하나 타인자본비용과 가중평균자본비용(WACC)은 일정하다.
② 옳지 않은 설명이다. 부채비율이 증가하게 되면 법인세로 인한 절세효과가 없는 경우에도 이자비용이 발생하므로 순이익은 감소하게 된다.
③ 옳지 않은 설명이다. 부채비율이 증가함에 따라 영업위험이 아닌 재무위험이 커지기 때문에 자기자본비용이 커진다.
④ 옳지 않은 설명이다. **문항 ①**에서 설명한 바와 같이 MM(1958)의 명제 II에 의해 부채비율이 증가하게 되면 자기자본비용은 증가하나 타인자본비용과 가중평균자본비용(WACC)은 일정하다.
⑤ 옳은 설명이다. 부채비율이 증가하게 되면 이자비용이 증가하게 되고 이로 인해 주주에게 돌아가는 미래 EPS(주당순이익)의 흐름이 불확실하게 됨으로써 결과적으로 EPS의 변동성이 커진다.

따라서, 정답은 ⑤이다.

문제 7 여러 가지 자본구조이론에 대한 다음의 설명 중 가장 옳지 **않은** 것은? (2005년)

① Modigliani & Miller(1958)에 의하면 레버리지와 기업가치는 무관하고, 자기자본가치를 먼저 구한 후 이것과 부채가치를 합쳐 기업가치를 구한다.

② Modigliani & Miller(1963)에서는 레버리지가 많을수록 기업가치는 상승하는데, 이는 순이익접근법의 결과와 동일하다.

③ Modigliani & Miller(1963)에서는 다른 조건이 일정하다면, 법인세율이 상승할수록 기업가치와 가중평균자본비용은 하락하지만 자기자본비용은 변함이 없다.

④ Miller(1977)는 개인 수준의 이자소득세 때문에 레버리지 이득이 감소된다고 하였다.

⑤ 전통적접근법과 파산비용이론 및 대리인이론의 결과는 레버리지를 적절하게 이용해야 기업가치가 상승한다는 공통점이 있다.

정답: ①

〈해설〉 이 문제는 MM 자본구조이론(1958, 1963)을 비롯한 다양한 자본구조이론의 주요 내용에 관해 묻는 문제이다. 각 문항에서 제시된 설명을 바탕으로 해당 문항의 적절성을 판단해 보자.

① 옳지 않은 설명이다. MM(1958)에 의하면 레버리지와 기업가치가 무관한 것은 맞다. 그러나 MM(1958)에서 자기자본가치는 자기자본비용이 주어져 있지 않는 한 기업가치를 먼저 구한 후 부채를 차감해 구해야 한다.

② 옳은 설명이다. Durand(1952)의 순이익접근법(net income approach)에 의하면 기업의 부채비율이 높을수록 기업가치가 높아진다. MM(1963)의 수정명제 I에 의하면 다음 식과 같이 부채를 사용하는 기업의 가치(V_L)는 부채를 사용하지 않는 기업의 가치(V_U)에다 이자비용의 법인세 절감액의 현재가치($T_C B$)를 합한 것과 같다: $V_L = V_U + T_C B$. 이처럼 MM(1963)에서도 부채비율이 높을수록 이자비용의 법인세 절감액의 현재가치($T_C B$)가 커짐으로써 기업가치가 증가한다는 점에서 순이익접근법의 결과와 동일하다.

③ 옳은 설명이다. MM(1963)에서 다른 조건이 일정할 때 법인세율이 기업가치와 가중평균자본비용 및 자기자본비용에 미치는 영향은 단순히 직관적으로 판단하기 매우 어려운 주제이다. 따라서 이것을 정확히 판단하기 위해서는 편미분을 이용하는 방법이 가장 신뢰할 수 있다(아래 편미분 결과에 대한 구체적인 증명은 상당히 복잡한 과정을 거쳐 도출하였으므로 이 책에서 이를 모두 제시할 수 없어 원하는 독자에게만 제공할 계획임). 먼저 다른 조건이 일정할 때 법인세율이 상승할수록 기업가치와 가중평균자본비용은 모두 하락한다는 사실을 다음 편미분 결과에서 확인할 수 있다. 단, MM(1963)에서 채권은 위험이 없다고 가정하고 있으므로 기대영업이익($\overline{X}$)은 항상 0보다 크다.

- $V_L = V_U + T_C B = \dfrac{\overline{X}(1 - T_C)}{r_U} + T_C B$

  $\rightarrow \dfrac{\partial V_L}{\partial T_C} = -\dfrac{\overline{X}}{r_U} + B = \dfrac{B - V_L}{1 - T_C} < 0 \quad (\because V_L > B)$

- $WACC = r_U(1 - T_C \dfrac{B}{V_L}) = r_U(1 - T_C \dfrac{B}{V_U + T_C B})$

  $= r_U(1 - T_C \dfrac{B}{\overline{X}(1 - T_C)/r_U + T_C B})$

  $\rightarrow \dfrac{\partial WACC}{\partial T_C} = \dfrac{-r_U^2 \overline{X} B}{[\overline{X}(1 - T_C) + r_U T_C B]^2} < 0$

그리고 MM(1963) 수정명제 II를 다음과 같이 변환할 경우 법인세율에 관한 항목이 모두 제거될 수 있으므로 법인세율이 자기자본비용에 대해서는 아무런 영향을 미치지 않는다(이에 대한 구체적인 증명은 앞의 **제2장 문제 38의 문항** ①에 대한 해설을 참고).

$$\bullet \ r_S = r_U + (r_U - r_B)(1 - T_C)\frac{B}{S_L}$$

$$= r_U + (r_U - r_B)(1 - T_C)\frac{B}{(\dfrac{\overline{X}}{r_U} - B)(1 - T_C)}$$

$$= r_U + (r_U - r_B)\frac{B}{(\dfrac{\overline{X}}{r_U} - B)}$$

④ 옳은 설명이다. Miller(1977)는 법인세뿐만 아니라 개인소득세도 함께 존재한다고 가정한 자본구조이론이다. 일반적으로 회사채에 대한 개인소득세율은 주식에 대한 개인소득세율보다 높은 편이다. Miller(1977)는 이러한 점을 고려하여 개인 수준의 이자소득세 때문에 레버리지 이득이 감소된다고 주장하였다.

⑤ 옳은 설명이다. 전통적접근법과 파산비용이론 및 대리인이론은 최적자본구조의 존재를 인정하는 공통점이 있다.

따라서, 정답은 ①이다.

문제 8 A기업은 기대영업이익이 매년 2,000만 원으로 영구히 일정할 것으로
        예상되며 영구채를 발행하여 조달한 부채 2,000만 원을 가지고 있다.
        B기업은 영구채 발행을 통해 조달한 부채 6,000만 원을 가지고 있다
        는 점을 제외하고는 모든 점(기대영업이익과 영업위험)에서 A기업과
        동일하다. 모든 기업과 개인은 10%인 무위험이자율로 차입과 대출이
        가능하다. A기업과 B기업의 자기자본비용은 각각 20%와 25%이며
        자본시장은 거래비용이나 세금이 없는 완전시장으로 가정한다. 다음
        중 가장 적절한 것은? (2015년)

        ① B기업이 A기업에 비해 과소평가되어 있다.
        ② A기업의 자기자본가치는 1.0억 원이다.
        ③ B기업의 자기자본가치는 1.2억 원이다.
        ④ 차익거래 기회가 존재하지 않기 위해서는 A기업과 B기업의 자기
           자본비용이 같아야 한다.
        ⑤ B기업의 주식을 1% 소유한 투자자는 자가부채(homemade
           leverage)를 통하여 현재가치 기준으로 6만 원의 차익거래 이익
           을 얻을 수 있다.

정답: ⑤

〈해설〉 이 문제는 완전자본시장 하에서 MM(1958)의 명제 I과 차익거래에
        관한 문제이다. MM(1958)에 의하면 자기자본가치는 기업가치를 먼저
        구한 후 부채를 차감해 구한다(앞의 **문제 7**의 **문항** ① 참고). 그러나
        이 문제에서는 특이하게 자기자본비용(r_S)과 이자비용에 관한 정보가
        주어져 있으므로 자기자본가치를 먼저 구한 후 이것을 부채가치와 합
        해 기업가치를 구하는 방식을 사용해야 한다. 먼저 두 기업의 자기자
        본가치(S)와 기업가치(V)를 구한 후 각 문항의 적절성을 판단해 보
        자. 아래 식에서 NI, $\overline{X}$, I는 각각 당기순이익, 기대영업이익, 이자비
        용 등을 의미한다.

$$\bullet \ S_A = \frac{NI_A}{r_{SA}} = \frac{\overline{X_A} - I_A}{r_{SA}} = \frac{2,000 - 2,000 \times 0.1}{0.2} = 9,000$$

$$V_A = S_A + B_A = 9,000 + 2,000 = 11,000$$

$$\bullet \; S_B = \frac{NI_B}{r_{SB}} = \frac{\overline{X_B - I_B}}{r_{SB}} = \frac{2,000 - 6,000 \times 0.1}{0.25} = 5,600$$

$$V_B = S_B + B_B = 5,600 + 6,000 = 11,600$$

① 적절치 않다. 위의 추정 결과에 의하면 $V_B > V_A$이므로 B기업이 A기업에 비해 600만 원 과대평가되어 있다.

② 적절치 않다. A기업의 자기자본가치(S_A)는 9,000만 원이다.

③ 적절치 않다. B기업의 자기자본가치(S_B)는 5,600만 원이다.

④ 적절치 않다. MM(1958)의 명제 I에 의하면, 차익거래 기회가 존재하지 않기 위해서는 A, B 두 기업의 기업가치(V) 혹은 가중평균자본비용(WACC)이 같아야 한다.

⑤ 적절하다. 아래 표에서 포트폴리오 I은 "B기업의 주식 1% 매입", 포트폴리오 II는 "(a) 개인계좌(자가부채)로 40만 원 차입과 (b) A기업 주식 1% 매입"으로 각각 구성되어 있다. 이때 두 포트폴리오의 연간 수익은 14만 원으로 동일하지만 투자액은 포트폴리오 I이 56만 원, 포트폴리오 II가 50만 원으로 전자가 후자보다 6만 원 더 많다. 따라서 포트폴리오 I(B기업의 주식 1%)을 소유한 투자자가 있다면, 그는 이 포트폴리오를 56만 원에 매도하고 동시에 B기업과 A기업의 부채의 차액인 4,000만 원의 1%에 해당하는 금액인 40만 원을 개인계좌로 차입하여 얻은 총자금 96만 원 중에서 90만 원으로 A기업 주식 1%를 매입하는 차익거래를 할 것이다. 결과적으로 이 투자자는 연간 수익은 변함없이 14만 원을 얻으면서 현재가치 기준으로 두 포트폴리오의 투자액 차이인 6만 원(=56-50)을 차익거래이익으로 얻을 수 있게 된다.

포트폴리오	거래 내용	투자액	연간 수익
I	B기업 주식 1% 매입	$0.01 S_B = 56$	$0.01(2,000 - 6,000 \times 0.1) = 14$
II	(a) 개인계좌(자가부채)로 40만원을 차입	$-0.01(B_B - B_A) = -40$	$-40 \times 0.1 = -4$
	(b) A기업 주식 1% 매입	$0.01 S_A = 90$	$0.01(2,000 - 2,000 \times 0.1) = 18$
	(a)+(b)	$-40 + 90 = 50$	$-4 + 18 = 14$

따라서, 정답은 ⑤이다.

문제 9 자본구조와 기업가치의 무관련성을 주장한 Miller와 Modigliani는 시장 불완전요인 중 법인세를 고려할 경우 기업가치는 레버리지 (leverage)에 따라 변화한다고 수정하였다. 만일 부채를 사용하고 있지 않은 어떤 기업이 위험의 변화 없이 8%의 금리로 100억 원을 영구히 차입하여 자기자본을 대체한다면 Miller와 Modigliani의 수정 명제에 따라 이 기업의 가치는 얼마나 변화하게 될까? 단, 법인세율은 40%, 주주의 요구수익률은 10%이다. (2002년)

① 40억 원 증가   ② 10억 원 증가   ③ 80억 원 증가
④ 30억 원 감소   ⑤ 70억 원 감소

정답: ①

〈해설〉 이 문제는 MM(1963)의 수정명제 Ⅰ에 관한 문제이다. MM(1963)의 수정명제 Ⅰ에 의해 L기업과 U기업의 가치 차이는 다음 식과 같이 이자비용의 법인세 절감액의 현재가치로 간단히 구할 수 있다.

$$V_L = V_U + T_C B \rightarrow V_L - V_U = T_C B = 0.4 \times 100 = 40$$

따라서, 정답은 ①이다.

문제 10 부채가 없는 기업이 8%의 금리로 200억 원을 영구히 차입하여 자기 자본을 대체했다. 법인세율은 30%, 주주의 요구수익률은 10%이다. 법인세를 고려한 MM의 수정명제에 따른 기업가치 변화 중 가장 적절한 것은? (2011년)

① 80억원 증가   ② 60억원 증가   ③ 60억원 감소
④ 40억원 증가   ⑤ 40억원 감소

정답: ②

〈해설〉 이 문제는 MM(1963)의 수정명제 Ⅰ에 관한 문제이다. 앞의 **문제 9**와 유사한 문제로 MM(1963)의 수정명제 Ⅰ에 의해 L기업과 U기업의 가치 차이는 다음 식과 같이 이자비용의 법인세 절감액의 현재가치로 구한다.

$$V_L = V_U + T_C B \ \rightarrow V_L - V_U = T_C B = 0.3 \times 200 = 60$$

따라서, 정답은 ②이다.

문제 11 자기자본만으로 운영하는 기업이 있다. 이 기업의 자기자본비용은 15%이며 매년 3억 원씩의 기대영업이익이 예상된다. 이 회사는 자본구조를 변경하기 위하여 5억 원의 부채를 이자율 10%로 조달하여 주식의 일부를 매입하고자 한다. 법인세율은 30%이며 법인세 있는 MM의 모형을 이용하여 자본구조 변경 후 이 기업의 자기자본의 가치를 구하면 얼마인가? (2006년)

① 9억원 ② 10.5억원 ③ 14억원 ④ 15억원 ⑤ 16.5억원

정답: ②

〈해설〉 이 문제는 MM(1963)의 수정명제 Ⅰ을 이용하여 자본구조 변경 후 자기자본가치를 구하는 문제이다. 자본구조 변경 후 자기자본가치를 구하기 위해 아래 식과 같이 먼저 MM(1963)의 수정명제 Ⅰ에 의해 L기업의 가치를 구한 다음 부채를 차감해 자기자본가치를 산출한다.

- $V_U = \dfrac{\overline{X}(1 - T_C)}{r_U} = \dfrac{3(1 - 0.3)}{0.15} = 14$

- $V_L = V_U + T_C B = 14 + (0.3)(5) = 15.5$

  $\rightarrow S_L = V_L - B = 15.5 - 5 = 10.5$

따라서, 정답은 ②이다.

문제 12 부채가 전혀 없는 기업 A의 자기자본비용은 7%인데 신규사업을 위해 (무위험)부채를 조달한 후 부채비율(부채/자기자본)이 100%가 되었다. 무위험이자율은 5%이고 시장포트폴리오의 기대수익률은 9%이다. 법인세율이 40%일 때, 기업 A의 자기자본비용은 얼마로 변화하겠는가? (2006년)

① 7% ② 7.4% ③ 7.8% ④ 8.2% ⑤ 12.2%

정답: ④

〈해설〉 이 문제는 MM(1963)의 수정명제 Ⅱ에 관한 문제이다. 수정명제 Ⅱ를 이용하여 부채 조달 후 기업 A의 자기자본비용을 계산하면 다음과 같다.

$$r_S = r_U + (r_U - r_B)(1 - T_C)\frac{B}{S_L}$$

$$= 0.07 + (0.07 - 0.05)(1 - 0.4)(\frac{1}{1}) = 0.082 \, (8.2\%)$$

따라서, 정답은 ④이다.

문제 13 무부채 기업인 ㈜대한의 연간 기대영업이익은 3억 원이며 자본비용은 15%이다. ㈜대한은 10%의 이자율로 10억 원의 부채를 조달하여 자본구조를 변경할 계획이다. MM의 기본명제(무관련이론)와 수정명제(법인세 고려) 하에서 각각 추정된 ㈜대한의 가중평균자본비용(WACC)들 간의 차이($WACC_{기본명제} - WACC_{수정명제}$)는 얼마인가? (단, 법인세율은 40%이다.) (2010년)

① 0　　② 1.25%　　③ 2.50%　　④ 3.75%　　⑤ 4.25%

정답: ④

〈해설〉 이 문제는 MM(1958)의 기본명제(무관련이론)와 MM(1963)의 수정명제 하에서 각각 추정된 ㈜대한의 WACC들 간의 차이를 구하는 문제이다. WACC들 간의 차이($WACC_{기본명제} - WACC_{수정명제}$)는 아래 식과 같이 산출한다.

- $MM(1958) : WACC = r_U = 0.15$

- $MM(1963) : V_U = \dfrac{3(1-0.4)}{0.15} = 12 \rightarrow V_L = 12 + (0.4)(10) = 16$

$$WACC = r_U(1 - T_c\dfrac{B}{V_L}) = 0.15(1 - 0.4 \times \dfrac{10}{16}) = 0.1125$$

$$\therefore WACC_{기본명제} - WACC_{수정명제} = 0.15 - 0.1125 = 0.0375\,(3.75\%)$$

따라서, 정답은 ④이다.

문제 14 무부채기업인 K사의 영업이익(EBIT)은 매년 12억 원으로 기대된다. 현재 K사의 자기자본비용은 14%이고 법인세율은 30%이다. K사는 이자율 8%로 부채를 조달하여 자사주 일부를 매입소각할 예정이다. K사는 시장가치 기준으로 자기자본이 부채의 2배가 되는 자본구조를 목표로 삼고 있다. 법인세가 있는 MM이론이 성립된다고 가정한다. 다음 설명 중 적절한 항목만으로 구성된 것은? 단, 아래의 계산값에서 금액은 억 원 기준으로 소수 둘째 자리까지(예를 들면, 10.567억 원 → 10.56억 원), 자본비용은 % 기준으로 소수 둘째 자리까지 제시된 것이다. (2014년)

> a. 자본구조 변경에 필요한 부채(시장가치)는 30.88억 원이다.
> b. 자본구조 변경 후 자기자본비용은 16.10%이다.
> c. 자본구조 변경 후 가중평균자본비용(WACC)은 11.22%이다.
> d. 자본구조 변경에 의한 기업가치의 증가액은 6.66억 원이다.

① a ② a, b ③ a, c ④ b, c ⑤ b, d

정답: ⑤

〈해설〉 이 문제는 MM(1963)의 수정이론에 관한 문제이다. MM(1963)의 수정명제를 이용하여 각 문항의 적정성을 평가해 보자.

a. 적절치 않은 설명이다. 수정명제 I에 의해 자본구조 변경에 필요한 부채는 다음과 같이 22.22억 원이다.

- $V_U = \dfrac{\overline{X}(1-T_c)}{r_U} = \dfrac{12(1-0.3)}{0.14} = 60$ ($\overline{X}$= 기대 $EBIT$)

- $V_L = B + S_L = V_U + T_c B \rightarrow V_L = 3B = 60 + 0.3B$ (∵ $S_L = 2B$)

  ∴ $B = 22.22$

b. 적절한 설명이다. 수정명제 II에 의해 자본구조 변경 후 자기자본비용을 산출하면 16.10%이다.

$$\bullet \; r_S = r_U + (r_U - r_B)(1 - T_C)\frac{B}{S_L}$$

$$= 0.14 + (0.14 - 0.08)(1 - 0.3)\frac{1}{2} = 0.161$$

c. 적절치 않은 설명이다. 자본구조 변경 후 WACC은 12.6%이다.

$$\bullet \; WACC = r_U \left(1 - T_C \frac{B}{V_L}\right) = 0.14\left(1 - 0.3 \times \frac{1}{3}\right) = 0.126 \; (12.6\%)$$

d. 적절한 설명이다. 수정명제 I에 의해 가치증가액은 다음 식과 같이 6.66억 원이다.

$$\triangle V = T_c B = 0.3 \times 22.22 = 6.66$$

따라서, 정답은 ⑤이다.

문제 15 무부채기업인 ㈜한라의 자기자본비용은 20%이다. ㈜한라의 순영업이익(EBIT)은 매년 100억 원으로 예상되고 있으며 법인세율은 40%이다. ㈜한라는 이자율 10%로 차입금을 조달하여 자기주식을 매입소각하는 방법으로 자본구조 변경을 계획하고 있으며 목표자본구조는 부채의 시장가치가 기업가치의 30%가 되도록 하는 것이다. 법인세가 있는 MM이론이 성립된다는 가정하에서 가장 적절하지 **않은** 것은? (2012년)

① 자본구조 변경 전에 가중평균자본비용은 20%이다.
② 자본구조 변경 후에 가중평균자본비용은 17.6%이다.
③ 조달해야 할 부채의 시장가치는 근사치로 238.63억 원이다.
④ 자본구조 변경 전에 기업가치는 300억 원이다.
⑤ 자본구조 변경 후에 자기자본비용은 근사치로 22.57%이다.

정답: ③

〈해설〉 이 문제는 MM(1963)의 수정이론에 관한 문제이다. MM(1963)의 수정명제를 이용하여 각 문항의 적정성을 평가해 보자.

① 적절한 설명이다. 자본구조 변경 전 무부채(U)기업의 가중평균자본비용은 자기자본비용과 동일한 20%이다: $r_U = WACC_U = 20\%$.
② 적절한 설명이다. 자본구조 변경 후 L기업의 WACC는 17.6%이다.

$$WACC = r_U(1 - T_C \frac{B}{V_L}) = 0.2(1 - 0.4 \times 0.3) = 0.176 \ (17.6\%)$$

③ 적절치 않은 설명이다. 조달해야 할 부채가치는 먼저 자본구조 변경 후 기업가치(V_L)를 앞의 문항 ②에서 구한 WACC을 이용하여 계산한 후 이 기업가치(V_L)에다 목표자본구조에서의 부채구성비율 30%를 곱해 주면 간단히 구할 수 있다.

- $V_L = \dfrac{\overline{X}(1 - T_c)}{WACC_L} = \dfrac{100(1 - 0.4)}{0.176} = 340.91 \ (\overline{X} = 기대 \ EBIT)$

- $B = 0.3\,V_L = 0.3 \times 340.91 = 102.27$

④ 적절한 설명이다. 무부채기업(U)의 가치는 다음과 같다.

$$V_U = \frac{\overline{X}(1 - T_c)}{r_U} = \frac{100(1 - 0.4)}{0.2} = 300$$

⑤ 적절한 설명이다. 수정명제 Ⅱ에 의해 자본구조 변경 후 자기자본 비용을 산출하면 22.57%이다.

$$r_S = 0.2 + (0.2 - 0.1)(1 - 0.4)\frac{3}{7} = 0.2257$$

따라서, 정답은 ③이다.

문제 16 ㈜평창은 매년 150억 원의 기대영업이익을 창출하는데 200억 원의 부채를 이자율 10%로 차입하여 운용하고 있다. 한편 ㈜평창과 자본구조를 제외한 모든 면에서 동일한 무부채기업 ㈜한강의 자기자본비용은 20%이다. 다음 설명 중 가장 적절하지 **않은** 것은? (단, 법인세율은 40%이고, MM의 수정 명제가 성립하는 것으로 가정하며, 자본비용은 퍼센트 기준으로 소수 둘째 자리에서 반올림하여 계산한다.) (2013년)

① 무부채기업인 ㈜한강의 기업가치는 450억 원이다.
② 부채기업인 ㈜평창의 경우 부채를 사용함에 따라 발생하는 법인세감세액의 현재가치는 80억 원이다.
③ 부채기업인 ㈜평창의 자기자본비용은 23.6%이다.
④ 부채기업인 ㈜평창의 가중평균자본비용(WACC)은 17.0%이다.
⑤ 만약 부채비율(부채/자기자본)이 무한히 증가한다면 가중평균자본비용은 14.1%가 된다.

정답: ⑤

〈해설〉 이 문제는 MM(1963)의 수정이론에 관한 문제이다. MM(1963)의 수정명제를 이용하여 각 문항의 적정성을 평가해 보자.

① 적절한 설명이다. 무부채(U)기업의 기업가치는 450억 원이다.

$$V_U = \frac{\overline{X}(1 - T_c)}{r_U} = \frac{150(1 - 0.4)}{0.2} = 450$$

② 적절한 설명이다. 부채기업인 ㈜평창의 법인세감세액의 현재가치는 80억 원이다: $T_C B = 0.4 \times 200 = 80$.
③ 적절한 설명이다. 수정명제 Ⅱ에 의해 자기자본비용은 23.6%이다.

- $V_L = V_U + T_c B = 450 + 0.4 \times 200 = 530$

  $\rightarrow S_L = V_L - B = 330$

- $r_S = r_U + (r_U - r_B)(1 - T_C)\dfrac{B}{S_L}$

$$= 0.2 + (0.2 - 0.1)(1 - 0.4)\dfrac{200}{330} = 0.2364$$

④ 적절한 설명이다. 부채기업인 ㈜평창의 WACC은 17.0%이다.

$$WACC = r_U\left(1 - T_C\dfrac{B}{V_L}\right) = 0.2\left(1 - 0.4 \times \dfrac{200}{530}\right) = 0.1698 \, (\fallingdotseq 17\%)$$

⑤ 적절치 않은 설명이다. 만약 부채비율(B/S)이 무한히 증가한다면 부채구성비율(B/V)은 거의 1에 접근하므로 WACC는 다음 식과 같이 14.1%가 아닌 12%에 수렴한다.

$$WACC = r_U\left(1 - T_C\dfrac{B}{V_L}\right) \approx r_U(1 - T_C) = 0.2(1 - 0.4) = 0.12(12\%)$$

따라서, 정답은 ⑤이다.

문제 17 법인세를 고려한 MM의 수정이론(1963)이 성립한다고 가정하자. C기업은 1년 후부터 영원히 매년 10억 원의 영업이익을 예상하고 있다. C기업은 현재 부채가 없으나 차입하여 자사주를 매입·소각하는 방식으로 자본재구성을 하려고 한다. C기업의 자기자본비용은 10%이며, 법인세율은 30%일 때 가장 적절하지 **않은** 것은? (2016년)

① C기업의 무부채 기업가치(V_U)는 70억 원이다.

② C기업이 무부채 기업가치(V_U)의 50%만큼을 차입한다면 기업가치(V_L)는 80.5억 원이 된다.

③ C기업이 무부채 기업가치(V_U)의 100%만큼을 차입한다면 기업가치(V_L)는 91억 원이 된다.

④ 부채비율($\frac{부채}{자기자본}$)이 100%인 자본구조를 갖는 기업가치(V_L)는 85억 원이다.

⑤ 부채 대 자산비율($\frac{부채}{자기자본 + 부채}$)이 100%인 자본구조를 갖는 기업가치(V_L)는 100억 원이다.

정답: ④

〈해설〉 이 문제는 MM(1963)의 수정이론에 관한 문제이다. MM(1963)의 수정명제를 이용하여 각 문항의 적정성을 평가해 보자.

① 적절한 설명이다. 무부채(U)기업의 기업가치는 70억 원이다.

$$V_U = \frac{\overline{X}(1 - T_c)}{r_U} = \frac{10(1 - 0.3)}{0.1} = 70$$

② 적절한 설명이다. 수정명제 I에 의해 차입 후 V_L은 80.5억 원이다.

- $B = 0.5 \times V_U = 35$
- $V_L = V_U + T_C B = 70 + 0.3(35) = 80.5$

③ 적절한 설명이다. 수정명제 I에 의해 차입 후 V_L은 91억 원이다.

$$\bullet \ B = V_U = 70 \rightarrow V_L = 70 + 0.3(70) = 91$$

④ 적절치 않은 설명이다. 수정명제 I에 의해 부채비율이 100%인 자본구조를 갖는 V_L은 85억 원이 아닌 82.35억 원이다.

$$\frac{B}{S_L} = 1 \rightarrow B = \frac{1}{2}V_L \rightarrow V_L = 70 + (0.3)(\frac{1}{2}V_L) \rightarrow V_L = 82.35$$

⑤ 적절한 설명이다. 수정명제 I에 의해 부채 대 자산비율이 100%일 때 V_L은 100억 원이다.

$$\frac{B}{V_L} = 1 \rightarrow B = V_L \rightarrow V_L = 70 + 0.3V_L \rightarrow V_L = \frac{70}{0.7} = 100$$

따라서, 정답은 ④이다.

문제 18   현재 부채와 자기자본 비율이 50:50인 ㈜한국의 주식베타는 1.5이
다. 무위험이자율이 10%이고, 시장포트폴리오의 기대수익률은 18%
이다. 이 기업의 재무담당자는 신주발행을 통해 조달한 자금으로 부
채를 상환하여 부채와 자기자본 비율을 30:70으로 변경하였다. 다음
설명 중 옳지 **않은** 것은? 단, 법인세가 없고 무위험부채 사용을 가
정한다. (단, 소수점 셋째 자리에서 반올림) (2009년)

① 자본구조 변경 전의 자기자본비용은 22.0%이다.
② 자본구조 변경 전의 자산베타는 0.75이다.
③ 자본구조 변경 후의 주식베타는 1.07로 낮아진다.
④ 자본구조 변경 후의 자기자본비용은 20.56%로 낮아진다.
⑤ 자본구조 변경 후의 가중평균자본비용은 16%로 변경 전과 같다.

정답: ④

〈해설〉 이 문제는 법인세가 존재하지 않는 완전자본시장 하의 MM(1958)의
자본구조이론과 CAPM의 결합에 관한 문제이다. 문제에서 주어진 정
보를 활용하여 각 문항의 적정성을 평가해 보자.

① 적절한 설명이다. 자본구조 변경 전의 주식베타가 1.5이므로
CAPM을 이용하여 자기자본비용을 산출하면 22.0%이다.

$$r_S = r_f + [E(r_m) - r_f]\beta_S = 0.1 + (0.18 - 0.1)(1.5) = 0.22$$

② 적절한 설명이다. 자산(A)은 재무상태표에서 부채(B)와 자기자본
(S)의 포트폴리오로 간주할 수 있다. 따라서 자산베타는 부채와
자기자본 베타의 가중평균으로 계산할 수 있으므로 자본구조 변경
전의 자산베타는 0.75이다.

$$\beta_A = (\frac{S}{V})\beta_S + (\frac{B}{V})\beta_B = (0.5)(1.5) + (0.5)(0) = 0.75$$

③ 적절한 설명이다. 부채의 베타가 0이므로 하마다(Hamada) 모형을
이용하여 자본구조 변경 후의 주식베타를 추정하면 1.07이다. 단,

법인세가 없을 경우 $\beta_A = \beta_U$가 성립한다.

$$\beta_S = \beta_A \left(1 + \frac{B}{S}\right) = (0.75)\left(1 + \frac{3}{7}\right) = 1.07$$

④ 적절치 않은 설명이다. 앞의 문항 ③에서 추정한 주식베타를 이용하여 CAPM에 의해 자기자본비용을 계산하면 18.56%로 낮아진다.

$$r_S = 0.1 + (0.18 - 0.1)(1.07) = 0.1856 \ (18.56\%)$$

⑤ 적절한 설명이다. MM(1958)의 명제 I에 의해 부채 사용에 관계 없이 모든 기업의 WACC은 무부채기업의 자본비용과 동일하므로 자본구조 변경 후의 WACC은 변경 전과 같은 16%이다.

$$WACC = (0.7)(0.1856) + (0.3)(0.1) = 0.16$$

따라서, 정답은 ④이다.

문제 19 부채를 사용하지 않고 자기자본만 사용하고 있는 기업인 ㈜거창은 베타계수가 1.4이고 자산의 시장가치는 300억 원이다. 현재 무위험 이자율은 4%이고 ㈜거창의 자기자본비용은 12.4%이다. 이제 ㈜거창은 100억 원을 무위험이자율로 차입하여 자본구조를 변경하려 한다. 이때 차입한 금액은 자기주식을 매입 소각하는 데 사용될 예정이다. 부채의 베타가 0이고 법인세율이 40%이며 CAPM과 법인세가 있는 MM이론이 성립된다는 가정하에서 Hamada 모형을 이용했을 때 가장 적절하지 **않은** 것은? (2012년)

① 자본구조 변경 전 가중평균자본비용은 12.4%이지만 자본구조 변경 후 가중평균자본비용은 8.94%로 감소한다.

② 자본구조 변경 전 자기자본비용은 12.4%이지만 자본구조 변경 후 자기자본비용은 14.5%로 증가한다.

③ 자본구조 변경 전 주식베타는 1.4이지만 자본구조 변경 후 주식베타는 1.75로 증가한다.

④ 자본구조 변경 전 자산베타는 1.4이지만 자본구조 변경 후 자산베타는 1.24로 감소한다.

⑤ 자본구조 변경 전 자산의 시장가치는 300억 원이지만 자본구조 변경 후 자산의 시장가치는 340억 원으로 증가한다.

정답: ①

〈해설〉 이 문제는 법인세가 존재하는 완전자본시장 하의 MM(1963)의 자본구조이론과 CAPM의 결합에 관한 문제이다. 문제에서 주어진 정보를 활용하여 각 문항의 적정성을 평가해 보자.

① 적절치 않은 설명이다. 자본구조 변경 전 WACC는 12.4%이지만, 변경 후 WACC는 8.94%가 아닌 10.94로 감소한다.

- 변경 전 : $r_U = WACC = 0.124$

- 변경후 : $V_U = 300, B = 100 \rightarrow V_L = 300 + (0.4)(100) = 340$

$$WACC = 0.124(1 - 0.4 \times \frac{100}{340}) = 0.1094$$

② 적절한 설명이다. 자본구조 변경 후 자기자본비용은 14.5%로 증가한다.

- $B = 100$, $V_L = 340 \rightarrow S_L = 340 - 100 = 240$, $r_B = r_f = 0.04$

$$\therefore r_S = 0.124 + (0.124 - 0.04)(1 - 0.4)\frac{100}{240} = 0.145$$

③ 적절한 설명이다. 부채의 베타가 0이므로 하마다(Hamada) 모형을 이용하여 자본구조 변경 후의 주식베타를 추정하면 1.75로 증가한다.

$$\beta_S = \beta_U[1 + (1 - T_C)\frac{B}{S}] = 1.4[1 + (1 - 0.4)\frac{100}{240}] = 1.75$$

④ 적절한 설명이다. 자본구조 변경 전 자산베타는 1.4이지만 자본구조 변경 후 자산베타는 1.24로 감소한다.

- $\beta_A = (\frac{S}{V})\beta_S + (\frac{B}{V})\beta_B = (\frac{240}{340})(1.75) + (\frac{100}{340})(0) = 1.24$ 혹은
- $\beta_A = \beta_U(1 - T_C\frac{B}{V}) = 1.4 \times (1 - 0.4 \times \frac{100}{340}) = 1.24$

⑤ 적절한 설명이다. 앞의 **문항** ①에서 산출한 바와 같이 자본구조 변경 전 자산가치(V_U)는 300억 원이지만 변경 후 자산가치(V_L)는 340억 원으로 증가한다.

따라서, 정답은 ①이다.

문제 20 D기업의 자본구조는 부채 20%와 자기자본 80%로 구성되어 있다. 이 기업의 최고경영진은 부채를 추가로 조달하여 자사주 매입 후 소각을 통해 부채비율(부채/자기자본)을 100%로 조정하고자 한다. 현재 무위험수익률은 3%이고, D기업 보통주의 베타는 2.3이며 법인세율은 40%이다. 부채를 추가로 조달한 후의 베타에 가장 가까운 것은? 단, CAPM 및 MM의 수정이론(1963)이 성립하고, 부채비용은 무위험수익률과 동일하다고 가정한다. (2020년)

① 3.05   ② 3.10   ③ 3.15

④ 3.20   ⑤ 3.25

정답: ④

〈해설〉 이 문제는 MM(1963)의 자본구조이론과 CAPM의 결합에 관한 문제이다. 부채의 베타(β_B)가 0이므로 하마다(Hamada) 모형을 이용하여 자본구조를 변경한 후의 주식베타를 추정할 수 있다. 먼저, 자본구조 변경 전 주식베타와 부채비율에 대한 정보를 활용하여 하마다 모형에 의해 부채를 사용하지 않는 U기업의 베타(β_U)를 구한다.

- 자본구조 변경 전 : $\dfrac{B}{S} = \dfrac{0.2}{0.8} = 0.25$

- $\beta_S = 2.3 = \beta_U \left[1 + (1 - T_C)\dfrac{B}{S} \right] = \beta_U [1 + (1 - 0.4)(0.25)] \rightarrow \beta_U = 2$

부채를 추가로 조달하여 부채비율을 100%로 조정한 후의 베타(β_S)는 위에서 구한 β_U와 하마다(Hamada) 모형을 이용하여 산출할 수 있다.

$$\beta_S = 2[1 + (1 - 0.4) \times 1] = 3.2$$

따라서, 정답은 ④이다.

문제 21 ㈜알파는 현재 자본 80%와 부채 20%로 구성되어 있으며 CAPM(자본자산가격결정모형)에 의해 계산된 ㈜알파의 자기자본비용은 14%이다. 무위험이자율은 5%, 시장위험프리미엄은 6%, 이 회사에 대한 법인세율은 20%이다. ㈜알파가 무위험이자율로 차입을 하여 자사주매입을 함으로써 현재의 자본구조를 자본 50%와 부채 50%로 변경한다면 자기자본비용은 얼마가 되겠는가? (2008년)

① 16.5%   ② 17.0%   ③ 17.5%
④ 18.0%   ⑤ 18.5%

정답: ⑤

〈해설〉 이 문제는 MM(1963)의 자본구조이론과 CAPM의 결합에 관한 문제이다. 먼저, ㈜알파의 자기자본비용에 대한 정보를 이용하여 자본구조 변경 전 ㈜알파의 주식베타를 CAPM에 의해 다음과 같이 추정한다. 단 시장위험프리미엄$[E(r_m) - r_f]$은 6%이다.

$$r_A = 0.14 = 0.05 + 0.06 \times \beta_A \to \beta_A = 1.5$$

그리고 하마다(Hamada) 모형을 이용하여 U기업의 주식베타와 자본구조 변경 후 ㈜알파의 주식베타를 구한 다음, CAPM에 의해 자본구조 변경 후 ㈜알파의 자기자본비용을 산출한다.

- 변경 전 : $\beta_A = 1.5 = \beta_U [1 + (1 - 0.2)\frac{0.2}{0.8}] \to \beta_U = 1.25$

- 변경 후 : $\beta_A = 1.25[1 + (1 - 0.2)\frac{0.5}{0.5}] \to \beta_A = 2.25$

$$r_A = 0.05 + 0.06 \times 2.25 = 0.185 \, (18.5\%)$$

따라서, 정답은 ⑤이다.

문제 22 A기업의 주식베타는 2.05이고 법인세율은 30%이다. A기업과 부채 비율 이외의 모든 것이 동일한 B기업은 부채 없이 자기자본만으로 자본을 구성하고 있는데 주식베타는 1.0이고 기업가치는 100억 원이다. CAPM과 MM이론이 성립된다고 할 때 A기업의 가치는 근사치로 얼마인가? (하마다 모형을 이용한다.) (2007년)

① 114억원 ② 125억원 ③ 118억원 ④ 167억원 ⑤ 122억원

정답: ⑤

〈해설〉 이 문제는 MM(1963)의 자본구조이론과 CAPM의 결합에 관한 문제이다. 이 문제에서 A기업이 운용하고 있는 부채의 베타(β_B)에 대한 구체적인 정보가 없다. 그러나 문제에서 하마다 모형을 이용하라고 명시하고 있으므로 A기업의 부채는 무위험부채, 즉 베타(β_B)를 0이라고 유추할 수 있다. A기업은 부채를 가지고 있는 L기업, 반면 B기업은 무부채인 U기업이다. L기업과 U기업 각각의 주식베타에 대한 정보와 하마다 모형을 이용하여 L기업인 A기업의 부채비율을 먼저 구한다.

- $\beta_S = 2.05 = 1 \times [1 + (1 - 0.3)\dfrac{B}{S_L}] \rightarrow \dfrac{B}{S_L} = 1.5 = \dfrac{3}{2}$

그리고 위에서 구한 L기업인 A기업의 부채비율과 U기업인 B기업의 기업가치를 이용하여 MM(1963)의 수정명제 I에 의해 L기업인 A기업의 가치를 다음과 같이 산출할 수 있다.

- $\dfrac{B}{S_L} = 1.5 = \dfrac{3}{2} \rightarrow B : S_L : V_L = 3 : 2 : 5 \rightarrow B = \dfrac{3}{5} V_L$

- $V_L = V_U + T_C \times (\dfrac{3}{5} V_L) = 100 + (0.3)(0.6) V_L \rightarrow V_L = 121.95$

따라서, 정답은 ⑤이다.

문제 23 노트북 액정 제조업체인 ㈜테크는 부채를 운용하는 기업으로 주식베타는 1.56이다. 반면 ㈜감마는 ㈜테크와 자본구조 이외에 모든 것이 동일한 무부채기업이고 주식베타는 1.2이며 기업가치는 260억 원이다. ㈜테크가 운용하고 있는 부채의 가치는 얼마인가? (단, 법인세율은 40%이고, MM의 수정 명제와 CAPM이 성립한다고 가정한다.) (2013년)

① 100억원   ② 110억원   ③ 120억원
④ 130억원   ⑤ 140억원

정답: ①

〈해설〉 이 문제는 MM(1963)의 자본구조이론과 CAPM의 결합에 관한 문제이며, 앞의 **문제 22**과 비슷한 유형의 문제이다. MM(1963)의 수정이론에서 채권은 무위험채권을 가정하고 있으므로 이 문제에서도 ㈜테크가 운용하고 있는 부채는 무위험부채, 즉 베타(β_B)를 0이라고 가정한다. ㈜테크는 부채를 운용하는 기업인 L기업, 반면 ㈜감마는 부채를 운용하지 않는 U기업이다. L기업과 U기업 각각의 주식베타에 대한 정보와 하마다 모형을 이용하여 L기업인 ㈜테크의 부채비율을 먼저 구한다.

- $\beta_S = 1.56 = 1.2[1 + (1 - 0.4)\dfrac{B}{S_L}] \rightarrow \dfrac{B}{S_L} = 0.5 = \dfrac{1}{2}$

그리고 위에서 구한 L기업인 ㈜테크의 부채비율과 U기업인 ㈜감마의 기업가치를 이용하여 MM(1963)의 수정명제 I에 의해 L기업인 ㈜테크가 운용하고 있는 부채의 가치를 다음과 같이 산출할 수 있다.

- $\dfrac{B}{S_L} = 0.5 = \dfrac{1}{2} \rightarrow B : S_L : V_L = 1 : 2 : 3 \rightarrow V_L = 3B$

- $V_L = 3B = V_U + T_C B = 260 + 0.4B \rightarrow B = 100$

따라서, 정답은 ①이다.

문제 24 무위험부채를 보유한 A기업의 현재 법인세율은 30%이고 주식베타는 2.0이다. A기업과 부채비율 이외의 모든 것이 동일한 무부채 기업인 B기업의 베타는 1.0, 기업가치는 50억 원, 법인세율은 30%이다. CAPM과 MM수정이론(1963)을 가정할 때, A기업의 이자비용 절세효과(interest tax shield effect)의 현재가치(PV)에 가장 가까운 것은? 단, 금액은 억 원 단위로 표시하고, 소수점 아래 셋째 자리에서 반올림한다. (2021년)

① 2.71억원　　② 4.71억원　　③ 6.71억원

④ 8.71억원　　⑤ 10.71억원

정답: ⑤

〈해설〉 이 문제는 MM(1963)의 자본구조이론과 CAPM의 결합에 관한 문제이며, 앞의 **문제 22와 문제 23** 등과 비슷한 유형의 문제이다. 이 문제에서 A기업이 운용하고 있는 부채는 무위험부채, 즉 베타(β_B)가 0이므로 하마다 모형을 이용할 수 있다. A기업은 부채를 가지고 있는 L기업, 반면 B기업은 무부채인 U기업이다. L기업과 U기업 각각의 주식베타에 대한 정보와 하마다 모형을 이용하여 L기업인 A기업의 부채비율을 먼저 구한다.

- $\beta_S = 2 = 1 \times [1 + (1-0.3)\dfrac{B}{S_L}] \rightarrow \dfrac{B}{S_L} = \dfrac{10}{7}(=1.4286)$

그리고 위에서 구한 L기업인 A기업의 부채비율과 U기업인 B기업의 기업가치를 이용하여 MM(1963)의 수정명제 I에 의해 L기업인 A기업의 부채가치를 다음과 같이 산출할 수 있다.

- $\dfrac{B}{S_L} = \dfrac{10}{7} \rightarrow B : S_L : V_L = 10 : 7 : 17 \rightarrow V_L = \dfrac{17}{10}B = 1.7B$

- $V_L = 1.7B = V_U + T_C B = 50 + 0.3B \rightarrow B = 35.71$

위에서 구한 A기업의 부채가치를 이용하여 MM(1963)의 수정명제 I

에 의해 이자비용 절세효과의 현재가치(PV)는 다음과 같이 산출할
수 있다.

- $PV = T_C B = 0.3 \times 35.71 = 10.71$

따라서, 정답은 ⑤이다.

문제 25 A기업은 자동차부품 사업에 진출하는 신규 투자안을 검토하고 있다. 신규 투자안과 동일한 사업을 하고 있는 B기업은 주식베타가 1.5이며 타인자본을 사용하지 않는다. A기업은 신규 투자안에 대해서 목표부채비율(B/S)을 100%로 설정하였다. 필요한 차입금은 10%인 무위험이자율로 조달할 수 있으며 법인세율은 40%, 시장포트폴리오의 기대수익률은 15%이다. A기업이 신규 투자안의 순현가를 구하기 위해 사용해야 할 할인율은 얼마인가? (2015년)

① 10%   ② 12%   ③ 14%   ④ 18%   ⑤ 22%

정답: ③

〈해설〉 이 문제는 MM(1963)의 자본구조이론과 CAPM의 결합에 관한 문제이다. A기업이 신규 투자안의 순현가를 구하기 위해 사용해야 할 할인율은 신규 투자안의 가중평균자본비용(WACC)이 되어야 한다. 그리고 무부채기업인 B기업의 주식베타(β_U)와 신규 투자안의 부채비율이 주어져 있으므로 이를 이용하여 다음과 같이 WACC을 추정할 수 있다.

- $\beta_U = 1.5 \rightarrow r_U = r_f + [E(r_m) - r_f]\beta_U = 0.1 + (0.15 - 0.1)(1.5) = 0.175$

- $\dfrac{B}{S_L} = 1 \rightarrow B : S_L : V_L = 1 : 1 : 2 \rightarrow \dfrac{B}{V_L} = \dfrac{1}{2}$

- $WACC = r_U(1 - T_C \dfrac{B}{V}) = 0.175 \times [1 - (0.4)(0.5)] = 0.14\,(14\%)$

따라서, 정답은 ③이다.

문제 26 ㈜남산은 초기 투자액이 3,000억 원이며, 매년 360억 원의 영업이익이 영구히 발생하는 신규사업을 고려하고 있다. 신규사업에 대한 목표부채비율(B/S)은 150%이다. 한편 대용기업으로 선정된 ㈜충무의 부채비율(B/S)은 100%이고 주식베타는 1.44이다. ㈜남산과 ㈜충무의 부채비용은 무위험이자율이다. 시장기대수익률은 10%, 무위험이자율은 2%, 법인세율은 40%이다. 신규사업의 순현가와 가장 가까운 것은? (단, 자본비용은 % 기준으로 소수점 넷째 자리에서 반올림한다.) (2018년)

① 89억원 ② 97억원 ③ 108억원 ④ 111억원 ⑤ 119억원

정답: ①

〈해설〉 이 문제는 자본예산, MM(1963)의 자본구조이론과 CAPM에 관한 종합적인 사고를 통해 투자안의 NPV를 추정하는 문제이다. 먼저 ㈜남산에서 추진하는 신규 투자안의 현금흐름을 추정해야 한다. 그런데 이 문제에서 특이한 점은 신규 투자안의 내용 연수가 무한하므로 투자의 종료 시점은 존재하지 않으며, 신규 시설물의 잔존가치나 처분가치, 감가상각비 등이 모두 0원이다.

- 투자 개시 시점$(t=0)$: $CF_0 = -\Delta CI_0 = -3,000$

- 정상 영업기간$(t=1\sim\infty)$의 OCF_t:

$$\Delta OCF_t = \Delta EBIT_t(1-T_c) + \Delta Dep_t = 360(1-0.4) + 0 = 216$$

㈜남산이 추진하는 신규 투자안의 할인율은 신규 투자안의 WACC이 되어야 한다. 그리고 대용기업으로 선정된 ㈜충무의 부채비율(B/S)과 주식베타에 대한 정보를 활용하여 하마다 모형과 CAPM에 의해 무부채기업의 베타(β_U)와 기대수익률(r_U)을 다음과 같이 추정할 수 있다.

- (주)충무: $\beta_S = 1.44 = \beta_U[1 + (1-0.4) \times 1] \rightarrow \beta_U = 0.9$,

$$r_U = 0.02 + (0.1 - 0.02)(0.9) = 0.092$$

위 식에서 추정한 무부채기업의 기대수익률(r_U)과 신규사업에 대한 목표부채비율(B/S)을 이용하여 신규사업의 WACC을 다음과 같이 추정할 수 있다.

- $\dfrac{B}{S_L} = 1.5 = \dfrac{3}{2} \rightarrow B : S_L : V_L = 3 : 2 : 5 \rightarrow \dfrac{B}{V_L} = \dfrac{3}{5}$

- $WACC = r_U \left(1 - T_C \dfrac{B}{V}\right) = 0.092 \times [1 - (0.4)(0.6)] = 0.06992$

앞에서 구한 신규 투자안의 현금흐름과 WACC을 이용하여 ㈜남산이 추진하는 신규 투자안의 NPV를 계산하면 다음과 같다.

- $NPV = -3,000 + \dfrac{216}{0.06992} = 89.24$

따라서, 정답은 ①이다.

문제 27 A기업은 부채비율(타인자본가치/자기자본가치: B/S) 100%를 유지한다. A기업의 부채는 채권발행으로 조달된다. A기업의 영업위험만 반영된 베타는 1.0이고 채권베타는 0.3이다. A기업은 영업활동으로 매년 말 세전현금흐름 500억 원을 영구적으로 산출한다. 법인세율 30%, 무위험수익률 5%, 시장포트폴리오의 기대수익률은 10%이다. 채권에 대해 지급하는 이자율은 채권의 기대수익률과 동일하다고 가정한다. CAPM 및 MM수정이론(1963)이 성립한다고 가정한다. 1년 말 세전현금흐름의 확실성등가에 가장 가까운 것은? 단, 소수는 소수점 아래 다섯째 자리에서 반올림하고 금액은 백만 원 단위에서 반올림하여 계산하시오. (2021년)

① 315.6억원   ② 369.5억원   ③ 422.8억원

④ 483.9억원   ⑤ 534.5억원

정답: ④

〈해설〉 이 문제는 MM(1963)의 자본구조이론과 CAPM의 결합에 관한 문제이다. A기업의 1년 말 세전현금흐름(X_1)의 확실성등가를 계산하기 위해서는 우선 1년 말 세전현금흐름의 기댓값$[E(X_1)]$을 할인하는 데 적정한 위험조정할인율(risk-adjusted rate of return)이 무엇인지를 결정해야 한다. 세전영업현금흐름은 기업 전체에 귀속되는 현금흐름이므로 적정할인율은 WACC가 되어야 한다. 그리고 A기업의 영업베타(β_U)와 부채비율이 주어져 있으므로 이를 이용하여 다음과 같이 A기업의 WACC을 추정할 수 있다.

- $\beta_U = 1 \rightarrow r_U = E(r_m) = 0.1$

- $\dfrac{B}{S_L} = 1 \rightarrow \dfrac{B}{V} = \dfrac{1}{2}$

- $WACC = r_U\left(1 - T_C\dfrac{B}{V}\right) = 0.1 \times [1 - (0.3)(0.5)] = 0.085$

1년 말 세전현금흐름(X_1)의 확실성등가(CEQ)에 대한 적정할인율은 무위험이자율(r_f)이며, 반면에 기대 세전영업현금흐름$[E(X_1)]$에 대한

적정할인율은 위험조정할인율인 WACC이다. 이러한 관계를 이용하여 1년 말 세전영업현금흐름의 확실성등가를 구하면 다음과 같다.

- $\dfrac{E(X_1)}{1+WACC} = \dfrac{CEQ}{1+r_f} \rightarrow \dfrac{500}{1+0.085} = \dfrac{CEQ}{1+0.05}$

- $CEQ = 500 \times \dfrac{1+0.05}{1+0.085} = 483.9$

만약 위의 관계식이 생각나지 않을 경우 아래 간편식이 대안이 될 수 있다.

- $CEQ = \dfrac{E(X_1)}{1+risk\ premium} = \dfrac{E(X_1)}{1+(WACC-r_f)}$

   $= \dfrac{500}{1+(0.085-0.05)} = \dfrac{500}{1+0.035} = 483.1$

따라서, 정답은 ④이다.

문제 28 무부채기업인 ㈜백제의 발행 주식 수는 10,000주이며 자기자본가치는 5억 원이다. 이 기업은 이자율 10%로 영구사채 3억 원을 발행하여 전액 자기주식을 매입소각하는 방법으로 자본구조를 변경하고자 한다. ㈜백제의 기대영업이익은 매년 1억 원으로 영구히 지속되며, 법인세율은 40%이다. 시장은 준강형 효율적이고 MM의 수정이론 (1963)이 성립한다고 가정할 때 다음 중 가장 적절하지 **않은** 것은? 단, 자본비용은 % 기준으로 소수점 셋째 자리에서 반올림한다. (2017년)

① 자본구조 변경 전 자기자본비용은 12%이다.
② 채권발행에 대한 공시 직후 부채의 법인세효과로 인하여 주가는 24% 상승할 것이다.
③ 채권발행 공시 직후의 주가로 자사주를 매입한다면, 채권발행에 따라 매입할 수 있는 자기주식 수는 근사치로 4,839주이다.
④ 자본구조 변경 후 자기자본비용은 13.13%이다.
⑤ 자본구조 변경 후 가중평균자본비용은 8.33%이다.

정답: ⑤

〈해설〉 이 문제는 준강형 효율시장(semi-strong form efficient market)을 전제로 MM(1963)의 자본구조이론과 주가에 관한 문제이다. 문제에서 주어진 정보를 활용하여 각 문항의 적절성을 평가해 보자.

① 적절한 설명이다. 자본구조 변경 전 자기자본비용은 12%이다.

$$r_U = \frac{\overline{X}(1-T_c)}{V_U} = \frac{1(1-0.4)}{5} = 0.12 \quad (\text{단, } \overline{X}= \text{기대 } EBIT)$$

② 적절한 설명이다. 준강형 효율시장일 경우, 기업의 어떤 재무의사결정에 대한 발표를 하면 이 재무의사결정의 공시효과가 발표 즉시 주가에 정확하게 반영된다. 이 문제에서도 시장은 준강형 효율적이라고 가정하고 있으므로 부채조달로 인한 이자비용의 법인세절감 효과는 부채발행이 실제로 이루어지는 시점이 아니라 부채조

달 계획을 발표하는 시점에 즉시 주가에 반영된다. 따라서 아직 부채를 발행하지 않은 U기업이지만 기업가치는 부채조달 계획을 발표하는 시점에 즉시 V_U에서 V_L로 증가한다. 이때 U기업은 아직 부채발행도 자사주 매입도 하지 않았기 때문에 발행주식 수는 여전히 변하지 않고 있어 주가 상승률은 다음 식과 같이 정확히 기업가치 상승률 24%와 일치한다.

- $\triangle V = V_L - V_U = T_C B = (0.4)(3) = 1.2 \rightarrow \dfrac{\triangle V}{V_U} = \dfrac{1.2}{5} = 0.24$

- 공시전 주가 $P(\text{전}) = \dfrac{V_U}{N} = \dfrac{5(\text{억원})}{1(\text{만주})} = 50{,}000(\text{원})$

- 공시후 주가 $P(\text{후}) = \dfrac{V_L}{N} = \dfrac{6.2(\text{억원})}{1(\text{만주})} = 62{,}000(\text{원})$

$$\therefore \frac{\triangle P}{P} = \frac{P(\text{후}) - P(\text{전})}{P(\text{전})} = \frac{12{,}000}{50{,}000} = 0.24\,(24\%)$$

③ 적절한 설명이다. 앞의 문항 ②에서 계산한 채권발행 공시 직후의 주가로 자사주를 매입한다면, 채권발행에 따라 매입할 수 있는 자기주식 수는 다음 식과 같이 약 4,839주이다.

- 자사주 매입 수 $(n) = \dfrac{B}{P(\text{후})} = \dfrac{3(\text{억원})}{6.2(\text{만원})} = 4{,}839(\text{주})$

④ 적절한 설명이다. 자본구조 변경 후 자기자본비용은 MM(1963)의 수정명제 Ⅱ에 의해 13.13%이다.

- $S_L = V_L - B = 6.2 - 3 = 3.2$
- $r_S = r_U + (r_U - r_B)(1 - T_C)\dfrac{B}{S_L}$

$\qquad = 0.12 + (0.12 - 0.1)(1 - 0.4)\dfrac{3}{3.2} = 0.1313\,(13.13\%)$

⑤ 적절치 않은 설명이다. 자본구조 변경 후 WACC는 8.33%가 아니라 9.68%이다.

- $WACC = r_U \left(1 - T_C \dfrac{B}{V_L}\right) = 0.12\left(1 - 0.4\dfrac{3}{6.2}\right) = 0.0968 \ (9.68\%)$

따라서, 정답은 ⑤이다.

문제 29　법인세가 있는 MM이론이 성립된다고 가정하자. 현재 어느 기업의 발행주식 수는 100만 주로 부채는 전혀 없으나 10%에 차입할 수 있고 가중평균자본비용(WACC)은 16%이다. 순영업이익(EBIT)은 매년 100억 원일 것으로 예상되고 법인세율은 30%로 고정되어 있다. 이 기업이 부채로 자금을 조달하여 자사주를 매입함으로써 부채의 시장가치가 기업가치의 40%가 되도록 하려고 한다. 다음의 내용 중 옳지 **않은** 것은? (2004년)

① 부채로 자금을 조달하기 전 자기자본비용은 16%이다.
② 부채로 자금을 조달해 자본구조를 재구성한 후에는 자기자본비용이 18.8%로 증가한다.
③ 부채로 자금을 조달해 자본구조를 재구성한 후의 가중평균자본비용은 14.08%로 감소한다.
④ 조달해야 할 부채의 시장가치는 근사치로 198.86억 원이다.
⑤ 자사주를 매입한 이후의 발행주식 수는 근사치로 545,463주이다.

정답: ⑤

〈해설〉 이 문제는 준강형 효율시장(semi-strong form efficient market)을 전제로 MM(1963)의 자본구조이론과 주가에 관한 문제이다. 이 문제에서는 앞의 **문제 28**에서와는 달리 "자본시장이 준강형 효율적"이라는 가정이 명시되어 있지 않다. 그러나 아래 **문항 ⑤**에 대한 적절성을 평가하기 위해서는 준강형 효율시장가설에 대한 가정이 반드시 필요하다. 그래서 이 문제에서도 시장은 준강형 효율적이고 MM의 수정이론(1963)이 성립한다고 가정하고 각 문항의 적절성을 평가한다.

① 적절한 설명이다. 부채로 자금을 조달하기 전에는 부채를 전혀 사용하지 않고 있으므로 WACC과 자기자본비용은 동일한 16%이다.
② 적절한 설명이다. 부채로 자금을 조달해 자본구조를 재구성한 후에는 자기자본비용이 다음 식과 같이 18.8%로 증가한다.

- $\dfrac{B}{V_L} = 0.4 = \dfrac{2}{5} \rightarrow B : V_L : S_L = 2 : 5 : 3 \rightarrow \dfrac{B}{S_L} = \dfrac{2}{3}$

$$\bullet\ r_S = r_U + (r_U - r_B)(1 - T_C)\frac{B}{S_L}$$
$$= 0.16 + (0.16 - 0.1)(1 - 0.3)\frac{2}{3} = 0.188$$

③ 적절한 설명이다. 부채로 자금을 조달해 자본구조를 재구성한 후의 가중평균자본비용은 14.08%로 감소한다.

$$WACC = r_U\left(1 - T_C\frac{B}{V_L}\right)$$
$$= 0.16(1 - 0.3 \times 0.4) = 0.1408$$

④ 적절한 설명이다. 조달해야 할 부채의 가치는 약 198.86억 원이다.

$$\bullet\ V_U = \frac{100(1 - 0.3)}{0.16} = 437.5$$

$$\bullet\ \frac{B}{V_L} = 0.4 = \frac{2}{5} \rightarrow V_L = 2.5B$$

$$\bullet\ V_L = 2.5B = V_U + T_C B = 437.5 + 0.3B \rightarrow B = 198.86$$

⑤ 적절치 않은 설명이다. 자사주를 매입한 이후의 발행주식 수는 근사치로 545,463주가 아닌 60만 주이다(준강형 효율시장 하에서 자사주 매입 전 주가와 자사주 매입 수의 추정 방법에 대해서는 앞의 **문제 28**의 **문항** ②와 ③에 대한 해설을 참고).

$\bullet\ V_L = V_U + T_C B = 437.5 + (0.3)(198.86) = 497.16\,(억 원)$

$\bullet$ 자사주 매입 전 주가 : $P = \dfrac{V_L}{N} = \dfrac{497.16\,(억 원)}{100\,(만주)} = 49,716\,(원)$

$\bullet$ 자사주 매입 수 : $n = \dfrac{B}{P} = \dfrac{198.86\,(억 원)}{49,716\,(원)} = 40\,(만주)$

$\bullet$ 자사주 매입 후 발행주식수 : $N = 100 - 40 = 60\,(만주)$

따라서, 정답은 ⑤이다.

6.2 MM 이후의 자본구조이론

문제 30 자본구조와 기업가치에 대한 다음의 설명 중 가장 타당하지 <u>않은</u> 것은? (2000년)

① Modigliani & Miller(1963)는 법인세 절약효과 때문에 레버리지와 기업가치 사이에는 정(+)의 관계가 있다고 주장하였다.

② Jensen & Meckling(1976)은 총대리(인) 비용이 최소가 되는 레버리지 수준에서 최적 자본구조가 실현된다고 주장하였다.

③ Miller(1977)는 법인세와 (개인)소득세를 모두 고려할 경우 자본구조와 기업가치는 무관하다고 주장하였다.

④ DeAngelo & Masulis(1980)는 법인세와 (개인)소득세를 모두 고려하더라도 비부채성 세금효과 때문에 최적 자본구조가 존재할 수 있다고 주장하였다.

⑤ Myers & Majluf(1984)는 내부자금 사용 후 외부자금을 사용하는 자본조달 우선순위가 있기 때문에 레버리지와 기업가치 사이에는 부(−)의 관계가 있다고 주장하였다.

정답: ⑤

〈**해설**〉 이 문제는 다양한 자본구조이론의 특성에 관한 문제이다. 자본구조이론에 관한 각 문항의 설명을 바탕으로 해당 문항의 적절성을 판단해 보자.

① 타당한 설명이다. MM(1963)의 수정명제 I을 설명하고 있다.

② 타당한 설명이다. Jensen & Meckling(1976)의 대리인 이론에서의 최적 자본구조를 설명하고 있다.

③ 타당한 설명이다. Miller(1977)는 법인세와 (개인)소득세를 모두 고려할 경우 개인소득세의 측면에서 채권투자소득에 대한 개인소득세가 주식투자소득에 대한 개인소득세보다 불리해 레버리지의 이득이 감소함으로써 자본구조와 기업가치는 무관하다고 주장하였다.

④ 타당한 설명이다. DeAngelo & Masulis(1980)는 비부채성 세금효

과 때문에 최적 자본구조가 존재할 수 있다고 주장하였다.

⑤ 타당하지 않은 설명이다. Myers & Majluf(1984)의 자본조달순위
  이론에 의하면 레버리지와 기업가치는 양(+) 혹은 중립적인 관계
  이며, 신주발행과 기업가치는 부(−)의 관계가 있다고 주장하였다.

따라서, 정답은 ⑤이다.

문제 31 자본구조와 기업가치에 관련된 설명으로 가장 적절하지 **않은** 것은?
(2017년)

① 파산비용이론(상충이론; trade-off theory)에 의하면 부채 사용
시 법인세 절감효과에 따른 기업가치 증가와 기대파산비용의 증
가에 따른 기업가치 감소 간에 상충관계가 존재한다.

② 자본조달순위이론에 따르면 경영자는 수익성이 높은 투자안이
있을 경우 외부금융(external financing)보다는 내부금융
(internal financing)을 선호한다.

③ 부채를 사용하는 기업의 주주들이 위험이 높은 투자안에 투자함
으로써 채권자의 부를 감소시키고 자신들의 부를 증가시키려는
유인을 위험선호유인(risk incentive)이라 한다.

④ 과소투자유인(under-investment incentive)이란 부채를 과다하
게 사용하여 파산가능성이 있는 기업의 주주들이 투자안의 순현
가가 0보다 크다고 하더라도 투자를 회피하려는 유인을 말한다.

⑤ 소유경영자의 지분율이 100%일 때 지분의 대리인 비용(agency
cost of equity)이 가장 크게 나타나며, 소유경영자 지분율이 낮
아지고 외부 주주 지분율이 높아질수록 지분의 대리인 비용은
감소한다.

정답: ⑤

〈해설〉 이 문제는 다양한 자본구조이론의 특성에 관한 문제이다. 자본구조이
론에 관한 각 문항의 설명을 바탕으로 해당 문항의 적절성을 판단해
보자.

① 적절한 설명이다. 파산비용이론(trade-off theory)을 잘 설명하고
있다.

② 적절한 설명이다. 자본조달순위이론에 따르면 경영자는 수익성이
높은 투자안이 있을 경우 내부금융이 외부금융(external
financing)보다 우선한다.

③ 적절한 설명이다. 부채의 대리인 비용 중의 하나인 위험선호유인
(risk incentive)을 잘 설명하고 있다.

④ 적절한 설명이다. 부채의 대리인 비용 중의 하나인 과소투자유인

(under-investment incentive)을 잘 설명하고 있다.

⑤ 적절치 않은 설명이다. 소유경영자의 지분율이 100%일 때는 대리인 문제가 아예 존재하지 않으므로 지분의 대리인 비용(agency cost of equity)이 가장 낮다. 반대로 소유경영자 지분율이 낮아지고 외부 주주 지분율이 높아질수록 자기자본의 대리인 관계는 심화되며 이에 따라 지분의 대리인 비용은 증가한다.

따라서, 정답은 ⑤이다.

문제 32 다음은 자본구조이론에 대한 설명이다. 가장 적절하지 <u>않은</u> 것은? (2019년)

① MM(1963)에 의하면 법인세가 존재할 경우 최적 자본구조는 부채를 최대한 많이 사용하는 것이다.

② 대리비용이론에 따르면 부채의 대리비용과 자기자본의 대리비용의 합인 총대리비용이 최소가 되는 점에서 최적 자본구조가 존재한다.

③ 상충이론(또는 파산비용이론)에 따르면 부채 사용으로 인한 법인세 절감효과와 기대파산비용을 고려할 경우 최적 자본구조가 존재한다.

④ Miller(1977)에 의하면 법인세율과 개인소득세율이 같은 점에서 경제전체의 균형부채량이 존재하며 이에 따라 개별기업의 최적 자본구조도 결정된다.

⑤ DeAngelo와 Masulis(1980)에 의하면 투자세액공제 등 비부채성 세금절감효과를 고려할 경우 기업별 유효법인세율의 차이로 인해 최적 자본구조가 존재할 수 있다.

정답: ④

〈해설〉 이 문제는 다양한 자본구조이론의 특성에 관한 문제이다. 자본구조이론에 관한 각 문항의 설명을 바탕으로 해당 문항의 적절성을 판단해 보자.

① 적절한 설명이다. MM(1963)의 수정명제 I에 의하면 이자비용의 법인세 절감효과는 부채의 크기에 비례하므로 법인세가 존재할 경우 최적자본구조는 부채를 최대한 많이 사용하는 것이다.

② 적절한 설명이다. Jensen & Meckling(1976)의 대리인 이론에서의 최적 자본구조를 잘 설명하고 있다.

③ 적절한 설명이다. Kraus & Litzenberger(1973)의 상충이론(또는 파산비용이론)에서의 최적 자본구조를 잘 설명하고 있다.

④ 적절치 않은 설명이다. Miller(1977)에 의하면 법인세율(T_c)과 회사채 이자와 자본이득에 대한 개인소득세율(T_{PB})이 같은 점에서

경제전체의 균형 부채량은 존재하나, 개별기업의 최적자본구조는 존재하지 않는다.

⑤ 적절한 설명이다. DeAngelo와 Masulis(1980)에 의하면, 법인세와 (개인)소득세를 모두 고려하더라도 투자세액공제 등 비부채성 세금절감효과를 고려할 경우 기업별 유효법인세율의 차이로 인해 최적 자본구조가 존재할 수 있다.

따라서, 정답은 ④이다.

문제 33 기업의 소유자와 경영자 사이에서 발생하는 대리인 비용(agency problem)과 관련이 가장 **없는** 것은? (2012년)

① 감시비용(monitoring cost)
② 지배원리(dominance principle)
③ 스톡옵션(stock option)
④ 정보의 비대칭성(information asymmetry)
⑤ 기업지배권(corporate governance)

정답: ②

〈해설〉 이 문제는 소유자와 경영자 사이에서 발생하는 대리인 비용(agency costs)에 관한 문제이다. 문항 ②의 지배원리(dominance principle)는 포트폴리오 선택이론에서 위험과 기대수익률과의 관계에서 다양한 포트폴리오 간의 우월성을 판단하는 원리이므로 대리인 비용과는 아무런 관련이 없다. 반면에 감시비용은 직접적인 대리인 비용의 일종이며, 스톡옵션은 경영자보상제도의 하나로 궁극적으로 기업지배권구조에서 대리인 문제를 해결하기 위해 고안된 제도이다. 정보의 비대칭성은 현대 기업지배권구조에서 대리인 문제를 초래하는 원인 중의 하나이다.

따라서, 정답은 ②이다.

문제 34 자본구조이론에서 고려하는 기업의 대리인 문제와 가장 관련이 <u>없는</u> 것은? (2020년)

① 잠식비용(erosion cost)

② 감시비용(monitoring cost)

③ 과소투자유인(under-investment incentive)

④ 확증비용(bonding cost)

⑤ 위험선호유인(risk incentive)

정답: ①

〈해설〉 이 문제는 기업의 대리인 문제(agency problem)에 관한 문제이다. 문항 ①의 잠식비용(erosion cost)은 자본예산에서 새로운 투자안에 의해서 생산된 제품이나 서비스 때문에 해당 기업의 기존 제품이나 서비스의 매출이 감소함으로 인해 발생하는 손실을 의미한다. 예를 들어, 어떤 자동차 회사가 새로운 전기차를 생산한다면 그 회사의 기존 내연기관 자동차의 고객 중 일부는 이 새로운 전기차를 구입하려 할 경우, 새로운 전기차가 그 회사의 기존 내연기관 자동차의 수요를 잠식할 것이므로 기존 내연기관 자동차의 매출 감소에 따른 손실이 잠식비용이다. 따라서 잠식비용은 기업의 대리인 문제와는 아무런 관련이 없다.

반면에 문항 ②의 감시비용(monitoring cost)과 문항 ④의 확증비용(bonding cost)은 기업의 모든 대리인 관계에서 발생할 수 있는 대리인 비용이며, 문항 ③의 과소투자유인과 문항 ⑤의 위험선호유인은 부채의 대리인 관계에서 발생하는 대리인 비용이다.

따라서, 정답은 ①이다.

문제 35 대리비용(agency costs)과 관련된 다음 서술 중 옳은 것은? (2002년)

① 위험유인(risk incentive)이란 소유경영자와 외부 주주 간에 발생하는 이해 상충에서 파생하는 대리비용이다.

② 위험유인은 소유경영자의 지분율이 높을수록 위험한 투자안을 선택하려는 유인이다.

③ 과소투자유인(under-investment incentive)은 부채의 대리비용으로, 수익성 투자 포기 유인이라고도 한다.

④ 특권적 소비(perquisite consumption)는 주주와 채권자 간에 발생하는 대리비용으로, 타인자본의존도에 비례하여 증가하는 경향이 있다.

⑤ 감시비용(monitoring costs)이란 대리인이 자신의 의사결정이 위임자의 이해와 일치한다는 것을 입증하기 위해 지불하는 비용이다.

정답: ③

〈해설〉 이 문제는 대리비용에 관한 문제이다. 대리비용에 관한 각 문항의 설명을 바탕으로 해당 문항의 적절성을 판단해 보자.

① 옳지 않은 설명이다. 위험유인이란 소유경영자와 외부 주주 간에 발생하는 이해 상충에서 파생하는 대리비용이 아니라, 주주와 채권자 간에 발생할 수 있는 대리비용이다.

② 옳지 않은 설명이다. 위험유인은 소유경영자의 지분율이 낮고 과다한 부채 사용으로 기업이 재무적 곤경 상태에 처할 경우 소유경영자 혹은 전문경영자가 위험한 투자안을 선택하려는 유인이다.

③ 옳은 설명이다. 과소투자유인은 투자안의 NPV가 양이라도 NPV의 대부분이 채권자들에게 돌아가고 주주에게는 오히려 투자금액보다 적은 보상이 돌아오는 불리한 경우에는 투자를 포기할 수 있는 수익성 투자 포기 유인을 의미한다. 따라서 이것은 대표적인 부채의 대리인 비용이다.

④ 옳지 않은 설명이다. 특권적 소비는 소유경영자 혹은 전문경영자와 외부 주주 간에 발생하는 지분의 대리비용으로 타인자본의존도

와는 아무런 관련이 없다. 특권적 소비는 소유경영자 혹은 전문경영자의 지분율이 낮을수록 증가하는 경향이 있다.
⑤ 옳지 않은 설명이다. 감시비용이 아닌 확증비용(bonding cost)에 대한 설명이다.

따라서, 정답은 ③이다.

문제 36　다음은 시장가치로 측정한 A기업과 B기업의 자본구조와 경영자의 지분율이다. 이에 대한 설명 중 가장 적절하지 **않은** 것은? (2008년)

	A기업	B기업
자본	20억	80억
부채	80억	20억
경영자(내부주주)의 지분율	80%	20%

① B기업은 A기업에 비해 기업 외부 주주와 경영자(내부 주주) 간에 발생하는 대리비용이 높을 수 있다.

② A기업은 B기업에 비해 채권자가 부담하는 대리비용이 낮을 수 있다.

③ B기업은 A기업에 비해 위험이 높은 투자안에 대한 선호유인이 낮을 수 있다.

④ A기업은 B기업에 비해 경영자의 과소투자유인(underinvestment incentive)이 높을 수 있다.

⑤ B기업은 A기업에 비해 주주의 재산도피현상(milking the property)이 낮을 수 있다.

정답: ②

〈해설〉 이 문제는 지분 및 부채의 대리비용에 관한 문제이다. 소유경영자 혹은 전문경영자와 외부 주주 간에 발생하는 지분(자기자본)의 대리비용은 소유경영자 혹은 전문경영자의 소유 지분이 낮을수록 높아진다. 반면에, 채권자와 주주 간에 발생하는 부채의 대리비용은 부채비율이 높을수록 높아진다. 문제에서 A기업의 경우, 경영자 지분이 80%이며, 부채비율은 400%이다. 반면에, B기업은 경영자 지분이 20%이며, 부채비율은 25%이다. 따라서 A기업의 경우에는 B기업에 비해 부채비율이 상대적으로 높기 때문에 부채의 대리비용이 크게 나타날 수 있다. 반면에 B기업의 경우에는 경영자(내부 주주)의 지분율이 A기업에 비해 상대적으로 낮기 때문에 지분(자기자본)의 대리비용이 크게 나타날 수 있다. 그리고 지분의 대리비용으로는 소유경영자 혹은 전문경영자

의 특권적 소비와 태만 유인 등을 들 수 있으며, 부채의 대리인 비용
으로는 위험투자유인, 과소투자유인, 재산도피현상 혹은 과다배당 등을
들 수 있다. 이러한 논리에 의해 각 문항의 적절성을 판단해 보자.

① 적절한 설명이다. B기업은 A기업에 비해 경영자 지분이 낮기 때문
　 에 외부 주주와 경영자 간에 발생하는 지분의 대리비용이 높을 수
　 있다.
② 적절치 않은 설명이다. A기업은 B기업에 비해 부채비율이 높기 때
　 문에 채권자가 아닌 주주가 부담하는 부채의 대리비용이 높을 수
　 있다.
③ 적절한 설명이다. B기업은 A기업에 비해 부채비율이 낮기 때문에
　 위험이 높은 투자안에 대한 선호유인이 낮을 수 있다.
④ 적절한 설명이다. A기업은 B기업에 비해 부채비율이 높기 때문에
　 경영자의 과소투자유인이 높을 수 있다.
⑤ 적절한 설명이다. B기업은 A기업에 비해 부채비율이 낮기 때문에
　 주주의 재산도피현상이 낮을 수 있다.

따라서, 정답은 ②이다.

문제 37 자본조달순위이론(pecking order theory)에 관한 설명으로 가장 적절하지 **않은** 것은? (2015년)

① 경영자는 외부투자자에 비해 더 많은 기업정보를 알고 있다고 가정한다.

② 자본조달 시 고평가된 기업이라고 하더라도 신주발행보다 부채발행을 선호한다.

③ 최적자본구조에 대해서는 설명하지 못한다.

④ 수익성이 높은 기업은 파산비용 등 재무적 곤경비용의 부담이 작기 때문에 수익성이 낮은 기업보다 높은 부채비율을 가질 것으로 예측한다.

⑤ 기업들이 여유자금(financial slack)을 보유하려는 동기를 설명한다.

정답: ④

〈해설〉 이 문제는 Myers & Majluf(1984)의 자본조달순위이론(pecking order theory)에 관한 문제이다. 자본조달순위이론의 설명으로 적합한지를 각 문항별로 판단해 보자.

① 적절한 설명이다. 자본조달순위이론의 의하면, 기업 내부 경영자는 외부 투자자에 비해 더 많은 기업의 내부정보를 알고 있다는 정보비대칭(information asymmetry)을 가정한다.

② 적절한 설명이다. 자본조달 시에 신주발행이 가져다주는 부정적인 정보효과로 인해 신주발행보다 부채발행을 선호한다.

③ 적절한 설명이다. 일반적으로 부채비율(부채/자기자본)을 추정할 때 분모로 사용되는 자기자본에는 내부자금과 신주발행이 혼재되어 있다. 그런데 전자인 내부자금은 자본조달순위에서 최상에 위치하는 데 반해, 신주발행은 최하위에 위치한다. 이처럼 자본조달 순위가 전혀 이질적인 두 자기자본이 혼재되어 있는 수치로 목표 부채비율을 설정하는 것이 아무런 의미가 없기 때문에 최적 자본구조의 존재를 인정하지 않는다. 자금조달순위이론에서 부채비율이란 단지 기업들이 시장 상황에 따라 발행한 주식과 부채의 구성이 누

적된 결과일 뿐이다.

④ 적절치 않은 설명이다. 자본조달순위이론에 의하면, 수익성이 높은 기업은 내부자금이 풍족하고 양호한(+NPV) 투자안을 가질 확률이 높으므로 아예 이자를 지급하는 부채(차입금)를 사용하지 않거나 혹은 수익성이 낮은 기업에 비해 부채를 덜 사용해 부채비율이 낮다. 왜냐하면 외부금융을 이용할 경우 투자성과를 채권자나 신주주와 나누어가져야 할 뿐만 아니라 발행비용도 발생하므로 외부금융보다는 내부금융을 선호하기 때문이다.

⑤ 적절한 설명이다. 기업은 좋은 투자안이 있으면 빨리 자금을 확보하기를 바란다. 그러나 자본조달순위이론은 경영자가 생각하는 합리적인 비용으로 자본을 조달하는 것이 어렵다는 것을 시사하고 있다. 투자금을 확보하기 위해 외부 자기자본이 필요한 기업이 신주를 발행하려 할 경우 투자자들은 주식이 과대평가되어 있다고 생각함으로써 주가 하락으로 이어진다. 이를 피하기 위해 자본조달순위에 따라 계속 부채를 발행할 경우 과다한 부채를 가지게 되거나 혹은 공정한 가격에 주식을 발행할 수 없어 좋은 투자기회를 포기할 수 있다. 그래서 기업들은 미리 현금을 확보해서 여유자금(financial slack)을 보유하는 것이 좋은 투자안을 적시에 실행할 수 있는 가장 유리한 방안으로 생각한다. 충분한 여유자금을 보유할 경우 투자안 실행을 위해 어렵게 자본시장에 가서 부채나 신주를 발행하지 않아도 되기 때문이다. 이처럼 자금조달순위이론은 기업들이 좋은 투자안에 대비해 여유자금을 보유하려는 동기를 설명하고 있다.

따라서, 정답은 ④이다.

문제 38 자본구조와 관련된 다음의 서술 중에서 적절한 것을 모두 모은 것은? (2006년)

> a. 이익을 많이 내는 성공적인 기업들이 거의 부채를 사용하지 않는 현상은 파산비용과 절세효과를 동시에 고려하는 균형이론에 의해 설명된다.
> b. 자본조달순위이론(pecking order theory)이 제시하는 자본조달의 우선순위는 내부자금, 신주발행, 부채의 순서이다.
> c. 자본조달순위이론은 최적자본구조에 대한 예측을 하지 않는다.

① a, b   ② a, b, c   ③ c   ④ b, c   ⑤ a, c

정답: ③

⟨해설⟩ 이 문제는 균형이론(tradeoff theory)과 자본조달순위이론(pecking order theory)의 특성에 관한 문제이다. 각 문항에 주어진 기술을 바탕으로 해당 문항의 적절성을 평가해 보자.

 a. 적절치 않은 설명이다. 동일 산업 내에서 수익성이 높은 성공적인 기업들이 거의 부채를 사용하지 않는 현상은 균형이론(tradeoff theory)이 아니라 자본조달순위이론에 의해 설명된다.
 b. 적절치 않은 설명이다. 자본조달순위이론이 제시하는 자본조달의 우선순위는 내부자금, 신주발행, 부채의 순서가 아니라 내부자금, 부채, 신주발행 순서이어야 한다.
 c. 적절한 설명이다. 자본조달순위이론은 최적 자본구조에 대한 예측을 하지 않는다(앞의 **문제 37**의 **문항 ③**에 대한 해설을 참고).

 따라서, 정답은 ③이다.

문제 39 무부채기업인 ㈜도봉과 1,000억 원의 부채를 사용하고 있는 ㈜관악은 자본구조를 제외한 모든 면에서 동일하다. 법인세율은 25%이고, 투자자의 개인소득세율은 채권 투자 시 X%, 주식투자 시 Y%일 때 다음 설명 중 옳은 항목만을 모두 선택한 것은? (단, 법인세 및 개인소득세가 존재하는 것 이외에 자본시장은 완전하다고 가정한다.) (2018년)

> a. X와 Y가 같다면, 기업가치는 ㈜관악이 ㈜도봉보다 더 크다.
> b. X가 25이고 Y가 0일 때, 기업가치는 ㈜도봉이 ㈜관악보다 더 크다.
> c. X가 15이고 Y가 0일 때, 두 기업의 기업가치 차이는 250억 원보다 작다.

① a 　② a, b 　③ a, c 　④ b, c 　⑤ a, b, c

정답: ③

〈해설〉이 문제는 Miller(1977)의 자본구조이론에 관한 문제이다. Miller(1977) 모형에 의하면, L기업(관악)의 가치는 다음과 같이 U기업(도봉)의 가치와 레버리지 이득의 합으로 정의한다. T_{PB}는 채권투자 시 개인소득세율인 X를, T_{PS}는 주식투자 시 개인소득세율인 Y를 각각 의미한다. 다음에 제시한 Miller(1977) 모형을 이용하여 각 문항의 적절성을 평가해 보자.

$$V_L = V_U + [1 - \frac{(1 - T_C)(1 - T_{PS})}{(1 - T_{PB})}]B$$

　a. 옳은 설명이다. 만약 $X(T_{PB})$와 $Y(T_{PS})$가 같다면, $V_L = V_U + T_C B$가 성립하므로 1,000억 원의 부채(B)를 사용하고 있는 L기업(관악)의 기업가치가 U기업(도봉)의 기업가치보다 더 크다.

　b. 옳지 않은 설명이다. 만약 $X(T_{PB})$가 25, $Y(T_{PS})$가 0이라면, 법인세율 T_C도 25%이므로 결과적으로 위 식에서 $V_L = V_U$가 성립한다. 즉, U기업(도봉)의 기업가치와 L기업(관악)의 기업가치는 동

일하다.

c. 옳은 설명이다. 만약 $X(T_{PB})$가 15, $Y(T_{PS})$가 0이라면, 법인세율 T_C가 25%이므로 두 기업의 기업가치 차이는 118억 원으로 250억 원보다 작다.

$$V_L = V_U + [1 - \frac{(1-0.25)(1-0)}{1-0.15}](1,000) = V_U + 118$$

따라서, 정답은 ③이다.

CPA 객관식 재무관리

문제 40 회계기업의 부채는 현재 2,000억 원이다. 미래 상황은 호황과 불황이 동일 확률로 가능하며 이 기업은 상호배타적인 두 투자안을 고려하고 있다. 두 투자안이 시행되면 호황과 불황에서의 기업가치는 다음과 같이 예상된다. (2006년)

상황	A투자안이 시행되는 경우	B투자안이 시행되는 경우
호황에서의 기업가치	4,300억 원	3,800억 원
불황에서의 기업가치	1,100억 원	2,000억 원

다음 중 적절한 설명을 모두 모은 것은?

a. A투자안 시행 시의 기대 기업가치는 B투자안 시행 시의 기대 기업가치보다 200억 원만큼 작다.
b. A투자안 시행 시의 기업가치 변동성(표준편차)은 B투자안 시행 시의 기업가치 변동성보다 700억 원만큼 크다.
c. 주주가치를 극대화하는 기업은 B투자안을 선택한다.

① a, b, c   ② a, c   ③ b, c   ④ a   ⑤ a, b

정답: ⑤

〈해설〉 이 문제는 옵션가격결정이론을 활용하여 부채를 사용하는 기업의 주식가치를 측정하는 문제이다. 주식회사에서 주주는 유한책임을 가지므로 주식은 기업자산을 기초자산으로 하고 부채 상환액을 행사가격으로 하는 콜옵션의 가치 특성을 가진다. 그러므로 부채 만기일에서의 주식가치(S_T)는 콜옵션 가치평가이론에 의해 부채 만기일(T)에서의 기업가치(V_T)와 부채상환액(B)에 따라 다음과 같이 정의할 수 있다; $S_T = Max[V_T - B, 0]$. 콜옵션 가치평가모형을 이용하여 각 문항의 적절성을 평가해 보자.

a. 옳다. A투자안 시행 시의 기대 기업가치는 2,700억 원으로 B투자안 시행 시의 기대 기업가치 2,900억 원보다 200억 원만큼 작다.

- $E(V_A) = 4,300 \times 0.5 + 1,100 \times 0.5 = 2,700$

- $E(V_B) = 3,800 \times 0.5 + 2,000 \times 0.5 = 2,900$

b. 옳다. A투자안 시행 시의 기업가치 표준편차는 1,600억 원으로 B 투자안 시행 시의 기업가치 표준편차 900억 원보다 700억 원만큼 크다.

- $Var(V_A) = (4,300 - 2,700)^2 \times 0.5 + (1,100 - 2,700)^2 \times 0.5 = (1,600)^2$

  $\rightarrow \sigma_A = \sqrt{(1,600)^2} = 1,600$

- $Var(V_B) = (3,800 - 2,900)^2 \times 0.5 + (2,000 - 2,900)^2 \times 0.5 = (900)^2$

  $\rightarrow \sigma_B = \sqrt{(900)^2} = 900$

c. 옳지 않다. 이 문항에 대한 적절성을 기대수익률-분산 기준에 의한 지배원리를 단순 적용해서 투자안 B를 선택해서는 안 된다. 왜냐하면, 부채를 사용하고 있는 기업의 주식은 콜옵션의 가치 특성을 가지므로 부채 만기일에서의 주식가치(S_T)는 $S_T = Max[V_T - B, 0]$에 의해 결정되기 때문이다. 이에 따라 아래 표에서와 같이 불황일 때는 투자안 A, B 중 어떤 것을 선택하더라도 주식가치(S_T)는 0이 된다. 반면에 호황일 때는 A투자안의 경우 2,300억 원, B투자안의 경우 1,800억 원이 되므로 주주가치를 극대화하는 기업은 B 투자안이 아닌 A투자안을 선택한다.

상황	A투자안이 시행되는 경우	B투자안이 시행되는 경우
호황	$S_T = Max[4,300 - 2,000, 0]$ $= 2,300$	$S_T = Max[3,800 - 2,000, 0]$ $= 1,800$
불황	$S_T = Max[1,100 - 2,000, 0]$ $= 0$	$S_T = Max[2,000 - 2,000, 0]$ $= 0$

따라서, 정답은 ⑤이다.

6.3 배당정책

문제 41 시장의 불완전성이 배당정책에 미치는 영향에 대한 다음의 설명 중 가장 적절하지 **않은** 것은? (2008년)

① 배당을 늘리면 경영자의 특권적 소비를 줄이는 효과가 있기 때문에 기업가치에 긍정적 영향을 줄 수 있다.

② Miller와 Scholes는 배당소득세가 존재하더라도 기업가치는 배당정책의 영향을 받지 않는다고 주장하였다.

③ 배당의 증가는 미래에 양호한 투자처가 없어서 재투자를 하지 않고 배당을 증가시킨다는 부정적인 정보를 제공하므로 주가에 부정적인 영향을 주며 이를 배당의 신호효과라고 한다.

④ 배당을 늘리면 미래에 신주발행을 통해 투자자금을 확보해야 하는 가능성이 높아지며 신주발행에 관련된 비용도 증가할 수 있으므로 기업가치에 부정적인 영향을 줄 수 있다.

⑤ 최적 자본구조를 유지하는 수준에서 재투자를 한 다음, 순이익의 나머지를 배당하는 배당정책을 사용하면 연도별 배당금의 변동이 심해진다.

정답: ③

〈해설〉 이 문제는 불완전자본시장에서 다양한 배당정책이론에 관해 묻는 문제이다. 각 문항의 설명을 바탕으로 해당 문항의 적절성을 판단해 보자.

① 적절한 설명이다. 배당을 늘리면 경영자의 특권적 소비를 줄이는 효과가 있기 때문에 경영자와 외부 주주 간의 대리인 비용을 감소시킬 수 있어 기업가치에 유리하다. 이것은 고배당정책의 이론적 근거이다.

② 적절한 설명이다. Miller와 Scholes(1978)는 배당소득세가 존재하더라도 투자자들은 배당소득과 동일한 이자비용을 지불하는 부채차입을 통해 배당소득세를 제거할 수 있다. 물론 부채로 인한 추가적인 재무위험은 면세채권에 대한 투자로 상쇄시킬 수 있다. 이처럼 Miller와 Scholes는 현재 미국의 조세제도 하에서 차입과 면세

채권에 대한 투자 등에 의해 배당소득세를 완전히 제거할 수 있으므로 기업가치는 배당정책의 영향을 받지 않는다고 주장하였다.

③ 적절치 않은 설명이다. 신호이론에서 예상치 못한 배당의 증가는 경영진이 미래 현금흐름에 대해 낙관적인 전망을 하고 있다는 정보를 시장에 전달하는 효과가 있기 때문에 주가에 긍정적인 영향을 준다.

④ 적절한 설명이다. 배당을 늘리면 미래에 투자자금을 확보해야 할 때 신주발행을 해야 할 가능성이 높아지며 신주발행과 관련된 비용도 증가할 수 있으므로 기업가치에 부정적인 영향을 줄 수 있다. 이처럼 신주 발행비용은 배당소득세와 함께 저배당정책의 이론적 근거이다

⑤ 적절한 설명이다. 최적 자본구조를 유지하는 수준에서 재투자를 한 다음, 순이익의 나머지를 배당하는 배당정책을 잔여배당정책이라 한다. 기업이 잔여배당정책을 사용하면 매년 당기순이익과 신규 투자 규모에 따라 연도별 배당금의 변동이 심해진다.

따라서, 정답은 ③이다.

문제 42　기업 배당정책에 관련된 설명 중 가장 적절하지 **않은** 것은?　(2017년)

① 일반적으로 기업들은 주당배당금을 일정하게 유지하려는 경향이 있다.
② 배당을 많이 지급함으로써, 외부 주주와 경영자 간 발생할 수 있는 대리인 비용을 줄일 수 있다.
③ 배당의 고객효과(clientele effect)에 따르면 높은 한계세율을 적용받는 투자자들은 저배당기업을 선호하며, 낮은 한계세율을 적용받는 투자자들은 고배당기업을 선호한다.
④ 수익성 있는 투자기회를 많이 가지고 있는 기업일수록 고배당정책을 선호한다.
⑤ 정보의 비대칭성이 존재하는 경우 경영자는 시장에 기업정보를 전달하는 수단으로 배당을 사용할 수 있다.

정답: ④
〈해설〉 이 문제는 다양한 배당정책이론의 특성에 관해 묻는 문제이다. 각 문항의 설명을 바탕으로 해당 문항의 적절성을 판단해 보자.

① 적절한 설명이다. 일반적으로 기업들은 주당배당금을 일정하게 유지하는 안정배당정책을 채택하는 경향이 있다.
② 적절한 설명이다. 배당을 많이 지급함으로써 경영자의 특권적 소비를 줄이는 효과가 있기 때문에 경영자와 외부 주주 간의 대리인 비용을 감소시킬 수 있어 기업가치에 유리하다.
③ 적절한 설명이다. 배당의 고객효과(clientele effect)에 의하면 높은 한계세율을 적용받는 투자자들은 저배당기업을 선호하며, 반면에 낮은 한계세율을 적용받는 투자자나 대학 등 면세기관들은 고배당기업을 선호한다.
④ 적절치 않은 설명이다. 수익성 있는 투자기회를 많이 가지고 있는 고성장 기업일수록 내부자금으로 투자자금을 확보하려는 경향이 강하기 때문에 저배당정책을 선호한다. 예를 들어, 1940년대 컴퓨터를 처음으로 상업적으로 개발한 IBM이나 최근의 삼성바이오로직스 같은 고성장 기업들은 배당을 거의 하지 않는 무배당정책을

채택하고 있다. 이러한 기업들의 주주들은 주가 상승으로 시세차익을 누릴 수 있기 때문에 배당을 지불하지 않더라고 불만을 가지지 않는다.

⑤ 적절한 설명이다. 정보의 비대칭성이 존재하는 경우 경영자는 시장에 기업정보를 전달하는 가장 효과적인 수단으로 배당을 사용한다.

따라서, 정답은 ④이다.

문제 43 배당 이론 및 정책에 관한 설명으로 적절한 항목만을 <u>모두</u> 선택한 것은? (2020년)

> a. 배당의 고객효과이론에 의하면 소득세율이 높은 고소득자는 저배당주를 선호하며, 소득세율이 낮은 저소득자는 고배당주를 선호한다.
> b. 안정배당이론에 의하면 기업의 순이익이 급증할 때 배당성향이 단기적으로 감소하는 경향이 있다.
> c. MM의 배당이론(1961)에 의하면 배당정책이 주주의 부에 영향을 미치지 않으며 주주들은 배당소득과 자본이득을 무차별하게 생각한다.
> d. 잔여배당이론에 의하면 수익성이 높은 투자기회를 다수 보유하는 기업의 배당성향이 낮은 경향이 있다.
> e. 현금배당 시 주당순이익(EPS) 및 부채비율은 변동하지 않으며 자사주 매입 시 주당순이익 및 부채비율은 증가한다.

① a, e ② c, d ③ a, b, c ④ b, d, e ⑤ a, b, c, d

정답: ⑤

〈해설〉 이 문제는 MM의 배당이론(1961)을 비롯한 다양한 배당이론 및 정책에 관한 문제이다. 각 문항의 설명을 바탕으로 해당 문항의 적절성을 판단해 보자.

a. 적절한 설명이다. 배당의 고객이론을 잘 설명하고 있다.
b. 적절한 설명이다. 안정배당이론은 주당순이익이 매년 변동하더라도 이에 연계하지 않고 주당배당금을 안정적으로 유지하려는 배당정책이다. 만약 특정 연도에 주당순이익이 급증했는데 주당배당금은 일정하게 유지하게 되면 배당성향(주당배당금/주당순이익)은 단기적으로 감소할 수 있다.
c. 적절한 설명이다. MM(1961)의 배당이론은 완전자본시장 하에서 배당무관련이론(dividend irrelevance theory)이다. 이 이론에 의하면 개인소득세가 없는 완전자본시장 하에서 주주들은 배당소득과 자본이득을 무차별하게 생각하므로 기업가치는 배당정책과 무관하

며 배당정책이 주주의 부에 영향을 미치지 않는다.

d. 적절한 설명이다. 잔여배당이론에 의하면 수익성이 높은 투자기회를 다수 보유하는 기업의 배당성향(주당배당금/주당순이익)이 낮은 경향이 있다(앞의 **문제 42의 문항 ④**)의 해설 참고).

e. 적절치 않은 설명이다. 현금배당 시 발행주식 수가 변하지 않으므로 주당순이익(EPS)은 불변이나, 현금 배당의 재원인 이익잉여금이 감소함으로써 자기자본이 줄어들므로 부채비율은 증가한다. 반면에 자사주 매입 시에는 자사주 매입으로 인해 발행주식 수가 줄어듦으로써 주당순이익이 증가하며, 자본금이 감소함으로써 부채비율은 현금 배당과 마찬가지로 증가한다.

따라서, 정답은 ⑤이다.

문제 44 완전자본시장을 가정했을 때 배당정책의 효과에 관한 설명으로 가장 적절하지 않은 것은? (단, 자사주는 시장가격으로 매입한다고 가정한다.) (2018년)

① 주식배당 시, 발행주식 수는 증가하며 주가는 하락한다.
② 자사주 매입 시, 발행주식 수는 감소하며 주가는 변하지 않는다.
③ 현금 배당 시, 발행주식 수의 변화는 없으며 주가는 하락한다.
④ 현금 배당 또는 자사주 매입 시, 주가이익비율(PER)은 증가한다.
⑤ 현금 배당 또는 자사주 매입 시, 기존 주주의 부는 변하지 않는다.

정답: ④

〈해설〉 이 문제는 완전자본시장 하에서 현금배당과 자사주 매입의 특성에 관해 묻는 문제이다. 각 문항의 설명을 바탕으로 해당 문항의 적절성을 판단해 보자.

① 적절한 설명이다. 완전자본시장 하에서는 정보효과가 존재하지 않으므로 주식배당 시에 발행주식 수는 증가하며 그에 비례해서 주가는 하락한다.
② 적절한 설명이다. 완전자본시장 하에서 자사주 매입 시에 발행 주식 수는 감소하나 주가는 배당부 주가로 변하지 않는다.
③ 적절한 설명이다. 완전자본시장 하에서 현금배당 시에 발행 주식 수의 변화는 없으며 주가는 배당락 주가로 배당부 주가에서 주당 배당금만큼 하락한다.
④ 적절치 않은 설명이다. 현금배당과 자사주 매입 이후 두 경우 모두 주가이익비율(PER)이 동일한 값으로 하락한다. 현금배당 시 주가는 배당락 가격으로 하락하나, 발행 주식 수가 변하지 않아 주당순이익은 변하지 않음으로써 결과적으로 주가이익비율은 감소한다. 한편, 자사주 매입 시에는 주가는 배당부 가격으로 변하지 않으나, 발행주식 수가 감소하여 주당순이익은 증가하게 됨으로써 결과적으로 주가이익비율(PER)은 현금배당 시와 정확히 같은 값으로 감소한다.
⑤ 적절한 설명이다. 완전자본시장 하의 MM(1961)의 배당무관련이

론(dividend irrelevance theory)에 의해 기업가치는 배당정책과 무관하며 어떤 배당정책을 시행하더라도 주주의 부에 영향을 미치지 않는다.

따라서, 정답은 ④이다.

문제 45 현금배당과 자사주 매입(stock repurchase)을 비교한 다음의 서술 중 옳지 <u>않은</u> 것은? (2001년)

① 현금배당 직후에는 주당순이익(EPS)의 변화가 없으나, 자사주 매입 직후에는 EPS가 증가한다.

② 시장의 불완전성(imperfections)이 없다면 투자자나 기업 모두 두 방식에 대해 무차별하다.

③ 현금배당 직후와 자사주 매입 직후 모두 주가이익비율(PER)이 감소한다.

④ 세금을 고려하는 경우 자사주 매입이 현금배당보다 투자자에게 유리하다.

⑤ 향후 자사의 이익이 많이 증가할 것으로 예상할 때, 기업은 현금배당을 선호한다.

정답: ⑤

〈해설〉 이 문제는 현금배당과 자사주 매입의 특성에 관해 묻는 문제이다. 각 문항의 설명을 바탕으로 해당 문항의 적절성을 판단해 보자.

① 적절한 설명이다. 현금배당 직후에는 발행주식 수에 대한 변화가 없으므로 주당순이익(EPS)의 변화가 없다. 그러나 자사주 매입 직후에는 발행주식 수가 감소하므로 EPS가 증가한다.

② 적절한 설명이다. 완전자본시장 하에서 MM(1961)의 배당무관련이론(dividend irrelevance theory)에 의해 기업가치는 배당정책과 무관하며 어떤 배당정책을 시행하더라도 주주의 부에 영향을 미치지 않는다. 따라서 투자자나 기업 모두 두 방식에 대해 무차별하다.

③ 적절한 설명이다. 현금배당 직후와 자사주 매입 직후 모두 주가이익비율(PER)이 감소한다(앞의 **문제 44**의 **문항** ④에 대한 해설 참고).

④ 적절한 설명이다. 현금배당 시에는 배당소득세를 지불해야 하지만, 자사주 매입으로 주가가 상승한 경우 주식을 매각하여 시세차익을 실현시키지 않는 한 세금을 회피할 수 있다. 따라서 개인소득세를 고려하는 경우 자사주 매입이 현금배당보다 투자자에게 유리하다.

⑤ 적절치 않은 설명이다. 향후 자사의 이익이 많이 증가할 것으로 예상할 때, 기업은 현금배당보다는 자사주 매입을 통해 높은 현금 배당으로 인해 주주들이 지급해야 될 배당소득세를 회피할 수 있다. 그러므로 이익이 급증할 것으로 예상할 때는 현금배당보다는 자사주 매입을 선호할 가능성이 높다.

따라서, 정답은 ⑤이다.

문제 46 ABC기업의 시장가치 기준의 대차대조표는 다음과 같다. (2006년)

현금	200억 원	부채	1,000억 원
고정자산	2,800억 원	자기자본	2,000억 원

주식의 액면가격은 5,000원이고 자본금(장부가격)은 500억 원이다. 또한 당기순이익은 100억 원이다. ABC기업은 주당 500원의 현금배당을 실시할 것인가 아니면 50억 원의 자사주를 현재의 가격으로 매입할 것인가를 고려하고 있다. 다음 중 ABC기업이 현금배당을 실시하든 아니면 자사주를 매입하든 효과가 동일하게 나타나는 것들을 모두 모은 것은? 재무정책 발표에 따른 정보효과와 세금은 없다고 가정한다.

> a. 발행주식수
> b. 주가
> c. 주당순이익
> d. 주주에게 지급되는 총금액
> e. 주가이익비율(PER)

① a, b, c   ② d, e   ③ d   ④ e   ⑤ b, d

정답: ②

〈해설〉 이 문제는 완전자본시장에서 현금배당과 자사주 매입이 재무 변수들에 미치는 영향에 관해 묻는 문제이다. 각 문항에서 제시한 재무 변수가 현금배당을 실시하든 자사주를 매입하든 효과가 동일하게 나타나는지를 판단해 보자. 먼저 배당을 실시하기 전 주요 변수의 값을 계산한다.

- 발행주식수$(N) = \dfrac{\text{자본금(장부가치)}}{\text{액면가}} = \dfrac{500\,(억원)}{5,000\,(원)} = 1,000\,(만주)$

- 주가$(P) = \dfrac{\text{자기자본 시장가치}}{\text{발행주식수}(N)} = \dfrac{2,000\,(억원)}{1,000\,(만주)} = 20,000\,(원)$

- 주당순이익$(EPS) = \dfrac{\text{당기순이익}(NI)}{\text{발행주식수}(N)} = \dfrac{100\,(억원)}{1,000\,(만주)} = 1,000\,(원)$

$$\cdot \text{ 주가이익비율}(PER) = \frac{\text{주가}(P)}{\text{주당순이익}(EPS)} = \frac{20,000\,(\text{원})}{1,000\,(\text{원})} = 20$$

a. 동일하지 않다. 현금배당을 실시할 경우 발행주식 수에 아무런 영향을 주지 않지만 자사주를 매입하여 소각할 경우 다음과 같이 발행주식 수가 줄어들기 때문에 동일한 효과를 가져다주지 않는다.

- 현금 배당 : 발행주식수 불변 $N = 1,000\,(\text{만주})$
- 자사주 매입 : $N = 1,000\,(\text{만주}) - \dfrac{50\,(\text{억원})}{2\,(\text{만원})}$

$$= 1,000\,(\text{만주}) - 25\,(\text{만주}) = 975\,(\text{만주})$$

b. 동일하지 않다. 현금배당을 실시할 경우 배당락 주가로 주가가 주당 배당액만큼 줄어드나, 자사주를 매입할 경우 배당부 주가로 주가가 변하지 않기 때문에 동일한 효과를 가져다주지 않는다.

- 현금 배당 : $P = 20,000 - 500 = 19,500\,(\text{원})$
- 자사주 매입 : $P = 20,000\,(\text{원})$으로 불변

c. 동일하지 않다. 현금배당을 실시할 경우 발행주식 수에 아무런 영향을 주지 않으므로 주당순이익이 변하지 않는다. 반면에 자사주를 매입하여 소각할 경우 발행주식 수가 줄어들기 때문에 주당순이익이 증가한다.

- 현금배당 : $EPS = 1,000\,(\text{원})$으로 불변
- 자사주 매입 : $EPS = \dfrac{100\,(\text{억원})}{975\,(\text{만주})} = 1,025.64\,(\text{원})$

d. 동일하다. 세금이 없으므로 주주에게 지급되는 총금액은 동일하다. 현금배당을 실시할 경우 주당 배당액 500원에다 발행주식 수 1,000만 주를 곱한 50억 원이 직접 주주에게 지급되는 데 반해, 자사주 매입 시에는 50억 원의 현금을 가지고 자사주를 현재의 가격으로 매입하기 때문이다.

e. 동일하다. 현금배당 시 주가는 배당락 가격으로 하락하나, 발행주식 수가 변하지 않아 주당순이익은 변하지 않음으로써 결과적으로

주가이익비율(PER)은 감소한다. 한편, 자사주 매입 시에는 주가는 배당부 가격으로 변하지 않으나, 발행주식 수가 감소하여 주당순이익이 증가하게 됨으로써 결과적으로 주가이익비율(PER)은 현금배당 시와 정확히 같은 값으로 감소한다.

- 현금배당 : $PER = \dfrac{19,500}{1,000} = 19.5$

- 자사주 매입 : $PER = \dfrac{20,000}{1,025.64} = 19.5$

따라서, 정답은 ②이다.

문제 47 A기업의 현재 발행주식 수는 20,000주, 당기순이익은 5,000만 원, 주가는 10,000원이다. 주가가 이론적 주가로 변한다고 가정할 때 A기업이 고려하고 있는 다음의 재무 정책들 중에서 현재보다 주가이익비율(PER)이 감소하는 정책들을 모두 모은 것은? 단, 재무 정책 실시에 따른 정보효과가 없다고 가정한다. (2008년)

---

a. 순이익의 20%를 현금으로 배당한다.

b. 발행주식 수의 20%를 주식으로 배당한다.

c. 2:1로 주식을 분할한다.

d. 2:1로 주식을 병합한다.

e. 순이익의 20%에 해당하는 금액의 자사주를 10,000원에 재매입한다.

---

① b, c, d   ② c, d, e   ③ a, b

④ a, e   ⑤ d

정답: ④

〈해설〉 이 문제는 완전자본시장 하에서 다양한 배당정책들 중에서 현재보다 주가이익비율(PER)을 감소하게 만드는 정책들을 묻는 문제이다. 각 문항의 설명을 바탕으로 해당 배당정책이 PER를 감소하게 하는지를 판단해 보자.

a. PER가 감소한다. 현금 배당 시 주가는 배당락 가격으로 하락하나, 발행 주식 수가 변하지 않아 주당순이익은 변하지 않음으로써 결과적으로 주가이익비율(PER)은 감소한다(앞의 **문제 44**의 **문항 ④**와 **문제 46**의 **문항 e**에 대한 해설 참고).

b. PER가 불변이다. 주식배당의 경우 발행주식 수가 늘어난 만큼 주가가 하락하며 동시에 주당순이익도 하락하므로 PER는 변하지 않는다.

c. PER가 불변이다. 주식배당의 경우와 마찬가지로 주식분할 시에도 발행 주식 수가 늘어난 만큼 주가가 하락하며 동시에 주당순이익도 하락하므로 PER는 변하지 않는다.

d. PER가 불변이다. 주식병합의 경우는 주식분할과는 반대로 발행주

식 수가 줄어든 만큼 주가가 상승하며 동시에 주당순이익도 상승하므로 PER는 변하지 않는다.

e. PER가 감소한다. 자사주 매입 시에는 주가는 배당부 가격으로 변하지 않으나, 발행주식 수가 감소하여 주당순이익은 증가하게 됨으로써 결과적으로 주가이익비율(PER)은 현금배당 시와 정확히 같은 값으로 감소한다(앞의 **문제 44**의 **문항 ④**와 **문제 46**의 **문항 e**에 대한 해설 참고).

따라서, 정답은 ④이다.

문제 48 주식배당에 관한 설명으로 가장 적절하지 <u>않은</u> 것은? (2021년)

① 정보비대칭 하의 불완전자본시장을 가정할 경우 주식배당은 기업 내부에 현금이 부족하다는 인식을 외부에 주는 부정적 효과가 있을 수 있다.

② 주식배당은 유보이익의 영구자본화를 가능하게 한다.

③ 완전자본시장의 경우 주식배당 실시 여부와 관계없이 주주의 부는 불변한다.

④ 주식배당은 주가를 상승시킴으로써 주식거래에 있어 유동성을 증가시킨다.

⑤ 주식배당의 경우 발행비용을 발생시켜 동일한 금액 수준의 현금배당보다 비용이 많이 들 수 있다.

정답: ④

〈해설〉 이 문제는 주식배당(stock dividend)의 특성에 관해 묻는 문제이다. 완전자본시장에서 주식배당은 신주를 발행하여 기존 주주에게 무상으로 지급하는 것이다. 주식배당은 기업의 이익잉여금 중 주식배당액만큼 자본금으로 편입하는 방식으로 회계처리를 하므로 발행 주식 수만 늘어날 뿐 기존 주주의 지분율은 그대로 유지되어 실질적인 주주 부에는 영향을 미치지 않는다. 각 문항의 설명을 바탕으로 해당 문항의 적절성을 판단해 보자.

① 적절한 설명이다. 불완전자본시장하에서 주식배당은 기업의 유동성 문제를 외부에 알려주는 부정적 효과가 있을 수 있다.

② 적절한 설명이다. 주식배당을 실시하면 유보이익인 이익잉여금이 재원이 되며 주식배당액만큼 이익잉여금에서 자본금 계정으로 편입되므로 유보이익의 영구자본화를 가능하게 한다.

③ 적절한 설명이다. 완전자본시장에서 주식배당을 실시할 경우 주식 보유 수는 증가하지만 늘어난 주식 수만큼 주가가 하락하므로 주주의 부는 변하지 않는다.

④ 적절치 않은 설명이다. 앞의 문항 ③에서 설명한 바와 같이 주식배당은 주가를 상승시키는 것이 아니라 하락시킴으로써 주식거래

에 있어 유동성을 증가시킨다.

⑤ 적절한 설명이다. 주식배당을 실시하기 위해서는 신주를 발행해야 할 경우에는 발행비용을 발생시킴으로써 현금배당보다 비용이 많이 들 수 있다.

따라서, 정답은 ④이다.

문제 49 다음은 10:1 주식분할(stock split)에 대한 설명이다. 이 중 가장 옳지 <u>않은</u> 것은? (단, 주식분할과 관련된 모든 비용은 무시한다.) (2003년)

① 주식의 액면가는 1/10로 하락한다.
② 장부상 자본잉여금이 보통주 자본금으로 전입될 뿐 자기자본 총액에는 변동이 없다.
③ 주주의 지분권(기업지배권)에는 변동이 없다.
④ 발행주식 수가 10배 증가한다.
⑤ 주당순이익(EPS)이 1/10로 하락하고, 이론적인 주가는 1/10 수준으로 하락한다.

정답: ②

〈해설〉이 문제는 주식분할의 특성에 관해 묻는 문제이다. 완전자본시장에서 주식분할은 단순히 발행주식 수가 분할 배수만큼 늘어나게 되는 것으로, 이로 인해 액면가, 주가 및 주당순이익 등은 반대로 분할 배수만큼 줄어들게 된다. 그러나 주주 개인이 갖는 지분권(기업지배권)에는 변화를 가져오지 않으며, 기업가치나 주주 부에도 영향을 미치지 않는다. 각 문항의 설명을 바탕으로 해당 문항의 적절성을 판단해 보자.

① 옳은 설명이다. 액면가는 1/10로 하락한다.
② 옳지 않은 설명이다. 주식분할에 관한 회계처리는 단순히 발행주식 수가 분할 배수만큼 늘어나는 반면, 액면가는 분할 배수만큼 줄어들 뿐 자본금, 자본잉여금, 이익잉여금 등의 금액은 변하지 않는다. 그런데 이 문항에서 설명하고 있는 장부상 자본잉여금이 보통주 자본금으로 전입되는 것은 주식분할이 아니라 무상증자일 때의 회계처리를 의미한다.
③ 옳은 설명이다. 주주의 지분권(기업지배권)에는 변동이 없다.
④ 옳은 설명이다. 발행 주식 수가 10배 증가한다.
⑤ 옳은 설명이다. 발행 주식 수가 10배로 증가함에 따라 주당순이익(EPS)과 주가는 1/10 수준으로 하락한다.

따라서, 정답은 ②이다.

문제 50 ㈜한강은 올해 5억 원의 당기순이익을 발생시켰다. ㈜한강은 50%의 배당성향을 갖고 있으며 올해에도 이를 유지할 계획이다. 현재 순이익이 반영된 주가는 주당 20,000원이며 발행주식 수는 20만 주이다. 이 기업의 배당락주가는 18,000원이 되었다. 만약 ㈜한강이 배당을 하지 않고 그 금액으로 자사의 주식을 현재 주가인 주당 20,000원으로 구입하여 소각한다면 주가는 얼마가 되겠는가? (단, 정보효과와 거래비용은 없다고 가정한다.) (2010년)

① 16,500원   ② 18,000원   ③ 20,000원
④ 22,000원   ⑤ 23,500원

정답: ③

〈해설〉 이 문제는 특별배당인 자사주 매입이 주가에 미치는 영향에 관한 문제이다. 정보효과가 없는 완전자본시장에서는 자사주 매입 시에 발행주식 수는 감소하나 주가는 배당부 주가로 변하지 않는다. 따라서 자사의 주식을 현재 주가인 주당 20,000원으로 매입하여 소각한다면 주가는 배당부 주가인 20,000원을 그대로 유지한다.

따라서, 정답은 ③이다.

문제 51 ㈜대한의 현재 주가가 1,000원이고, 자기자본은 다음과 같다. 주가는 이론적 주가로 변한다고 가정할 때, 각각의 재무정책 효과에 관한 설명 중 가장 적절하지 **않은** 것은? (단, 거래비용, 세금과 정보효과는 무시한다.) (2011년)

보통주자본금 (액면금액 500원)	400,000원
자본잉여금	255,000원
이익잉여금	145,000원
자기자본	800,000원

① 10%의 주식배당을 1,000원에 실시하면 자본잉여금은 295,000원, 이익잉여금은 65,000원이 된다.
② 액면금액을 주당 100원으로 분할하면 발행주식 수는 4,000주가 된다.
③ 주당 150원의 현금배당을 실시하면 배당락 주가는 850원이고, 자기자본은 620,000원이 된다.
④ 주당 1,000원에 100주의 자사주를 매입하면 주가는 변함이 없지만 주당순이익은 증가한다.
⑤ 주당 1,000원에 80,000원만큼의 자사주 매입을 실시하면 자사주 매입 후 유통주식 수는 720주가 된다.

정답: ③

〈해설〉 이 문제는 거래비용, 세금과 정보효과가 없는 완전자본시장에서 특별배당인 주식배당과 주식분할 및 자사주 매입 등의 회계 처리와 특성에 관한 문제이다. 각 문항에서 제시한 정보를 바탕으로 해당 문항의 적절성을 판단해 보자.

① 적절하다. 현재 ㈜대한의 보통주 총발행 주식 수(N)와 10%의 주식배당을 실시할 경우 신주발행수(n)와 주식배당액(D)은 각각 다음과 같다.

- 현재 총발행주식수$(N) = \dfrac{\text{보통주자본금}}{\text{액면가}} = \dfrac{400,000}{500} = 800\,(주)$
- 신주발행수$(n) = N \times 0.1 = 800 \times 0.1 = 80\,(주)$

- 주식배당액 $= 80 \times 1,000 = 80,000$ (원)

주식배당 후 이익잉여금은 주식배당액 80,000원만큼 감소한 65,000원이 된다. 그리고 주식배당으로 신주발행 수(80주)와 액면가(500원)를 곱한 40,000원만큼 자본금이 증가한다. 따라서 주식배당액 80,000원 중에서 40,000원은 이익잉여금 계정에서 자본금 계정으로 편입된다. 또한 신주는 액면가가 500원인데 현재 주가인 1,000원에 시가 발행함으로써 신주 80주 발행에 의한 주식발행초과금 40,000원이 발생하므로 주식배당액 80,000원 중에서 나머지 40,000원은 이익잉여금 계정에서 자본잉여금 계정으로 편입된다.

- 이익잉여금 $= 145,000 - 80,000 = 65,000$ (원)
- 자본금 $= 400,000 + 80 \times 500 = 440,000$ (원)
- 자본잉여금 $= 255,000 + 80 \times (1,000 - 500) = 295,000$ (원)

② 적절하다. 액면금액을 주당 500원에서 100원으로 분할하면 5:1 주식분할이 되므로 현재 800주인 총발행 주식 수는 5배인 4,000 주가 된다.

③ 적절치 않다. 주당 150원의 현금배당 후 배당락주가는 850원이 된다. 그리고 자기자본은 현재 자기자본 총액 800,000원에서 총현금 배당액 120,000원만큼 차감된 680,000원이 된다.

- 총현금배당액 $= 800 \times 150 = 120,000$ (원)
- 자기자본 $= 800,000 - 120,000 = 680,000$ (원)

④ 적절하다. 주당 1,000원에 100주의 자사주를 매입하면 주가는 변함이 없지만 발행주식 수가 감소하므로 주당순이익은 증가한다.

⑤ 적절하다. 자사주 매입 후 유통주식 수는 720주가 된다.

- 자사주 매입수 $= \dfrac{80,000}{1,000} = 80 \rightarrow$ 유통주식수 $= 800 - 80 = 720$ (주)

따라서, 정답은 ③이다.

문제 52 당기순이익에서 배당금으로 지급되는 비율을 나타내는 배당성향을 장기적으로 일정하게 유지하면서 안정된 배당금을 지급하는 배당정책을 채택하고 있는 무차입 기업에서 단기적으로 배당성향을 가장 많이 증가시킬 것으로 예상되는 경우는? (배당정책이론의 관점에서 답하시오.) (2004년)

① 자본이득에 대한 세율에 비해 상대적으로 개인소득세율이 높아졌다.
② 자금 수급의 불균형으로 인해 시장금리가 상승했다.
③ 예상치 못한 이상기후로 매출이 급감해 기업이익이 감소했다.
④ 칠레와 자유무역협정이 체결됨에 따라 투자기회가 증가했다.
⑤ 기업지배구조의 개선으로 여유자금에 대한 사용이 투명해졌다.

정답: ③

〈해설〉 이 문제는 안정배당정책이 단기적으로 배당성향(주당배당금/주당순이익)에 미치는 영향에 관한 문제이다. 각 문항에서 제시한 정보를 바탕으로 해당 문항의 적절성을 판단해 보자.

① 감소한다. 자본이득세율에 비해 상대적으로 개인소득세율(배당소득세율)이 높아질 경우 유보이익에 비해 현금배당이 불리하다. 이러한 조세제도의 변화에 대해 경영자는 단기적으로 주주들의 배당소득세 부담을 줄이기 위해 유보이익을 늘리고 현금배당을 줄이는 배당정책을 채택할 것이다. 따라서 단기적으로 배당성향은 감소할 것이다.
② 감소한다. 자금 수급의 불균형으로 인해 시장금리가 상승할 경우 외부 금융기관으로부터 자금조달이 어려워진다. 이 경우 경영자는 내부자금을 확보하기 위해 현금배당을 줄이고 내부유보를 늘리는 배당정책을 채택할 것이다. 따라서 단기적으로 배당성향은 감소할 것이다.
③ 증가한다. 안정배당정책을 채택하고 있는 경우에는 예상치 못한 이상기후로 매출이 급감해 기업이익이 감소하더라도 경영자는 이러한 현상이 지속적인 것이 아니라 일시적이라는 정보를 시장에 전달하기 위해 주당배당금을 줄이지 않는다. 따라서 단기적으로 배

당 성향은 증가할 것이다.

④ 감소한다. 칠레와 자유무역협정이 체결됨에 따라 투자기회가 예상
   치 못하게 증가할 경우 단기적으로 현금배당을 줄이고 내부유보를
   늘리려 할 것이다. 따라서 단기적으로 배당성향은 감소할 것이다.

⑤ 감소한다. 기업지배구조의 개선으로 여유자금에 대한 사용이 투명
   해질 경우 고배당정책으로 대리인 비용을 감소시켜야 할 근거가
   줄어들기 때문에 현금배당을 축소할 것이다. 따라서 단기적으로 배
   당성향은 감소할 것이다.

따라서, 정답은 ③이다.

문제 53　㈜유림은 내부수익률법을 이용하여 서로 독립적인 다음의 다섯 개 투자안들을 고려하고 있다. 이들 투자안들은 모두 ㈜유림의 영업위험과 동일한 위험도를 갖고 있다.

투자안	투자금액	내부수익률
A	10억 원	12.0%
B	12억 원	11.5%
C	12억 원	11.0%
D	12억 원	10.5%
E	10억 원	10.0%

올해의 순이익은 25억 원으로 예상되는데 다음의 조건하에 투자하고 남은 돈을 배당으로 지급한다면 올해의 배당성향은 얼마가 되겠는가? (2007년)

> a. 현재 이 회사는 50%의 부채와 50%의 자기자본으로 이루어진 자본구조를 가지고 있다.
> b. 신규투자 후에도 기존의 자본구조가 그대로 유지되어야 한다.
> c. 세후 부채비용(after-tax cost of debt)은 8%이며 자기자본비용은 14.5%이다.

① 0%　② 12%　③ 32%　④ 56%　⑤ 100%

정답: ④

〈해설〉 이 문제는 잔여배당정책 하에서 배당성향을 추정하는 문제이다. 먼저 잔여배당정책의 정의에 따라 신규투자 금액을 결정하기 위해 WACC을 구한 다음 내부수익률법을 이용하여 다섯 개의 독립적인 투자안들 중에서 수익성이 있다고 판단되는 투자안과 투자금액을 결정한다. 단 이 문제에서 주어진 부채 이자율 8%는 세전이 아닌 세후 이자율이다.

- $WACC = (\frac{S}{V})r_S + (\frac{B}{V})r_B(1 - T_C)$

  $= 0.5 \times 0.145 + 0.5 \times 0.08 = 0.1125\ (11.25\%)$

- $IRR_A, IRR_B > WACC(11.25\%) \rightarrow$ 투자안 A, B 채택

  $\therefore$ 신규 투자액 $= 10 + 12 = 22$

위에서 구한 신규 투자액 중 기존 자본구조에 따라 50%인 11억 원은 부채로, 나머지 11억 원은 자기자본, 즉 내부유보에 의해 조달해야 한다. 이것은 곧 올해의 순이익 25억 중 11억 원은 신규투자 금액으로 유보하고 나머지 14억 원은 배당으로 지급해야 함을 의미한다. 따라서 배당성향은 다음 식과 같이 56%가 된다.

- 총배당금 $=$ 순이익 $-$ 신규 투자액 $\times$ 자기자본비율

  $= 25 - 22 \times 0.5 = 14$

- 배당성향 $= \dfrac{총배당금}{순이익} = \dfrac{14}{25} = 0.56 \, (56\%)$

따라서, 정답은 ④이다.

7

기업의 인수합병

7.1 M&A의 특성 및 방어전략

문제 1 다음 설명 중 <u>틀린</u> 것은? (2002년)

① 가중평균자본비용이 신규 투자안의 경제성을 평가하는 할인율로 사용되기 위해서는 투자안의 경영위험이 기존 기업의 경영위험과 동일해야 할뿐만 아니라 신규 투자안의 수행을 위해 조달한 자금의 구성이 기존 기업의 재무위험과도 동일해야 한다.

② CAPM(capital asset pricing model)은 Markowitz의 포트폴리오 이론에 필요한 가정뿐만 아니라 세금과 거래비용 등이 없는 완전한 시장의 존재라는 가정과 무위험이자율로 무제한 차입과 대출이 가능하다는 가정을 전제로 한다.

③ 자본시장과 실물생산기회가 동시에 존재할 경우 최적 투자는 효용곡선과는 관계없이 시장에서의 이자율과 생산 기회에 의해서만 결정되고, 최적 소비는 효용곡선과 최적 투자에 의해 결정된 자본시장선과의 관계에 의해 결정된다는 것이 Fisher의 분리정리이다.

④ Tobin의 q비율은 자산의 대체원가(replacement costs)를 주식 시장에서 평가된 기업의 시장가치로 나누어 준 값으로, q가 1보다 작으면 저평가된 기업이라고 할 수 있다.

⑤ 매출액이 1% 변화할 때의 영업이익의 변화율을 영업레버리지도(degree of operating leverage)라고 하고, 영업이익이 1% 변화할

때의 순이익의 변화율을 재무레버리지도(degree of financial leverage)라고 한다.

정답: ④

〈**해설**〉 이 문제는 자본예산에서부터 Tobin의 q에 이르기까지 다양한 주제에 대해 묻는 종합적인 문제이다. 각 문항에서 제시된 정보를 바탕으로 해당 문항의 적절성을 판단해 보자.

① 적절한 설명이다. 가중평균자본비용이 신규 투자안의 경제성을 평가하는 할인율로 사용되기 위한 조건을 정확히 설명하고 있다.
② 적절한 설명이다. CAPM이 성립하기 위한 가정을 잘 설명하고 있다.
③ 적절한 설명이다. 자본시장과 실물생산기회가 동시에 존재할 경우에 Fisher의 분리정리를 잘 설명하고 있다.
④ 적절치 않은 설명이다. Tobin의 q비율의 정의는 이 문항의 설명과는 반대로 주식시장에서 평가된 기업의 시장가치를 자산의 대체원가로 나눈 값이다. 따라서 q가 1보다 작으면 저평가된 기업이라고 할 수 있으며 이러한 기업은 실물자산의 취득보다는 M&A가 더 유리하다.
⑤ 적절한 설명이다. 영업레버리지도와 재무레버리지도(degree of financial leverage)를 정확히 설명하고 있다.

따라서, 정답은 ④이다.

문제 2 기업 매수 및 합병(M&A)에 관한 다음 서술 중 가장 타당하지 <u>않은</u> 것은? (2001년)

① 적대적 M&A의 경우 피인수기업 주주는 손실을 본다.
② 보유지분이 불충분하더라도 백지위임장투쟁(proxy fight)을 통해 경영권을 획득할 수 있다.
③ 공개매수제의(tender offer) 시 피인수기업 주주들의 무임승차현상 (free riding)은 기업매수를 어렵게 한다.
④ M&A 시장의 활성화는 주주와 경영자 간 대리문제를 완화시키는 역할을 한다.
⑤ 우리사주조합의 지분율을 높이는 것은 M&A 방어를 위한 수단이 된다.

정답: ①

⟨**해설**⟩ 이 문제는 기업 매수 및 합병(M&A)의 특성과 방어전략에 관한 문제이다. 각 문항에서 제시된 정보를 바탕으로 해당 문항의 적절성을 판단해 보자.

① 적절치 않은 설명이다. M&A의 공시효과에 관한 실증연구 결과에 의하면 합병 효과로 인해 기대되는 시너지의 거의 대부분을 합병 대상기업, 혹은 피인수기업(target firm)의 주주들에게 돌아가고 실제로 합병기업의 주주들이 누리는 가치증대 효과는 미미한 것으로 보고되고 있다. 적대적 합병의 경우도 예외가 될 수 없으며, 오히려 적대적 합병 당사자 간의 경영권 경쟁이 치열할수록 의결권이 있는 보통주의 매수가 늘어나 피인수기업의 주가가 급등해 피인수기업의 주주들의 가치증대 효과는 더욱 클 것으로 예상할 수 있다.
② 적절한 설명이다. 보유지분이 불충분하더라도 다른 주주들로부터 의결권을 위임받아 이를 이용하여 현 경영진과 경영권 경쟁을 벌이는 위임장투쟁(proxy fight)을 통해 경영권을 획득할 수 있다.
③ 적절한 설명이다. 공개매수(tender offer)는 정해진 기간에 현재 시장가격에 일정한 프리미엄을 더한 가격으로 피인수기업의 보통주를 주주들로부터 공개적으로 매입하여 피인수기업의 경영권을

획득하는 M&A의 유형이다. 그런데 공개매수 제의 시에 인수기업이 제안한 매수가격이 인수가 성공한 이후 시너지가 반영된 인수기업의 주가보다 낮을 경우, 소액 주주 입장에서는 인수기업의 매수 제의에 응하지 않고 주식을 그대로 보유하고 있으면서 매수 제의를 받아들인 다른 주주들에 무임승차(free riding)하는 것이 유리할 수 있다. 왜냐하면 인수가 성공한 이후 시너지가 반영된 주가 상승효과를 그대로 누릴 수 있기 때문이다. 만약 대부분의 피인수기업의 주주들이 이러한 무임승차를 시도할 경우 인수기업은 공개매수를 성공시키기 위해서는 매수제의 가격을 시너지가 100% 반영된 가격으로 결정할 수밖에 없는데 이렇게 되면 인수기업의 NPV는 0이 되어 매수자는 인수로부터 아무런 이득을 얻지 못하게 된다. 따라서 공개매수 제의 시에 피인수기업 주주들의 무임승차현상은 기업매수를 어렵게 할 뿐만 아니라 인수기업이 공개매수를 시도할 유인마저 감소시켜 무능하고 비효율적인 경영진들이 활동할 수 있는 경영환경이 조성될 위험이 존재하게 된다.

④ 적절한 설명이다. 주주 부의 극대화 목표를 제대로 실현하지 못해 주가가 잠재적 주가에 미치지 못하게 만드는 무능하고 비효율적인 경영진을 M&A를 통해 해고시킴으로써 주주와 경영자 간 대리 문제를 완화시키는 역할을 할 수 있다.

⑤ 적절한 설명이다. 우리사주제도(ESOP: employee stock ownership plan)는 기업 또는 정부가 각종 정책적 지원을 제공하여 종업원으로 하여금 자신이 근무하는 기업의 주식을 취득하여 보유하게 하는 제도이다. 일반적으로 기업의 종업원들은 고용 승계가 불확실한 M&A 자체를 반대하는 경향이 강하므로 국내외 기업들 중에는 우리사주제도를 경영권 방어 수단으로 활용하는 사례가 많다. 따라서 이러한 기업의 경우 우리사주조합의 지분율을 높이는 것은 M&A 방어를 위한 수단이 될 수 있다.

따라서, 정답은 ①이다.

문제 3 적대적 M&A 위협에 대한 방어 전략에 포함될 수 있는 적절한 항목은 **모두** 몇 개인가? (2016년)

> a. 독약 조항(poison pill)
> b. 이사진의 임기 분산
> c. 황금 낙하산(golden parachute)
> d. 초다수결조항
> e. 백기사(white knight)

① 1개 ② 2개 ③ 3개 ④ 4개 ⑤ 5개

정답: ⑤

〈**해설**〉 이 문제는 M&A를 통한 경영권 위협에 대비한 방어전략에 관한 문제이다. 현재까지 개발된 M&A 방어전략은 다양하며, 문제에 주어진 5가지 항목 모두가 현장에서 실제로 활용되고 있는 방어전략이다.

따라서, 정답은 ⑤이다.

문제 4 적대적 M&A에 대응하기 위하여 기존 보통주 1주에 대해 저렴한 가격으로 한 개 또는 다수의 신주를 매입하거나 전환할 수 있는 권리를 부여하는 방어적 수단은? (2008년)

① 독약조항(poison pill)   ② 역매수전략   ③ 황금주
④ 그린메일(green mail)   ⑤ 백지주 옵션

정답: ①

〈해설〉 이 문제는 M&A를 통한 경영권 위협에 대비한 방어전략에 관한 문제이다. 기존 보통주 1주에 대해 저렴한 가격으로 한 개 또는 다수의 신주를 매입할 수 있는 신주인수권이나 보통주로 전환할 수 있는 전환사채 등의 증권을 배당으로 지급해 경영권 위협이 현실화되는 시점에서 이 권리를 행사할 수 있도록 함으로써 인수기업에 큰 손해를 입히게 하는 방어적 수단은 독약조항(poison pill)을 의미한다.

따라서, 정답은 ①이다.

7.2 M&A의 경제성 평가 및 교환비율

문제 5   수년간 적자를 보아 온 제약회사 ㈜다나는 최근 암 치료에 획기적인
성과가 있는 신약을 개발해 국제특허를 획득했다. ㈜다나가 신약을
대량으로 생산하기 위해서는 거액의 시설 투자를 해야 한다. ㈜다나
의 지분 60%를 보유하고 있는 전자회사 ㈜파라는 업종전문화 차원에
서 ㈜다나를 매각하려고 한다. 이에 의료기기를 생산하는 ㈜사라가
레버리지를 통해 ㈜다나를 차입매수(LBO)하려는 계획을 세웠다. 인
수 후 ㈜다나는 향후 몇 년간 배당을 지급하지 않을 것이고 부채비율
은 심하게 변동할 것으로 예상된다. 주당순자산이 미미한 ㈜다나의
인수가격을 결정하기 위해 사용할 기업가치 평가모형 중 가장 적절한
것은? (2004년)

① 안정성장 주주잉여현금흐름모형(FCFE)
② 3단계성장 주주잉여현금흐름모형(FCFE)
③ 안정성장 기업잉여현금흐름모형(FCFF)
④ 3단계성장 기업잉여현금흐름모형(FCFF)
⑤ PER 또는 PBR을 이용한 상대가치평가모형

정답: ④

〈해설〉 이 문제는 M&A의 한 유형인 차입매수(LBO) 시에 인수대상기업의 인
수가격을 결정하기 위해 사용할 적합한 기업가치 평가모형을 선택하는
문제이다. 문제에서 인수대상기업인 ㈜다나는 향후 몇 년간 배당을 지
급하지 않을 것이고 부채비율은 심하게 변동할 것으로 예상된다고 가
정하고 있으므로 안정적인 목표 부채비율을 전제로 한 주주잉여현금흐
름모형(FCFE)은 적용하기 어렵다. 또한, 향후 몇 년간 배당을 지급하
지 않을 것이므로 매년 일정한 성장은 기대하기 어렵기 때문에 안정성
장 기업잉여현금흐름모형(FCFF)도 적용하기 어렵다. 그리고, 주당순자
산이 미미하기 때문에 주당순자산에 관한 정보를 활용한 가치평가방법
인 주가순자산비율(PBR)을 이용한 상대가치평가모형도 적용하기 어렵
다. 그러므로 성장기간을 단계별로 구분한 후 기간별 기업의 잉여현금
흐름을 추정하여 기업가치와 주가를 예측하는 가치평가모형인 3단계성

장 기업잉여현금흐름모형(FCFF)을 활용하는 것이 가장 적절할 것으로 판단된다.

따라서, 정답은 ④이다.

문제 6 동해기업이 남해기업을 흡수합병하려고 한다. 두 기업은 모두 100% 자기자본으로만 구성되어 있는 기업이며 합병 전 재무자료는 다음과 같다. (2013년)

	동해기업	남해기업
1주당 주가	10,000원	8,000원
발행주식수	50만주	35만주

합병 후의 기업가치는 100억 원으로 예상된다. 만약 동해기업이 남해기업 주주에게 45억 원의 현금을 지불하고 합병한다면, 동해기업 입장에서 합병의 순현가(NPV)는 얼마인가?

① 5.0억원   ② 7.0억원   ③ 9.2억원
④ 12.1억원   ⑤ 13.2억원

정답: ①

〈해설〉 이 문제는 현금 지불방식을 통한 M&A에서 합병의 순현가(NPV)를 추정하는 문제이다. 일반적으로 학계에서는 관행상 흡수합병을 추진하는 인수기업은 A기업, 피인수기업 혹은 인수대상기업은 B기업, 합병 이후 합병기업은 AB기업으로 표시한다. 이에 따라 동해기업을 A기업, 남해기업을 B기업, 합병기업은 AB기업으로 표시한다. 먼저 두 기업의 합병 이전 독립기업으로서의 가치를 구하면 다음과 같다.

- $V_A = 1\,(만원) \times 50\,(만주) = 50\,(억 원)$

- $V_B = 0.8\,(만원) \times 35\,(만주) = 28\,(억 원)$

그리고 합병기업의 가치(V_{AB})가 100억 원, 남해기업에게 지불할 현금지급액(C_B)이 45억 원이므로 합병으로 인한 NPV는 다음과 같이 추정할 수 있다.

     CPA 객관식 재무관리

$$NPV = 시너지(synergy) - 프리미엄(premium)$$

$$= [V_{AB} - (V_A + V_B)] - (C_B - V_B)$$

$$= (100 - 50 - 28) - (45 - 28) = 5$$

따라서, 정답은 ①이다.

문제 7 시장가치가 27억 원인 A기업은 시장가치가 8억 원인 B기업을 인수하려 한다. A기업의 현재 주가는 9,000원이며 B기업의 현재 주가는 4,000원이다. A기업이 추정하는 합병의 시너지(synergy)효과는 5억 원이며, 인수프리미엄은 2억 원이다. A기업이 신주를 발행해서 B기업의 주식과 교환하는 방식으로 B기업을 인수하고자 할 경우, 몇 주를 발행해야 하는가? (2008년)

① 100,000주　　② 200,000주　　③ 300,000주
④ 400,000주　　⑤ 500,000주

정답: ①

〈해설〉 이 문제는 보통주 지불방식, 즉 주식교환(stock swap)을 통한 M&A에서 합병의 시너지와 인수프리미엄이 주어졌을 때 신주 발행 수를 추정하는 문제이다. 문제에서 기업 A와 기업 B의 시장가치와 주가가 주어져 있으므로 이를 이용해 각 기업의 발행주식 수를 먼저 산출한다.

- $N_A = \dfrac{V_A}{P_A} = \dfrac{27\,(억원)}{9,000\,(원)} = \dfrac{27\,(억원)}{0.9\,(만원)} = 30\,(만주)$

- $N_B = \dfrac{V_B}{P_B} = \dfrac{8\,(억원)}{4,000\,(원)} = \dfrac{8\,(억원)}{0.4\,(만원)} = 20\,(만주)$

합병의 시너지(synergy)효과가 5억 원이므로 합병 후 합병기업의 가치는 다음과 같이 40억 원이다.

$$V_{AB} = V_A + V_B + Synergy = 27 + 8 + 5 = 40\,(억원)$$

합병 후 B기업 주주들의 지분율을 α라고 할 때, 인수 프리미엄(premium)이 2억 원이 되기 위해 A기업이 B기업의 주주에게 발행해 주어야 할 신주 수(n)는 다음과 같이 추정할 수 있다.

$$프리미엄 = 2 = \alpha \times V_{AB} - V_B = \left(\dfrac{n}{30+n}\right) \times 40 - 8 \to n = 10\,(만주)$$

따라서, 정답은 ①이다.

문제 8 인수기업의 가치는 800억 원이고 피인수기업의 가치는 100억 원이다. 두 기업 모두 자기자본만을 사용하고 있다. 인수기업의 발행주식 수는 100만 주이고 피인수기업의 발행주식 수는 10만 주이다. 합병이 성사되면 합병기업의 가치가 1,200억 원으로 추산된다. 만약 인수기업이 150억 원의 현금으로 피인수기업을 인수하면 합병을 공시하는 시점에서 인수기업의 주가가 몇 퍼센트 상승할 것으로 예상되는가? (2006년)

① 25% ② 28% ③ 31% ④ 35% ⑤ 37%

정답: ③

〈해설〉 이 문제는 현금 지불방식을 통한 M&A에서 공시 시점에서 인수기업의 주가 상승률을 추정하는 문제이다. M&A에서 인수기업이 피인수기업을 인수할 때 공시하는 시점에서 인수기업의 주가는 합병의 NPV만큼 상승하게 된다. 따라서 인수기업의 주가 상승률을 추정하기 위해서는 먼저 합병의 NPV를 다음과 같이 산정한다.

$$NPV = 시너지(synergy) - 프리미엄(premium)$$
$$= [V_{AB} - (V_A + V_B)] - (C_B - V_B)$$
$$= [1,200 - (800 + 100)] - (150 - 100) = 250$$

합병의 NPV가 250억 원이므로 인수기업 A의 주가 상승률은 다음 식과 같이 산출할 수 있다.

$$\frac{\triangle P_A}{P_A} = \frac{\triangle V_A}{V_A} = \frac{NPV}{V_A} = \frac{250}{800} = 0.3125\,(31.25\%)$$

따라서, 정답은 ③이다.

문제 9 A사는 B사와의 인수합병을 추진 중이며, 두 회사의 현재 재무자료는 다음의 표와 같다. 피인수기업인 B사의 현재 이익성장률 및 배당성장률은 매년 5%로 일정하나, 합병의 효과로 인해 추가적인 자본투자 없이 합병 후 배당성장률은 매년 7%로 높아질 것으로 기대된다. A사가 B사의 주식에 대해 주당 1,350원을 지급한다면 A사가 합병으로부터 얻을 수 있는 순현가(NPV)와 가장 가까운 것은? (2011년)

	A사	B사
발행주식수	1,000주	650주
순이익	150,000원	58,500원
배당금	50,000원	29,250원
주 가	1,500원	900원

① 85,475원　　　② 87,922원　　　③ 90,659원
④ 92,022원　　　⑤ 94,659원

정답: ①

〈해설〉 이 문제는 현금 지불방식을 통한 M&A에서 합병의 NPV를 추정하는 문제이다. 합병의 시너지는 합병 후 합병대상기업인 B기업의 배당성장률(g)이 합병 이전의 5% 수준에서 합병 후 매년 7%로 증가하는 데서 발생한다. 따라서 합병 시너지를 계산하기 위해 일정성장배당평가모형(Gordon 성장모형)을 이용하여 B기업의 적정할인율(r)과 합병 후 주가(P_B(후))를 먼저 산정한다.

- B기업의 주당배당금 $(D_0) = \dfrac{29,250\,(원)}{650\,(주)} = 45\,(원)$

- $r = \dfrac{D_1}{P_B(전)} + g = \dfrac{D_0(1+g)}{P_B(전)} + g$

  $= \dfrac{45(1+0.05)}{900} + 0.05 = 0.1025\,(10.25\%)$

- $P_B(후) = \dfrac{D_1}{r-g} = \dfrac{D_0(1+g)}{r-g} = \dfrac{45(1+0.07)}{0.1025 - 0.07} = 1,481.5\,(원)$

합병의 시너지와 NPV는 다음과 같이 추정할 수 있다.

- 시너지 $= V_B(후) - V_B(전) = [P_B(후) - P_B(전)] \times N_B$

$$= (1,481.5 - 900) \times 650 = 377,975$$

- $NPV =$ 시너지 $-$ 프리미엄

$$= 377,975 - [(1,350 - 900) \times 650] = 85,475$$

따라서, 정답은 ①이다.

문제 10 기업 A의 재무 담당자는 합병에 따른 시너지효과를 얻기 위해 기업 B를 인수하여 합병하려 한다. 무부채 상태인 두 기업의 합병 전 재무자료는 다음과 같다. (2009년)

	기업 A	기업 B
주당이익	450원	150원
주당배당금	250원	80원
총 발행주식수	10,000주	5,700주
1주당 주가	8,000원	2,000원

B기업의 현재 이익 및 배당의 성장률은 연 5%로 일정하다. 그러나 인수합병 후 새로운 경영체제 하에서 B기업의 이익 및 배당의 성장률은 추가적인 자본투자 없이 연 7%로 일정하게 증가할 것으로 예상된다. A기업의 가치는 인수합병 이전과 달라지지 않는다. 다음 내용 중 옳지 **않은** 것은? 단, 주가 계산 시 원 단위 미만은 절사한다.

① 인수합병 전 B기업의 가치는 11,400,000원이다.
② 인수합병 직후 합병기업의 가치는 102,800,000원으로 산출된다.
③ 인수합병 직후 합병기업의 가치는 합병 이전 개별 기업가치의 합계보다 11,400,000원만큼 증가한다.
④ B기업 주식을 1주당 2,500원에 현금인수하는 경우 인수프리미엄은 2,850,000원이다.
⑤ A기업 주식 1주당 B기업 주식 3주의 비율로 주식교부를 통해 인수한 경우 인수프리미엄은 4,030,100원이다.

정답: ②, ③, ⑤ (금감원 정답은 ⑤)

〈해설〉 이 문제는 M&A의 시너지, 합병 지불방식에 따른 합병기업의 NPV와 합병대상기업의 인수프리미엄 등을 추정하는 문제이다. 이 문제의 형식과 내용은 앞의 **문제 9**와 매우 유사하나 출제자의 출제 오류로 정답이 하나가 아니라 복수의 정답이 나온다. 그 이유에 대해서는 문제에서 주어진 정보를 활용하여 각 문항별로 설명의 적절성을 꼼꼼히 판단해 보자.

① 옳은 설명이다. 인수합병 전 B기업의 가치는 11,400,000원이다.

$$V_B(\text{전}) = P_B(\text{전}) \times N_B = 2,000 \times 5,700 = 11,400,000$$

② 옳지 않은 설명이다. 합병 직후 합병기업의 가치를 추정하기 위해 합병 직후 B기업의 주가를 일정성장배당평가모형(Gordon 성장모형)을 이용하여 다음과 같이 산정한다.

- $r = \dfrac{D_1}{P_B(\text{전})} + g = \dfrac{80(1+0.05)}{2,000} + 0.05 = 0.092$

- $P_B(\text{후}) = \dfrac{D_1}{r-g} = \dfrac{80(1+0.07)}{0.092-0.07} = 3,891$

위에서 추정한 합병 이후의 기업 B의 주가($P_B(\text{후})$)를 이용하여 합병 이후의 합병기업의 가치를 산출하면 다음과 같다.

- $V_A = 8,000 \times 10,000 = 80,000,000$

- $V_B(\text{후}) = P_B(\text{후}) \times 5,700 = 3,891 \times 5,700 = 22,178,700$

- $V_{AB} = V_A + V_B(\text{후}) = 80,000,000 + 22,178,700 = 102,178,700$

따라서 합병기업의 가치는 102,800,000원이 아닌 102,178,700원이다.

③ 옳지 않은 설명이다. 인수합병 직후 합병기업의 가치에서 합병 이전 개별 기업가치의 합계를 차감한 값은 합병의 시너지를 의미한다. 이 문제에서 합병 시너지는 합병으로 인한 기업 B의 가치 증가에서 발생하므로 합병 시너지는 다음 식에서와 같이 11,400,000원이 아닌 10,778,700원이다.

$$V_{AB} - (V_A + V_B) = V_B(\text{후}) - V_B(\text{전}) = [P_B(\text{후}) - P_B(\text{전})] \times N_B$$
$$= (3,891 - 2,000) \times 5,700 = 10,778,700$$

④ 옳은 설명이다. B기업 주식을 1주당 2,500원에 현금으로 인수하는

경우 인수프리미엄은 다음과 같이 2,850,000원이다.

$$프리미엄 = C_B - V_B(전) = (2,500 - 2,000) \times 5,700 = 2,850,000$$

⑤ 옳지 않은 설명이다. A기업 주식 1주당 B기업 주식 3주의 비율로 주식교부를 통해 인수한 경우 합병기업의 주가와 인수프리미엄은 다음과 같이 산정한다.

- $P_{AB} = \dfrac{V_{AB}}{N_A + N_B(후)} = \dfrac{102,178,700}{10,000 + 5,700 \times 1/3} = 8,586 \, (원)$

- 프리미엄 $= P_{AB} \times N_B(후) - P_B(전) \times N_B(전)$

$$= 8,586 \times (5,700 \times 1/3) - 2,000 \times 5,700 = 4,913,400$$

위 식에서 인수프리미엄은 4,030,100원이 아닌 4,913,400원이다.

따라서, 정답은 ②, ③, ⑤이다.

※ Solution Note: 이 문제는 출제자가 일정성장배당평가모형을 적용하는 과정에서 오류를 범해 발생한 출제 오류로 판단된다. 출제자가 의도한 대로 ⑤만이 정답이 되려면 이 문제를 다음과 같이 두 가지 관점에서 수정할 필요가 있다. 첫째, 두 기업의 합병 전 재무자료에서 "주당배당금"을 "1년 후 주당배당금"으로 수정해야 한다. 둘째, 인수합병 후 1년간은 합병 시너지가 발생하지 않으며 2년째부터 발생한다는 가정을 덧붙여야 한다. 만약 문제를 이렇게 수정한다면 문항 ②와 ③은 옳은 설명이 되는 반면, 문항 ⑤는 여전히 옳지 않은 설명이 된다.

② 옳은 설명이다. 합병 직후 합병기업의 가치를 추정하기 위해 합병 직후 B기업의 주가를 일정성장배당평가모형을 이용하여 다음과 같이 산정한다.

- $r = \dfrac{D_1}{P_B(\text{전})} + g = \dfrac{80}{2,000} + 0.05 = 0.09$

- $P_B(\text{후}) = \dfrac{D_1}{r-g} = \dfrac{80}{0.09-0.07} = 4,000 \,(\text{원})$

합병 이후의 합병기업의 가치는 다음과 같이 102,800,000원이다.

- $V_A = 8,000 \times 10,000 = 80,000,000$

- $V_B(\text{후}) = P_B(\text{후}) \times 5,700 = 4,000 \times 5,700 = 22,800,000$

- $V_{AB} = V_A + V_B(\text{후}) = 80,000,000 + 22,800,000 = 102,800,000$

③ 옳은 설명이다. 인수합병 직후 합병기업의 가치에서 합병 이전 개별 기업가치의 합계를 차감한 값은 합병의 시너지를 의미한다. 이 문제에서 합병 시너지는 합병으로 인한 기업 B의 가치 증가에서 발생하므로 합병 시너지는 다음 식에서와 같이 11,400,000원이다.

$$V_{AB} - (V_A + V_B) = V_B(\text{후}) - V_B(\text{전}) = [P_B(\text{후}) - P_B(\text{전})] \times N_B$$
$$= (4,000 - 2,000) \times 5,700 = 11,400,000$$

⑤ 옳지 않은 설명이다. A기업 주식 1주당 B기업 주식 3주의 비율로 주식교부를 통해 인수한 경우 합병기업의 주가와 인수프리미엄은 다음과 같이 산정한다.

- $P_{AB} = \dfrac{V_{AB}}{N_A + N_B(\text{후})} = \dfrac{102,800,000}{10,000 + 5,700 \times 1/3} = 8,639 \,(\text{원})$

- 프리미엄 $= P_{AB} \times N_B(\text{후}) - P_B(\text{전}) \times N_B(\text{전})$

$$= 8,639 \times (5,700 \times 1/3) - 2,000 \times 5,700 = 5,014,100$$

위 식에서 인수프리미엄은 4,030,100원이 아닌 5,014,100원이다.

따라서, 정답은 ⑤이다.

문제 11 X기업은 신주를 발행하여 Y기업의 주식과 교환하는 방식으로 Y기업을 흡수합병하고자 한다. 두 기업의 합병 전 재무자료는 다음 표와 같다. 주식교환비율이 합병 전 주가를 기준으로 정해질 경우, 합병 후 주당순이익(EPS)과 가장 가까운 것은? 단, 합병에 의한 시너지 효과는 없다. (2019년)

	X기업	Y기업
주가	20,000원	8,000원
EPS	2,000원	1,000원
발행주식수	3,000,000주	1,200,000주

① 2,000원   ② 2,027원   ③ 2,042원

④ 2,069원   ⑤ 2,082원

정답: ④

〈해설〉 이 문제는 보통주 지불방식, 즉 주식교환을 통한 M&A에서 합병 후 주당순이익(EPS)을 추정하는 문제이다. 문제에서 주식교환비율 (exchange rate: ER)이 합병 전 주가를 기준으로 결정한다고 가정했기 때문에 Y기업 주식 1주를 가진 주주가 받게 될 X기업의 신주 수인 주식교환비율(ER)과 합병 후 총 발행주식 수는 각각 다음과 같이 구할 수 있다.

- $ER = \dfrac{P_Y}{P_X} = \dfrac{8,000}{20,000} = 0.4$

- $N_{XY} = N_X + N_Y \times ER = 300 + 120 \times 0.4 = 348$ (만주)

그리고 합병기업의 당기순이익과 주당순이익은 다음과 같이 산출할 수 있다.

- $NI_{XY} = NI_X + NI_Y = 0.2$(만원)$\times 300$(만주)$+ 0.1$(만원)$\times 120$(만주)

  $= 72$ (억원)

$$\bullet \ EPS_{XY} = \frac{NI_{XY}}{N_{XY}} = \frac{72 \, (\text{억 원})}{348 \, (\text{만주})} = 2,069 \, (\text{원})$$

따라서, 정답은 ④이다.

문제 12 기업 A는 기업 B를 주식교환방식으로 흡수합병하고자 하며 주주는 주당순이익(EPS)에 근거하여 의사결정을 행한다. 다음 자료에 근거하여 물음에 답하시오. (2010년)

	기업 A	기업 B
당기순이익	30억 원	5억 원
주식수	1,000,000주	500,000주

규모의 경제로 인한 시너지효과로 합병 후 당기순이익이 합병 전 두 기업의 당기순이익의 합보다 10억 원이 증가할 때, 기업 A 주주 입장에서 최대교환비율은 얼마인가? (단, 교환비율은 기업 B 주식 1주당 교환되는 기업 A의 주식 수이다.)

① 0.8   ② 1   ③ 1.2   ④ 1.4   ⑤ 1.6

정답: ②

⟨해설⟩ 이 문제는 보통주 지불 방식, 즉 주식교환을 통한 M&A에서 최대 주식교환비율(exchange rate: ER)을 추정하는 문제이다. 특히, 이 문제에서는 보통주 지불방식에 의한 M&A에서 주당순이익(EPS)에 근거하여 의사결정을 행할 때 기업 A 주주 입장에서 최대교환비율을 구하는 문제이다. 합병기업인 기업 A가 합병대상기업인 기업 B의 주주에게 허용할 수 있는 최대 주식교환비율($ER_{\max}$)은 합병기업의 주당순이익(EPS_{AB})이 최소한 합병 이전의 A기업의 주당순이익(EPS_A)과 동일해야 한다는 조건을 충족한다. 먼저, 문제에서 합병 시너지로서의 당기순이익 증가분이 이미 제시되어 있기 때문에 합병기업의 당기순이익(NI_{AB})과 주당순이익(EPS_{AB})을 구하면 다음과 같다.

- $NI_{AB} = NI_A + NI_B + NI(\text{시너지}) = 30 + 5 + 10 = 45\,(\text{억원})$

- $EPS_{AB} = \dfrac{NI_{AB}}{N_A + N_B \times ER} = \dfrac{450,000\,(\text{만원})}{100 + 50 \times ER\,(\text{만주})}$

그리고 최대 주식교환비율($ER_{\max}$)은 합병기업의 주당순이익(EPS_{AB})이 최소한 합병 이전의 A기업의 주당순이익(EPS_A)과 동일해야 하므로 다음 관계식이 성립한다.

- $EPS_A = \dfrac{30\,(억\,원)}{100\,(만\,주)} = 3,000\,(원)$

- $EPS_{AB} \geq EPS_A \;\rightarrow\; \dfrac{450,000}{100 + 50 \times ER} \geq 3,000\,(원)$

$$ER \leq 1 \;\rightarrow\; ER_{\max} = 1$$

따라서, 정답은 ②이다.

문제 13 ㈜온조와 ㈜비류의 재무자료는 다음과 같다. (2007년)

항목	㈜온조	㈜비류
주당순이익(EPS)	500원	300원
발행주식수	70주	50주
주가수익비율(PER)	14	10

두 회사의 합병에 의한 시너지 효과로 당기순이익이 10,000원 증가한다면 ㈜온조가 ㈜비류를 흡수합병하기 위해 ㈜비류에게 제시할 수 있는 최대 주식교환비율은 근사치로 얼마인가? 합병 후 주가수익비율(PER)은 12가 될 것으로 예상된다.

① 0.314　② 0.510　③ 0.657　④ 0.755　⑤ 1.00

정답: ③

〈해설〉 이 문제는 보통주 지불방식, 즉 주식교환을 통한 M&A에서 최대 주식교환비율(exchange rate: ER)을 추정하는 문제이다. 이 문제에서는 합병기업인 ㈜온조가 어떤 기준에 의해 최대 주식교환비율(ER_{max})을 결정해야 하는지에 대해 언급하지 않고 있다. 이런 경우에는 가장 기초적인 의사결정기준은 주가 기준으로 주식교환비율을 계산해야 한다. 즉 합병기업인 ㈜온조가 합병대상기업인 ㈜비류의 주주에게 허용할 수 있는 최대 주식교환비율(ER_{max})은 합병 후 합병기업의 주가(P_{AB})가 최소한 합병 이전의 ㈜온조의 주가(P_A)와 동일해야 한다는 조건을 충족해야 한다. 문제에서 합병 시너지로서의 당기순이익 증가분과 합병 후 주가수익비율(PER)이 이미 제시되어 있으므로 합병 후 당기순이익(NI_{AB})과 주당순이익(EPS_{AB}), 합병기업의 주가(P_{AB}) 등을 다음과 같이 추정할 수 있다.

- $NI_{AB} = NI_A + NI_B + NI(\text{시너지})$

$$= 500 \times 70 + 300 \times 50 + 10,000 = 60,000 \ (\text{원})$$

- $EPS_{AB} = \dfrac{NI_{AB}}{N_A + N_B \times ER} = \dfrac{60,000}{70 + 50 \times ER}$

$$\bullet \ P_{AB} = EPS_{AB} \times PER_{AB} = (\frac{60,000}{70 + 50 \times ER}) \times 12$$

그리고 최대 주식교환비율($ER_{\max}$)은 합병기업의 주가(P_{AB})가 최소한 합병 이전의 ㈜온조의 주가(P_A)와 동일해야 한다는 조건을 충족한다.

$$\bullet \ P_{AB} \geq P_A \rightarrow EPS_{AB} \times PER_{AB} \geq EPS_A \times PER_A$$

$$(\frac{60,000}{70 + 50 \times ER}) \times 12 \geq 500 \times 14$$

$$ER \leq 0.657 \rightarrow ER_{\max} = 0.657$$

따라서, 정답은 ③이다.

문제 14 ㈜설악의 주식베타는 1.4, 주당순이익은 1,500원, 발행 주식수는 100주, 주가수익비율(PER)은 12배이다. ㈜태백의 주식베타는 1.2, 주당순이익은 1,000원, 발행주식 수는 50주, 주가수익비율(PER)은 8배이다. 한편 ㈜설악과 ㈜태백이 합병한다면 시너지효과로 인하여 당기순이익이 40,000원 증가하고 합병 후 주가수익비율은 10이 될 것으로 예상한다. 이제 ㈜설악의 주주들은 주가 기준으로 주식교환비율을 계산하려 한다. ㈜설악이 ㈜태백을 흡수합병하기 위하여 ㈜태백에게 제시할 수 있는 최대 주식교환비율과 가장 가까운 것은? (2012년)

① 0.222 ② 0.337 ③ 0.557 ④ 0.622 ⑤ 0.667

정답: ⑤

〈해설〉 이 문제는 보통주 지불방식, 즉 주식교환을 통한 M&A에서 최대 주식교환비율(exchange rate: ER)을 추정하는 문제이며, 앞의 **문제 13**과 거의 유사하다. 보통주 지불방식에 의한 M&A에서 합병기업인 ㈜설악이 합병대상기업인 ㈜태백의 주주에게 허용할 수 있는 최대 주식교환비율($ER_{\max}$)은 합병기업의 주가(P_{AB})가 최소한 합병 이전의 ㈜설악의 주가(P_A)와 동일해야 한다는 조건을 충족해야 한다. 합병 후 당기순이익(NI_{AB})과 주당순이익(EPS_{AB}), 합병기업의 주가(P_{AB}) 등을 다음과 같이 추정할 수 있다.

- $NI_{AB} = NI_A + NI_B + NI(\text{시너지})$

  $= 1,500 \times 100 + 1,000 \times 50 + 40,000 = 240,000 \,(\text{원})$

- $EPS_{AB} = \dfrac{NI_{AB}}{N_A + N_B \times ER} = \dfrac{240,000}{100 + 50 \times ER}$

- $P_{AB} = EPS_{AB} \times PER_{AB} = (\dfrac{240,000}{100 + 50 \times ER}) \times 10$

그리고 최대 주식교환비율($ER_{\max}$)은 합병기업의 주가(P_{AB})가 최소한 합병 이전의 ㈜설악의 주가(P_A)와 동일해야 한다는 조건을 충족한다.

- $P_{AB} \geq P_A \rightarrow EPS_{AB} \times PER_{AB} \geq EPS_A \times PER_A$

$$\left(\frac{240{,}000}{100 + 50 \times ER}\right) \times 10 \geq 1{,}500 \times 12$$

$$ER \leq 0.667 \rightarrow ER_{\max} = 0.667$$

따라서, 정답은 ⑤이다.

문제 15 무부채기업인 A기업과 B기업의 시장가치는 각각 200억 원, 300억 원이고, 주식베타는 각각 1.5, 1.1이다. 두 기업은 합병하며 시너지는 발생하지 않는다. 합병기업은 위험부채를 발행하고 자사주를 매입하여 부채비율(부채/자기자본)이 150%가 되도록 자본구조를 변경할 계획이다. 위험부채의 베타는 0.3, 무위험이자율은 5%, 시장포트폴리오의 기대수익률은 10%, 법인세율은 30%이다. 합병기업의 자기자본비용에 가장 가까운 것은? 단, CAPM 및 MM의 수정이론 (1963)이 성립한다고 가정한다. 소수점 아래 넷째 자리에서 반올림하여 계산하시오. (2020년)

① 10.3%   ② 12.5%   ③ 14.2%

④ 16.3%   ⑤ 18.4%

정답: ④

〈해설〉 이 문제는 M&A, CAPM 및 MM의 수정이론(1963) 등을 종합적으로 이해하고 응용할 수 있는 문제 풀이 능력을 요구하는 문제이다. 자본구조를 변경한 이후 합병기업의 자기자본비용을 구하기 위해 먼저 무부채기업인 합병기업(U기업)의 가치와 주식베타를 다음에서 구한다.

- $V_{AB} = V_A + V_B = 200 + 300 = 500$

- $\beta_{AB} = \beta_U = (\dfrac{V_A}{V_{AB}})\beta_A + (\dfrac{V_B}{V_{AB}})\beta_B = (\dfrac{200}{500})(1.5) + (\dfrac{300}{500})(1.1) = 1.26$

자본구조를 변경한 이후 합병기업(L 기업)의 주식베타를 다음의 재무레버리지와 주식베타와의 일반식을 이용하여 산출한다(부채의 베타가 0이 아니므로 하마다 모형은 적용할 수 없다).

$$\beta_S = \beta_U + (\beta_U - \beta_B)(1 - T_C)\frac{B}{S_L}$$

$$= 1.26 + (1.26 - 0.3)(1 - 0.3)(1.5) = 2.268$$

합병기업(L기업)의 자기자본비용(r_S)은 위에서 구한 합병기업(L기업)의 주식베타를 이용하여 CAPM에 의해 다음과 같이 구한다.

$$r_S = r_f + [E(r_m) - r_f]\beta_S$$
$$= 0.05 + (0.1 - 0.05)(2.268) = 0.1634\,(16.34\%)$$

따라서, 정답은 ④이다.

8

옵션

8.1 옵션의 가치평가

문제 1 다음 내용 중 가장 옳지 **않은** 것은? (2007년)

① 콜옵션의 가격은 주식(기초자산)의 주가보다 높을 수 없다.
② 무배당 주식에 대한 미국형 콜옵션의 경우 만기일 전에 권리를 행사하지 않는 것이 최적이다.
③ 무위험이자율이 상승하면 콜옵션의 가격은 하락한다.
④ 콜옵션의 가격이 행사가격보다 높을 수 있다.
⑤ 다른 조건이 일정할 경우, 콜옵션의 기초자산인 주식의 변동성이 커지면 콜옵션의 가치는 커진다.

정답: ③
〈해설〉 이 문제는 콜옵션의 가격 결정요인에 관한 문제이다. 각 문항에서 제시된 정보를 바탕으로 해당 문항의 적절성을 판단해 보자.

① 옳은 설명이다. 콜옵션의 가격의 상한선은 기초자산인 주식의 주가이다.
② 옳은 설명이다. 무배당 주식에 대한 미국형 콜옵션 매입자는 만기일 전에 권리를 행사하는 것보다 그대로 보유하는 것이 최적이다.

왜냐하면, 미국형 콜옵션을 행사하지 않고 보유하거나 매도할 경우 콜옵션 가격은 다음과 같이 현재 주가에서 행사가격의 현재가치를 차감한 값이나 혹은 0이다: $C \geq Max[S - PV(K), 0]$. 이에 반해 이를 행사할 경우의 콜옵션 가격은 현재 주가에서 행사가격을 차감한 값이 된다: $C = Max[S - K, 0]$. 따라서 무배당 주식에 대한 미국형 콜옵션 매입자는 만기일 전에 권리를 행사하는 것보다 그대로 보유하는 것이 최적이다.

③ 옳지 않은 설명이다. 무위험이자율이 낮을 때보다 높을 때 콜옵션 행사가격의 현재가치가 더 작아지기 때문에 콜옵션 가격은 더 커진다. 그러므로 무위험이자율이 상승하면 콜옵션의 가격도 동시에 상승한다.

④ 옳은 설명이다. 콜옵션의 기초자산인 주식의 가격은 상한이 없으므로 주가가 상당히 높은 수준으로 상승할 경우 콜옵션의 가격은 고정적인 행사가격보다 높을 수 있다.

⑤ 옳은 설명이다. 콜옵션의 기초자산인 주식의 변동성이 커지면 주가가 크게 상승하거나 하락할 수 있다. 그런데, 콜옵션은 권리이지 의무가 아니므로 주가가 크게 하락할 경우 권리를 포기하면 되며, 크게 상승할 경우에는 콜옵션의 가치도 함께 상승한다. 따라서 다른 조건이 일정할 경우, 콜옵션의 기초자산인 주식의 변동성이 커지면 콜옵션의 가치는 함께 커진다.

따라서, 정답은 ③이다.

문제 2 시장은 완전하며 차익거래의 기회가 없다고 가정할 경우, 주식을 기초자산으로 하는 유럽식 옵션에 관한 다음 설명 중 가장 적절하지 **않은** 것은? 단, 문항에서 제시한 조건 이외에 다른 조건은 모두 동일하다. (2006년)

① 주식의 가격이 증가하면 풋옵션의 가격은 하락한다.
② 행사가격이 클수록 콜옵션의 가격은 낮게 형성된다.
③ 잔존만기가 길수록 풋옵션의 가격은 높게 형성된다.
④ 무위험이자율이 증가하면 콜옵션의 가격은 증가한다.
⑤ 예상 배당이 클수록 풋옵션의 가격은 높게 형성된다.

정답: ③

〈**해설**〉 이 문제는 주식을 기초자산으로 하는 유럽식 콜과 풋옵션의 가격결정 요인에 관한 문제이다. 각 문항에서 제시된 정보를 바탕으로 해당 문항의 적절성을 판단해 보자.

① 적절하다. 주식의 가격이 증가하면 풋옵션의 가격은 하락한다.
② 적절하다. 행사가격이 클수록 콜옵션의 가격은 하락한다.
③ 적절치 않다. 잔존만기가 유럽형 풋옵션의 가격에 미치는 영향은 긍정적 효과와 부정적 효과가 모두 발생할 수 있다. 우선 부정적 효과는 잔존만기가 늘어나게 되면 만기에 풋옵션을 행사했을 경우에 얻을 수 있는 현금흐름의 현재가치, 즉 $[Xe^{-r(T-t)} - S]$이 감소해 풋옵션의 가격은 하락할 수 있다. 이에 반해, 긍정적 효과는 잔존만기가 늘어나게 됨으로써 미래 주가가 하락할 수 있는 기회가 증가하게 되어 풋옵션 가격은 상승할 수 있다. 이처럼, 잔존만기가 풋옵션의 가격에 미치는 영향은 방향이 불분명하므로 잔존만기가 길수록 풋옵션의 가격은 높게 형성된다는 설명은 적절하지 않다.
④ 적절하다. 무위험이자율이 증가하면 콜옵션의 행사가격의 현재가치가 감소하므로 콜옵션의 가격은 증가한다.
⑤ 적절하다. 기초자산인 주식의 예상 배당이 크면 배당락주가의 하락 폭이 더 커지기 때문에 풋옵션의 가격은 높게 형성된다.

따라서, 정답은 ③이다.

문제 3 배당을 지급하지 않는 주식의 주가를 기초자산으로 하는 유럽형 옵션 (European equity options)에 대한 다음 주장 중 **이론적으로 설명이 가능한 주장을 모두 골라라**. 단, 1)옵션 가격이 블랙-숄즈 옵션 이론가를 충실히 따르고, 2)아직 옵션의 만기 시섬이 노래하지 않았으며, 3)콜옵션과 풋옵션의 만기, 기초자산, 행사가격이 동일하다고 가정한다. 또 "시간의 경과"는 옵션 잔존만기가 짧아짐을 의미한다. (2009년)

---

a. 시간이 경과함에 따라 콜옵션의 가격은 상승하고 풋옵션의 가격은 하락할 수 있다.

b. 시간이 경과함에 따라 콜옵션의 가격은 하락하고 풋옵션의 가격은 상승할 수 있다.

c. 시간이 경과함에 따라 콜옵션의 가격과 풋옵션의 가격이 모두 하락할 수 있다.

d. 시간이 경과함에 따라 콜옵션의 가격과 풋옵션의 가격이 모두 상승할 수 있다.

---

① a, b   ② a, b, c, d   ③ c, d   ④ a, b, c   ⑤ a, b, d

정답: ②

〈해설〉 이 문제는 무배당 주식의 주가를 기초자산으로 하는 유럽형 옵션에 있어서 잔존만기가 콜과 풋옵션의 가격에 미치는 영향에 관한 문제이다. 일반적으로 옵션의 가격결정요인이 변화할 때 그것이 옵션 가격에 어떤 영향을 미치는지에 대해 묻는 문제에서는 반드시 해당 요인 이외의 "다른 요인들은 모두 일정하다(ceteris paribus, 혹은 all other things being equal)"라는 가정이 붙는다(다음 **문제 4**의 **문항** ③, ④, ⑤를 참고). 만약 이 문제에서 다른 요인들은 모두 일정하다는 가정이 있다고 전제할 경우 옵션의 잔존만기가 짧아지면 콜옵션의 경우 가격이 하락한다. 반면에 풋옵션의 경우는 가격이 상승할 수도 있고 하락할 수도 있다(앞의 **문제 2**의 **항목** ③에 대한 해설 참고). 따라서 이 경우에는 b와 c만이 이론적으로 가능한 주장이다. 다행히 b와 c만으로 구성된 답안 항목이 없어 복수의 정답은 피할 수 있게 되었다.

　그러나 이 문제에서 "다른 요인들은 모두 일정하다"라는 필수적인 가정을 명시하지 않음으로써 시간이 경과해 옵션의 잔존만기가 짧아지더라도 주가나 무위험이자율, 주식수익률의 변동성 등 다른 요인들의 영향으로 콜과 풋옵션의 가격은 상승과 하락이 모두 가능하다. 즉 위의 항목 a, b, c, d가 모두 이론적으로 설명이 가능한 주장이다.

따라서, 정답은 ②이다.

문제 4 유럽형 옵션의 이론적 가격에 관한 설명 중 가장 적절하지 **않은** 것은? (2017년)

① 풋옵션의 가격은 행사가격의 현재가치보다 작거나 같다.
② 배당을 지급하지 않는 주식을 기초자산으로 하는 콜옵션의 가격은 주식가격(S_0)과 행사가격(X)의 현재가치와의 차이 ($S_0 - PV(X)$)보다 크거나 같다.
③ 다른 조건이 동일할 때, 배당을 지급하는 주식을 기초자산으로 하는 콜옵션의 가격은 배당을 지급하지 않는 주식을 기초자산으로 하는 콜옵션 가격보다 낮거나 같다.
④ 다른 조건이 동일할 때, 배당을 지급하는 주식을 기초자산으로 하는 풋옵션의 가격은 배당을 지급하지 않는 주식을 기초로 하는 풋옵션 가격보다 높거나 같다.
⑤ 다른 조건이 동일할 때, 행사가격이 높은 콜옵션의 가격은 행사가격이 낮은 콜옵션의 가격보다 높거나 같다.

정답: ⑤

〈해설〉 이 문제는 유럽형 옵션의 이론적 가격에 관한 문제이다. 각 문항에서 제시된 정보를 바탕으로 해당 문항의 적절성을 판단해 보자.

① 적절한 설명이다. 풋옵션은 행사가격으로 기초자산인 주식을 팔 수 있는 권리이므로 그 가격은 다음과 같이 행사가격의 현재가치보다 작거나 같다: $Max[PV(X) - S, 0] \leq P \leq PV(X)$.
② 적절한 설명이다. 무배당 주식을 기초자산으로 하는 콜옵션의 가격은 다음 식과 같이 주식가격(S_0)과 행사가격(X)의 현재가치와의 차이($S_0 - PV(X)$)보다 크거나 같다: $C \geq Max[S_0 - PV(X), 0]$.
③ 적절한 설명이다. 배당을 지급하는 주식은 배당 후 주가는 배당락 주가로 하락하게 되므로 배당을 지급하지 않는 주식에 비해 기초자산인 주식의 주가가 낮아질 수밖에 없다. 따라서 배당을 지급하는 주식에 대한 콜옵션의 가격은 배당을 지급하지 않는 주식에 대한 콜옵션 가격보다 낮거나 같다.
④ 적절한 설명이다. 문항 ③과는 반대로 배당을 지급하는 주식을 기초자산으로 하는 풋옵션의 가격은 배당을 지급하지 않는 주식을

기초로 하는 풋옵션 가격보다 높거나 같다.

⑤ 적절치 않은 설명이다. 콜옵션의 가격 C는 다음 식과 같이 행사가격(X)이 낮을수록 콜옵션의 가격은 높아진다:

$C \geq Max[S - PV(X), 0]$. 따라서 행사가격이 높은 콜옵션의 가격은 행사가격이 낮은 콜옵션의 가격보다 <u>낮거나</u> 같다.

따라서, 정답은 ⑤이다.

문제 5 다음 상황에 관한 설명으로 가장 적절하지 <u>않은</u> 것은? (2020년)

> 투자자 갑은 현재 주가가 45,000원인 주식 A 1주를 보유하고
> 있다. 투자자 갑은 "만기일인 한 달 후에 주식 A의 가격이
> 50,000원 이상이면 1주를 50,000원에 투자자 갑으로부터 매
> 입할 수 있고 50,000원 미만이면 매입하지 않아도 되는 옵션"
> 을 투자자 을에게 7,000원에 매도하였다.

① 투자자 갑은 투자자 을에게 콜옵션을 매도하였다.
② 이 옵션은 현재 외가격 상태에 있다.
③ 이 옵션의 내재가치(intrinsic value)는 5,000원이다.
④ 이 옵션의 시간가치(time value)는 7,000원이다.
⑤ 이 옵션의 행사가격은 50,000원이다.

정답: ③

⟨해설⟩ 이 문제는 콜옵션의 기초 개념과 용어에 관한 문제이다. 문제에서 제
시된 정보를 바탕으로 각 문항의 적절성을 판단해 보자.

① 적절한 설명이다. 투자자 갑이 투자자 을에게 7,000원에 매도한
상품은 주식 A 1주를 기초자산으로 하는 콜옵션이다.
② 적절한 설명이다. 콜옵션의 기초자산인 주식의 가격(45,000원)이
행사가격(50,000원)보다 작으므로, 이 콜옵션은 현재 외가격
(OTM: out of money) 상태에 있다.
③ 적절치 않은 설명이다. 현재 이 콜옵션의 기초자산인 주식의 가격
은 45,000원인데 반해 행사가격은 50,000원이므로 이 옵션의 내
재가치(intrinsic value)는 다음 식과 같이 5,000원이 아닌 0이다.

$$\text{콜옵션 내재가치} = Max\,[\,S-X,\,0\,] = Max\,[\,45{,}000-50{,}000,\,0\,] = 0$$

④ 적절한 설명이다. 옵션의 가격은 크게 내재가치와 시간가치로 나
누어진다. 현재 이 옵션의 가격은 7,000원이며 앞의 문항 ③에서
이 옵션의 내재가치가 0이므로, 이 옵션의 시간가치(time value)

는 7,000원이 된다.
⑤ 적절한 설명이다. 이 옵션의 소유자인 투자자 을은 만기일인 한 달 후에 주식 A의 가격이 50,000원 이상이면 1주를 50,000원에 투자자 갑으로부터 매입할 수 있으므로, 이 옵션의 행사가격은 50,000원이다.

따라서, 정답은 ③이다.

CPA 객관식 재무관리

문제 6 배당 지급이 없는 주식에 대한 옵션 가격에 관한 설명으로 가장 적절하지 **않은** 것은? 단, C는 콜옵션의 가격, S는 주식의 현재가치, K는 옵션행사가격이고, $PV(K)$는 행사가격의 현재가치이다. (2012년)

① 유럽식 콜옵션은 권리이므로 행사의 의무를 가지지 않으며, 만기일에 영(0) 아니면 양(+)의 수익을 얻는다.

② $C \geq Max[S-PV(K),0]$이다. 이 조건이 충족되지 않는 경우, 투자자는 콜옵션을 매입하고 주식을 공매도하여 얻은 자금을 무위험이자율로 투자하여 차익을 얻을 수 있다.

③ 이자율이 양(+)이면, 만기 전 미국식 콜옵션의 매도가격은 행사로부터의 이득보다 크다.

④ 외가격(out of the money)이나 등가격(at the money) 옵션의 내재가치는 0이다.

⑤ 콜옵션 가격의 상한선은 주식의 현재가치에서 콜옵션의 행사가격을 차감한 값이다(즉, $C \leq S-K$). 이 조건이 충족되지 않는 경우, 투자자는 콜옵션을 매도하고 주식을 매입하는 전략으로 차익을 얻을 수 있다.

정답: ⑤

〈해설〉 이 문제는 배당을 지급하지 않는 주식을 기초자산으로 하는 콜옵션의 가격 특성에 관한 문제이다. 문제에서 제시된 정보를 바탕으로 각 문항의 적절성을 판단해 보자.

① 적절한 설명이다. 유럽식 콜옵션을 포함한 모든 옵션은 권리이지 의무는 아니기 때문에, 만기일에 영(0) 아니면 양(+)의 수익 (S-K)을 얻는다. 즉, 만기일에서의 콜옵션의 가치는 $C = Max[S-K, 0]$으로 나타낼 수 있다.

② 적절한 설명이다. 유럽식 콜옵션의 가격은 $C \geq Max[S-PV(K),0]$이 성립해야 한다. 만약 이 조건이 충족되지 않는 경우, 콜옵션은 과소평가되어 있으므로 투자자는 콜옵션을 매입하고 콜옵션의 헤징포트폴리오(hedging portfolio)를 매도하면 차익거래이익을 얻을 수 있다. 즉 콜옵션의 헤징포트폴리오를 구성하는 주식을 공매도하고 여기서 얻은 자금을 무위험 순수할인채권

에 투자(대출)할 경우 차익거래이익을 얻을 수 있다.

③ 적절한 설명이다. 이자율이 양(+)이며, 현재 주가가 행사가격보다 클 경우(S>K), 만기 전 미국식 콜옵션의 매도가격은 현 주가에서 행사가격의 현재가치를 차감한 값보다는 커야 한다. 즉, $C \geq S - PV(K)$이어야 한다. 이에 반해, 미국식 콜옵션을 행사할 경우 투자자가 얻을 수 있는 이익은 현 주가에서 행사가격을 차감한 값인 $S - K$에 그친다. 따라서 배당을 지급하지 않는 주식을 기초자산으로 하는 미국식 콜옵션은 만기까지 보유하는 것이 만기 이전에 행사하는 것보다 더 유리하다.

④ 적절한 설명이다. 콜옵션이 외가격(out of the money)이나 등가격(at the money)에 있다는 것은 현 주가가 행사가격보다 작거나 같다는 것을 의미한다. 즉 $S \leq K$인 경우이다. 이때 옵션의 내재가치는 0이다(앞의 **문제 5의 문항 ③**에 대한 해설 참고).

⑤ 적절치 않은 설명이다. 문항 ②에서 설명한 바와 같이 유럽식 콜옵션의 가격은 영(0) 아니면 현재의 주가에서 행사가격의 현재가치를 차감한 값보다는 커야 한다: $C \geq Max[S - PV(K), 0]$. 따라서 주식의 현재가치에서 콜옵션의 행사가격을 차감한 값인 $S - K$는 콜옵션 가격의 상한선이 될 수 없다. 그런데, 콜옵션은 행사가격을 지불하고 기초자산인 주식을 살 수 있는 권리이므로 콜옵션의 가격이 주식의 현재 가격보다는 클 수 없다. 그러므로 콜옵션 가격의 상한선은 $S - K$가 아닌 주식의 현재가치(S)이다.

따라서, 정답은 ⑤이다.

문제 7 배당을 지급하지 않는 주식을 기초자산으로 하는 선물과 옵션에 관한 다음 설명 중 가장 적절하지 **않은** 것은? (단, 시장이자율은 양수이다.) (2013년)

① 다른 모든 조건이 같다고 할 때, 행사가격이 주식가격과 같은 등가격 유럽형 콜옵션의 이론가격은 등가격 유럽형 풋옵션의 이론가격과 같다.

② 선물의 이론가격을 계산할 때 주식의 변동성은 고려할 필요가 없다.

③ 블랙-숄즈-머튼 모형에서 $N(d_1)$은 콜옵션의 델타이다.

④ 블랙-숄즈-머튼 모형에서 $N(d_2)$는 옵션의 만기 시 콜옵션이 내가격(in-the-money)이 될 위험중립확률이다.

⑤ 주식의 가격이 아무리 상승하더라도 미국형 콜옵션을 만기 전에 조기 행사하는 것은 합리적인 행위가 아니다.

정답: ①

〈해설〉 이 문제는 배당을 지급하지 않는 주식을 기초자산으로 하는 선물과 옵션의 특성에 관한 문제이다. 문제에서 제시된 정보를 바탕으로 각 문항의 적절성을 판단해 보자.

① 적절치 않은 설명이다. 콜과 풋옵션이 유럽형 옵션이며 등가격 상태, 즉 $S=X$이면, 다음 풋-콜 패러티(put-call parity)에 의해 콜옵션의 이론가격은 풋옵션의 이론가격보다 항상 크다.

$$C-P=S-\frac{X}{(1+r)^T}=\frac{X(1+r)^T-X}{(1+r)^T}>0 \rightarrow C>P$$

② 적절한 설명이다. 주식을 기초자산으로 하는 선물의 이론가격(F)은 다음 식과 같이 기초자산인 주식의 현재 가격(S), 만기까지의 기간(T), 무위험이자율(r), 배당수익률(d) 등에 의해 결정되며, 주식의 변동성은 고려할 필요가 없다.

$$F=S\times(1+r-d)^T$$

③ 적절한 설명이다. 유럽형 콜옵션의 델타(Δ_C)는 블랙-숄즈-머튼 모형에서 콜옵션의 가격을 기초자산인 주가로 1차 편미분한 값으로 정의하므로 아래 식과 같이 콜옵션의 델타는 $N(d_1)$이다.

$$C = SN(d_1) - Xe^{-rT}N(d_2) \rightarrow \Delta_C = \frac{\partial C}{\partial S} = N(d_1)$$

④ 적절한 설명이다. 위의 문항 ③에서 제시한 블랙-숄즈 모형에서 $N(d_2)$는 옵션의 만기 시 콜옵션이 행사될 위험중립확률이므로 이것은 곧 만기 시 콜옵션 가격(S)이 행사가격(X)보다 큰 내가격(in-the-money)이 될 위험중립확률을 의미한다.

⑤ 적절한 설명이다. 미국형 콜옵션을 만기 전에 조기 행사하지 않고 그대로 보유하는 경우 콜옵션의 가격 C는 $Max[S - PV(K), 0]$보다 크거나 같아야 한다. 이에 반해, 미국식 콜옵션을 지금 즉시 행사할 경우 투자자가 얻을 수 있는 이익은 $Max[S - X, 0]$에 그친다. 따라서 배당을 지급하지 않는 주식을 기초자산으로 하는 미국식 콜옵션은 만기까지 보유하는 것이 만기 이전에 행사하는 것보다 더 유리하다.

따라서, 정답은 ①이다.

문제 8 다음 표는 어느 특정일의 코스피 200 주가지수 옵션시세표 중 일부이다. 다음의 설명 중 가장 적절하지 **않은** 것은? (단, 만기 전 배당, 거래비용, 세금은 없다고 가정한다. 1포인트는 10만 원이다.) (2010년)

(단위: 포인트, 계약)

종목	종가	전일대비	고가	저가	거래량	미결제약정수량
코스피200	213.44	3.71	213.56	212.09	−	−
C 1003 217.5	1.99	0.78	2.17	1.43	597,323	73,427
C 1003 215.0	3.05	1.15	3.25	2.31	265,900	63,076
C 1003 212.5	4.55	1.70	4.55	3.40	57,825	44,939
C 1003 210.5	5.85	1.85	6.15	4.80	34,650	30,597
P 1003 215.0	4.55	−2.95	6.10	4.35	24,324	26,032
P 1003 212.5	3.30	−2.55	4.85	3.20	39,636	21,824
P 1003 210.5	2.40	−2.15	3.50	2.34	253,298	49,416
P 1003 207.5	1.73	−1.67	2.60	1.69	329,762	33,767

① 등가격(ATM)에 가장 가까운 종목 중 행사가격이 동일한 콜과 풋옵션의 경우 콜옵션 가격이 풋옵션 가격보다 비싸다.

② 행사가격이 210.5인 풋옵션 10계약을 장 중 최저가에 매입한 후 최고가에 매도하였다면 116만 원의 매매차익을 얻었을 것이다.

③ 외가격(OTM)이 심한 종목일수록 거래량이 많았다.

④ 콜옵션의 경우 내가격(ITM)이 심한 종목일수록 청산되지 않고 남아있는 수량이 적었다.

⑤ 풋-콜 패러티(put-call parity)를 통한 계산 결과, 행사가격이 212.5인 풋옵션은 과소평가되어 있다. 단, (1+무위험수익률)^{잔존기간}은 1.002이다.

정답: ⑤

〈해설〉 이 문제는 옵션시세표의 이해와 풋-콜 패러티(put-call parity)에 관해 묻는 문제이다. 옵션시세표의 종목 칼럼에 표시된 "C 1003 217.5"가 의미하는 바는 먼저 "C"는 콜옵션을, "1003"은 옵션의 결제월이 2010년 3월이며, "217.5"는 콜옵션의 행사가격을 각각 의미한다. 또한, 옵션시세표에는 각각 네 종류의 행사가격을 가진 콜옵션과 풋옵션에 대한 종가, 고가, 저가, 거래량, 미결제 약정수량 등에 대한 정보를 제공해 주고 있다. 각 문항별 설명의 적절성 여부를 판단해 보자.

① 적절하다. 현재 코스피 200 주가지수의 종가가 213.44이므로 등가격(ATM)에 가장 가까운 종목 중 콜과 풋의 행사가격이 동일한 경우는 행사가격이 212.5이다. 행사가격이 212.5로 동일한 콜과 풋의 종가가 각각 4.55와 3.30이므로 콜옵션 가격이 풋옵션 가격보다 비싸다.

② 적절하다. 행사가격이 210.5인 풋의 최저가와 최고가가 각각 2.34와 3.50이며 1포인트는 10만 원이므로 매매차익은 116만 원이다.

$$매매차익 = (3.50 - 2.34) \times 10만원 \times 10계약 = 116 \,(만원)$$

③ 적절하다. 콜옵션에서 외가격(OTM)이 심한 종목은 행사가격이 217.5로 가장 큰 종목이다. 반대로 풋옵션에서 외가격(OTM)이 심한 종목은 행사가격이 207.5로 가장 작은 종목이다. 시세표에서 이들 종목의 거래량이 각각 597,323계약과 329,762계약으로 가장 많은 것으로 나타났다.

④ 적절하다. 콜옵션에서 내가격(ITM)이 심한 종목은 행사가격이 210.5로 가장 작은 종목이다. 이 경우 청산되지 않고 남아있는 미결제 약정 수량이 30,597계약으로 다른 콜옵션보다 적었다.

⑤ 적절치 않다. 풋-콜 패러티(put-call parity)를 활용해 추정한 풋옵션의 이론적 가격은 다음과 같이 3.19로 나타났다. 현재 행사가격이 212.5인 풋옵션의 시장가격은 3.30이므로 이 풋옵션은 과소가 아니라 과대평가되어 있다.

$$P = C - S + \frac{X}{(1 + r_f)^T} = 4.55 - 213.44 + \frac{212.5}{1.002} = 3.19$$

따라서, 정답은 ⑤이다.

문제 9 ㈜한국의 주가가 현재 100만 원인데, 1년 후 이 주식의 주가는 120만 원 혹은 105만 원 중 하나의 값을 갖는다고 가정한다. 이 주식의 주가를 기초자산으로 하고, 만기는 1년이며, 행사가격이 110만 원인 콜옵션과 풋옵션이 있다. 기초자산과 옵션을 이용한 차익거래가 발생하지 못하는 옵션 가격들을 이항모형을 이용하여 구한 후, **콜옵션과 풋옵션의 가격 차이의 절댓값**을 계산하여라. 1년 무위험이자율은 10%이고 옵션 만기까지 배당은 없다. (2009년)

① 0원   ② 500원   ③ 1,000원   ④ 5,000원   ⑤ 10,000원

정답: ①

〈해설〉 이 문제는 1기간 이항옵션가격결정모형을 이용하여 콜과 풋옵션의 가격 차이를 계산하는 문제이다. 기초자산인 주식이 옵션 만기까지 배당이 없다고 가정하고 있으므로 옵션은 유럽형 옵션으로 간주할 수 있다. 따라서 이항옵션가격결정모형을 이용하여 콜과 풋 옵션의 현재 가격을 구할 필요 없이 풋−콜 패러티(put−call parity)를 이용해서 간단히 콜과 풋옵션의 가격 차이를 아래와 같이 계산할 수 있다.

$$C - P = S - \frac{X}{(1+r)^T} = 100 - \frac{110}{(1+0.1)^1} = 0$$

따라서, 정답은 ①이다.

문제 10 배당을 지급하지 않는 주식 E를 기초자산으로 하는 유럽형 옵션을 가정한다. 주식 E의 1주당 시장 가격은 현재 10,000원이다. 잔존만기 1년, 행사가격 11,000원인 유럽형 콜옵션과 풋옵션의 1계약당 프리미엄은 현재 각각 1,500원과 500원으로 차익거래 기회가 존재한다. 차익거래 포지션의 만기일의 현금흐름을 0으로 할 때, 현재의 차익거래 이익에 가장 가까운 것은? 단, 무위험수익률은 연 10%이며 무위험수익률로 차입과 예금이 가능하다. 옵션 1계약당 거래단위(승수)는 1주이며, 차익거래 포지션은 주식 E의 1주를 기준으로 구성한다. (2019년)

① 800원 ② 900원 ③ 1,000원 ④ 1,100원 ⑤ 1,200원

정답: ③

〈해설〉 이 문제는 풋-콜 패러티(put-call parity)를 이용하여 차익거래 이익을 계산하는 문제이다. 문제에서 배당을 지급하지 않는 주식을 기초자산으로 하는 유럽형 옵션을 가정하고 있으므로 현재 콜과 풋옵션 가격은 풋-콜 패러티를 만족해야 한다. 그러나 아래 식에서와 같이 풋-콜 패러티가 성립하지 않는다.

- $S + P - C = 10{,}000 + 500 - 1{,}500 = 9{,}000$

- $\dfrac{X}{(1+r)^T} = \dfrac{11{,}000}{(1+0.1)^1} = 10{,}000 > S + P - C$

이것은 곧 저평가된 주식과 옵션으로 구성된 포트폴리오를 매입하고, 상대적으로 고평가된 무위험채권을 매도(차입)하면 차익거래 이익을 실현할 수 있다는 것을 의미한다. 그래서 만기일의 현금흐름을 0으로 만드는 차익거래 포지션을 주식 1주 매입, 풋 1개 매입, 콜 1개 매도, 차입 10,000원으로 구성한다. 아래 표와 같이, 이렇게 구성된 차익거래 포지션의 현재 시점($t=0$)과 만기일($t=1$)에서의 현금흐름을 계산하면 차익거래이익이 얼마나 발생하는지를 추정해 볼 수 있다.

거래 내용	현재($t=0$)의 현금흐름	만기일($t=1$)에서의 현금흐름	
		$S_1 < 11{,}000$	$S_1 \geq 11{,}000$
주식 1주 매입	$-10{,}000$	S_1	S_1
풋 1개 매입	-500	$(11{,}000 - S_1)$	0
콜 1개 매도	$1{,}500$	0	$-(S_1 - 11{,}000)$
차 입 10,000원	$10{,}000$	$-10{,}000 \times (1+0.1)$	$-10{,}000 \times (1+0.1)$
합 계	$1{,}000$	0	0

위 표에서와 같이, 차익거래 포지션의 만기일의 현금흐름은 어떤 시장 상황에서도 0이며, 현재의 현금흐름은 +1,000원이므로 결과적으로 차익거래 이익은 1,000원이 된다.

따라서, 정답은 ③이다.

문제 11 배당을 지급하지 않는 A기업의 주가는 현재 10,000원이다. 투자자는 1년 동안 10,000원을 예금하는 경우 만기에 11,000원을 확정적으로 받게 되며, 예금 금리와 동일한 금리로 자금을 차입할 수 있다. 여기서 콜옵션과 풋옵션은 A기업 주식에 대한 만기 1년의 유럽형(European) 옵션을 의미하며, 행사가격은 11,000원으로 동일하다. 콜옵션 가격이 3,000원이라면 다음 중 옳은 것은? (2004년)

① 풋옵션 가격이 2,000원이라면, 콜옵션 하나를 매수하고 풋옵션 하나를 매도함으로써 1년 후 1,100원의 무위험차익을 얻을 수 있다.

② 콜옵션 2개를 매수하고 A기업 주식 1주를 공매도(short selling) 함과 동시에 10,000원을 예금하는 경우, 만기에 주가가 2,500원으로 하락하거나 12,500원으로 상승하면 이익이 발생한다.

③ A기업의 주식에 대한 만기 1년 선도계약의 선도가격이 10,500원이고 풋옵션 가격이 2,500원이라면 무위험차익거래(arbitrage) 기회는 존재하지 않는다.

④ 무위험차익거래 기회가 존재하지 않는 경우, 풋옵션 1개를 매수함과 동시에 10,000원을 차입하여 A기업 주식 한 주를 매수함으로써 A기업 주식에 대한 만기 1년의 미국형(American) 콜옵션을 매수하는 것과 같은 효과를 얻을 수 있다.

⑤ 콜옵션과 풋옵션에 대한 행사가격이 A기업 주식에 대한 1년 만기 선도계약의 선도가격과 같다면, 무위험차익거래 기회가 존재하지 않기 위해서는 콜 가격은 풋 가격보다 높아야 한다.

정답: ④

〈해설〉 이 문제는 풋-콜 패러티(put-call parity)를 이용해서 다양한 시장 상황 하에서 차익거래의 발생 가능성을 묻는 문제이다. 이 문제에서 콜옵션과 풋옵션은 A기업 주식에 대한 만기 1년의 유럽형(European) 옵션을 가정했으므로 풋-콜 패러티(put-call parity)가 성립한다. 문제에서 주어진 주요 상품에 대한 시장 정보를 간단히 정리하고, 이 정보들을 활용하여 각 항목의 적절성 여부를 판단해 보자.

$$S = 10,000, \ X = 11,000, \ T = 1, \ C = 3,000, \ r = \frac{11,000}{10,000} - 1 = 0.1$$

① 옳지 않은 설명이다. 풋-콜 패러티를 이용해 풋옵션의 이론적 가격을 구하면 다음과 같이 3,000원이다.

$$P = C - S + \frac{X}{(1+r)^T} = 3,000 - 10,000 + \frac{11,000}{(1+0.1)^1} = 3,000$$

그런데, 현재의 풋옵션의 시장 가격이 2,000원이라면, 풋옵션이 저평가되어 있다는 의미이다. 따라서 차익거래이익을 실현하려면 풋옵션을 매도할 것이 아니라 반대로 매입해야 한다.

② 옳지 않은 설명이다. 콜옵션 2개를 매수하고 A기업 주식 1주를 공매도함과 동시에 10,000원을 예금하는 경우, 다음 표와 같이 6,000원의 추가 자금이 필요하다. 이를 은행에서 차입하면 표에서처럼 현재 시점의 현금흐름의 합계는 0이 된다. 그리고 이 포트폴리오의 만기일($t = T$)에서의 현금흐름은 다음 표와 같다.

거래 내용	현재 ($t=0$)	만기일($t=T$)에서의 현금흐름	
		$S_T < 11,000$	$S_T \geq 11,000$
콜 2개 매수	−6,000	0	$2(S_T - 11,000)$
주식 1주 공매도	10,000	$-S_T$	$-S_T$
예 금	−10,000	$10,000 \times (1+0.1)$	$10,000 \times (1+0.1)$
차 입	6,000	$-6,000 \times (1+0.1)$	$-6,000 \times (1+0.1)$
합 계	0	$4,400 - S_T$	$S_T - 17,600$

위 표가 제시한 바와 같이, 이 포트폴리오 투자에서 이익이 발생하기 위해서는 만기일에서의 주가가 4,400원으로 하락하거나 혹은 17,600원으로 상승해야 한다. 즉 $S_T < 4,400$ 혹은 $S_T > 17,600$.

③ 옳지 않은 설명이다. 현재 선도계약의 선도가격이 10,500원이고 풋옵션 가격이 2,500원이라면 다음에 제시한 풋-콜-선도 패러티(put-call-forward parity)가 성립하지 않는다.

- $Put-call-\mathrm{forward\ parity} : C-P = \dfrac{F-X}{(1+r)^{T}}$

- $C-P(=3,000-2,500=500) > \dfrac{F-X}{(1+r)^{T}}\left(=\dfrac{10,500-11,000}{(1+0.1)^{1}}=-454.55\right)$

따라서 저평가된 선도계약 1개를 매입, 콜옵션 1개 매도, 풋옵션 1개 매입, 무위험채권 500원 매입(대출)으로 구성된 포트폴리오를 구성할 경우, 차익거래이익을 얻을 수 있다.

④ 옳은 설명이다. 무위험차익거래 기회가 존재하지 않는 경우, 풋옵션 1개 매수, 주식 1주 매수, 10,000원 차입으로 구성된 포트폴리오는 다음의 풋-콜 패러티에 의해 유럽형 콜옵션을 매수하는 것과 동일한 효과를 얻을 수 있다: $C=P+S-X(1+r)^{-T}$. 그리고 옵션의 기초자산이 배당을 지급하지 않는 주식이라고 가정하고 있기 때문에 미국형 콜옵션이라고 하더라도 만기 이전에 행사할 가능성이 없어 유럽형 콜옵션과 동일한 가치를 지닌다. 따라서 문제에서 제시한 포트폴리오를 보유하는 것은 미국형 콜옵션을 매수하는 것과 같은 효과를 얻을 수 있다.

⑤ 옳지 않은 설명이다. 콜옵션과 풋옵션에 대한 행사가격이 A기업 주식에 대한 1년 만기 선도계약의 선도가격과 같다면, 즉, $X=F$ 가 성립한다면, 다음의 풋-콜-선도 패러티에 의해 차익거래 기회가 존재하지 않기 위해서는 콜과 풋옵션 가격은 같아야 한다.

$$C-P = \dfrac{F-X}{(1+r)^{1}} = 0 \rightarrow C=P$$

따라서, 정답은 ④이다.

문제 12 옵션에 관한 설명으로 가장 적절하지 **않은** 것은? (2015년)

① 위험헤지를 위하여 콜옵션 1단위 매도에 대하여 매입하여야 할 주식수를 헤지비율(hedge ratio)이라고 한다.

② 주식과 무위험채권을 적절히 이용하면 콜옵션과 동일한 손익구조를 갖는 복제포트폴리오를 구성할 수 있다.

③ 다기간 이항모형은 단일기간 이항모형과 달리 기간별로 헤지비율이 달라질 수 있으므로 옵션의 만기까지 지속적인 헤지를 원하는 경우 지속적으로 헤지포트폴리오의 구성을 재조정해야 하며 이를 동적헤지(dynamic hedge)라고 한다.

④ 이항모형에 의하면 옵션의 가치를 구하는 식에서 투자자의 위험에 대한 태도는 고려하지 않는다.

⑤ 옵션탄력성(option elasticity)이 1보다 작다는 의미는 옵션이 기초자산보다 훨씬 위험이 크다는 것을 나타낸다.

정답: ⑤

⟨해설⟩ 이 문제는 이항옵션가격결정모형과 헤지포트폴리오에 관한 문제이다. 문제에서 주어진 정보를 활용하여 각 항목의 적절성 여부를 판단해 보자.

① 적절한 설명이다. 콜옵션의 헤지비율을 잘 설명하고 있다.

② 적절한 설명이다. 이항옵션가격결정모형에서 주식과 무위험채권을 적절히 이용하면 콜옵션과 동일한 손익구조를 갖는 복제 포트폴리오인 헤지포트폴리오를 구성할 수 있다.

③ 적절한 설명이다. 다기간 이항옵션가격결정모형에 있어서 동적헤지를 잘 설명하고 있다.

④ 적절한 설명이다. 이항옵션가격결정모형에 의하면 투자자의 위험에 대한 태도는 옵션의 가치를 결정하는 데 영향을 주지 않으며, 오직 차익거래이익을 얻을 수 있는 기회가 존재하지 않는다는 기본 원칙만이 요구된다.

⑤ 적절치 않은 설명이다. 옵션탄력성(option elasticity)은 일반적으로 기초자산의 가격 변화율에 대한 옵션의 가격변화율의 비율을

뜻한다. 기초자산이 주식인 콜옵션의 탄력성(Ω_C)은 다음 식과 같이 항상 1보다 크다. 이처럼, 옵션탄력성이 1보다 클 때 옵션이 기초자산보다 훨씬 위험이 크다는 것을 나타낸다.

$$\Omega_C = \frac{\triangle C / C}{\triangle S / S} = \frac{S}{C} \times \frac{\triangle C}{\triangle S} = \frac{S}{C} \times \Delta_C$$

$$= \frac{S}{C} \times N(d_1) = \frac{SN(d_1)}{SN(d_1) - Xe^{-rT}N(d_2)} > 1$$

따라서, 정답은 ⑤이다.

문제 13 블랙-숄즈(1973) 또는 머튼(1973)의 모형을 이용하여 무배당주식 옵션의 가치를 평가하려 한다. 다음 설명 중 적절한 것은? (단, $N(d_1)$은 유럽형 콜옵션의 델타이고, $d_2 = d_1 -$ 변동성 $\times \sqrt{만기}$ 이다.) (2018년)

① 옵션가를 계산하기 위해 주식의 현재 가격 및 베타, 행사가격, 이 자율 등의 정보가 모두 필요하다.
② $N(d_1) - 1$은 유럽형 풋옵션의 델타이다.
③ $N(d_2)$는 만기에 유럽형 풋옵션이 행사될 위험중립확률이다.
④ $N(d_1)$은 유럽형 콜옵션 한 개의 매수 포지션을 동적 헤지하기 위 해 보유해야 할 주식의 개수이다.
⑤ 이 모형은 옵션 만기 시점의 주가가 정규분포를 따른다고 가정한 다.

정답: ②

〈해설〉 이 문제는 블랙-숄즈(1973) 또는 머튼(1973) 모형의 특성에 관한 문제이다. 문제에서 주어진 정보를 활용하여 각 항목의 적절성 여부를 판단해 보자.

① 적절치 않은 설명이다. 이 중에서 주식의 베타는 옵션 가격의 결정 요인이 아니다.
② 적절한 설명이다. 유럽형 풋옵션의 델타는 풋옵션의 가격을 기초 자산인 주가로 1차 편미분한 값으로 정의한다. 아래 식에서처럼 유럽형 풋옵션의 델타는 $N(d_1) - 1$로 측정할 수 있다.

- $P = Xe^{-rT}[1 - N(d_2)] - S[1 - N(d_1)]$

- $\Delta_P = \dfrac{\partial P}{\partial S} = -[1 - N(d_1)] = N(d_1) - 1$

③ 적절치 않은 설명이다. 위의 문항 ②에서 제시한 유럽형 풋옵션의 블랙-숄즈 모형에서 만기에 유럽형 풋옵션이 행사될 위험중립확률은 $N(d_2)$가 아니라 $1 - N(d_2) = N(-d_2)$이다.

④ 적절치 않은 설명이다. 아래 식에서와 같이 $N(d_1)$은 유럽형 콜옵션의 델타이다. 따라서 유럽형 콜옵션 한 개의 매수가 아닌 매도 포지션(short position)을 동적헤지 하기 위해 보유해야 할 주식의 개수이다.

$$C = SN(d_1) - Xe^{-rT}N(d_2) \rightarrow \Delta_C = \frac{\partial C}{\partial S} = N(d_1)$$

⑤ 적절치 않은 설명이다. 블랙－숄즈(1973) 모형은 옵션 만기 시점의 주가가 정규분포가 아니라 로그정규분포(lognormal distribution)를 따른다고 가정한다.

따라서, 정답은 ②이다.

문제 14 옵션의 가치와 옵션가격결정요인들에 관한 설명으로 가장 적절하지 **않은** 것은? (2011년)

① 일반적으로 콜옵션의 델타(delta)는 양(+)의 값, 풋옵션의 델타는 음(−)의 값을 갖는다.
② 옵션의 세타(theta)는 시간이 지남에 따라 옵션가치가 변하는 정도를 나타내는 지표이다.
③ 다른 조건이 동일하다면 등가격 상태에서 콜옵션의 시간가치는 풋옵션의 시간가치보다 작다.
④ 배당 등의 현금흐름이 없는 유럽형 콜옵션의 감마(gamma)는 일반적으로 양(+)의 값을 갖는다.
⑤ 옵션의 감마값은 등가격 부근에서 크고 외가격이나 내가격으로 갈수록 감소한다.

정답: ③

〈해설〉 이 문제는 옵션의 가치와 옵션가격결정요인에 관한 문제이다. 구체적으로 옵션가치를 결정하는 다양한 요인의 변화에 따른 옵션가치의 변화 정도를 측정하여 그리스 문자(Greeks)로 표시하는 "옵션 그리스문자(options Greeks)"에 대해 묻은 문제이다. 문제에서 주어진 정보를 활용하여 각 항목의 적절성 여부를 판단해 보자.

① 적절한 설명이다. 일반적으로 옵션의 델타(delta)는 다른 요인은 변하지 않은 상태에서 기초자산의 가격 변화에 대한 옵션 가격의 변화를 의미한다. 주식을 기초자산으로 하는 콜과 풋옵션의 경우 다음 식과 같이 주가에 대한 블랙−숄즈 옵션가격결정모형의 1차 편미분으로 정의하며, 콜옵션의 델타($\triangle_C$)는 양(+)의 값, 풋옵션의 델타($\triangle_P$)는 음(−)의 값을 갖는다.

- $\triangle_C = \dfrac{\partial C}{\partial S} = N(d_1) > 0$

- $\triangle_P = \dfrac{\partial P}{\partial S} = -\,(1 - N(d_1)) = N(d_1) - 1 < 0$

② 적절한 설명이다. 옵션의 세타(theta)를 잘 설명하고 있다.

③ 적절치 않은 설명이다. 콜옵션이 등가격 상태($S = X$)이면, 다음 풋-콜 패러티에서 콜옵션의 가치가 풋옵션의 가치보다 크다.

$$C - P = S - \frac{X}{(1+r)^T} = \frac{X(1+r)^T - X}{(1+r)^T} > 0 \;\rightarrow\; C > P$$

그리고 등가격 상태($S = X$)에서는 콜과 풋옵션의 내재가치는 모두 0이므로 콜과 풋의 가치 차이는 전적으로 시간가치에서 발생한다. 따라서 다른 조건이 동일하다면 등가격 상태에서 콜옵션의 시간가치는 풋옵션의 시간가치보다 크다.

④ 적절한 설명이다. 일반적으로 옵션감마(gamma: Γ)는 기초자산의 가격 변화에 대한 옵션델타(Δ)의 변화를 측정하는 것이다. 다음 식에서와 같이 옵션감마(Γ)는 옵션델타(Δ)를 기초자산 가격으로 편미분한 것이며, 또한 옵션 가격을 기초자산의 가격으로 2차 편미분한 것이다.

$$\Gamma_C = \frac{\partial \Delta}{\partial S} = \frac{\partial^2 C}{\partial S^2} > 0$$

롱포지션인 모든 옵션의 감마(Γ)는 양(+)의 값을 가지며, 반대로 숏포지션인 모든 옵션의 감마(Γ)는 음(-)의 값을 가진다. 따라서 배당 등의 현금흐름이 없는 유럽형 콜옵션의 감마(gamma)는 양 (+)의 값을 갖는다.

⑤ 적절한 설명이다. 위의 문항 ④에서 설명한 바와 같이 옵션감마 (Γ)는 옵션 가격을 기초자산의 가격으로 2차 편미분한 것으로 옵션 가격의 볼록성(convexity)을 측정하는 수단이기도 하다. 따라서 옵션의 감마값은 등가격 부근에서 가장 크고 외가격이나 내가격으로 갈수록 감소하여 0에 접근한다.

따라서, 정답은 ③이다.

문제 15 A 회사의 주식이 10,000원에 거래되고 있다. 이 주식에 대해 행사가격이 10,000원이며 6개월 후에 만기가 도래하는 콜옵션의 가치는 블랙–숄즈 모형을 이용해 구한 결과 2,000원이었다. 주가가 10% 올라서 11,000원이 된다면 콜옵션 가치의 변화에 대해 가장 잘 설명하는 것은 무엇인가? (2008년)

① 콜옵션 가치는 1,000원보다 적게 증가하고 콜옵션 가치의 증가율은 10%보다 높다.
② 콜옵션 가치는 1,000원보다 많이 증가하고 콜옵션 가치의 증가율은 10%보다 높다.
③ 콜옵션 가치는 1,000원보다 적게 증가하고 콜옵션 가치의 증가율은 10%보다 낮다.
④ 콜옵션 가치는 1,000원보다 많이 증가하고 콜옵션 가치의 증가율은 10%보다 낮다.
⑤ 콜옵션 가치는 1,000원 증가하고 콜옵션 가치의 증가율은 10%이다.

정답: ①

〈해설〉 이 문제는 블랙–숄즈 옵션가격결정모형과 콜옵션의 델타($\triangle_C$)와 오메가(Ω_C) 등에 관한 문제이다. 이 문제에서 핵심은 주식을 기초자산으로 하는 콜옵션의 델타($\triangle_C$)는 다음 식과 같이 언제나 1보다 작으나, 오메가(Ω_C)는 언제나 1보다 크다는 점이다.

- $\Delta_C = \dfrac{\partial C}{\partial S} = N(d_1) < 1$

- $\Omega_C = \dfrac{\triangle C / C}{\triangle S / S} = \dfrac{S}{C} \times \Delta_C = \dfrac{S}{C} \times N(d_1) > 1$

먼저, 문제에서 주가가 10% 올라서 11,000원이 된다면, 주가 증가액($\triangle S$)은 1,000원이 된다. 그런데 콜옵션의 델타($\triangle_C$)는 언제나 1보다 작으므로 콜옵션 가치의 증가액($\triangle C$)은 주가 증가액($\triangle S$) 1,000원보다 작아야 한다. 반면에, 콜옵션의 가격탄력성을 나타내는 오메가

(Ω_C)는 언제나 1보다 크므로 콜옵션 가치의 증가율($\triangle C/C$)은 주가 증가율($\triangle S/S$) 10%보다 높아야 한다.

따라서, 정답은 ①이다.

문제 15 1기간 이항모형을 이용하여 기업 A의 주식을 기초자산으로 하는 유럽형 콜옵션의 이론적 가격을 평가하고자 한다. 현재 이 콜옵션의 만기는 1년이고, 행사가격은 10,000원이다. 기업 A의 주식은 배당을 하지 않으며, 현재 시장에서 10,000원에 거래되고 있다. 1년 후 기업 A의 주가가 12,000원이 될 확률은 60%이고, 8,000원이 될 확률은 40%이다. 현재 무위험이자율이 연 10%라고 할 때, 이 콜옵션의 이론적 가격에 가장 가까운 것은? (2020년)

① 1,360원　　　② 1,460원　　　③ 1,560원

④ 1,660원　　　⑤ 1,760원

정답: ①

〈해설〉 이 문제는 1기간 이항옵션가격결정모형을 이용하여 콜옵션의 이론적 가격을 구하는 문제이다. 먼저 문제에서 주어진 정보를 활용하여 이항옵션가격결정모형의 주요 변수의 값을 산정해 보자.

- $S = X = 10,000,\ r_f = 0.1,\ r = 1 + r_f = 1.1,\ T = 1$

- $u = \dfrac{12,000}{10,000} = 1.2,\quad d = \dfrac{8,000}{10,000} = 0.8$

위험중립확률과 만기일에서의 주가와 콜옵션 가격, 현재 시점에서 콜옵션의 이론적 가격 등을 각각 추정하면 다음과 같다.

- $p = \dfrac{r-d}{u-d} = \dfrac{1.1-0.8}{1.2-0.8} = 0.75,\ 1-p = 0.25$

- $C_u = Max\,[uS - X, 0] = Max\,[12,000 - 10,000, 0] = 2,000$

  $C_d = Max\,[dS - X, 0] = Max\,[8,000 - 10,000, 0] = 0$

  $\rightarrow C = \dfrac{p\,C_u + (1-p)\,C_d}{r} = \dfrac{0.75\,(2,000) + 0.25\,(0)}{1.1} = 1,363.64$

따라서, 정답은 ①이다.

문제 16 1기간 이항모형이 성립하고 무위험이자율이 연 10%라고 가정하자. ㈜가나의 주가는 현재 9,500원이며 1년 후에는 60%의 확률로 11,000원이 되거나 40%의 확률로 9,000원이 된다. ㈜가나의 주식에 대한 풋옵션(만기 1년, 행사가격 10,000원)의 현재 이론적 가격에 가장 가까운 것은? (2017년)

① 350원 ② 325원 ③ 300원 ④ 275원 ⑤ 250원

정답: ⑤

〈해설〉 이 문제는 1기간 이항옵션가격결정모형을 이용하여 풋옵션의 현재 가격을 구하는 문제이다. 먼저 문제에서 주어진 이항옵션가격결정모형의 주요 변수의 값을 정리해 보자.

- $S = 9,500,\ X = 10,000,\ r = 1 + r_f = 1.1,\ T = 1,$

- $u = \dfrac{11,000}{9,500} = 1.1579,\ d = \dfrac{9,000}{9,500} = 0.9474$

위의 기초 정보를 이용해 $t = 1$ 시점에서의 위험중립확률(risk-neutral probability) p와 풋옵션의 가격을 계산하고, 이를 바탕으로 현재 시점의 풋옵션의 이론적 가격을 추정하면 다음과 같다.

- $p = \dfrac{r - d}{u - d} = \dfrac{1.1 - 0.9474}{1.1579 - 0.9474} = 0.7249,\ 1 - p = 0.2751$

- $P_u = Max\,[X - uS, 0] = Max\,[10,000 - 11,000, 0] = 0$

  $P_d = Max\,[X - dS, 0] = Max\,[10,000 - 9,000, 0] = 1,000$

  $\rightarrow P = \dfrac{p\,P_u + (1 - p)P_d}{r} = \dfrac{0.7249\,(0) + 0.2751\,(1,000)}{1.1} = 250.09$

따라서, 정답은 ⑤이다.

문제 17 현재 ㈜가나 주식의 가격은 10,000원이고 주가는 1년 후 80%의 확률로 20% 상승하거나 20%의 확률로 40% 하락하는 이항모형을 따른다. ㈜가나의 주식을 기초자산으로 하는 만기 1년, 행사가격 9,000원의 유럽형 콜옵션이 현재 시장에서 거래되고 있다. 무위험이자율이 연 5%일 때 모든 조건이 이 콜옵션과 동일한 풋옵션의 현재 가격에 가장 가까운 것은? (2014년)

① 715원 ② 750원 ③ 2,143원 ④ 2,250원 ⑤ 3,000원

정답: ①

〈해설〉 이 문제는 1기간 이항옵션가격결정모형을 이용하여 풋옵션의 현재 가격을 구하는 문제이다. 먼저 문제에서 주어진 이항옵션가격결정모형의 주요 변수의 값을 정리해 보자.

- $S = 10{,}000$, $X = 9{,}000$, $r = 1 + r_f = 1.05$, $T = 1$,
- $u = 1.2$, $d = 0.6$

위의 기초 정보를 이용해 $t = 1$ 시점에서의 위험중립확률(risk-neutral probability) p와 풋옵션의 가격을 계산하고, 이를 바탕으로 현재 시점의 풋옵션의 이론적 가격을 추정하면 다음과 같다.

- $p = \dfrac{r-d}{u-d} = \dfrac{1.05-0.6}{1.2-0.6} = 0.75$, $1-p = 0.25$
- $P_u = Max[X - uS, 0] = Max[9{,}000 - 12{,}000, 0] = 0$

  $P_d = Max[X - dS, 0] = Max[9{,}000 - 6{,}000, 0] = 3{,}000$

  $\rightarrow P = \dfrac{p\,P_u + (1-p)P_d}{r} = \dfrac{0.75(0) + 0.25(3{,}000)}{1.05} = 714.29$

따라서, 정답은 ①이다.

문제 18　주식 A는 배당을 하지 않으며, 현재 시장에서 4,000원에 거래되고 있다. 1년 후 이 주식은 72.22%의 확률로 5,000원이 되고, 27.78%의 확률로 3,000원이 된다. 주식 A가 기초자산이고 행사가격이 3,500원이며 만기가 1년인 유럽형 풋옵션은 현재 200원에 거래되고 있다. 주식의 공매도가 허용되고 무위험이자율로 차입과 대출이 가능하고 거래비용과 차익거래 기회가 없다면, 1년 후 항상 10,000원을 지급하는 무위험자산의 현재 가격에 가장 가까운 것은? (2021년)

①　9,000원　　　　②　9,200원　　　　③　9,400원

④　9,600원　　　　⑤　9,800원

정답: ④

〈해설〉 이 문제는 풋옵션의 1기간 이항옵션가격결정모형을 이용하여 무위험이자율을 추정하는 문제이다. 먼저 이항옵션가격결정모형의 위험중립확률(p)을 무위험이자율로 나타내면 다음 식과 같다.

- $u = \dfrac{5,000}{4,000} = 1.25, \ d = \dfrac{3,000}{4,000} = 0.75, \ r = 1 + r_f$

- $p = \dfrac{r-d}{u-d} = \dfrac{r-0.75}{1.25-0.75} = 2r - 1.5; \ 1-p = 2.5 - 2r$

풋옵션의 현재 가격은 위험중립확률(p)과 $t=1$ 시점에서의 풋옵션의 가격 등과 다음의 관계식을 만족해야 하므로 여기서 무위험이자율을 산출할 수 있다.

- $P_u = Max[X - uS, 0] = Max[3,500 - 5,000, 0] = 0$

  $P_d = Max[X - dS, 0] = Max[3,500 - 3,000, 0] = 500$

- $P = 200 = \dfrac{pP_u + (1-p)P_d}{r} = \dfrac{(2r-1.5)(0) + (2.5-2r)(500)}{r}$

  $\rightarrow r = 1.0417 (= 1 + r_f)$

위에서 구한 무위험이자율을 이용하여 액면가 10,000원인 무위험자산의 현재가치를 계산하면 다음과 같다.

$$B = \frac{10,000}{(1+r_f)} = \frac{10,000}{r} = \frac{10,000}{1.0417} = 9,600$$

따라서, 정답은 ④이다.

문제 18 기초자산의 현재 가격이 10,000원이고 이에 대한 콜옵션의 현재 가격은 2,000원이다. 콜옵션의 델타가 0.8일 때 기초자산의 가격이 9,000원이 되면 콜옵션의 가격은 얼마가 되겠는가? (2014년)

① 300원 ② 800원 ③ 1,200원 ④ 1,700원 ⑤ 2,800원

정답: ③

〈해설〉 이 문제는 콜옵션의 델타에 관한 문제이다. 먼저 문제에서 주어진 기초자산인 주식의 가격 및 콜옵션의 가격 정보를 정리하면 다음과 같다.

- $S = 10,000, \ C = 2,000, \ \Delta_C = 0.8$
- $\Delta S = 9,000 - 10,000 = -1,000$

그리고 콜옵션의 델타가 0.8이므로 주식의 가격이 9,000원이 되면 콜옵션의 가격은 아래 식과 같이 1,200원이 될 것이다.

$$\Delta_C = \frac{\Delta C}{\Delta S} = \frac{\Delta C}{-1,000} = 0.8 \ \rightarrow \ \Delta C = -800,$$

$$\therefore \ C' = C + \Delta C = 2,000 - 800 = 1,200$$

따라서, 정답은 ③이다.

문제 19   현재 ㈜다라 주식의 가격은 200,000원이다. ㈜다라 주식을 기초자산
으로 하고 행사가격이 200,000원인 풋옵션의 현재 가격은 20,000원
이다. 풋옵션의 델타가 −0.6일 때 ㈜다라 주식의 가격이 190,000원
이 되면 풋옵션의 가격은 얼마가 되겠는가?   (2015년)

① 6,000원 ② 12,000원 ③ 14,000원 ④ 26,000원 ⑤ 60,000원

정답: ④

〈**해설**〉 이 문제는 풋옵션의 델타에 관한 문제이다. 먼저 문제에서 주어진 기
초자산인 주식의 가격 및 풋옵션의 가격 정보를 정리하면 다음과 같
다.

- $S = X = 200,000, \ P = 20,000$

- $\Delta S = 190,000 - 200,000 = -10,000$

그리고 풋옵션의 델타가 -0.6이므로 주식의 가격이 190,000원이 되면
풋옵션의 가격은 아래 식과 같이 26,000원이 될 것이다.

$$\triangle_P = \frac{\triangle P}{\triangle S} = \frac{\triangle P}{-10,000} = -0.6 \ \rightarrow \ \triangle P = 6,000,$$

$$\therefore \ P^{'} = P + \triangle P = 20,000 + 6,000 = 26,000$$

따라서, 정답은 ④이다.

문제 20 ㈜가나의 현재 주가는 100,000원이다. ㈜가나의 주가는 1년 후 120,000원이 될 확률이 70%이고 80,000원이 될 확률이 30%인 이항모형을 따른다. ㈜가나의 주식을 기초자산으로 하는 만기 1년, 행사가격 90,000원의 유럽형 콜옵션과 풋옵션이 현재 시장에서 거래되고 있다. 무위험이자율이 연 10%일 때 풋옵션의 델타와 콜옵션의 델타로 가장 적절한 것은? (2016년)

	풋옵션델타	콜옵션델타
①	-0.25	0.25
②	-0.50	0.50
③	-0.25	0.75
④	-0.50	0.75
⑤	-0.75	0.75

정답: ③

〈해설〉 이 문제는 1기간 이항옵션가격결정모형을 이용하여 콜옵션과 풋옵션의 헤지포트폴리오(hedge portfolio)의 델타를 구하는 문제이다. 먼저 문제에서 주어진 정보를 활용하여 이항옵션가격결정모형의 주요 변수의 값을 산정해 보자.

- $S = 100,000$, $X = 90,000$, $r_f = 0.1$, $T = 1$

- $u = \dfrac{120,000}{100,000} = 1.2$, $d = \dfrac{80,000}{100,000} = 0.8$

위의 기초 자료를 이용해 만기일인 $t = 1$ 시점에서 주가와 콜옵션과 풋옵션의 가격을 각각 추정하면 다음과 같다.

- $C_u = Max[uS - X, 0] = Max[120,000 - 90,000, 0] = 30,000$
  $C_d = Max[dS - X, 0] = Max[80,000 - 90,000, 0] = 0$

- $P_u = Max[X - uS, 0] = Max[90,000 - 120,000, 0] = 0$
  $P_d = Max[X - dS, 0] = Max[90,000 - 80,000, 0] = 10,000$

콜과 풋옵션의 가격을 이용하여 각각의 델타를 구하면 다음과 같다.

- $\Delta_C = \dfrac{C_u - C_d}{(u-d)S} = \dfrac{30,000 - 0}{(1.2 - 0.8)100,000} = \dfrac{3}{4} = 0.75$

- $\Delta_P = \dfrac{P_u - P_d}{(u-d)S} = \dfrac{0 - 10,000}{(1.2 - 0.8)100,000} = -\dfrac{1}{4} = -0.25$

따라서, 정답은 ③이다.

문제 21 현재 주가는 10,000원이고, 무위험이자율은 연 3%이다. 1년 후 주가는 15,000원으로 상승하거나 7,000원으로 하락할 것으로 예상된다. 이 주식을 기초자산으로 하는 유럽형 옵션의 만기는 1년이고 행사가격은 10,000원이며 주식은 배당을 지급하지 않는다. 1기간 이항모형을 이용하는 경우, 주식과 옵션으로 구성된 헤지포트폴리오(hedge portfolio)로 적절한 항목만을 **모두** 고르면? (단, 주식과 옵션은 소수 단위로 분할하여 거래가 가능하다.) (2013년)

(가) 주식 1주 매입,   콜옵션 $\frac{8}{5}$개 매도

(나) 주식 $\frac{5}{8}$주 매도,   콜옵션 1개 매입

(다) 주식 1주 매입,   풋옵션 $\frac{8}{3}$개 매입

(라) 주식 $\frac{3}{8}$주 매도,   풋옵션 1개 매도

---

① (가), (다)   ② (나), (라)   ③ (가), (나), (다)
④ (가), (나), (라)   ⑤ (가), (나), (다), (라)

정답: ⑤

〈해설〉 이 문제는 1기간 이항옵션가격결정모형을 이용하여 콜옵션과 풋옵션의 헤지포트폴리오(hedge portfolio)의 델타를 구하는 문제이다. 먼저, 문제에서 주어진 정보를 활용하여 이항옵션가격결정모형의 주요 변수의 값을 산정해 보자.

- $S = X = 10,000,\ r = 1 + r_f = 1.03,\ T = 1$

- $u = \dfrac{15,000}{10,000} = 1.5,\quad d = \dfrac{7,000}{10,000} = 0.7$

위의 기초 자료를 이용해 만기일인 $t = 1$ 시점에서 주가와 콜과 풋옵션의 가격을 추정하면 다음과 같다.

- $C_u = Max\,[uS - X, 0] = Max\,[15,000 - 10,000, 0] = 5,000$

  $C_d = Max\,[dS - X, 0] = Max\,[7,000 - 10,000, 0] = 0$

- $P_u = Max\,[X - uS, 0] = Max\,[10,000 - 15,000, 0] = 0$

  $P_d = Max\,[X - dS, 0] = Max\,[10,000 - 7,000, 0] = 3,000$

위에서 추정한 만기일에서의 주가와 콜옵션과 풋옵션 가격을 이용하여 콜과 풋옵션의 델타(Δ)를 각각 구하면 다음과 같다.

- $\Delta_C = \dfrac{C_u - C_d}{(u - d)S} = \dfrac{5,000 - 0}{(1.5 - 0.7)10,000} = \dfrac{5}{8}$

- $\Delta_P = \dfrac{P_u - P_d}{(u - d)S} = \dfrac{0 - 3,000}{(1.5 - 0.7)10,000} = -\dfrac{3}{8}$

옵션의 델타는 곧 헤지포트폴리오를 구성하는 데 있어서 헤지비율(hedge ratio)을 뜻한다. 문제에서 콜옵션의 델타가 5/8라는 것은 헤지포트폴리오를 구성하는 데 있어서 콜옵션 1단위 매입에 대하여 매도해야 할 주식 수가 5/8이라는 의미이다. 이에 반해, 주식 1주 매입에 대하여 매도해야 할 콜옵션 수는 헤지비율의 역수인 8/5이 된다. 이에 따라 문항 (가)와 (나)는 헤지 포트폴리오로서 적절하다고 볼 수 있다.

한편, 풋옵션의 델타가 −3/8라는 것은 헤지 포트폴리오를 구성하는 데 있어서 풋옵션 1단위 매도에 대하여 매도해야 할 주식 수가 3/8이라는 의미이다. 이에 반해, 주식 1주 매입에 대하여 매입해야 할 풋옵션 수는 헤지비율의 역수인 8/3이다. 이에 따라 문항 (다)와 (라)도 모두 헤지포트폴리오로서 적절하다.

따라서, 정답은 ⑤이다.

문제 22 주식 C를 기초자산으로 하는 콜옵션 20계약을 매도하고 풋옵션 10
계약을 매수하고자 한다. 해당 콜옵션의 델타(delta)는 0.5이고 풋옵
션의 델타는 −0.3이다. 델타중립(delta-neutral) 포지션 구축을 위
한 주식 C의 거래로 가장 적절한 것은? 단, 옵션 1계약당 거래단위
(승수)는 100주이다. (2019년)

①아무 거래도 하지 않음
②700주 매수
③700주 매도
④1,300주 매수
⑤1,300주 매도

정답: ④

〈해설〉 이 문제는 옵션의 델타(delta)의 특성을 이용하여 델타중립(delta-
neutral) 포지션 구축 방법에 대해 묻는 문제이다. 델타중립(delta-
neutral) 포지션이란 옵션을 포함한 다양한 자산으로 구성된 포트폴리
오의 전체 델타가 0이며, 이것은 곧 기초자산의 가격 변화에 대한 해
당 포트폴리오의 가격 변화가 0이라는 것을 의미한다.

만약 주식 N_S주 거래로 델타중립인 헤지 포트폴리오를 구성한다고 가
정하면, 아래 식에서와 같이 헤지 포트폴리오 H의 델타는 0이 되어야
한다(단, 기초자산인 주식 C의 델타는 1이며, 옵션 1계약당 거래단위
는 100주이다).

$$\Delta_H = N_S \times \Delta_S + N_C \times 100 \times \Delta_C + N_P \times 100 \times \Delta_P$$

$$= N_S \times 1.0 + (-20) \times 100 \times 0.5 + 10 \times 100 \times (-0.3) = 0$$

$$\rightarrow N_S = 1,300 \ (주)$$

위 식에서와 같이, 투자자가 델타중립 포지션을 구축하기 위해서는
주식 C를 추가로 1,300주 매수해야 한다.

따라서, 정답은 ④이다.

문제 23 기초자산의 현재 가격이 100원이고, 행사가격 110원, 잔존기간 1년인 유럽형 콜옵션이 있다. 기초자산의 가격은 10원 단위로 변화한다. 만기일의 기초자산 가격의 확률분포가 다음 그림과 같고 무위험이자율이 연 10%라고 할 때, 이 옵션의 현재 이론가격은 얼마인가? (소수점 아래 셋째 자리에서 반올림할 것) (2000년)

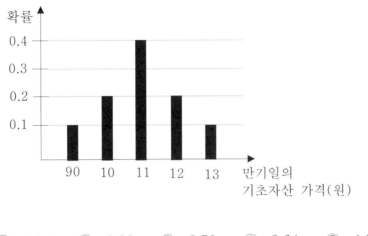

① 0.00   ② 1.82   ③ 2.73   ④ 3.64   ⑤ 4.00

정답: ④

〈해설〉 이 문제는 유럽형 콜옵션의 이론가격을 구하는 문제이다. 이 문제에서 만기일에서 기초자산의 가격 변동이 5가지 경우의 수로 가정하고 있어 2가지로 한정한 이항옵션가격결정모형을 적용할 수 없다. 게다가 옵션가격결정요인에 대한 충분한 시장 정보가 없어 블랙-숄즈 모형을 적용할 수도 없다. 단지 만기일의 기초자산 가격의 확률분포가 주어져 있으므로 이를 이용해 만기일에서의 콜옵션의 가격의 기댓값을 계산하고 이를 적정할인율로 할인해 현재 이론가격을 추정해야 한다.

먼저, 만기일의 기초자산 가격(S_T)의 확률분포를 이용하여 기초자산 가격의 기댓값을 구하면 다음과 같이 110원이다. 그리고 확률분포의 형태를 볼 때 기초자산은 표준편차가 0이 아닌 위험자산이라는 것을 쉽게 알 수 있다.

$$E(S_T) = (0.1)(90) + (0.2)(100) + (0.4)(110) + (0.2)(120) + (0.1)(130) = 110$$

그런데, 문제에서 기초자산의 현재 가격이 100원으로 주어져 있으므로 이 기초자산의 미래현금흐름을 현재가치로 환산하는 데 적용된 할인율은 다음 식과 같이 정확히 10%로 무위험이자율(r_f)과 일치한다.

$$S = \frac{E(S_T)}{(1+r_S)} = \frac{110}{(1+r_S)} = 100 \rightarrow r_S = r_f = 0.1 \ (10\%)$$

기초자산이 위험자산임에도 불구하고 기초자산에 적용되는 할인율이 무위험이자율이라는 것은 현재 자본시장에 참여한 투자자들의 위험성향이 위험중립적(risk neutral)이라는 것을 의미한다. 그러므로 현재 시장에서 거래되고 있는 옵션을 포함한 모든 위험자산의 적정할인율은 무위험이자율이라는 점을 인지하고 이 문제를 풀어야 한다.

만기일의 기초자산 가격(S_T)의 확률분포를 이용하여 만기일에서의 기초자산 가격과 콜옵션의 가격(C_T)을 구하면 다음과 같다.

- $p = 0.1; S_T = 90 \rightarrow C_T = Max\,[90 - 110, 0] = 0$
- $p = 0.2; S_T = 100 \rightarrow C_T = Max\,[100 - 110, 0] = 0$
- $p = 0.4; S_T = 110 \rightarrow C_T = Max\,[110 - 110, 0] = 0$
- $p = 0.2; S_T = 120 \rightarrow C_T = Max\,[120 - 110, 0] = 10$
- $p = 0.1; S_T = 130 \rightarrow C_T = Max\,[130 - 110, 0] = 20$

위에서 추정한 만기일에서의 콜옵션 가격과 확률을 이용하여 만기일에서의 콜옵션 가격의 기댓값을 계산한 다음 이를 무위험이자율로 할인하면 콜옵션의 현재 이론가격(C)을 구할 수 있다.

- $E(C_T) = \displaystyle\sum_{i=1}^{n} p_i\, C_{Ti}$
  $= 0.1 \times 0 + 0.2 \times 0 + 0.4 \times 0 + 0.2 \times 10 + 0.1 \times 20 = 4$

- $C = \dfrac{E(C_T)}{(1+r_f)} = \dfrac{4}{(1+0.1)} = 3.64$

따라서, 정답은 ④이다.

8.2 옵션투자전략

문제 24 옵션 투자전략에 관한 설명으로 가장 적절하지 **않은** 것은? (2014년)

① 순수포지션(naked position) 전략은 한 가지 상품에만 투자한 경우로 헤지가 되어 있지 않은 전략이다.

② 보호풋(protective put) 전략은 기초자산을 보유한 투자자가 향후 자산 가격이 하락할 경우를 대비하여 풋옵션을 매입하는 전략이다.

③ 방비콜(covered call) 전략은 기초자산을 보유한 투자자가 향후 자산 가격이 하락하거나 상승하지 않을 경우를 대비하여 콜옵션을 매입하는 전략이다.

④ 기초자산을 1개 매입하고 풋옵션을 1개 매입하며 콜옵션을 1개 매도하는 풋-콜 패리티(put-call parity) 전략을 이용하면, 만기시점의 기초자산 가격과 관계없이 항상 행사가격만큼 얻게 되어 가격변동 위험을 완전히 없앨 수 있다.

⑤ 강세 스프레드(bull spread) 전략은 행사가격이 낮은 옵션을 매입하고 행사가격이 높은 옵션을 매도하는 전략으로 기초자산의 가격이 상승할 때 이득을 얻는 전략이다.

정답: ③

〈해설〉 이 문제는 다양한 옵션 투자전략의 특성에 관해 묻는 문제이다. 각 문항에서 설명한 투자전략의 특성이 적절한지의 여부를 확인해 보자.

① 적절한 설명이다. 순수포지션(naked position) 전략은 이 문항의 설명처럼 한 가지 상품에만 투자한 경우로 헤지가 되어있지 않은 전략이다.

② 적절한 설명이다. 보호풋(protective put) 전략을 잘 설명하고 있다.

③ 적절치 않은 설명이다. 방비콜(covered call) 전략은 기초자산을 보유한 투자자가 향후 자산 가격이 하락하거나 상승하지 않을 경우를 대비하여 콜옵션을 <u>매도</u>하는 전략이다.

④ 적절한 설명이다. 이 전략의 만기가치는 다음 풋-콜 패리티에 의해 만기 시점의 기초자산 가격과 관계없이 항상 행사가격만큼 얻게 되어 가격변동 위험을 완전히 없앨 수 있다: $S + P - C = Xe^{-rT}$.

⑤ 적절한 설명이다. 강세 스프레드(bull spread) 전략을 잘 설명하고 있다.

따라서, 정답은 ③이다.

문제 25 옵션 투자전략에 관한 설명으로 가장 적절하지 **않은** 것은? (2016년)

① 보호풋(protective put) 전략과 방비콜(covered call) 전략은 일종의 헤지(hedge)전략이다.
② 약세 스프레드(bear spread) 전략은 행사가격이 낮은 옵션을 매도하고 행사가격이 높은 옵션을 매입하는 전략이다.
③ 박스 스프레드(box spread) 전략은 콜옵션을 이용한 강세 스프레드와 풋옵션을 이용한 약세 스프레드를 결합한 전략이다.
④ 스트래들(straddle) 매입 전략은 만기와 행사가격이 동일한 콜옵션과 풋옵션을 동시에 매입하는 전략이다.
⑤ 스트립(strip) 전략은 만기와 행사가격이 동일한 콜옵션을 2개 매입하고 풋옵션을 1개 매입하는 전략이다.

정답: ⑤

〈해설〉 이 문제는 다양한 옵션 투자전략의 특성에 관해 묻는 문제이며 앞의 **문제 24**와 매우 유사하다. ⑤번 문항을 제외하고는 모두 해당 옵션투자 전략을 정확히 설명하고 있다. 문항 ⑤번은 스트립(strip) 전략이 아닌 스트랩(strap) 전략에 대해 설명하고 있어 적절치 않은 설명이다. 실제로 스트립(strip) 전략은 만기와 행사가격이 동일한 콜옵션을 1개 매입하고 풋옵션을 2개 매입하는 전략이다.

 따라서, 정답은 ⑤이다.

문제 26 기초자산의 가격변화에 따른 옵션의 투자전략에 대한 설명 중 옳은 항목만으로 구성된 것은? (2010년)

> a. 기초자산 가격의 변동에 따른 이익 및 손실의 범위를 한정하기 위해서는 칼라(collar)를 이용하면 된다.
> b. 기초자산 가격이 큰 폭으로 변동할 것으로 예상되지만 방향을 알지 못하는 경우 스트랭글(strangle)을 매입하면 된다.
> c. 기초자산 가격이 변화하지 않을 것으로 예상되는 경우 스트래들(straddle)을 매도하면 된다.
> d. 기초자산 가격 변동에 따른 손익을 곡선의 형태로 실현하기 위해서는 수직스프레드(vertical spread)를 이용하면 된다.
> e. 기초자산 가격이 큰 폭으로 변동하고 특히 하락보다는 상승이 예상되는 경우 스트립(strip)을 매입하면 된다.

① a, b, c   ② a, c, d   ③ a, d, e   ④ b, c, e   ⑤ b, d, e

정답: ①

〈해설〉 이 문제는 기초자산의 가격변화에 따른 다양한 옵션 투자전략에 대한 문제이다. 각 문항에서 설명한 옵션 투자전략의 활용에 대한 적절성 여부를 문항별로 확인해 보자.

  a. 옳은 설명이다. 옵션 투자전략으로서의 칼라(collar)는 만기는 동일 하나 행사가격이 높은 콜옵션(X_H) 1개를 매도하고 행사가격이 낮은 풋옵션(X_L) 1개를 매입하는 전략으로 선물 매도와 매우 유사한 만기가치를 보인다. 즉 기초자산의 가격 하락 시에는 이익을, 기초 자산의 가격 상승 시에는 손실을 본다. 그러나, 칼라는 기초자산과 결합하여 범위선도계약(range forward)을 구성할 수 있으며, 이 전략은 기초자산 가격의 변동에 따른 이익 및 손실의 범위를 한정 시키는 효과를 가진다.
  b. 옳은 설명이다. 스트랭글(strangle)은 만기는 동일하나 행사가격이 높은 콜옵션(X_H) 1개와 행사가격이 낮은 풋옵션(X_L) 1개를 매입 하는 전략으로, 주로 기초자산 가격이 큰 폭으로 변동할 것으로 예

상되지만 상승인지 하락인지에 대한 정확한 방향은 알지 못하는 경우에 활용한다.

c. 옳은 설명이다. 스트래들 매입(long straddle) 전략은 기초자산 가격이 크게 변동할 것으로 예상되나 그 방향이 명확하지 않을 때 행사가격과 만기일이 동일한 콜옵션과 풋옵션을 매입하는 전략이다. 그러나 기초자산 가격이 변화하지 않을 것으로 예상되는 경우에는 반대로 스트래들 매도(short straddle) 전략을 구사한다.

d. 옳지 않은 설명이다. 행사가격은 동일하나 만기가 다른 두 개의 옵션을 결합하는 전략을 시간스프레드(time spread), 혹은 캘린더스프레드(calendar spread)라고 하며, 이것은 소위 수평스프레드(horizontal spread)이다. 시간스프레드(time spread)는 만기가 짧은 콜옵션(T_S)을 매도하고, 만기가 긴 콜옵션(T_L)을 매입함으로써 구성되는 데, 만기가 짧은 콜의 만기일(T_S)에서 만기가 긴(T_L)의 콜옵션의 가격은 아직 만기가 남아 있어 시간가치로 인해 손익 그래프에서 곡선 형태를 나타낸다. 따라서 기초자산 가격 변동에 따른 손익을 곡선의 형태로 실현하기 위해서는 수직이 아닌 <u>수평스프레드</u>를 이용해야 한다.

e. 옳지 않은 설명이다. 기초자산 가격이 큰 폭으로 변동하고 특히 하락보다는 상승이 예상되는 경우 스트립(strip)이 아닌 스트랩(strap)을 매입해야 한다. 스트립(strip)은 기초자산 가격이 약세일 가능성이 높다고 판단해 콜옵션 1개, <u>풋옵션 2개</u>를 매입하는 데 반해, 스트랩(strap)은 기초자산 가격이 강세일 가능성이 높다고 판단해 <u>콜옵션 2개</u>, 풋옵션 1개를 매입하는 전략이다.

따라서, 정답은 ①이다.

문제 26 CPA 파생상품 투자주식회사의 옵션 운용부에서 근무하는 A부터 E 까지 5명의 매니저(managers)가 다음과 같은 옵션 거래전략을 구성 하였다. 옵션을 발행한 기초자산(underlying assets)의 주식가격이 향후 대폭 상승할 경우에 가장 불리한 투자 결과를 낳을 것으로 예 상되는 매니저는 누구인가? (옵션의 행사가격들은 현재의 주가에 근 접하고 있으며 동일한 주식을 기초자산으로 하고 있다고 가정함) (2002년)

> A: 주식을 매입하고 매입한 주식에 대한 콜 옵션을 동시에 발행
> B: 행사가격이 동일한 콜을 매입하고 동시에 풋을 발행
> C: 행사가격이 다른 콜과 풋을 동시에 매입
> D: 행사가격이 다른 두 개의 콜 중에서 높은 행사가격을 가진 콜을 매입하고 낮은 행사가격을 가진 콜을 발행
> E: 주식을 매입하고 매입한 주식에 대한 풋옵션을 동시에 매입

① A매니저 ② B매니저 ③ C매니저 ④ D매니저 ⑤ E매니저

정답: ④

〈해설〉 이 문제는 기초자산의 주식가격이 향후 대폭 상승할 경우에 옵션 투자 전략의 만기가치에 관해 묻는 문제이다. 각 문항에서 설명한 투자전략 의 특성과 만기가치를 파악한 다음 주가가 향후 대폭 상승할 경우에 가장 불리한 투자전략을 선택한다.

 A. 불리하지 않다. "주식을 매입하고 매입한 주식에 대한 콜옵션을 동 시에 발행"하는 전략으로는 방비콜(covered call)을 들 수 있다. 이 전략은 주가 하락 시 손실을 줄이고, 주가 상승 시 이익을 얻을 수 있는 전략이다.

 B. 불리하지 않다. "행사가격이 동일한 콜을 매입하고 동시에 풋을 발 행"하는 전략은 다음 풋–콜 패러티에 의해 은행 차입으로 주식을 매입하는 것과 같은 효과를 가진다: $C - P = S - Xe^{-rT}$. 이 전략은 주가 상승 시에는 이익을 얻을 수 있으나, 주가 하락 시에는 손실 을 볼 수 있다. 따라서 주가가 향후 상승할 경우에는 손실이 발생 하지 않으므로 불리한 투자전략은 아니다.

C. 불리하지 않다. "행사가격이 다른 콜과 풋을 동시에 매입"하는 전략은 스트랭글(strangle) 전략이며, 미래 주가가 크게 상승 혹은 하락할 경우에 이익을 얻을 수 있으며, 주가 변동이 크지 않을 때에도 손실을 일정 수준으로 방어할 수 있는 전략이다. 따라서 주가가 향후 대폭 상승할 경우에는 이익을 얻을 수 있으므로 불리한 투자전략은 아니다.

D. 가장 불리하다. "행사가격이 다른 두 개의 콜 중에서 높은 행사가격을 가진 콜을 매입하고 낮은 행사가격을 가진 콜을 발행"하는 전략은 약세스프레드(bear spread)이다. 이 전략은 주가 하락 시에만 이익을 얻을 수 있으며, 주가가 상승할 경우에는 오히려 손실이 발생할 수 있다. 따라서 주가가 향후 대폭 상승할 경우에는 손실이 발생할 수 있으므로 가장 불리한 투자전략이다.

E. 불리하지 않다. "주식을 매입하고 매입한 주식에 대한 풋 옵션을 동시에 매입"하는 전략은 보호풋(protective put)이다. 이 전략은 주가가 행사가격 이하로 하락할 경우 발생하는 손실을 풋옵션 행사에 따른 이익으로 상쇄시켜 주며, 반대로 주가 상승에 따른 이익은 그대로 실현할 수 있게 한다. 따라서 주가가 향후 대폭 상승할 경우에는 이익을 얻을 수 있으므로 불리한 투자전략은 아니다.

따라서, 정답은 ④이다.

문제 27 다음의 표는 잔존 만기와 기초자산이 동일한 유럽형 옵션의 시장가
를 정리한 것이다. 잔존 만기와 무위험이자율이 양수라고 가정할 때,
다음 중 차익거래가 나타날 수 있는 포지션은? (단, 괄호 안은 행사
가격을 나타낸다.) (2018년)

행사가격	콜가격	풋가격
100	9.0	3.0
105	5.2	6.0
110	2.0	11.5

① 콜(100) 1개 매수, 콜(105) 1개 매도
② 풋(105) 1개 매수, 풋(110) 1개 매도
③ 콜(100) 1개 매수, 콜(105) 2개 매도, 콜(110) 1개 매수
④ 풋(100) 1개 매수, 풋(105) 2개 매도, 풋(110) 1개 매수
⑤ 콜(100) 1개 매수, 풋(100) 1개 매수

정답: ②

〈해설〉 이 문제는 다양한 유럽형 옵션의 시장가를 제시한 후 차익거래가 나타
날 수 있는 포지션을 묻는 문제이다. 이 문제를 쉽게 풀기 위해서는
우선 과소 혹은 과대평가된 옵션을 찾아서 과소평가된 옵션은 매수하
고, 과대평가된 옵션은 매도하는 포지션을 선택하는 것이다. 일반적으
로 유럽형 콜과 풋옵션의 가격 범위는 다음과 같이 기초자산의 가격과
행사가격(X)으로 나타낼 수 있다.

- $P \geq Max[PV(X) - S, 0]; \quad C \geq Max[S - PV(X), 0]$
- $P(X = 105) = 6.0 \rightarrow P(X = 110) = 11.5$

위에서 제시된 유럽형 콜과 풋옵션의 가격과 행사가격과의 관계를 고
려할 때, 다른 조건은 일정하고 행사가격만이 서로 다른 두 콜옵션
혹은 두 풋옵션 간의 가격 차이는 두 옵션 간의 행사가격의 현재가치
차이에 의해 결정된다. 따라서 두 콜옵션 혹은 두 풋옵션 간의 가격
차이가 행사가격의 차이를 초과할 수는 없다.

이러한 옵션의 가격과 행사가격과의 관계를 감안할 때 표에 제시

된 6개 옵션 중 과대평가된 옵션으로는 풋(110)을 들 수 있다. 왜냐하면 풋(110)은 풋(105)에 비해 행사가격은 5포인트 증가한 데 반해 가격은 행사가격의 차액보다 큰 5.5포인트나 증가하였기 때문이다. 그러므로 차익거래가 나타날 수 있는 포지션은 과대평가된 풋(110)의 매도 전략이 포함된 것이어야 한다. 5개 문항 중에서 풋(110)을 매도하는 전략이 포함된 것은 문항 ②가 유일하다.

따라서, 정답은 ②이다.

문제 28 어느 투자자가 행사가격이 25,000원인 콜옵션을 개당 4,000원에 2개 매입하였고, 행사가격이 40,000원인 콜옵션을 2,500원에 1개 발행하였다. 옵션만기일에 기초주식 가격이 50,000원이라고 할 때, 이러한 투자전략의 만기가치와 투자자의 만기손익을 각각 구하라. (단, 옵션의 기초주식과 만기는 동일하며 거래비용은 무시하라) (2005년)

	투자전략의 만기가치	투자자의 만기손익
①	15,000원	13,500원
②	25,000원	23,500원
③	30,000원	27,000원
④	35,000원	30,000원
⑤	40,000원	34,500원

정답: ⑤

〈해설〉 이 문제는 옵션 투자전략의 만기가치와 만기수익에 관한 문제이다. 투자전략은 행사가격이 25,000원인 콜옵션을 2개 매입, 행사가격이 40,000원인 콜옵션을 1개 발행하였으므로 투자액은 5,500원이다.

$$투자액 = 2 \times C(25,000) - C(40,000) = 2 \times 4,000 - 2,500 = 5,500$$

그리고 만기일의 주가는 50,000원이므로 만기일에서의 만기가치와 만기손익은 각각 다음과 같이 산출한다. 만기일에서의 손익을 계산할 때 관행상 초기 투자액의 시간적 가치를 고려하지 않는다.

- 만기가치 $= 2 \times C(25,000) - C(40,000)$

  $= 2 \times Max[50,000 - 25,000, 0] - Max[50,000 - 40,000, 0]$

  $= 2 \times 25,000 - 10,000 = 40,000$

- 만기손익 $=$ 만기가치 $-$ 투자액 $= 40,000 - 5,500 = 34,500$

따라서, 정답은 ⑤이다.

문제 29 투자자 갑은 3개월 만기 콜옵션 1계약과 3개월 만기 풋옵션 1계약을 이용하여 주가지수옵션에 대한 스트랭글 매도(short strangle) 투자 전략을 구사하려 한다. 현재 형성된 옵션 시세는 다음과 같다. 만기 주가지수가 1,120포인트일 때, 투자자의 만기손익과 최대손익을 구하시오. (2009년)

> a. 3개월 만기 주가지수 콜옵션
>   (행사가격=1,100포인트, 콜옵션 프리미엄=35원)
> b. 3개월 만기 주가지수 풋옵션
>   (행사가격=1,100포인트, 풋옵션 프리미엄=21원)
> c. 3개월 만기 주가지수 콜옵션
>   (행사가격=1,200포인트, 콜옵션 프리미엄=32원)
> d. 3개월 만기 주가지수 풋옵션
>   (행사가격=1,200포인트, 풋옵션 프리미엄=27원)

	만기손익	최대손익
①	53	53
②	56	56
③	59	59
④	−60	60
⑤	−62	−62

정답: ①

〈해설〉 이 문제는 스트랭글 매도 전략을 구사할 때 투자자의 만기손익과 최대손익을 구하는 문제이다. 스트랭글 매도 전략(short strangle)은 행사가격이 높은 콜옵션과 행사가격이 낮은 풋옵션을 매도하는 전략이다. 문제에서 투자자가 스트랭글 매도 투자전략을 구사하려면 행사가격이 1,200포인트인 만기 3개월 콜옵션을 매도하고, 동시에 행사가격이 1,100포인트인 만기 3개월 풋옵션을 매도해야 한다. 주가지수가 1,120포인트일 때 이러한 스트랭글 매도 전략의 만기일에서의 투자성과, 즉 만기가치는 아래 표와 같이 0이다.

포트폴리오 (스트랭글 매도)	투자액 ($t=0$)	만기일($t=T$) 가치 $S_T = 1,120$
콜($X_H = 1,200$) 1개 매도	-32	0
풋($X_L = 1,100$) 1개 매도	-21	0
합 계	-53	0

따라서 만기손익은 위의 표에서 산정한 초기 투자액과 만기가치를 이용하여 다음과 같이 추정할 수 있다.

- 만기손익 = 만기가치 − 투자액 = $0 - (-53) = 53$

이처럼 스트랭글 매도 전략(short strangle)의 만기손익은 만기가치에서 현재 시점에서의 투자액을 차감한 53원이다. 결과적으로 만기손익 53원은 만기가치가 0이므로 콜과 풋옵션을 매도할 때 얻은 옵션프리미엄의 합이다. 또한, 만기일에서 기초자산인 주가지수가 1,120포인트로 확정되어 있으므로 최대손익도 만기손익과 동일한 53원이다.

따라서, 정답은 ①이다.

CPA 객관식 재무관리

문제 30 현재 옵션시장에서는 ㈜마바 주식을 기초자산으로 하고 만기가 동일하게 1년씩 남은 콜옵션과 풋옵션이 각각 거래되고 있다. 행사가격이 200,000원인 콜옵션의 가격은 20,000원이고 행사가격이 180,000원인 풋옵션의 가격은 10,000원이며 무위험이자율은 연 10%이다. 무위험이자율로 차입하여, 위의 콜옵션과 풋옵션을 각각 1개씩 매입한 투자자가 만기에 손실을 볼 수 있는 ㈜마바 주식 가격 (P)의 범위로 가장 적절한 것은? (2015년)

① P<147,000원
② P<169,000원
③ P>233,000원
④ 11,000원<P< 33,000원
⑤ 147,000원<P< 233,000원

정답: ⑤

〈해설〉 이 문제는 동일한 주식을 기초자산으로 하고 만기는 동일하나 행사가격이 높은 콜옵션과 행사가격이 낮은 풋옵션을 각 1개씩 매입했을 때, 즉 스트랭글 매입(long strangle) 전략의 만기손익에 대한 문제이다. 문제에 주어진 바와 같이, 무위험이자율로 차입하여 행사가격이 높은 콜옵션($X_H = 200,000$)과 행사가격이 낮은 풋옵션($X_L = 180,000$)을 각각 1개씩 매입하고 만기일($t = T$)까지 이를 보유할 경우 만기일에서의 만기가치는 다음과 같다.

거래	현재($t=0$)의 현금흐름	만기일($t=T$)에서의 현금흐름		
		$P < 180,000$	$180,000 \leq P < 200,000$	$P \geq 200,000$
콜 매입	$-20,000$	0	0	$P-200,000$
풋 매입	$-10,000$	$180,000 - P$	0	0
차 입	$30,000$	$-30,000 \times 1.1$	$-30,000 \times 1.1$	$-30,000 \times 1.1$
합 계	0	$147,000 - P$	$-33,000$	$P-233,000$

무위험이자율로 차입하여 콜옵션과 풋옵션을 각각 1개씩 매입한 투자

자가 만기에 손실을 보는 경우는 위 표에서 만기일에서의 현금흐름이 어떤 경우에 있어서도 음(−)으로 나타나는 경우이다. 따라서 만기일에서의 주가(P)의 범위는 우선 147,000원보다 커야 하고, 또한 233,000원보다는 작아야 한다. 즉, 주가 범위가 $147,000 < P < 233,000$일 때 투자자는 손실을 보게 된다.

따라서, 정답은 ⑤이다.

8.3 포트폴리오 보험과 실물옵션

문제 31 포트폴리오 보험(portfolio insurance)에 관한 설명으로 가장 적절하지 **않은** 것은? (2015년)

① 보유하고 있는 포트폴리오의 가치가 일정 수준 이하로 하락하는 것을 방지하면서 가치 상승 시에는 이익을 얻도록 하는 전략이다.

② 기초자산을 보유한 투자자가 풋옵션을 매도하여 기초자산 가치가 행사가격 이하가 되지 않도록 방지하는 포트폴리오 보험전략을 실행할 수 있다.

③ 주식 포트폴리오에 대해 선물계약이 존재하는 경우 포트폴리오 보험은 선물계약과 무위험순수할인채권의 매입으로 합성될 수 있다.

④ 보유한 자산에 대한 풋옵션이 존재하지 않거나 투자 기간과 풋옵션의 만기가 일치하지 않는 경우 풋옵션 대신 주식과 채권으로 복제된 합성풋옵션을 이용하여 보호풋 전략을 실행할 수 있다.

⑤ 시간이 흐름에 따라 풋옵션 델타가 변하는 경우 기초자산 투자액과 무위험대출액을 계속적으로 조정해야 하므로 합성풋옵션을 이용한 포트폴리오 보험전략은 동적헤지 전략의 일종으로 볼 수 있다.

정답: ②

〈해설〉 이 문제는 주가지수를 추종하는 주식 포트폴리오의 가치 하락 시 하향손실(downside loss)은 일정 수준으로 한정시키면서 가치 상승 시 상향이익(upside potential)은 그대로 얻을 수 있는 포트폴리오 보험(portfolio insurance)에 관해 묻는 문제이다. 포트폴리오 보험에 관한 각 문항의 설명이 적절한지를 문항별로 확인해 보자.

① 적절한 설명이다. 포트폴리오 보험의 전략 목적을 잘 설명하고 있다.

② 적절치 않은 설명이다. 포트폴리오 보험은 기초자산을 보유한 투자자가 향후 기초자산의 가격이 하락할 경우를 대비하여 풋옵션을 <u>매입</u>하는 전략이지 매도하는 전략은 아니다.

③ 적절한 설명이다. 주식 포트폴리오에 대해 선물계약이 존재하는 경우 해당 선물계약은 차입을 통해 조달한 자금으로 기초자산인 주식 포트폴리오를 매입하는 포지션과 동일하다. 즉, $F = S - Xe^{-rT}$가 성립한다. 따라서 주식 포트폴리오에 대한 포트폴리오 보험은 선물계약과 무위험순수할인채권의 매입으로 합성될 수 있다.

④, ⑤ 적절한 설명이다. 주식 매입(long stock)과 채권 매입(대출, lending)으로 구성된 포트폴리오는 주가 변화에 따라 주식 투자액과 채권 매입의 비중을 계속적으로 조정함으로써 보호풋과 동일한 현금흐름을 만들 수 있다. 즉, 주가가 하락할 경우 주식 비중을 줄이고 채권 비중을 늘림으로써, 반대로 주가가 상승할 경우에는 주식 비중을 늘리고, 채권 비중을 축소함으로써 주식 매입과 채권 매입으로 구성된 포트폴리오는 보호풋과 동일한 효과를 가질 수 있다. 이처럼, 시간이 흐름에 따라 기초자산인 주식 포트폴리오의 가격이 변해 풋옵션 델타($\triangle_P$)가 변하는 경우 기초자산인 주식 투자액과 무위험대출액(채권 매입)의 비중을 계속적으로 조정해야 하므로 합성풋옵션을 이용한 포트폴리오 보험전략은 전형적인 동적 헤지 전략(dynamic hedging strategy)으로 볼 수 있다.

따라서, 정답은 ②이다.

문제 32 주가지수를 추종하는 주식 포트폴리오의 가치 하락 시 하향손실
(downside loss)을 일정 수준으로 한정시키면서 가치 상승 시 상
향이익(upside potential)을 얻을 수 있는 포트폴리오 운용전략으
로 적절한 항목만을 **모두** 고르면? (단, 파생상품의 기초자산은 주
가지수이다.) (2013년)

> (가) 주식 포트폴리오를 보유한 상태에서 풋옵션을 매수한다.
> (나) 무위험채권에 투자한 상태에서 콜옵션을 매수한다.
> (다) 주식 포트폴리오를 보유한 상태에서 선물을 매도하고, 헤
> 지비율을 시장 상황에 따라 동적으로 변화시킨다.
> (라) 주식 포트폴리오와 무위험채권을 매수하고, 무위험채권의
> 투자 비율을 시장 상황에 따라 동적으로 변화시킨다.

① (가), (나)　　　② (다), (라)　　　③ (가), (나), (다)
④ (나), (다), (라)　　⑤ (가), (나), (다), (라)

정답: ⑤

〈해설〉 이 문제는 주가지수를 추종하는 주식 포트폴리오의 가치하락 시 하향
손실은 일정 수준으로 한정시키면서 가치 상승 시 상향이익은 그대로
얻을 수 있는 포트폴리오보험(portfolio insurance)에 관해 묻는 문제
이다. 각 문항에서 설명한 투자전략이 포트폴리오보험의 특성을 실현
할 수 있는지를 확인해 보자.

　(가) 적절한 설명이다. "주식 포트폴리오를 보유한 상태에서 풋옵션을
　　　매수"하는 전략은 보호 풋(protective put)으로 전형적인 포트폴리
　　　오보험이다.
　(나) 적절한 설명이다. "무위험채권에 투자한 상태에서 콜옵션을 매수"
　　　하는 전략은 풋–콜 패러티에 의해 보호풋 전략을 복제할 수 있어
　　　문항 (가)와 마찬가지로 포트폴리오보험이라고 볼 수 있다:
　　　$Xe^{-rT} + C = S + P$.
　(다) 적절한 설명이다. "주식 포트폴리오를 보유한 상태에서 선물을 매
　　　도하고, 헤지비율을 시장 상황에 따라 동적으로 변화시키는"동적
　　　헤징(dynamic hedging) 전략은 주가지수의 등락에 따라 선물 매

도 포지션을 동적으로 변화시킴으로써 포트폴리오보험을 실현시키는 전략이다. 문항 (가)에서 설명한 보호풋(protective put) 전략은 주가 하락 시에 대한 방어책으로 풋옵션을 매입하는 데 반해 이 전략에서는 풋옵션을 매입하는 대신에 주가지수선물을 매도한다. 만약 주가지수가 하락할 것으로 예상하는 경우에는 선물 매도 포지션을 늘림으로써 선물 매도에서 얻은 이익이 주식 포트폴리오의 손실을 상쇄시켜 투자자가 목표로 하는 포트폴리오의 최저 수준(floor)을 유지할 수 있게 한다. 선물거래의 거래비용이 저렴하다는 장점 때문에 기관투자자들은 포트폴리오보험을 실현하기 위해 주로 이 전략을 많이 사용한다.

(라) 적절한 설명이다. "주식 포트폴리오와 무위험채권을 매수하고, 무위험채권의 투자비율을 시장 상황에 따라 동적으로 변화시키는 전략"은 위에서 설명한 (다)전략과 유사한 동적헤징(dynamic hedging) 전략에 의한 포트폴리오보험이다. 이 전략은 주식 포트폴리오와 무위험채권에 대한 투자비율을 주식 포트폴리오의 가치가 변화할 때마다 델타(delta) 혹은 헤지비율(hedge ratio)을 지속적으로 재산정하고 새로운 헤지비율에 따라 주식 포트폴리오와 무위험채권의 투자비율을 계속 변화시킴으로써 투자자가 목표로 하는 포트폴리오의 최저 수준(floor)을 달성할 수 있게 하는 포트폴리오보험이다.

위에서 검토한 바와 같이, 문제에서 제시된 4가지 투자전략이 모두 포트폴리오 보험이 될 수 있다.

따라서, 정답은 ⑤이다.

문제 33 실물옵션(real option)을 이용한 투자안 평가 방법에 대한 다음의 설명 중 가장 적절하지 **않은** 것은? (2008년)

　① 연기옵션(option to wait)의 행사가격은 투자 시점 초기의 비용이다.
　② 연기옵션의 가치를 고려한 투자안의 순현재가치가 양의 값을 가지더라도, 지금 투자할 경우의 순현재가치보다 낮을 경우에는 투자를 연기하지 않는 것이 유리하다.
　③ 확장옵션(expansion option)의 만기는 후속 투자안이 종료되는 시점이다.
　④ 확장옵션에서 기초자산의 현재 가격은 후속 투자안을 지금 실행할 경우 유입되는 현금흐름의 현재가치이다.
　⑤ 포기옵션(abandonment option)은 투자안 포기에 따른 처분가치를 행사가격으로 하는 풋옵션이다.

정답: ③

〈해설〉 이 문제는 투자안 평가에 있어서 고려할 수 있는 실물옵션에 관해 묻는 문제이다. 각 문항에서 다양한 실물옵션의 특성을 적절하게 설명하고 있는지를 문항별로 확인해 보자.

　① 적절한 설명이다. 연기옵션(option to wait)의 행사가격은 투자 시점 초기의 투자 비용이다.
　② 적절한 설명이다. 연기옵션의 가치는 연기에 대한 유연성을 가진 투자안의 NPV를 의미하며, 순수한 연기의 가치는 이러한 연기옵션의 가치에서 연기를 고려하지 않았을 때의 NPV를 차감한 값이다. 이 문항의 경우와 같이, 연기옵션의 가치가 지금 투자할 경우의 NPV보다 낮을 경우에는 순수한 연기의 가치가 음(−)이 되므로 투자를 연기하지 않는 것이 유리하다.
　③ 적절치 않은 설명이다. 확장옵션(expansion option)의 만기는 후속 투자안이 종료되는 시점이 아니라, 후속 투자안이 실행되는 시점 즉 실행일이다.
　④ 적절한 설명이다. 확장옵션에서 기초자산의 현재 가격은 후속 투자안을 지금 실행할 경우 유입되는 현금흐름의 현재가치이며, 행사

가격은 확장투자안의 초기 투자비용이 된다.

⑤ 적절한 설명이다. 포기옵션(abandonment option)은 투자안의 잔여 기간 동안 발생하리라 예상되는 현금유입의 현재가치를 기초자산으로 하고, 투자안 포기에 따른 처분가치를 행사가격으로 하는 일종의 풋옵션으로 볼 수 있다.

따라서, 정답은 ③이다.

문제 34 그동안 5억 원을 들여 조사한 바에 의하면 현재(t=0) 30억 원을 들여 생산시설을 구축하면 미래 현금흐름의 1년 후 시점(t=1)의 현가(PV)는 수요가 많을 경우 40억 원이며 수요가 적을 경우 25억 원이다. 수요가 많을 확률은 60%이며 수요가 적을 확률은 40%이다. 적절한 할인율은 10%이다. 그런데 생산시설을 구축하고 수요가 확인된 1년 후 20억 원을 추가로 투자해 생산시설을 확장할 수 있다고 하자. 이때 미래 현금흐름의 1년 후 시점(t=1)에서의 현가(PV)는 수요가 많을 경우 70억 원이며 수요가 적을 경우 35억 원이다. 1년 후 생산시설을 대규모 시설로 확장할 수 있는 실물옵션(real option)의 현재 시점(t=0)의 현가(PV)는 근사치로 얼마인가? (2007년)

① 1.82억원 ② 5.45억원 ③ 6.0억원 ④ 6.36억원 ⑤ 10.0억원

정답: ②

〈해설〉 이 문제는 투자안 평가에 있어서 투자안 확장에 대한 실물옵션인 확장옵션(expansion option)의 가치를 추정하는 문제이다. 투자안 평가에서 확장옵션의 가치는 확장투자 옵션을 가진 투자안의 NPV에서 확장을 고려하지 않은 기존 투자안의 NPV를 차감한 값으로 정의할 수 있다. 먼저, 확장옵션을 고려하지 않은 기존투자안의 NPV는 다음과 같이 산정한다(단, 투자 평가 이전에 지출된 조사비용 5억 원은 매몰비용(sunk cost)이므로 현금유출에 포함하지 않는다).

- 기존 투자안의 $NPV = -30 + \dfrac{(40 \times 0.6 + 25 \times 0.4)}{(1+0.1)} = 0.9091$

그런데, 확장 옵션을 가지고 있을 경우 시장 상황에 따라 1년 후 시점(t=1)에서의 미래 현금흐름의 현가(PV)는 기존 투자안과 달라질 수 있다. 만약 시장이 호황일 때 확장 투자를 실행하게 되면 NPV는 50(=70-20)억 원이 되어 기존 투자의 미래 현금흐름의 현가인 40억 원보다 크므로 확장옵션을 행사하는 게 유리하다. 반면에 불황일 때 확장 투자를 실행하게 되면 NPV는 15(=35-20)억 원이 되어 기존 투자의 미래 현금흐름의 현가인 25억 원보다 작으므로 확장옵션을 행사하는 게 불리하다. 경영자는 확장옵션을 가지고 있더라도 1년 후

에 불황이 오면 확장 선택권을 포기할 것이며, 이때의 미래 현금흐름의 현가(PV)는 기존 투자안의 25억 원이 될 것이다.

따라서 확장옵션을 가진 투자안의 NPV와 확장옵션의 현재 시점 (t=0)의 현가(PV)는 다음과 같이 추정할 수 있다.

- 확장 투자안의 $NPV = -30 + \dfrac{(50 \times 0.6 + 25 \times 0.4)}{(1+0.1)} = 6.3636$

- 확장옵션의 가치 = 확장옵션 투자안의 $NPV -$ 기존 투자안의 NPV

    $= 6.3636 - 0.9091 = 5.4545$

따라서, 정답은 ②이다.

문제 35 ㈜자원은 북태평양에서의 석유 시추 사업에 지금 당장 참여할 것인지 여부를 결정해야 한다. 사업을 지금 개시하게 되면 당장 100억 원을 투자해야 하고 그로 인해 발생하는 미래 현금흐름의 현가(PV)는 100억 원이다. 그런데 석유 시추 사업권을 매입하면 향후 3년까지 1년 단위로 사업 개시 시점을 늦출 수 있다. 사업 개시 시점을 늦추더라도 미래 현금흐름의 사업 개시 시점에서의 현가(PV)는 100억 원으로 동일하나 사업 개시 시점에서의 투자액은 첫해에는 95억 원, 둘째 해에는 90억 원, 셋째 해에는 88억 원이다. 할인율은 30%이다. ㈜자원이 석유 시추 사업권을 매입해 얻게 되는 실물옵션(real option) 즉, 연기옵션 또는 지연옵션(option to delay or timing option) 가치와 가장 가까운 것은? (2011년)

① 5.46억원   ② 5.92억원   ③ 10.0억원
④ 12.0억원   ⑤ 15.23억원

정답: ②

〈해설〉 이 문제는 투자안 평가에 있어서 투자안 연기에 대한 실물옵션 즉 연기옵션 또는 지연옵션(option to delay)의 가치를 추정하는 문제이다. 투자안 평가에서 연기옵션의 가치는 투자안의 연기옵션을 가진 투자안의 NPV에서 연기옵션을 고려하지 않은 기존 투자안의 NPV를 차감한 값으로 정의할 수 있다. 먼저, 사업을 지금 개시하게 되면 당장 100억 원을 투자해야 하고 그로 인해 발생하는 미래 현금흐름의 현가(PV)는 100억 원이므로 연기옵션을 고려하지 않은 기존투자안의 NPV는 0이다. 그런데, 석유 시추 사업권을 매입해 연기옵션을 가지고 있을 경우 사업 개시 시점별로 투자안의 NPV를 산정하면 다음과 같다.

- 개시 시점을 1년 연기할 경우 : $NPV_1 = \dfrac{(100-95)}{(1+0.3)} = 3.85$

- 개시 시점을 2년 연기할 경우 : $NPV_2 = \dfrac{(100-90)}{(1+0.3)^2} = 5.92$

- 개시 시점을 3년 연기할 경우 : $NPV_3 = \dfrac{(100-88)}{(1+0.3)^3} = 5.46$

위에서 추정한 사업 개시 시점별 투자안의 NPV를 고려할 때, 최적의 사업 개시 시점은 지금부터 2년 연기할 경우이며, 연기옵션의 가치는 5.92억 원이다.

$$연기옵션의\ 가치 = 연기옵션\ 투자안의\ NPV - 기존\ 투자안의\ NPV$$

$$= 5.92 - 0 = 5.92$$

따라서, 정답은 ②이다.

문제 36 ㈜대한은 새로운 투자안에 소요되는 자금 3.21억 원을 조달하기 위해 주당 8,560원에 주주배정 유상증자를 실시하려고 한다. 기발행 주식 수는 300,000주이며, 주주배정 유상증자 직전 주가는 주당 10,000원이다. 기존 주주는 보유 주식 1주당 한 개의 신주인수권을 갖고 있다. 다음 설명 중 가장 적절하지 **않은** 것은? (2011년)

① 신주 1주를 구입하기 위해 필요한 신주인수권의 수는 8개이다.
② 기존 주주가 보유한 신주인수권의 가치는 160원이다.
③ 신주발행 후 이론 주가는 9,840원이다.
④ 구주 160주를 가진 주주가 신주인수권 행사를 위해 필요한 금액은 153,120원이다.
⑤ 구주 160주를 가진 주주의 신주인수권 행사 후 보유 주식의 가치는 1,771,200원이다.

정답: ④

〈해설〉 이 문제는 기존 주주에게 소유 지분 비례대로 배정되는 주주배정 유상증자에서 콜옵션의 일종인 신주인수권(warrants)에 관한 문제이다. 각 문항에서 신주인수권의 특성을 적절하게 설명하고 있는지를 문항별로 확인해 보자. 먼저, 신주발행수(N_w), 유상증자비율(α), 권리락주가(P_X) 및 신주인수권의 이론적 가격(w_T) 등을 추정한 결과는 다음과 같다.

- $N_w = \dfrac{3.21\,(\text{억 원})}{8,560\,(\text{원})} = 37,500\,(\text{주})$; $\alpha = \dfrac{37,500}{300,000} = 0.125$

- 권리락주가$(P_X) = \dfrac{\text{권리부주가}(P) + \text{신주발행가}(P_N) \times \alpha}{(1+\alpha)}$

$$= \dfrac{10,000 + 8,560 \times 0.125}{(1+0.125)} = 9,840\,(\text{원})$$

- $w_T = Max[\text{권리락주가}(P_X) - \text{신주발행가}(P_N), 0] \times \alpha$

$$= (9,840 - 8,560) \times 0.125 = 160\,(\text{원})$$

① 적절한 설명이다. 유상증자비율(α)이 0.125이므로 신주 1주를 구입에 필요한 신주인수권의 수는 8개이다.

② 적절한 설명이다. 기존 주주가 보유한 신주인수권의 가치(w_T)는 160원이다.

③ 적절한 설명이다. 신주발행 후 이론 주가인 권리락주가(P_X)는 9,840원이다.

④ 적절치 않은 설명이다. 구주 160주를 가진 주주가 신주인수권 행사를 위해 필요한 투자액(S_N)은 153,120원이 아닌 171,200원이다.

$$S_N = 보유주식수 \times \alpha \times P_N = 160 \times 0.125 \times 8,560 = 171,200 \, (원)$$

⑤ 적절한 설명이다. 구주 160주를 가진 주주의 신주인수권 행사 후 보유 주식의 가치(S)는 1,771,200원이다.

$$S = (기존 보유 주식수 + 인수한 신주수) \times 권리락주가(P_X)$$

$$= (160 + 160 \times 0.125) \times 9,840 = 1,771,200 \, (원)$$

따라서, 정답은 ④이다.

문제 37 자본금이 액면가 500원인 보통주 10,000주로 구성되어 있고, 주가가 주당 2,500원인 ㈜도고는 기존의 사업을 확장하는 데 필요한 500만 원을 유상증자를 통해 조달하려고 한다. 우리사주조합에서는 신주발행 물량의 일부를 할인된 가격에 배정해줄 것을 회사에 요청했지만 신주인수권은 모두 기존 주주에게 소유 지분 비례대로 배정될 것이다. 신주인수권은 주식과 분리되어 시장에서 별도로 거래된다. 신주의 발행가격이 주당 2,000원으로 결정되고, 신주인수권의 가격이 100원인 경우 다음의 설명 중 옳은 것은? (단, 유상증자와 관련된 모든 비용은 무시하고, 기존 주주들이 신주 인수에 필요한 자금을 조달하는 데는 아무런 제약이 없다고 가정한다.) (2003년)

① 기존 주주의 기업지배권을 보호하기 위해 제도적으로 기존 주주가 아닌 제3자에게는 신주인수권을 배정할 수 없다.
② 신주의 발행가격이 주가(시장가격)보다 낮게 책정되었으므로 주주들은 배정된 신주인수권을 행사하여 발행 주식을 모두 인수하는 것이 유리하다.
③ 기업지배권을 고려하지 않고 투자수익만을 생각한다면 주주들은 발행 주식을 인수하는 대신 신주인수권을 직접 매각하는 것이 유리하다.
④ 기존 주주들이 배정된 신주발행 물량을 모두 인수한다면 발행가격은 주주들의 부에 아무런 영향을 미치지 않는다.
⑤ 기존 주주들이 신주를 모두 인수하더라도 유상증자 후 EPS의 감소와 주가 하락으로 주주의 부는 감소한다.

정답: ④

〈해설〉 이 문제는 기존 주주에게 소유 지분 비례대로 배정되는 주주배정 유상증자에서 콜옵션의 일종인 신주인수권(warrants)에 관한 문제이다. 앞의 문제 36과 매우 유사한 문제이므로 우선 신주인수권의 가격이 이론적 가격(w_T)과 일치하는지를 확인한다. 아래 식과 같이 구주 1주에 배정된 신주인수권의 가격 100원이 이론적 가격과 정확히 일치한다. 각 문항에서 신주인수권의 특성을 적절하게 설명하고 있는지를 문항별로 확인해 보자.

- 신주발행수 $= \dfrac{5,000,000}{2,000} = 2,500$

- 유상증자비율 $(\alpha) = \dfrac{2,500}{10,000} = 0.25$

- 권리락주가 $(P_X) = \dfrac{\text{권리부주가}(P) + \text{신주발행가}(P_N) \times \alpha}{(1+\alpha)}$

$$= \dfrac{2,500 + 2,000 \times 0.25}{(1+0.25)} = 2,400\,(원)$$

- $w_T = Max[\text{권리락주가}(P_X) - \text{신주발행가}(P_N), 0] \times \alpha$

$$= (2,400 - 2,000) \times 0.25 = 100\,(원)$$

① 적절치 않은 설명이다. 유상증자 시 신주인수권 배정방식으로는 크게 주주배정방식과 일반공모방식 및 제3자 배정방식으로 나눈다. 따라서 기존 주주가 아닌 회사의 임원, 거래처, 종업원 등 회사와 특별한 관계가 있는 이들에게 신주인수권을 부여하는 방식인 제3자 배정방식이 허용된다.

②, ③ 적절치 않은 설명이다. 신주인수권 가격이 이론적 가격과 일치하므로 주주 입장에서 이를 직접 행사하여 신주를 인수하는 것과 그렇지 않고 이를 시장에 매각하는 것은 주주 부의 관점에서 무차별하다. 따라서 어느 것이 더 유리하다고 말할 수 없다.

④ 적절한 설명이다. 기존 주주들이 배정된 신주발행 물량을 모두 인수한다면 발행가격은 주주들의 부에 아무런 영향을 미치지 않는다. 왜냐하면, 저가발행의 경우에 주당 가격은 낮아지지만 주주의 기존 투자액과 신주 인수를 위한 신규 투자액의 합은 유상증자 이후의 보유 주식의 총가치와 일치하기 때문이다.

⑤ 적절치 않은 설명이다. 유상증자 후 EPS가 감소하고 주가도 하락하지만 앞의 문항 ④에서 설명한 바와 같은 논리로 주주의 부는 변하지 않는다.

따라서, 정답은 ④이다.

9

선물과 스왑

9.1 선물의 가치평가

문제 1 ㈜베타의 현재 주가는 10,000원이다. 이 주식을 기초자산으로 하며 만기가 6개월인 선물이 선물시장에서 11,000원에 거래되고 있다. 이 기업은 앞으로 6개월간 배당을 지급하지 않으며 현물 및 선물의 거래에 따른 거래비용은 없다고 가정한다. 무위험이자율인 연 10%로 대출과 차입이 가능할 때 차익거래에 관한 다음의 설명 중 옳은 것은? (2008년)

① [주식공매+대출+선물매입] 전략을 이용해 차익거래이익을 얻을 수 있다.
② [주식공매+차입+선물매입] 전략을 이용해 차익거래이익을 얻을 수 있다.
③ [주식매입+대출+선물매도] 전략을 이용해 차익거래이익을 얻을 수 있다.
④ [주식매입+차입+선물매도] 전략을 이용해 차익거래이익을 얻을 수 있다.
⑤ 차익거래 기회가 없다.

정답: ④

〈해설〉 이 문제는 개별 주식 선물의 이론적 가치와 차익거래에 관한 문제이다. 문제에서 주어진 정보를 활용하여 무배당 주식을 기초자산으로 하며 만기가 6개월인 선물의 이론적 가치를 계산하면 다음과 같이 10,500원이어야 한다.

$$F = S[1 + (r_f - d) \times \frac{t}{12}] = 10,000[1 + (0.1 - 0)\frac{6}{12}] = 10,500$$

그러나 현재 선물가격은 11,000원이므로 결과적으로 고평가되어 있다고 볼 수 있다. 이것은 곧 고평가되어 있는 선물을 매도하고, 저평가된 주식을 매입하며 이에 대한 구입대금은 차입으로 충당할 경우, 즉 매수차익거래를 통해 아래 표에서처럼 6개월 후에 약 500원의 차익거래 이익을 실현할 수 있다. 표에서 S_T은 6개월 후 선물 만기일에서의 기초자산인 주식의 시장가격을 의미한다.

거래 내용	현재($t=0$)의 현금흐름	만기일($t=T$)에서의 현금흐름
선물 1계약 매도	0	$-(S_T - 11,000)$
주식 1주 매입	$-10,000$	S_T
차 입	10,000	$-10,000 \times (1 + 0.1/2)$
합 계	0	500

따라서, 정답은 ④이다.

문제 2 펀드 매니저 A는 10억 원 규모로 KOSPI 200 지수와 상관계수가 1인 주식 인덱스펀드(index fund)를 6개월간 구성하여 운영하려고 한다. 그러나 인덱스펀드의 관리에 어려움을 경험한 펀드 매니저 B는 인덱스펀드 대신 만기까지 6개월 남은 KOSPI 200 지수선물 20계약과, 연 수익률 6%이고 6개월 만기인 채권을 10억 원 매입하였다. 두 펀드 매니저의 펀드 운용 결과가 향후 시장의 등락에 관계없이 동일하려면 B는 얼마의 가격에 선물을 매입하여야 하는가? (수수료 및 증거금을 포함한 거래비용은 없으며 채권은 무위험으로 가정함) (2002년)

> KOSPI 200 지수=100 pt., 무위험금리=연 6%
> 지수종목주식 기대배당수익률=연 4%, 선물승수=50만 원/pt.

① 97 pt.   ② 99 pt.   ③ 101 pt.   ④ 103 pt.   ⑤ 105 pt.

정답: ③

〈해설〉 이 문제는 이론적 선물가격의 결정에 관한 문제이다. 펀드 매니저 B가 운영하려는 포트폴리오인 지수선물과 무위험채권의 매입포지션은 기본적으로 펀드 매니저 A가 운영하려는 것은 주식 인덱스펀드(index fund) 매입포지션을 복제할 수 있다. 왜냐하면 선물과 현물, 무위험채권과의 사이에는 다음 관계가 성립하기 때문이다.

선물(F) = 현물(S) − 무위험채권(B) → 현물(S) = 선물(F) + 무위험채권(B)

그런데 두 펀드 매니저의 펀드 운용 결과가 동일하려면 펀드 매니저 B가 매입하는 지수선물의 가격(F)이 이론적 가격과 일치해야 한다 (단, 아래 식에서 r_f와 d, t는 각각 연간 무위험이자율과 기대배당수익률 및 잔여 만기를 의미한다).

$$F = S[1 + (r_f - d) \times \frac{t}{12}] = 100[1 + (0.06 - 0.04)\frac{6}{12}] = 101$$

따라서, 정답은 ③이다.

문제 3 현재 KOSPI 200 지수는 75.00포인트이고, 만기 3개월물 KOSPI 200 선물지수는 76.00포인트에 거래되고 있다. KOSPI 200 지수를 구성하는 주식들의 평균배당수익률은 연 4%이고, 무위험이자율은 8%이다. 이런 시장 상황에서 지수차익거래가 가능한가? 가능하다면 차익거래의 결과 어떠한 변화가 예상되는가? (차익거래와 관련된 모든 거래비용은 무시하기로 한다.) (2003년)

① 차익거래가 불가능하다.
② 차익거래에 의해 KOSPI 200 지수와 3개월물 KOSPI 200 선물가격이 상승한다.
③ 차익거래에 의해 KOSPI 200 지수가 상승하고, 3개월물 KOSPI 200 선물가격이 하락한다.
④ 차익거래에 의해 KOSPI 200 지수와 3개월물 KOSPI 200 선물가격이 하락한다.
⑤ 차익거래에 의해 KOSPI 200 지수가 하락하고, 3개월물 KOSPI 200 선물가격이 상승한다.

정답: ③

〈해설〉 이 문제는 주가지수선물의 이론적 가치와 차익거래에 관한 문제이다. KOSPI 200 지수선물의 이론적 가치를 계산하면 75.75포인트이다.

$$F = S[1 + (r_f - d) \times \frac{t}{12}] = 75[1 + (0.08 - 0.04)\frac{3}{12}] = 75.75$$

그러나 현재 선물시장에서 만기 3개월물 KOSPI 200 선물지수는 76.00포인트에 거래되고 있으므로 결과적으로 선물지수가 현물지수에 비해 고평가되어 있다고 볼 수 있다. 이것은 곧 고평가되어 있는 지수선물을 매도하고, 저평가된 KOSPI 200 지수를 그대로 따르는 복제포트폴리오를 매입하고 이에 대한 구입대금은 차입으로 충당할 경우 (매수차익거래) 차익거래 이익을 실현할 수 있다. 이러한 선물매도와 현물매입에 의한 차익거래를 통해 KOSPI 200 선물가격은 하락하고 KOSPI 200 지수는 상승함으로써 시장은 균형을 이루게 된다.

따라서, 정답은 ③이다.

문제 4　배당을 지급하지 않는 주식의 주가를 기초자산으로 하는 선물 (futures)에 대한 다음 주장 중 **이론적으로 설명이 가능한 주장의 개수**를 골라라. 단, 1)선물가격은 현물과 선물을 이용한 차익거래가 불가능한 이론가격(no arbitrage price)을 충실히 따르고, 2)아직 선물의 만기 시점이 도래하지 않았으며, 3)"시간의 경과"는 선물 잔존만기가 짧아짐을 의미한다. (2009년)

> a. 시간이 경과함에 따라 기초자산의 가격이 상승하고 선물가격도 상승할 수 있다.
> b. 시간이 경과함에 따라 기초자산의 가격이 상승하고 선물가격은 하락할 수 있다.
> c. 시간이 경과함에 따라 기초자산의 가격이 하락하고 선물가격은 상승할 수 있다.
> d. 시간이 경과함에 따라 기초자산의 가격이 하락하고 선물가격도 하락할 수 있다.
> e. 시간이 경과함에 따라 기초자산의 가격이 불변이고 선물가격은 상승할 수 있다.

① 1개　　② 2개　　③ 3개　　④ 4개　　⑤ 5개

정답: ③ 혹은 ⑤

〈해설〉 이 문제는 무배당 주식의 주가를 기초자산으로 하는 선물에 있어서 잔존만기와 기초자산의 가격이 선물가격에 미치는 영향에 관한 문제이다. 무배당 주식의 주가를 기초자산으로 하는 선물에 있어서 가격결정요인은 기초자산, 무위험이자율, 잔존만기 등 3개이다. 일반적으로 이러한 가격결정요인이 변화할 때 그것이 선물가격에 어떤 영향을 미치는지에 대해 묻는 문제에서는 반드시 해당 요인 이외의 "다른 요인들은 모두 일정하다(ceteris paribus, 혹은 all other things being equal)"라는 가정이 붙는다. 만약 다른 요인은 모두 일정하다는 가정하에서 잔존만기와 기초자산의 가격만이 변화할 경우 위의 항목 중 이론적으로 설명이 가능한 주장은 a, b, d 등 3개이다.

　　그러나 이 문제에서 "다른 요인들은 모두 일정하다"라는 필수적인 가정을 하지 않음으로써(출제 오류라고 생각됨) 시간이 경과해 선물의 잔존만기가 짧아지고 기초자산의 가격이 변화하더라도 또 다른 요인인 무위험이자율의 영향으로 선물의 가격은 상승과 하락이 모두 가능하므로 결과적으로 5개 항목의 모든 주장이 이론적으로 설명이 가능하다.

따라서, 정답은 ③ 혹은 ⑤이다.

문제 5 차익거래(arbitrage)에 관한 다음의 설명 중 가장 적절하지 **않은** 것은? (단, 매도포지션을 취하는데 제약이 없으며 거래비용은 없다고 가정한다.) (2010년)

① 현물환 시장에서, 1달러는 1,200원, 100엔은 1,140원, 100엔은 0.95달러의 환율이 형성되어 있다면 차익거래는 가능하지 않다.

② 1년 만기 무이표채의 가격이 원금의 92%이고 2년 만기 무이표채의 가격이 원금의 87%인 경우 액면이자율이 8%이고 원금이 10,000원이며 만기가 2년인 이표채(연 1회 이자 지급)의 무차익 가격은 10,132원이다.

③ 주식의 가격이 10,000원이고 6개월 후에 400원의 배당이 지급될 예정이다. 만기가 1년인 주식선물의 가격이 10,100원이면 선물계약이 과대평가되었으므로 차익거래가 가능하다. 단, 무위험이자율은 연 5%이다.

④ 행사가격이 K_1, K_2, K_3이고 $K_3 - K_2 = K_2 - K_1$이 성립하는 경우, 풋옵션의 가격이 각각 800원, 1,300원, 1,700원이면, 차익거래전략은 행사가격이 K_1인 풋옵션 1개 매입, 행사가격이 K_3인 풋옵션 1개 매입, 그리고 행사가격이 K_2인 풋옵션 2개를 매도하는 것이다. 여기서 풋옵션은 기초자산과 만기가 동일한 유럽형이다.

⑤ 1년과 2년 만기 현물이자율이 각각 6%와 7%이다. 만일 1년 후부터 시작하는 1년 동안 7.5%의 이자율로 차입할 수 있다면 차익거래자는 1년 만기 무이표채를 매입하고 2년 만기 무이표채를 공매도하여 무위험 이익을 얻을 수 있다.

정답: ⑤

〈해설〉 이 문제는 채권, 선물과 옵션 등 다양한 증권의 가치와 차익거래 기회에 관한 문제이다. 문제에 주어진 정보를 활용하여 각 문항별로 설명의 적절성 여부를 판단해 보자.

① 적절한 설명이다. 다음 관계식에서처럼 어느 통화도 과대 혹은 과소평가된 것이 없으므로 차익거래는 불가능하다.

- 100엔 $= 1,140$원 $= (1,140/1,200)\$ = 0.95\$$

- $1\$ = 100$엔$/0.95 = 1,140$원$/0.95 = 1,200$원

② 적절한 설명이다. 액면이자율이 8%이고 원금이 10,000원이며 만기가 2년인 이표채(연 1회 이자 지급)의 무차익 가격은 다음 식과 같이 정확히 10,132원이다.

- $P_1 = 0.92F = \dfrac{F}{(1+r_1)} \rightarrow \dfrac{1}{(1+r_1)} = 0.92$

- $P_2 = 0.87F = \dfrac{F}{(1+r_2)^2} \rightarrow \dfrac{1}{(1+r_2)^2} = 0.87$

- $P_3 = \dfrac{C}{(1+r_1)} + \dfrac{C+F}{(1+r_2)^2} = \dfrac{800}{(1+r_1)} + \dfrac{10,800}{(1+r_2)^2}$

  $= 800 \times 0.92 + 10,800 \times 0.87 = 10,132$

③ 적절한 설명이다. 만기가 1년인 주식선물의 이론적 가격은 다음 식과 같이 10,090원이므로, 현재 주식선물의 시장가격 10,100원은 과대평가되었다.

$$F = S(1+r_f) - D_1$$

$$= 10,000(1+0.05) - 400(1+0.05 \times 6/12) = 10,090$$

④ 적절한 설명이다. 풋(K_1)과 풋(K_3)를 각각 1개 매입, 그리고 풋(K_2) 2개를 매도하는 나비스프레드(butterfly spread) 차익거래전략을 시도할 경우 다음 표에서와 같이 현재 시점에 100원의 차익거래이익이 발생하며, 만기일에도 최소 0원 이상의 만기가치가 발생한다.

포트폴리오	현재의 현금흐름	만기일에서의 현금흐름			
		$S_T < K_1$	$K_1 \le S_T < K_2$	$K_2 \le S_T < K_3$	$S_T \ge K_3$
풋(K_1) 1개 매입	-800	$K_1 - S_T$	0	0	0
풋(K_2) 2개 매도	$2,600$	$-2(K_2 - S_T)$	$-2(K_2 - S_T)$	0	0
풋(K_3) 1개 매입	$-1,700$	$K_3 - S_T$	$K_3 - S_T$	$K_3 - S_T$	0
합 계	100	$K_1 - 2K_2 + K_3$ $(=0)$	$S_T - 2K_2 + K_3$ (>0)	$K_3 - S_T$ (>0)	0

⑤ 적절치 않은 설명이다. 1년과 2년 만기 현물이자율은 균형상태 하에서 다음 관계를 만족해야 한다: $(1+r_2)^2 = (1+r_1)(1+{}_1f_2)$. 그런데, 문제에서 아래 식에서처럼 1년 만기 현물이자율 r_1이 2년 만기 현물이자율 r_2에 비해 상대적으로 낮다. 이것은 곧 1년 만기 무이표채는 과대평가되어 있으며, 반대로 2년 만기 무이표채는 과소평가되어 있다는 것을 의미한다.

$$(1+r_2)^2 (=1.07^2) > (1+r_1)(1+{}_1f_2)(=1.06 \times 1.075)$$

그러므로 1년 만기 무이표채를 매도하고 2년 만기 무이표채를 매입하는 전략을 선택하면 차익거래이익을 얻을 수 있다.

따라서, 정답은 ⑤이다.

문제 6 동일한 수익구조를 만들어내는 복제포트폴리오의 구성 방법 중 옳은 항목만을 **모두** 모은 것은? (2010년)

> a. 미 달러화 선물환 매도=원화채권 매입+현물환 매도
>   +미 달러채권 매도
> b. 채권 매입=선물 매도+기초자산 매입
> c. 주식 공매=채권 매도+콜옵션 매도+풋옵션 매입

① a, b, c   ② b, c   ③ a, c   ④ c   ⑤ a, b

정답: ①

〈해설〉 이 문제는 선물과 옵션의 성과와 동일한 현금흐름을 가져다주는 복제 포트폴리오의 구성 방법에 대해 묻는 문제이다. 먼저, 문제에서 주어진 세 유형의 복제 포트폴리오의 구성 방법이 적절한지를 각 항목별로 확인해 보자.

a. 미 달러화 선물환 매도=원화채권 매입+현물환 매도+미 달러채권 매도

미 달러화 선물환 매도와 동일한 수익구조를 만드는 복제 포트폴리오로서 우변의 〈원화채권 매입+현물환 매도+미 달러채권 매도〉 포트폴리오가 적절한지를 간단한 시나리오를 활용해 판단해 보자. 예를 들어, 한국의 반도체기업인 W기업이 반도체를 수출해 수출대금으로 미국의 D기업으로부터 앞으로 3개월 후에 $2,500만의 달러화를 받을 예정이다. 그런데, 한국 W기업의 CFO는 3개월 후에 달러화 환율(KRW/$)이 하락할 위험, 즉 달러화 약세 위험에 대비한 헤지전략으로 우선적으로 만기 3개월 미 달러화 선물을 매도하는 방안을 고려할 수 있다. 왜냐하면, 만약 한국의 W기업이 미국의 D기업으로부터 앞으로 3개월 후에 $2,500만의 달러화를 수령할 시점에 실제로 달러화 환율이 하락할 경우 이를 한국 현물 외환시장에서 원화로 환전하면서 손실이 발생하지만 반면에 선물시장의 매도 포지션에서 이익을 얻을 수 있으므로 적절한 헤지전략이 될 수 있다.

한편, 한국 W기업의 CFO로서는 헤지전략으로 선물환 매도와 동일

한 효과를 얻을 수 있는 다음의 대체 헤지전략도 고려해 볼 수 있다:

1. 한국의 W기업은 지금 즉시 미국 지사를 통해 미국 현지의 A은행으로부터 3개월 후에 이자를 포함한 대출 상환액이 약 $2,500만에 이르는 달러화를 상환할 조건으로 차입을 한다(미 달러채권 매도).
2. 미국 은행으로부터 차입한 달러화를 즉시 한국 현물 외환시장에서 원화로 환전한 다음(현물환 매도), 이 원화자금으로 한국 증권시장에서 원화 표시 채권을 매입한다(원화채권 매입).
3. 3개월 후 한국의 W기업은 미국의 D기업으로부터 받은 수출대금 $2,500만을 가지고 미국의 A은행으로부터 빌린 달러화 대출금을 전액 상환한다.

이처럼 〈미 달러채권 매도(차입)+현물환 매도+원화채권 매입〉 포트폴리오는 〈미 달러화 선물환 매도〉를 복제할 수 있다는 설명은 적절하다.

b. 채권 매입=선물 매도+기초자산 매입

기본적으로 기초자산 매입과 채권 매도(차입)로 구성된 포트폴리오는 선물매입의 현금흐름을 복제할 수 있다. 즉 〈선물 매입=기초자산 매입+채권 매도〉가 성립한다. 이에 따라 〈채권 매입=선물 매도+기초자산 매입〉은 적절한 설명이다.

c. 주식 공매=채권 매도+콜옵션 매도+풋옵션 매입

다음의 풋-콜 패러티(put-call parity)에 의해 〈주식 공매=채권 매도+콜옵션 매도+풋옵션 매입〉이 성립한다.

$$P = C - S + \frac{X}{(1+r_f)^T} \; \rightarrow \; -S = -\frac{X}{(1+r_f)^T} - C + P$$

따라서, 정답은 ①이다.

문제 7 외환시장에서 1년 후 유로화의 현물환율이 1유로당 1,900원으로 상승하거나 1,500원으로 하락하는 두 가지 경우만 존재한다고 가정하자. 잔존만기가 1년인 유로 선물환율은 현재 1유로당 1,800원에 거래되고 있다. 다음 중 적절하지 <u>않은</u> 것은? (단, 유로 옵션은 유럽형이고 잔존만기가 1년이며, 시장은 완전하고 차익거래의 기회가 없다고 가정한다.) (2018년)

① 국내시장의 무위험이자율이 EU시장의 무위험이자율보다 크다.
② 유로화의 현물환율이 1년 후 1,900원으로 상승할 위험중립확률은 0.75이다.
③ 행사가격이 1,800원인 유로콜의 가격은 동일 행사가격의 유로풋 가격과 같다.
④ 행사가격이 1,600원인 유로콜의 가격은 동일 행사가격의 유로풋 가격보다 크다.
⑤ 국내시장의 무위험이자율이 10%일 때, 행사가격이 1,570원인 유로콜의 1기간 이항모형가격은 225원이다.

정답: ①

〈해설〉 이 문제는 통화 선물과 옵션의 가치평가에 관한 문제이다. 문제에 주어진 정보를 활용하여 각 문항별로 설명의 적절성 여부를 판단해 보자.

① 적절치 않은 설명이다. 이론적으로 현재 시점의 유로 선물환율(F)은 다음 식과 같이 유로 현물환율(S)과 국내시장의 무위험이자율(r_K), EU시장의 무위험이자율(r_E) 등과의 함수 관계로 나타낼 수 있다.

$$F = S(\frac{1 + r_K}{1 + r_E})$$

그런데, 문제에서 유로 현물환율(S)의 정확한 값을 추정할 수 있는 정보는 없으며, 단지 그 범위는 1,900원보다 작고 1,500원보다는 큰 사이의 값을 가진다는 정보만 주어져 있다. 따라서 국내시장의 무위험이자율(r_K)과 EU시장의 무위험이자율(r_E)의 상대적 크기는 다음 식과 같이 0.95와 1.20 범위에 있어 1보다 클 수도, 같을 수도, 작을 수도 있다.

- $F = 1{,}800, \quad 1{,}500 < S < 1{,}900$

- $\dfrac{1{,}800}{1{,}900} < \dfrac{F}{S} = \dfrac{1+r_K}{1+r_E} < \dfrac{1{,}800}{1{,}500} \rightarrow 0.95 < \dfrac{F}{S} = \dfrac{1+r_K}{1+r_E} < 1.20$

② 적절한 설명이다. 1년 후 유로 선물환율의 만기일에는 유로화의 현물환율(S_1)과 선물환율(F_1)이 동일한 값을 가진다. 만약 1년 후 유로화의 현물환율이 1,900원으로 상승할 경우($S_1 = uS$) 유로화의 선물환율(F_{1u})도 1,900원이 되며, 유로화의 현물환율(S_1)이 1,500원으로 하락할 경우($S_1 = dS$) 유로화의 선물환율(F_{1d})도 1,500원이 될 것이다. 1년 후 유로화 현물환율이 1,900원으로 상승할 위험중립확률을 p라고 하면 현시점의 선물환율(F)과 만기일에서의 기대선물환율[$E(F_1)$]은 다음 식과 같이 동일해야 하므로 위험중립확률 p는 0.75이다.

$$F = E(F_1) = p \times F_{1u} + (1-p) \times F_{1d} = 1{,}800$$

$$p \times 1{,}900 + (1-p) \times 1{,}500 = 1{,}800 \rightarrow p = 0.75$$

위 식에서 유의할 점은 옵션의 이항모형과는 달리 현시점에서의 선물환율(F)을 구하기 위해 위험중립확률 p를 이용하여 추정한 만기일에서의 기대선물환율[$E(F_1)$]을 무위험이자율로 할인하지 않는다. 왜냐하면 기본적으로 선물과 선도계약은 옵션과는 달리 현재 시점에서 현금흐름이 발생하지 않고 만기일에 기초자산의 인도와 현금 지급이 이루어지기 때문이다.

③ 적절한 설명이다. 콜과 풋의 행사가격(X)이 1,800원으로 유로선물가격(F)과 같을 경우 다음의 통화옵션(options on foreign currency)의 풋-콜 패러티에 의해 $C = P$ 가 성립한다. 즉 이 경우 유로콜의 가격은 동일 행사가격의 유로풋 가격과 같다.

$$F = X \rightarrow C - P = \frac{F - X}{(1 + r_K)} = 0 \rightarrow C = P$$

④ 적절한 설명이다. 유로콜과 풋의 행사가격이 1,600원일 경우, 즉 $F > X$일 경우에는 앞 문항 ③에서 제시한 통화옵션의 풋-콜 패러티에 의해 $C > P$ 가 된다.

⑤ 적절한 설명이다. 국내시장의 무위험이자율이 10%, 행사가격(X)이 1,570원, 유로환율이 상승할 위험중립확률 p가 0.75(문항 ②의 해설 참고)일 때 유로콜의 1기간 이항모형가격은 다음 식과 같이 225원이다.

- $C_u = Max[uS - X, 0] = Max[1,900 - 1,570, 0] = 330$

  $C_d = Max[dS - X, 0] = Max[1,500 - 1,570, 0] = 0$

- $C = \frac{p\,C_u + (1 - p)\,C_d}{(1 + r_K)} = \frac{(0.75)(330) + (0.25)(0)}{(1 + 0.1)} = 225$

따라서, 정답은 ①이다.

문제 8 배당을 지급하지 않는 주식 A의 현재 가격은 10달러이다. 현재 환율은 1달러 당 1,100원이고, 달러화에 대한 무위험이자율은 1%이며, 원화에 대한 무위험이자율은 3%이다. 주식 A를 1년 후에 원화로 구입하는 선도계약이 가능할 때, 선도가격에 가장 가까운 것은? 단, 무위험이자율로 차입과 대출이 가능하고, 공매도가 허용되며, 거래비용과 차익거래 기회가 없다. (2021년)

① 10,786원   ② 11,000원   ③ 11,110원
④ 11,330원   ⑤ 11,443원

정답: ④

〈해설〉 이 문제는 주식선물의 이론적 가격을 구하는 문제이다. 이 문제의 핵심은 선도계약의 기초자산이 외화(foreign exchange)가 아닌 주식이라는 점이다. 그러므로 달러화 주식을 원화로 구입하는 선도계약의 가격을 결정하는 데에 있어서도 통화선물의 가격결정모형을 사용해서는 안 되며 반드시 주식선물의 가격결정모형을 이용해야 한다. 먼저, 문제에서 주어진 달러화 환율을 이용하여 무배당 주식 A의 현재 원화 가격을 구하면 다음과 같다.

$$S = \$10 \times (1,100원/\$) = 11,000 \,(원)$$

주식 A를 1년 후에 원화로 구입하는 선도계약이 가능할 때, 무배당 주식 A의 원화 선도가격은 다음과 같이 무배당 주식선물의 이론적 가격결정모형을 사용하여 추정하여야 한다. 단 아래 식에서 r_K는 원화에 대한 무위험이자율을, t는 만기일까지의 기간이다.

$$F = S(1 + r_K)^t = 11,000\,(1 + 0.03) = 11,330 \,(원)$$

따라서, 정답은 ④이다.

9.2 선물거래와 헤징

문제 9 선물을 이용한 다음의 헤지거래 중 가장 <u>잘못된</u> 것은? (2000년)

① 1개월 후에 자금을 차입하려고 하는 기업이 금리선물을 매입하였다.

② 인덱스펀드(index fund)를 보유한 투자자가 주가지수선물을 매도하였다.

③ 2개월 후에 상대국 통화로 수출대금을 수취하게 되는 수출업자가 상대국 통화선물을 매도하였다.

④ 3개월 후에 채권을 매입하려고 하는 투자자가 금리선물을 매입하였다.

⑤ 보유현물과 동일하지 않으나 정(+)의 상관계수가 큰 선물을 매도하였다.

정답: ①

〈해설〉 이 문제는 선물을 이용한 헤지거래에 관해 묻는 문제이다. 각 문항의 선물 헤지거래의 적절성을 문항별로 확인해 보자.

① 적절치 않은 설명이다. 1개월 후에 자금을 차입하려고 하는 기업의 경우 차입 시점에 현재보다 금리가 상승할 위험을 고려해야 한다. 따라서 이 기업이 1개월 후 금리상승 위험을 헤지하기 위해서는 금리 상승(채권 가격 하락)으로 이익을 볼 수 있는 선물거래인 금리선물을 <u>매도</u>해야 한다.

② 적절한 설명이다. 현재 인덱스펀드를 보유한 투자자에게 예상되는 위험은 미래 주가지수가 하락하는 것이다. 따라서 헤지전략은 주가지수의 하락으로 이익을 얻을 수 있는 선물거래로 주가지수선물을 매도하는 것이다.

③ 적절한 설명이다. 2개월 후에 상대국 통화로 수출대금을 수취하게 되는 수출업자가 우려해야 할 위험은 2개월 후 현물환 시장에서 상대국 통화의 환율이 하락하는 것이다. 따라서 헤지전략은 2개월 후 환율 하락으로 이득을 얻을 수 있는 선물거래로 상대국 통화선

물을 매도하는 것이다.

④ 적절한 설명이다. 3개월 후에 채권을 매입하려고 하는 투자자가 헤지해야 할 위험은 3개월 후 채권 매입 시점에서의 현물 채권 가격의 상승이다. 따라서 필요한 헤지전략은 3개월 후에 채권 가격이 상승할 경우 이익이 발생하는 선물거래로 금리선물을 매입하는 것이다.

⑤ 적절한 설명이다. 현물을 보유하고 있을 경우 위험은 앞으로 현물가격이 하락할 경우이다. 따라서 헤지전략은 보유 현물가격이 하락할 경우 이익을 볼 수 있는 선물거래로서 보유 현물과 동일하지 않더라고 정(+)의 상관계수가 큰 선물을 매도하는 교차헤지도 고려해 볼 수 있다.

따라서, 정답은 ①이다.

문제 10 펀드 매니저 K는 1,000억 원 규모의 주식 포트폴리오에 대해 1년간 관리하는 임무를 부여받았다. 현재 이 주식 포트폴리오의 베타는 1.5 이다. K는 향후 약세장을 예상하고 주가지수선물을 이용하여 이 주식 포트폴리오의 베타를 1.0으로 줄이려고 한다. 1년 만기를 갖는 주가지수선물의 현재 지수가 80.0 포인트(1포인트당 50만 원)라고 할 때, 어떻게 해야 하는가? (2001년)

① 1,250계약 매입   ② 1,250계약 매도   ③ 2,500계약 매입
④ 2,500계약 매도   ⑤ 3,750계약 매입

정답: ②

〈해설〉 이 문제는 주가지수선물을 이용하여 시장 상황에 따라 주식 포트폴리오의 베타를 조정하는 방법에 관한 문제이다. 일반적으로 앞으로 시장 상황이 강세장으로 예상될 때에는 주가지수선물을 매입하여 주식 포트폴리오의 베타를 올리고, 약세장이 예상될 때에는 반대로 주가지수선물을 매도하여 주식 포트폴리오의 베타를 줄이는 것이 유리하다. 문제에서는 현재 주식 포트폴리오의 베타(β_S)가 1.5인데 주가지수선물을 매도해 현물 주식 포트폴리오와 주가지수선물로 구성된 헤지 포트폴리오의 베타(β_H)를 1.0으로 줄이려고 한다. 이때 매도해야 할 주가지수선물의 헤지비율(H), 즉 최소분산헤지에 필요한 계약 수는 다음과 같이 추정할 수 있다.

$$H = (\beta_H - \beta_S)\frac{S}{F} = (1.0 - 1.5)\frac{1{,}000\,(억원)}{80 \times 50(만원)} = -1{,}250$$

이것은 곧 주가지수선물 1,250계약을 매도함으로써 현물 주식 포트폴리오와 주가지수선물로 구성된 헤지포트폴리오의 베타(β_H)를 1.0으로 줄일 수 있음을 의미한다.

따라서, 정답은 ②이다.

문제 11 현재는 9월 30일이다. 한 달 후 A항공은 항공기 연료로 사용되는 100만 배럴의 제트유가 필요하며, 12월에 만기가 도래하는 난방유 선물을 이용하여 가격변동 위험을 헤지하기로 하였다. 분산으로 측정되는 헤지포지션의 위험을 최소화하기 위해 과거 24개월 동안의 역사적 자료를 이용하여 최소 분산헤지비율을 구하였다. 최소분산헤지비율을 계산하기 위해 월별 현물가격의 변화를 월별 선물가격의 변화에 대해 회귀분석한 결과의 일부를 다음의 표에 제시하였다. 난방유선물 1계약 단위가 42,000배럴일 때, A항공이 취해야 할 전략으로 가장 적절한 것은? (2012년)

	분산	표준편차	공분산	상관계수
선물가격변화율	0.00148	0.03841	0.00105	0.69458
현물가격변화율	0.00155	0.03936		

① 난방유선물 13계약 매입   ② 난방유선물 15계약 매도
③ 난방유선물 17계약 매입   ④ 난방유선물 19계약 매도
⑤ 난방유선물 21계약 매입

정답: ③

〈해설〉 이 문제는 선물을 이용한 헤지거래에 있어서 최소분산헤지비율(minimum variance hedge ratio)을 추정하는 문제이다. A항공은 한 달 후 100만 배럴의 제트유를 구입해야 하므로 이때 제트유 가격 상승 위험을 헤지하기 위해 3개월 후에 만기가 도래하는 난방유 선물을 매입하는 교차헤지 전략을 이용해야 한다. 먼저, 문제에서 주어진 회귀분석 결과를 이용하여 선물가격변화율에 대한 현물가격변화율의 민감도인 베타를 구하면 다음과 같다.

$$\beta_S = \frac{Cov(r_S, r_F)}{Var(r_F)} = \frac{0.00105}{0.00148} = 0.7095$$

위에서 구한 베타를 이용하여 최소분산헤지비율(H^*), 즉 최소분산헤지에 필요한 최적 계약 수를 구하면 다음과 같이 약 −17계약이다.

이것은 곧 제트유 가격 상승 위험을 헤지하기 위해 난방유 선물 17계약을 매입하는 교차헤지 전략을 선택해야 함을 의미한다.

$$H^* = -\frac{S}{F} \times \beta_S = -\frac{1,000,000}{42,000} \times 0.7095 = -16.89 \approx -17 \,(계약)$$

따라서, 정답은 ③이다.

문제 12 투자자 갑은 다음과 같은 주식 포트폴리오를 보유하고 있다.

주식	주당 주식가격	보유주식수	베타계수
A	20,000원	2,000주	1.5
B	40,000원	1,000주	1.2
C	10,000원	2,000주	0.8

이 포트폴리오를 현재 선물가격이 200포인트인 KOSPI 200 주가지수선물을 이용하여 헤지하고자 한다. 단순헤지비율(naive hedge ratio)을 이용해 100% 헤지하기 위한 선물계약 수와 최소분산헤지비율(minimum variance hedge ratio)을 이용하여 헤지하기 위한 선물계약 수를 계산하였다. 이때, 최소분산헤지비율에 의한 선물계약 수는 단순헤지비율에 의한 선물계약 수의 몇 배인가? 가장 가까운 것을 선택하라. (단, 단순헤지비율은 현물과 선물을 1:1 비율로 헤지하는 것으로 주식 포트폴리오의 시가총액을 주가지수선물 가치로 나눈 것이고, KOSPI200 주가지수선물의 거래승수는 1포인트당 50만 원이다.) (2013년)

① 0.8배   ② 0.9배   ③ 1.0배
④ 1.2배   ⑤ 1.5배

정답: ④

〈해설〉 이 문제는 최소분산헤지비율(minimum variance hedge ratio)을 이용하여 헤지에 필요한 최적 선물계약 수를 계산하는 문제이다. 먼저, 투자자 갑이 보유하고 있는 주식 포트폴리오의 시장가치와 베타를 계산하면 다음 표에서 제시한 바와 같이 각각 1억 원과 1.24이다.

주식	주당 주식가격	보유주식수	시장가치	비중	베타계수
A	20,000원	2,000주	4,000만원	0.4	1.5
B	40,000원	1,000주	4,000만원	0.4	1.2
C	10,000원	2,000주	2,000만원	0.2	0.8

$$\beta_S = 1.5 \times 0.4 + 1.2 \times 0.4 + 0.8 \times 0.2 = 1.24$$

이 정보를 이용하여 현물과 선물을 1:1 비율로 헤지하는 단순헤지비율(H)과 최소분산헤지비율(H^*)에 의한 선물계약 수를 추정하면 다음 식과 같다.

- $H = -\dfrac{S}{F} = -\dfrac{1\,(\text{억 원})}{200 \times 50\,(\text{만 원})} = -1\,(\text{계약})$

- $H^* = -\dfrac{S}{F} \times \beta_S = -\dfrac{1\,(\text{억 원})}{200 \times 50\,(\text{만 원})} \times 1.24 = -1.24\,(\text{계약})$

위의 추정 결과에 의하면, 최소분산헤지비율(H^*)에 의한 선물계약 수는 단순헤지비율(H)에 의한 선물계약 수의 1.24배이다.

따라서, 정답은 ④이다.

9.3 스왑(swap)

문제 10 스왑에 대한 다음 설명 중 가장 <u>잘못된</u> 것은? (2003년)

① 스왑은 두 거래 당사자 간 미래 현금흐름을 교환하는 계약으로 일련의 선도거래 또는 선물계약을 한 번에 체결하는 것과 유사한 효과를 갖는다.

② 스왑은 표준화된 상품인 선물, 옵션과 같이 거래소에서 거래되지 않고, 스왑딜러 및 브로커의 도움을 얻어 주로 장외에서 거래가 이루어진다.

③ 금리스왑은 미래 일정기간 동안 거래 당사자 간 명목원금에 대한 변동금리 이자와 고정금리 이자 금액만을 교환하는 거래로서 원금 교환은 이루어지지 않는다.

④ 통화스왑은 미래 일정기간 동안 거래 당사자 간 서로 다른 통화 표시 채무 원금에 대한 이자 금액만을 교환하는 거래로서 원금 교환은 이루어지지 않는다.

⑤ 스왑은 두 거래 당사자 간 필요에 따라 다양하게 설계될 수 있는 장점이 있어 금리 또는 환위험관리를 위해 적절하게 사용될 수 있다.

정답: ④

〈해설〉 이 문제는 금리 및 통화 스왑의 특성에 관해 묻는 문제이다. 이 문제의 핵심은 스왑의 주요 유형인 금리스왑과 통화스왑 간의 차이를 이해하고 있는지를 묻고 있다. 문항 ③에서 설명하고 있는 바와 같이, 금리스왑은 미래 일정기간 동안 거래당사자 간 명목원금에 대한 변동금리 이자와 고정금리 이자 금액만을 교환하는 거래로서 원금 교환은 이루어지지 않는다. 이에 반해, 통화스왑은 미래 일정기간 동안 거래 당사자 간 서로 다른 통화표시 채무 원금에 대한 이자뿐만 아니라 원금 교환도 함께 이루어진다는 점에서 금리스왑과 구분된다. 이처럼, 통화스왑에 관한 문항 ④의 설명은 옳지 않다.

따라서, 정답은 ④이다.

문제 11 기업 A, B는 국제금융시장에서 각각 다음과 같은 조건으로 자금을 차입할 수 있다. 은행이 기업 A와 B 사이에서 스왑을 중계하고자 한다. 은행이 기업 A에게 변동금리를 지급하고 고정금리를 수취하는 스왑계약을 체결하며, 기업 B와는 그 반대의 스왑계약을 체결한다. 본 스왑으로 인한 은행의 총마진은 0.2%이며, 스왑이득은 두 기업에게 동일하다. 만약 은행이 기업 A에게 LIBOR+1%를 지급한다면 기업 A는 은행에게 얼마의 고정금리를 지급해야 하는가? (2006년)

	유로본드 시장	유로달러 시장
기업 A	8%	LIBOR+1%
기업 B	9%	LIBOR+3%

① 8%　　② 7.8%　　③ 7.6%　　④ 7.4%　　⑤ 7.2%

정답: ③

〈해설〉 이 문제는 중개은행이 개입된 금리스왑에 있어서 중개은행과 스왑거래 참여기업 간의 금리 결정에 관한 문제이다. 기업 A는 유로달러 시장에서의 변동금리에서, 기업 B는 유로본드 시장에서의 고정금리에서 상대적 우위를 보이고 있다. 따라서 기업 A는 유로달러 시장에서 변동금리로, 기업 B는 유로본드 시장에서 고정금리로 차입한 후, 스왑계약을 체결하여 기업 A는 기업 B에게 고정금리를 지급하고 기업 B는 기업 A에게 변동금리를 지급하면 두 기업 모두 이자비용을 절감할 수 있다.

	유로본드 시장	유로달러 시장
기업 A	8%	LIBOR+1%
기업 B	9%	LIBOR+3%
스프레드 (B−A)	1%	2%

위 표에서처럼 기업 A와 기업 B가 금리스왑을 통해 절감할 수 있는 이자비용의 최대폭은 스프레드 차이(spread differential)인 1%(=2%−1%)이다. 스왑이득은 두 기업에게 동일하게 배분한다고 할 때, 은행의 총 마진이 0.2%이므로 기업 A와 기업 B가 스왑거래를 통해 절감할 수 있는 이자비용은 각각 0.4%(=(1−0.2)/2)이다. 만약

은행이 기업 A에게 LIBOR+1%를 지급한다면 이 스왑거래에서 중개은행과 참여기업 간의 금리 결정은 다음 표와 같다.

위의 표에서 제시된 바와 같이 기업 A가 이 스왑거래를 통해 0.4%의 이자비용을 절감하기 위해서는 중개은행에게 7.6%(=8%−0.4%)의 고정금리를 지급해야 한다. 왜냐하면, 기업 A가 스왑거래를 이용하지 않고 직접 유로본드 시장에서 고정금리로 차입을 할 경우 8%의 금리를 부담해야 하므로 여기서 스왑으로 인한 이득, 즉 이자 절감효과인 0.4%를 차감한 7.6%의 이자를 중개은행에 지급하면 되기 때문이다.

따라서, 정답은 ③이다.

반면에, 만약 은행이 기업 A에게 LIBOR+1%를 지급한다면 기업 B는 중개은행에게 LIBOR+1.1%를 중개은행에 지급해야 하며 은행은 이에 대해 7.5%의 고정금리를 기업 B에게 지급한다. 최종적으로 기업 B는 고정금리 대출자에게 9%의 고정금리를 지급한다. 만약 기업 B가 스왑거래를 하지 않고 직접 유로달러 시장에서 변동금리로 차입을 할 경우 지급해야 할 금리는 LIBOR+3%이다. 그러나 이 스왑거래로 LIBOR+1.1%의 변동금리로 차입을 할 수 있으므로 약 1.9%의 이자비용을 절감할 수 있다. 그런데, 중개은행이 기업 B에게 지급한 고정금리가 7.5%이므로 기업 B가 추가적으로 부담해야 할 고정금리가 약 1.5%(=9%−7.5%)이다. 결과적으로, 이 스왑거래로 기업 B가 얻을 수 있는 스왑이득, 즉 이자비용 절감효과는 기업 A와 동일한 수준인 0.4%(=1.9%−1.5%)이다.

문제 12 오랜 거래관계를 유지해온 한국의 기업 K와 중국의 기업 C는 각각
상대국에서 신규사업을 위해 중국 금융시장에서 위안화로 한국 금융
시장에서 원화로 1년 만기 동일 규모의 자금을 차입하고자 한다. 원
화/위안화 환율은 고정환율로서 변동되지 않는다고 가정한다. 기업
K와 기업 C가 각국 금융시장에서 차입할 때의 시장이자율은 다음
표에서 요약된 바와 같다. (2010년)

	한국 금융시장에서 원화 차입	중국 금융시장에서 위안화 차입
기업 C	6.60%	4.20%
기업 K	5.60%	3.83%

통화스왑 계약에서 거래비용은 존재하지 않으며 금융기관의 중개를
통하지 않고 기업 K와 기업 C의 양자계약(bilateral contract)의 형
태를 갖는다고 가정한다. 기업 K와 기업 C가 1년 만기 통화스왑을
고려할 때 다음 중 옳지 **않은** 항목만으로 구성된 것은?

> a. 기업 K는 기업 C에 비하여 원화 및 위안화 차입에서 모두 낮
> 은 이자율을 지급하므로 통화스왑을 맺을 경제적 유인을 갖지
> 않는다.
> b. 기업 K는 원화 차입, 기업 C는 위안화 차입 후에 통화스왑을
> 통해 부채비용을 절감할 수 있다.
> c. 기업 K와 기업 C가 통화스왑을 통해 절감할 수 있는 부채비용
> 의 최대폭은 63베이시스 포인트(basis point)이며 통화스왑 당
> 사자들은 이를 균등하게 분할해야 한다.
> d. 통화스왑의 경우 이자율스왑과는 상이하게 차입원금이 교환되
> 며 계약상 약정된 환율에 의하여 상환되는 것이 일반적이다.
> e. 본 통화스왑에서 신용위험은 존재하지 않으며, 이자율 및 환율
> 의 변동에 따라서 스왑이자율의 조정 및 계약의 갱신 여부 등
> 이 결정될 수 있다.

① a, c, e   ② a, d, e   ③ b, c, d   ④ b, d, e   ⑤ c, d, e

정답: ①

〈해설〉 이 문제는 중개은행을 통하지 않고 두 거래 당사자 간의 양자계약(bilateral contract)에 의한 금리스왑의 주요 특성에 대해 묻는 문제이다. 문제에 주어진 정보를 활용하여 각 항목별로 설명의 적절성 여부를 판단해 보자.

a. 옳지 않은 설명이다. 기업 K는 기업 C에 비하여 원화 및 위안화 차입에서 모두 낮은 이자율로 자금을 조달할 수 있다하더라도, 위안화 차입의 경우에는 중국 금융시장에서 상대적으로 비교우위를 갖는 중국의 기업 C와의 통화스왑을 체결함으로서 독자적으로 중국금융시장에서 위안화를 차입할 때보다 더 낮은 금리로 조달할 수 있다.

b. 옳은 설명이다. 기업 K는 한국 원화시장에서, 기업 C는 중국 위안화시장에서 각각 비교우위를 갖고 있으므로 기업 K는 원화 차입, 기업 C는 위안화 차입 후에 통화스왑을 통해 이자비용을 절감할 수 있다.

c. 옳지 않은 설명이다. 기업 K와 기업 C가 통화스왑을 통해 절감할 수 있는 부채비용의 최대폭은 스프레드 차이인 0.63%(=1%−0.37%) 혹은 63베이시스 포인트(bp: basis point)이다(참고로 1bp는 0.01%, 1%는 100bp임).

	한국 금융시장에서 원화 차입	중국 금융시장에서 위안화 차입
기업 C	6.60%	4.20%
기업 K	5.60%	3.83%
스프레드(C−K)	1.00%	0.37%

위의 표에서처럼 스프레드 차이 0.63%(=1%−0.37%), 즉 63bp는 두 기업이 통화스왑 거래를 통해서 얻을 수 있는 최대 금리절감효과이다. 그러나 통화스왑 당사자인 기업 K와 기업 C는 이를 균등하게 분할해야 할 의무는 없으며, 두 회사의 신용도와 스왑시장의 상황에 따라 달리 약정할 수 있다.

d. 옳은 설명이다. 통화스왑의 경우 이자율스왑과는 달리 차입원금이 교환되며 계약상 약정된 환율에 의하여 상환된다.

e. 옳지 않은 설명이다. 먼저, 통화스왑에서 계약 당사자 중 어느 한

당사자가 계약을 충실히 이행하지 않을 위험, 즉 신용위험은 언제나 존재한다. 뿐만 아니라, 통화스왑 계약 시 양 당사자가 이미 합의한 이자율과 환율에 대해서는 이후 시장 상황이 변해 이자율 및 환율이 변동하더라도 이에 대한 조정이나 계약의 갱신 등이 이루어지지 않는다.

따라서, 정답은 ①이다.

문제 13   아래의 표와 같은 고정금리 차입 조건 하에서 한국의 ㈜대한은 1,000만 엔, ㈜민국은 10만 달러를 차입하려고 한다. ㈜대한은 비교우위를 갖고 있는 달러화시장에서 10만 달러, ㈜민국은 엔화시장에서 1,000만 엔을 차입한 후, ㈜대한은 1,000만 엔에 대한 연 5.5%의 이자를 ㈜민국에게 직접 지급하고 ㈜민국은 10만 달러에 대한 연 3%의 이자를 ㈜대한에게 직접 지급하는 통화스왑계약을 체결하려고 한다. 이 통화스왑에서 정기적인 이자 지급 외에도 ㈜대한은 계약시점에서 1,000만 엔을 받고 10만 달러를 주고, 만기 시점에서는 10만 달러를 돌려받고 1,000만 엔을 돌려주어야 한다. 현재 환율이 100엔/달러일 때, 통화스왑으로 인해 발생하는 결과로 가장 적절한 것은? (2017년)

	달러화 차입금리	엔화 차입금리
㈜대한	3%	6%
㈜민국	5%	7%

① ㈜대한은 달러화 환위험에 노출된다.
② ㈜민국은 달러화와 엔화 환위험에 노출된다.
③ ㈜대한은 달러화 차입비용을 0.5%p 줄일 수 있게 된다.
④ ㈜민국은 달러화 차입비용을 0.5%p 줄일 수 있게 된다.
⑤ ㈜민국은 엔화 차입비용을 0.5%p 줄일 수 있게 된다.

정답: ②

〈해설〉 이 문제는 통화스왑으로 인해 발생하는 차입비용 절감효과와 환위험에 관한 문제이다. 아래 표는 ㈜대한과 ㈜민국이 체결하려고 하는 통화스왑의 과정과 두 기업 간에 예상되는 이자 지급 의무의 교환 내용을 보여 주고 있다.

달러($) 대출자	←$3%	㈜대한 (엔화 차입)	←$3% →¥5.5%	㈜민국 (달러화 차입)	→¥7%	엔화(¥) 대출자

㈜대한은 이 스왑거래를 통해 ¥0.5%의 엔화 이자비용을 절감할 수 있다. 왜냐하면, ㈜대한이 스왑거래를 이용하지 않고 직접 엔화시장에서 엔화로 차입을 할 경우 ¥6%의 고정금리를 부담해야 하는 데 반해, 스왑거래를 이용할 경우 ㈜민국에게 ¥5.5% 이자율만 지급하면 되기 때문이다. 한편, ㈜민국의 경우에는 우선 $2%의 달러화 이자비용을 절감할 수 있다. 왜냐하면, ㈜민국이 스왑거래를 이용하지 않고 직접 달러화시장에서 달러를 차입을 할 경우 $5%의 달러화 고정금리를 부담해야 하는 데 반해, 스왑거래를 이용할 경우 ㈜대한에게 $3% 달러화 이자율만 지급하면 되기 때문이다. 이뿐만 아니라 ㈜민국은 엔화 대출자에게 ¥7%의 엔화 이자율을 지급해야 함에도 불구하고 스왑계약에서는 ㈜대한으로부터 ¥5.5%의 엔화 이자율만을 받을 수 있기 때문에 ¥1.5%의 추가적인 엔화 이자비용이 발생한다. 결과적으로 ㈜민국의 경우 스왑거래로부터 얻을 있는 이득은 아래 표에서 정리한 바와 같이 [$2%−¥1.5%]가 된다.

참여기업	독자 차입 시 이자비용(A)	스왑거래 시 이자비용(B)	스왑이득 (A−B)
㈜대한	¥6%	¥5.5%	¥0.5%
㈜민국	$5%	$3%+¥1.5%	$2%−¥1.5%

위의 표에서 분석한 정보를 활용하여 각 항목별로 설명의 적절성 여부를 판단해 보자.

① 적절치 않은 설명이다. ㈜대한은 달러시장에서 달러화를 차입하였지만 스왑거래로 달러화 이자와 원금지급 의무를 ㈜민국과 엔화 이자와 원금 지급 의무로 교환하였기 때문에 달러화 환위험이 아닌 엔화 환위험에 노출되어 있다.
② 적절한 설명이다. ㈜민국은 스왑거래로 달러화를 차입하였으므로 달러화 환위험에 노출된다. 그리고 표에서처럼 이자비용이 [$3%+¥1.5%]로 달러화와 엔화 이자를 모두 지급해야 하므로 이자비용에 대해서는 달러화뿐만 아니라 엔화 환위험에도 노출된다.
③ 적절치 않은 설명이다. ㈜대한은 표에서처럼 달러화가 아닌 엔화 차입비용을 0.5% 줄일 수 있게 된다.

④ 적절치 않은 설명이다. ㈜민국은 표에서처럼 달러화 $0.5%가 아닌 [$2%−¥1.5%]의 이자비용을 절감할 수 있게 된다.

⑤ 적절치 않은 설명이다. ㈜민국은 표에서처럼 엔화 ¥0.5%가 아닌 [$2%−¥1.5%]의 이자비용을 절감할 수 있게 된다.

따라서, 정답은 ②이다.

문제 14 기업 D는 명목원금(notional principal) 1억 원, 1년 만기 변동금리를
지급하고 8% 고정금리를 수취하는 5년 만기의 이자율 스왑계약을 3
년 6개월 전에 체결하였다. 현재 동 스왑의 잔존만기는 1년 6개월이
다. 현재가치 계산을 위해 활용되는 6개월과 1년 6개월 만기 현물이
자율은 각각 연 10%와 연 11%이다. 직전 현금흐름 교환 시점의 1
년 만기 변동금리는 연 10.5%였다. 기업 D의 관점에서 이 이자율
스왑계약의 현재가치와 가장 가까운 것은? 단, 현금흐름은 기말에
연 1회 교환되고 이자율 기간구조의 불편기대이론이 성립한다고 가
정하며, $\frac{1}{1.10^{0.5}} = 0.9535$, $\frac{1}{1.11^{1.5}} = 0.8551$이다.

① −5,382,950원   ② −4,906,200원   ③ 0원

④ 4,906,200원   ⑤ 5,382,950원

정답: ①

〈해설〉 이 문제는 변동금리를 지급하고 고정금리를 수취하는 금리스왑의 현재
가치를 추정하는 문제이다. 현금흐름은 기말에 연 1회 교환되고 직전
현금흐름 교환 시점, 즉 6개월 전($t = -0.5$)의 1년 만기 변동금리가 연
10.5%였으므로, 이 변동금리로 앞으로 6개월 후 시점($t = 0.5$)에 이자
를 지급한다. 그리고 불편기대이론이 성립한다고 가정할 경우 다음 1
년 후 시점($t = 1.5$)에 지급해야 할 기대 변동금리는 이 기간의 선도이
자율($_{0.5}f_{1.5}$)과 동일하다. 현재 6개월 만기 현물이자율($r_{0.5}$)과 1년 6개
월 만기 현물이자율($r_{1.5}$)이 각각 연 10%와 연 11%이므로 선도이자
율 $_{0.5}f_{1.5}$는 다음과 같이 추정할 수 있다.

$$_{0.5}f_{1.5} = \frac{(1 + r_{1.5})^{1.5}}{(1 + r_{0.5})^{0.5}} - 1 = \frac{(1 + 0.11)^{1.5}}{(1 + 0.1)^{0.5}} - 1 = 0.1150 \, (11.5\%)$$

기업 D의 관점에서 이 이자율 스왑계약의 순현금흐름을 이자율과 이
자액의 차이로 각각 추정하면 다음 표와 같다(명목원금은 1억 원).

       CPA 객관식 재무관리

현금흐름	$t=0.5$	$t=1.5$
고정금리 수취	8%	8%
변동금리 지급	10.5%	11.5%
순현금흐름(%)	-2.5%	-3.5%
순현금흐름(원)	$-2,500,000$	$-3,500,000$

위에서 추정한 시점별 순현금흐름(원)을 이용하여 이자율 스왑 계약의 현재가치를 구하면 다음과 같다.

$$V_S = \frac{-2,500,000}{(1+0.1)^{0.5}} + \frac{-3,500,000}{(1+0.11)^{1.5}}$$

$$= -2,500,000(0.9535) - 3,500,000(0.8551) = -5,376,600 \ (원)$$

위 식에서 추정한 이자율 스왑 계약의 현재가치와 가장 가까운 값은 문항 ①이다. 단 문항 ①의 값과 위에서 추정한 스왑계약의 가치와의 차이는 선도이자율($_{0.5}f_{1.5}$)의 소수점을 절사한 데서 발생한다. 선도이자율($_{0.5}f_{1.5}$)의 소수점을 절사하지 않고 계산하면 문항 ①의 값에 접근한다.

따라서, 정답은 ①이다.

국제재무관리

10.1 환율결정이론

문제 1 환율결정이론에 관한 다음 설명 중 가장 타당하지 <u>않은</u> 것은? (2000년)

① 피셔효과가 성립하면, 양국 간 명목이자율의 차이는 기대인플레이션율의 차이와 같게 된다.

② 구매력평가이론(PPP)에 따르면, 양국 통화 간 현물환율의 기대변동률은 양국 간 기대인플레이션율의 차이와 같게 된다.

③ 양국 통화 간 현물환율의 기대변동률이 양국 간 명목이자율의 차이와 같게 되는 현상을 국제피셔효과라고 한다.

④ 이자율평가이론(IRP)에 따르면, 양국 간 실질이자율의 차이는 선도환율의 할증률(혹은 할인율)과 같게 된다.

⑤ 이자율평가이론과 국제피셔효과가 성립하면, 선도환율은 미래 현물환율의 불편추정치가 된다.

정답: ④

〈해설〉 이 문제는 구매력평가이론(PPP: purchasing-power parity theorem), 이자율평가이론(IRP: interest rate parity theorem), 피셔효과(Fisher effect), 국제피셔효과(IFE: international Fisher effect) 등 다양한 환율결정이론에 관한 문제이다. 문제에서 주어진 정보를 활용하여 각 문항별로 설명의 적절성 여부를 판단해 보자.

① 적절한 설명이다. 피셔효과가 성립하면, 양국 간의 명목이자율의 차이는 기대인플레이션율의 차이와 같게 된다. 즉, $r - r_F = \pi - \pi_F$ 가 성립한다. 여기서 r과 r_F는 각각 국내와 외국의 명목이자율을, π와 π_F는 각각 국내와 외국의 기대인플레이션율을 의미한다.

② 적절한 설명이다. 구매력평가이론(PPP)에 따르면, 양국 통화 간 현물환율(S)의 기대변동률은 양국 간 기대인플레이션율의 차이와 같게 된다. 즉,

$$\frac{E(S_1) - S}{S} = \pi - \pi_F$$

③ 적절한 설명이다. 양국 통화간 현물환율의 기대변동률이 양국 간 명목이자율의 차이와 같게 되는 현상을 국제피셔효과라고 한다. 즉,

$$\frac{E(S_1) - S}{S} = r - r_F$$

④ 적절치 않은 설명이다. 이자율평가이론(IRP)에 따르면, 다음 식과 같이 양국 간 실질이자율의 차이가 아니라 <u>명목이자율 차이</u>$\underline{(r - r_F)}$가 선도환율(F)의 할증률(혹은 할인율)과 같게 된다. 즉,

$$\frac{F - S}{S} = r - r_F$$

⑤ 적절한 설명이다. 이자율평가이론(IRP)과 국제피셔효과(IFE)가 성립하면, 선도환율(F)은 미래 기대현물환율$[E(S_1)]$의 불편추정치가 된다. 즉,

$$IRP : \frac{F-S}{S} = r - r_F, \quad IFE : \frac{E(S_1)-S}{S} = r - r_F$$

$$\rightarrow F = E(S_1)$$

따라서, 정답은 ④이다.

문제 2 한국의 90일 만기 국채의 만기수익률은 연 5%이며 180일 만기 국채의 만기수익률은 연 6%이다. 미국의 90일 만기 국채의 만기수익률은 연 5%이며 180일 만기 국채의 만기수익률은 연 5.5%이다. 이자율평가설(interest rate parity theory)이 성립한다고 가정하면 다음 중 가장 옳은 것은? (2007년)

① 현물환율과 90일 선물환율이 동일하다.
② 현물환율과 180일 선물환율이 동일하다.
③ 90일 선물환율과 180일 선물환율이 동일하다.
④ 주어진 정보로는 현물환율과 선물환율의 크기를 비교할 수 없다.
⑤ 한국 국채의 수익률곡선은 우하향 모양을 띠게 된다.

정답: ①

〈해설〉 이 문제는 이자율평가이론(IRP: interest rate parity theorem)에 관한 문제이다. 문제에서 주어진 정보를 활용하여 각 문항별로 설명의 적절성 여부를 판단해 보자.

① 옳은 설명이다. 이자율평가이론(IRP)에 따르면, 양국 간 명목이자율 차이가 선물환율과 현물환율과의 차이와 같게 된다. 문제에서 한국과 미국의 90일 만기 국채의 만기수익률이 연 5%로 동일하므로 90일 선물환율(F_{90})과 현물환율(S)은 같아지게 된다.

$$F_{90} = S \times \left(\frac{1+r}{1+r_F} \right) = S \times \left(\frac{1+0.05 \times \dfrac{90}{360}}{1+0.05 \times \dfrac{90}{360}} \right) = S \rightarrow F_{90} = S$$

※ 혹은 근사적으로 다음 공식을 이용

$$\frac{F_{90}-S}{S} = r - r_F = 0.05 \times \frac{90}{360} - 0.05 \times \frac{90}{360} = 0 \rightarrow F_{90} = S$$

② 옳지 않은 설명이다. 문제에서 한국과 미국의 180일 만기 국채의 만기수익률이 각각 연 6%와 5.5%로 동일하지 않으므로 아래 식에서처럼 180일 선물환율(F)이 현물환율(S)보다 크다.

$$F_{180} = S \times \left(\frac{1+r}{1+r_F}\right) = S \times \left(\frac{1+0.06 \times \dfrac{180}{360}}{1+0.055 \times \dfrac{180}{360}}\right) = S \times 1.0024 \rightarrow F_{180} > S$$

③ 옳지 않은 설명이다. 이자율평가이론(IRP)에 의해 90일 선물환율과 180일 선물환율을 추정하면 다음과 같이 이들은 동일하지 않으며 180일 선물환율(F_{180})이 90일 선물환율(F_{90})보다 더 크다.

- $F_{90} = S\left(\dfrac{1+r}{1+r_F}\right) = S\left(\dfrac{1+0.05 \times \dfrac{90}{360}}{1+0.05 \times \dfrac{90}{360}}\right) = S$

- $F_{180} = S \times \left(\dfrac{1+r}{1+r_F}\right) = S \times \left(\dfrac{1+0.06 \times \dfrac{180}{360}}{1+0.055 \times \dfrac{180}{360}}\right) = S \times 1.0024$

$\rightarrow F_{180}(= S \times 1.0024) > F_{90}(= S)$

④ 옳지 않은 설명이다. 문항 ①, ②, ③에서 설명한 바와 같이 문제에서 주어진 정보를 활용하면 현물환율과 선물환율의 크기를 비교할 수 있다.

⑤ 옳지 않은 설명이다. 한국의 90일 만기 국채의 만기수익률은 연 5%이며 180일 만기 국채의 만기수익률은 연 6%로 만기가 길어질수록 만기수익률이 상승하므로 한국 국채의 수익률곡선은 우하향이 아니라 우상향 모양을 띠게 된다.

따라서, 정답은 ①이다.

문제 3　미국 달러와 원화 환율에 대한 90일 만기 선도환율이 현재 국내 외환 시장과 뉴욕 외환시장에서 각각 1,250원/$와 0.00077$/원에 형성되 었다고 하자. 두 시장에서 동시에 거래할 수 있는 국내은행의 외환딜 러라면 어떤 차익거래(arbitrage transaction)를 해야 하는가?　(2001 년)

① 한국시장에서 달러매도, 뉴욕시장에서 원화매도 선물환 체결
② 한국시장에서 달러매입, 뉴욕시장에서 원화매도 선물환 체결
③ 한국시장에서 달러매도, 뉴욕시장에서 원화매입 선물환 체결
④ 한국시장에서 달러매입, 뉴욕시장에서 원화매입 선물환 체결
⑤ 차익거래의 기회가 없다.

정답: ④

〈해설〉 이 문제는 국내 외환시장과 뉴욕 외환시장에서 체결된 선물환 간의 차 익거래에 관한 문제이다. 먼저, 양국 시장에서 형성되어 있는 미국 달 러와 원화 환율에 대한 90일 만기 선도환율은 다음 표와 같다.

구 분	한국외환시장	뉴욕외환시장
원/$ 선물환율	1,250	1,299(=1/0.00077)
$/원 선물환율	0.0008(=1/1,250)	0.00077

위 표에서 제시된 바와 같이, 한국 외환시장에서는 뉴욕 외환시장에 비해 상대적으로 달러가 과소평가된 데 비해 원화가 과대평가되어 있 다. 반대로 뉴욕 외환시장에서는 달러가 과대평가된 데 반해 원화가 과소평가되어 있다. 따라서 차익거래는 한국시장에서 <u>달러매입 선물 환</u>을, 뉴욕시장에서 <u>원화매입 선물환</u>을 체결하는 거래를 통해 차익거 래이익을 얻을 수 있다.

따라서, 정답은 ④이다.

문제 4   현재 미국의 $1에 대해서 현물환율은 1,000원이고 1년 만기 선물환율은 1,020원이다. 무위험이자율은 한국에서 연 5%이고 미국에서는 연 2%이다. 무위험이자율로 차입과 대출이 가능하고 거래비용이 없을 때, 차익거래의 방법으로 가장 적절한 것은? (2017년)

① 선물 매수, 달러 차입, 원화로 환전, 원화 대출
② 선물 매수, 원화 차입, 달러로 환전, 달러 대출
③ 선물 매도, 달러 차입, 원화로 환전, 원화 대출
④ 선물 매도, 원화 차입, 달러로 환전, 달러 대출
⑤ 선물 매도, 원화 차입, 달러로 환전, 원화 대출

정답: ①

〈해설〉 이 문제는 원/달러 선물환 계약의 차익거래에 관한 문제이다. 먼저, 문제에서 주어진 현물환율과 한국과 미국의 이자율 정보를 활용하여 1년 만기 원/달러 선물환율의 이론적 가격(F_A)을 구하고, 이를 현재 시장의 선물환율(F)과 비교해 선물환율의 과소 혹은 과대평가 여부를 판단해 보자. 아래 식에서 r_K과 r_U는 각각 한국과 미국의 무위험이자율을 뜻한다.

$$F_A = S\left(\frac{1+r_K}{1+r_U}\right) = 1,000\left(\frac{1+0.05}{1+0.02}\right) = 1,029 \ (원/\$)$$

$$\therefore \ F_A(=1,029) > F(=1,020) \rightarrow 현재 선물환율이 과소평가$$

위 식에서와 같이 현재 시장의 1년 만기 선물환율은 과소평가되어 있으므로 차익거래는 선물환 매수와 선물환 복제 포트폴리오의 매도로 이루어지는 매도차익거래이어야 한다. 여기서, 선물환 복제 포트폴리오의 매도는 선물환 매도 거래와 동일한 효과를 가지는 현물환 거래로서 다음의 세 거래로 구성된다(아래 Solution Note 참고).

⑴ 달러를 차입 (혹은 달러채권 매도)
⑵ 차입한 달러를 원화로 환전(현물환 매도)

⑶ 환전한 원화로 원화 대출(예금) 혹은 원화 채권 매입

즉, 현재 시장에서 형성된 선물환율이 과소평가되어 있음에 따라 차익거래 방법은 선물 매수와 달러 차입, 원화로 환전, 원화 대출로 이루어져야 한다.

따라서, 정답은 ①이다.

※ Solution notes: 이 문제에서 핵심 질문은 달러화 선물환 매도거래를 복제할 수 있는 복제 포트폴리오를 정확히 이해하고 있는가 하는 점이다. 달러화 선물환 매도를 복제할 수 있는 복제 포트폴리오는 매우 중요한 주제이므로 수험생들은 반드시 다음 공식을 이해하고 있어야 한다.

> 달러화 선물환 매도
> =달러 차입(달러채권 매도)+원화로 환전(현물환 매도)
> +원화 대출(원화 예금 혹은 원화채권 매입)

문제 5 ㈜대한은 3,300만 원의 투자자금을 보유하고 있다. 현재 현물환율은 KRW1,100/US$1이다. 미국의 금리는 연 10%이고 국내의 금리는 연 5%이다. 외환시장에서 선물환율(forward exchange rate)이 금리평가이론(interest rate parity theorem)에 의하여 결정된다고 하자. 현시점에서 1년 만기 선물환계약과 함께 미국의 단기금융시장에 총 3,300만 원을 투자할 경우 1년 만기 선물환율과 투자회수총액의 조합으로 가장 적절한 것은? (2011년)

	1년 만기 선물환율 (KRW/US$1)	투자회수총액 (만원)
①	1,025	3,275
②	1,050	3.465
③	1.075	3,585
④	1,100	3,660
⑤	1,125	3.685

정답: ②

〈**해설**〉 이 문제는 금리평가이론에 의한 선물환율 결정에 관한 문제이다. ㈜대한이 보유하고 있는 원화 3,300만 원의 투자자금을 1년간 미국의 단기금융시장에 투자할 경우 예상되는 환위험은 달러화 환율의 하락 위험이다. 따라서 이를 헤지하기 위해서는 달러화 환율이 하락할 때 이익을 얻을 수 있는 선물환 매도포지션을 취해야 한다. 이처럼 현시점에서 1년 만기 선물환 매도계약과 함께 한국 외환시장에서 원화 3,300만 원을 달러화 $30,000로 환전한 다음 이를 미국의 단기금융시장에 예금할 경우 투자 회수 총액은 다음 표와 같이 추정할 수 있다. 단, 선물환 매도포지션 규모는 미국 단기금융시장에 투자해서 회수할 수 있는 달러 원리금 합계인 $33,000(=$30,000×1.1)이어야 한다.

거래 내용	만기일($t=1$)의 현금흐름
선물환 매도	$-\$33,000(S_1 - F)$
달러 원리금 원화로 환전	$\$30,000 \times (1+0.1) \times S_1 = \$33,000 S_1$
합 계	$\$33,000 \times F$

위 표에서 F와 S_1은 각각 1년 만기 선물환율과 만기일에서의 현물환율을 의미한다. 표에서처럼 선물환 매도와 함께 미국의 단기금융시장에 $30,000을 투자할 경우 1년 후 투자 회수 총액은 원화로 $33,000 \times F$로 간단히 추정할 수도 있다. 이자율평가이론에 의해 1년 만기 선물환율의 이론적 가치와 원화 투자회수총액을 계산하면 다음과 같다.

- $F = S(\dfrac{1+r_K}{1+r_U}) = 1,100\,(\dfrac{1+0.05}{1+0.1}) = 1,050$ (원/$)

- 투자회수총액 $= \$30,000 \times (1+r_U) \times F = \$33,000 \times 1,050$

$$= 3,465 \,(만원)$$

따라서, 정답은 ②이다.

10.2 환위험관리

문제 6 ㈜한국은 3개월 후에 미국기업에 대한 수입대금 1백만 달러를 지급해야 한다. 다음 중 환위험을 헤지하기 위해 이 기업이 취할 수 있는 환위험 관리전략으로 가장 적절한 것은? (2009년)

① 동일한 행사가격의 3개월 만기의 달러 콜옵션과 달러 풋옵션을 동시에 매도한다.

② 스왑딜러를 통해 원화 수입이 주된 소득원인 미국 현지의 A기업과 달러를 지급하고 원화를 수취하는 원-달러 통화스왑 계약을 체결한다.

③ 3개월 만기의 달러 콜옵션을 매입한다.

④ 국내 유로은행에서 달러를 차입하여 이를 외환시장에 매도한다.

⑤ 3개월 만기의 달러화 선물환 매도계약을 체결한다.

정답: ③

〈해설〉 이 문제는 환위험을 헤지하기 위해 선택할 수 있는 환위험 관리전략에 관한 문제이다. ㈜한국은 3개월 후에 미국기업에 대한 수입대금 1백만 달러를 지급해야 하므로 ㈜한국에 있어서 예상되는 환위험은 달러화 환율의 상승 위험이다. 따라서 이를 헤징하기 위해서는 달러화 환율이 상승할 때 이익을 얻을 수 있는 헤지전략을 선택해야 한다. 문제에서 주어진 정보를 활용하여 각 문항별로 제시된 헤지전략의 적절성을 판단해 보자.

① 적절치 않은 설명이다. 달러 콜옵션 매도는 달러화 환율이 상승할 경우 손실이 발생하므로 적절치 않은 전략이다.

② 적절치 않은 설명이다. ㈜한국이 3개월 후에 필요한 것은 달러이기 때문에 원화를 지급하고 달러를 수취하는 원-달러 통화스왑 계약을 체결해야 한다.

③ 적절한 설명이다. 달러 콜옵션 매입은 적절한 전략이다. 왜냐하면, 달러 환율이 상승할 경우 달러 콜옵션 매입 포지션으로부터 이익을 실현할 수 있으므로 달러 환율의 상승 위험을 헤지할 수 있기

때문이다.

④ 적절치 않은 설명이다. ㈜한국이 3개월 후에 필요한 것은 달러이므로 국내 은행에서 원화를 차입하여 이를 국내 외환시장에서 달러로 환전한 다음 국내의 유로은행에 달러화로 예금하는 전략이어야 한다.

⑤ 적절치 않은 설명이다. 3개월 만기의 달러화 선물환 매도계약이 아니라 <u>매입</u>계약을 체결해야 한다.

따라서, 정답은 ③이다.

문제 7 미국에 물품을 수출하고 6개월 후에 대금 1백만 달러를 받기로 한 무역업자가 있다. 이 무역업자가 사용하기에 가장 적절한 환위험 헤지 방법은? (2004년)

① 6개월 만기의 달러 콜옵션을 매수한다.
② 6개월 만기의 달러 풋옵션을 매도한다.
③ 6개월 만기의 선물환 계약에서 달러 매수포지션을 취한다.
④ 동일한 행사가격의 만기 6개월짜리 달러 콜옵션과 달러 풋옵션을 동시에 매수한다.
⑤ 6개월 만기 달러 대출을 받아 달러를 외환시장에서 매각한다.

정답: ⑤

〈해설〉 이 문제는 환위험관리에 관한 문제이다. 문제에서 무역업자는 6개월 후에 수출 대금 1백만 달러를 받기로 되어 있으므로 대비해야 할 환위험은 6개월 후 받기로 한 달러화의 가치가 하락하는 위험이다. 따라서 적절한 환위험 관리 방법은 6개월 후 달러화 가치가 하락할 경우에 이익을 얻을 수 있는 헤지전략을 선택하는 것이다. 이러한 관점에서 각 문항별로 제시된 헤지전략의 적절성을 판단해 보자.

① 적절치 않은 설명이다. 달러화의 가치가 하락하는 위험에 헤지하기 위해서는 달러 콜옵션을 매수할 것이 아니라 <u>매도</u>해야 한다.
② 적절치 않은 설명이다. 달러 풋옵션을 매도할 것이 아니라 매입해야 한다.
③ 적절치 않은 설명이다. 선물환 계약에서 달러 매수포지션이 아니라 <u>매도포지션</u>을 취해야 한다.
④ 적절치 않은 설명이다. 달러 풋옵션을 매수하는 것은 적절한 전략이지만, 달러 콜옵션 매수는 적절치 않은 전략이다.
⑤ 적절한 설명이다. 이 문항에서 제시하고 있는 "6개월 만기 달러 대출을 받아 달러를 외환시장에서 매각한다."는 전략은 달러화 선물환 매도를 복제할 수 있는 복제포트폴리오를 구성하는 거래의 일부이다. 즉 일반적으로 달러화 선물환 매도 복제포트폴리오는 다음 세 가지 거래로 구성된다: (1) 달러 자금 시장에서 6개월 후 100만 불을 상환하기로 하고 달러를 차입하여, (2) 이 달러를 한국

현물환 시장에서 달러를 매각하여 원화로 환전한 후, ⑶ 국내 은행에 6개월간 예금하거나 원화 채권을 매입한다. 그리고 6개월 후에 대금 1백만 달러를 받으면 이를 차입한 100만 불을 상환한다. 따라서 이 문항의 헤지전략은 달러화 선물환 매도를 복제할 수 있는 복제 포트폴리오의 일부분으로 적절한 전략으로 볼 수 있다(**문제 4**의 Solution Note 참고).

따라서, 정답은 ⑤이다.

문제 8 ㈜한국의 외화자금 수급에 대한 예측에 의하면 1년 후인 2006년 3월에 5억엔 상당의 엔화 수입자금에 대한 결제와 500만 불 상당의 달러화 수출자금에 대한 결제가 동시에 이루어진다. 다음과 같은 정보가 주어져 있을 때 ㈜한국이 환위험을 헤지(hedge)하기 위하여 택할 수 있는 방법으로 가장 적절한 것은? (단, 수수료는 무시하라) (2005년)

> 달러화 이자율: 연 3%
> 엔화 이자율: 연 1%
> 엔/달러 현물환율: ￥101.98/$
> 1년 엔/달러 선물환율: ￥100/$
> 1년 만기 행사가격 ￥100/$의 달러화 풋옵션: ￥9.86
> 1년 만기 행사가격 ￥100/$의 달러화 콜옵션: ￥9.84

① 엔/달러 선물시장에서 500만 불 상당의 달러 선물환을 매입한다.
② 달러 자금 시장에서 1년 후 500만 불을 상환하기로 하고 달러를 차입하여 엔/달러 현물시장에서 엔화로 교환한 후 엔화 자금 시장에 1년간 예치한다.
③ 엔/달러 현물시장에서 500만 불 상당의 달러 현물환을 매입한다.
④ 달러화 풋옵션과 달러화 콜옵션을 동시에 매입한다.
⑤ 달러화 풋옵션을 매도한다.

정답: ②

〈해설〉 이 문제는 환위험관리에 관한 문제이다. ㈜한국은 1년 후에 엔화 수입자금과 달러화 수출자금에 대한 결제가 동시에 이루어지므로 ㈜한국의 환위험은 1년 후 엔화 가치가 상승하고 달러화 가치가 하락하는 위험 즉 엔/달러 환율이 하락하는 위험이다. 따라서 이를 헤지하기 위해서는 1년 후 엔/달러 환율이 하락할 때 이익을 얻을 수 있는 헤지전략을 선택해야 한다. 문제에서 주어진 정보를 활용하여 각 문항별로 제시된 헤지전략의 적절성을 판단해 보자.

① 적절치 않은 설명이다. 엔/달러 선물시장에서 달러 선물환을 매입할 것이 아니라 매도해야 한다.

② 적절한 설명이다. 이 문항에서 제시하고 있는 전략은 앞서 설명한 달러 선물환 매도포지션을 복제할 수 있는 복제 포트폴리오를 의미하므로 적절한 전략으로 볼 수 있다. 즉 ⑴ 달러 자금시장에서 1년 후 500만 불을 상환하기로 하고 달러를 차입하여, ⑵ 엔/달러 현물시장에서 엔화로 환전한 후, ⑶ 엔화 자금시장에 1년간 예치하고 이것은 1년 후에 지급해야 할 엔화 수입자금으로 사용한다. 그리고 달러화 수출대금을 수령하게 되면 이 대금으로 달러차입 은행에 상환하게 되면 엔화 가치 상승과 달러 가치 하락 위험에 모두 대처할 수 있는 적절한 헤지전략이 될 수 있다(**문제 4**의 Solution Note 참고).

③ 적절치 않은 설명이다. ㈜한국이 대비해야 할 위험은 1년 후 달러 가치의 하락 위험인데, 문항에서 제시한 달러 현물환 매입전략은 달러화 현물보유 규모를 더 늘리는 효과를 가져와 결과적으로 달러화 가치하락 위험을 헤지하는 게 아니라 오히려 환위험을 더욱 증가시키는 결과를 가져온다.

④ 적절치 않은 설명이다. ㈜한국이 대비해야 할 위험은 1년 후 달러 가치의 하락 위험이므로 달러화 콜옵션은 매입할 것이 아니라 매도해야 한다.

⑤ 적절치 않은 설명이다. 문항 ④에서 설명한 바와 같이 적절한 헤지전략은 달러화 풋옵션을 매도하는 것이 아니라 매입하는 것이다.

따라서, 정답은 ②이다.

CPA
객관식 재무관리
`2000~2021년 1차 시험`

ⓒ 정형찬, 2022

초판 1쇄 발행 2022년 3월 15일

지은이	정형찬
펴낸이	이기봉
편집	좋은땅 편집팀
펴낸곳	도서출판 좋은땅
주소	서울특별시 마포구 양화로12길 26 지월드빌딩 (서교동 395-7)
전화	02)374-8616~7
팩스	02)374-8614
이메일	gworldbook@naver.com
홈페이지	www.g-world.co.kr

ISBN 979-11-388-0738-8 (03320)